金融业务实务与技能丛书

张同庆 著

信托业务法律实务

XINTUO YEWU FALü SHIWU

第 3 版

中国法制出版社
CHINA LEGAL PUBLISHING HOUSE

目 录

Contents

第一章 信托业与信托公司概论 …… 1
第一节 信托与信托业 …… 1
第二节 信托公司的设立与运营 …… 11
第三节 信托公司内部治理机制 …… 19
第四节 信托产品类型 …… 24
第五节 风险监管指标与监管评级 …… 32
第二章 合规文化与合规制度建设 …… 38
第一节 合规概述 …… 38
第二节 信托公司的合规文化 …… 41
第三节 合规风险管理制度建设 …… 43
第四节 关联关系与关联交易 …… 48
第五节 反洗钱与反商业贿赂 …… 50
第六节 业务经营与信息披露的合规性 …… 55
第三章 尽职调查与信用增级措施 …… 61
第一节 信托业务的尽职调查 …… 61
第二节 担保物权和保证担保 …… 64
第三节 几种常见的担保物权——抵押权 …… 69
第四节 几种常见的担保物权——质权 …… 79
第五节 其他信用增级措施 …… 89
第四章 房地产业务法律实务 …… 96
第一节 概述 …… 96
第二节 房地产业务合规操作规范 …… 102
第三节 融资类房地产业务法律实务 …… 110
第四节 权益类房地产业务法律实务 …… 118

第五章　股权投资业务法律实务 …… 123
第一节　私募股权投资基本理论问题 …… 123
第二节　创业投资法律实务 …… 129
第三节　股权投资业务法律实务 …… 142
第四节　政府投资基金法律实务 …… 149
第六章　证券投资（基金）业务法律实务 …… 152
第一节　证券投资基金概述 …… 152
第二节　证券投资业务类型 …… 154
第三节　证券投资业务操作规范 …… 160
第四节　股指期货交易操作规范 …… 165
第七章　受托境外理财业务法律实务 …… 173
第一节　概述 …… 173
第二节　金融机构受托境外理财（QDII）业务 …… 176
第三节　信托公司受托境外理财业务操作规范 …… 182
第八章　企业年金与福利业务法律实务 …… 188
第一节　社会保障基金 …… 188
第二节　我国企业年金的管理与运作 …… 191
第三节　员工持股与股权激励 …… 200
第九章　金融机构同业合作业务法律实务 …… 203
第一节　商业银行理财业务 …… 203
第二节　银信合作信托业务 …… 214
第三节　信贷资产转让业务 …… 219
第四节　信贷资产证券化业务 …… 222
第五节　票据资产投资业务 …… 230
第六节　保险资金投资信托业务 …… 238
第十章　信政合作业务法律实务 …… 241
第一节　信政合作信托业务概述 …… 241
第二节　信政合作业务操作规范 …… 244
第三节　融资平台的清理整顿 …… 248
第十一章　融资（贷款）类业务法律实务 …… 259
第一节　概述 …… 259
第二节　贷款信托业务与“三法一指引” …… 263
第三节　流动资金贷款业务 …… 267
第四节　固定资产贷款与项目融资业务 …… 271

第五节　并购融资业务 …… 277
第六节　银团贷款业务 …… 280
第十二章　债券类业务法律实务 …… 282
第一节　债券业务概述 …… 282
第二节　国债与金融债 …… 289
第三节　企业债与公司债 …… 296
第四节　非金融企业债务融资工具 …… 302
第五节　中小企业私募债 …… 309

附录一：主要法律文件
中华人民共和国信托法 …… 314
（2001 年 4 月 28 日）
信托公司管理办法 …… 322
（2007 年 1 月 23 日）
信托公司集合资金信托计划管理办法 …… 330
（2009 年 2 月 4 日）
信托公司净资本管理办法 …… 339
（2010 年 8 月 24 日）
关于印发信托公司净资本计算标准有关事项的通知 …… 342
（2011 年 1 月 27 日）
信托公司治理指引 …… 343
（2007 年 1 月 22）
合规与银行内部合规部门 …… 350
（2005 年 4 月 29 日）
商业银行合规风险管理指引 …… 358
（2006 年 10 月 20 日）
证券公司和证券投资基金管理公司合规管理办法 …… 363
（2017 年 6 月 6 日）
保险公司合规管理办法 …… 371
（2016 年 12 月 30 日）
中国人民银行、中国银行保险监督管理委员会、中国证券监督管理委员会、国家外汇管理局关于规范金融机构资产管理业务的指导意见 …… 378
（2018 年 4 月 27 日）

附录二：常用信托文件 …… 390

第一章
信托业与信托公司概论

第一节　信托与信托业

一、信托的概念和特征

（一）信托的概念

信托是一种特殊的财产管理制度，同时也是一种法律行为，信托的本质特征是基于信用基础上的一种委托关系。一方面受托人接受委托人的委托对信托财产进行管理、运用和处分，是一种财产管理制度；另一方面，受托人接受委托人的委托，两者之间形成一种委托关系和契约关系，这本身也是一种法律行为。

《中华人民共和国信托法》（以下简称《信托法》）第二条对信托进行了定义："本法所称信托，是指委托人基于对受托人的信任，将其财产权委托给受托人，由受托人按委托人的意愿以自己的名义，为受益人的利益或者特定目的，进行管理或者处分的行为。"信托制度的一个典型特征就是"双重所有权"，委托人需要将信托财产所有权转移给受托人。我国《信托法》关于信托的定义规定了委托人将信托财产"委托给"受托人，而不是将信托财产"转移给"受托人。我国民法遵循的是"一物一权"的所有权制度，立法者最终在《信托法》条文中将原《信托法（草案）》中的财产权"转移给"受托人修改为财产权"委托给"受托人。

英美法系下信托制度遵循"双重所有权"原则，即受托人对信托财产拥有普通法上的所有权，受益人拥有衡平法上的所有权①。我国民法不承认"双重所有权"原则，委托人将信托财产所有权转移给（"委托给"）受托人，受托人即取得信托财产的名义所有权，受益人取得信托受益权。

---

① 在英国信托制度的发展历程中，用益制度曾得不到普通法的承认。委托人将土地等信托财产转移给受托人，此时受托人即取得了信托财产的所有权。如果受托人背信弃义地将信托财产据为己有，普通法是不支持委托人关于信托财产的所有权请求，此时普通法赋予受托人"普通法上的所有权"；大法官根据"自有、公正和良心"的原则，通过判例判定受托人必须按照委托人的指示维护受益人的利益，此时衡平法赋予受益人"衡平法上的所有权"。

信托受益权是我国《信托法》创设的特殊权利类型，既不是所有权亦不是债权，笔者认为信托受益权属于特殊的物权类型。信托受益权包含收益权，还包括受益权人的其他权利和委托人保留的权利。根据物权法定原则，我国《物权法》并没有规定信托受益权这一物权类型，因此认为信托受益权属于特殊的物权类型难以成立。我国《信托法》项下的信托受益权实质上乃是欧美信托制度中的衡平法上的所有权，而所有权是典型的物权类型，从这一角度分析，信托受益权也可以分为特殊的物权类型。

（二）信托的特征

从法律对信托的定义分析，我们可以对信托的特征进行如下的概括：

第一，信托是一种信用行为。信托是委托人基于对受托人的信任，这是信托关系得以成立的前提，如果没有了委托人对受托人的信任，信托关系也无从设立。这种信任可以从两方面来理解，一方面是委托人对受托人信誉、信用的信任，另一方面是委托人对受托人受托能力的信任。

第二，信托是一种委托行为。信托的核心就是委托人委托受托人对委托人的财产进行管理、运用和处分，这种委托行为是一种法律行为。委托行为主要是通过契约、遗嘱或其他方式来实施的，我国《信托法》第八条第一款、二款规定："设立信托，应当采取书面形式。书面形式包括信托合同、遗嘱或者法律、行政法规规定的其他书面文件等。"由此可知，口头方式不能设立信托，信托的设立必须采用书面形式。

第三，信托是一种财产（财产权）管理行为。"受人之托、代人理财"是信托的理念，受托人接受委托人的委托，为了受益人的利益或者特定目的，对信托财产（财产权）进行管理、运用和处分。信托是一种金融制度，是现代金融的组成部分，与银行、保险、证券构成了现代金融体系，信托机构凭借自己的专业能力为委托人提供综合性金融解决方案，为财富的增值保值提供理财服务。

第四，信托具有破产隔离的特征。受托人应当将信托财产和受托人固有财产相区别，并分别管理、记账和核算，因此信托公司一般都设立两个财务部门分别对信托财产和固有财产进行管理、记账和核算。受托人死亡或者依法解散、依法被撤销、被宣告破产而终止，信托财产不属于其遗产或清算财产。设立信托后，委托人死亡或者依法解散、被依法撤销、被宣告破产时，委托人是唯一受益人的，信托终止，信托财产作为其遗产或者清算财产；委托人不是唯一受益人的，信托存续，信托财产不作为其遗产或者清算财产；但作为共同受益人的委托人死亡或者依法被解散、依法被撤销、被宣告破产时，其信托受益权作为其遗产或清算财产。

二、信托的基本要素

信托要素包括信托主体和信托客体，信托主体包括委托人、受托人和受益人，信托客体主要指信托财产。

（一）信托财产

1. 信托财产的确定。信托财产的确定必须符合如下条件：合法性、确定性、积极性、流通性原则。[①]《信托法》规定设立信托必须有确定的信托财产，并且该信托财产必须是委托人合法所有的财产（包括合法的财产权）。法律、行政法规禁止流通的财产，不得作为信托财产，法律、行政法规限制流通的财产，经有关部门批准后，方可作为信托财产。信托财产来源的合法性是信托公司合规风险管理的一个关注点，也是反洗钱工作的应有之义。信托财产当然也包括受托人管理、运用和处分信托财产过程中所取得的财产（信托收益）。

信托财产必须是积极财产，而不能是诸如"债务"等消极财产。比如某企业为了降低资产负债率，将预收会员卡费用形成的预收款项设立信托，则该信托因为没有符合"积极性"原则的信托财产而归于无效。

2. 信托财产的风险隔离。法律保护合法的信托财产，一般情况下，信托财产不得强制执行，但是信托财产本身应负担的税费、债权人要求清偿受托人处理信托事务所产生的债务、债权人行使信托设立前其以对信托财产享有的优先受偿权及法律规定的其他情形除外。

信托公司因信托财产的管理、运用或者其他情形而取得的财产和收益，归入信托财产；信托公司因依法解散、依法被撤销或者依法被宣告破产等原因进行清算的，信托财产不属于其清算财产；信托财产独立于信托公司固有财产，信托公司不得将信托财产归入其固有财产。

《中国人民银行关于信托投资公司人民币银行结算账户开立和使用有关事项的通知》（银发〔2003〕232 号）规定了信托公司人民币结算账户设置的原则是：固有财产和信托财产分别管理、分别设置账户，信托财产专户按照一个信托文件或一个信托计划设置一个账户的原则开立。信托财产专户接受现金缴存或款项划入，但不得提取现金；除信托公司因管理信托财产所垫付的费用以及应收的手续费或佣金而需从信托财产专户向固有财产专户划转款项外，信托财产专户和固有财产账户之间不得进行其他款项划转；除了根据信托文件约定不同信托项下财产可以进行交易的情形外，不同信托财产专户之间不得办理款项划转；如果信托公司从信托财产专户向受益人账户支付款项超过 5 万元的，应当向开户行提供与信托文件内容一致的支付报告。如果执法部门冻结或扣划信托财产专户，则应当银行证明信托财产专户的性质。

① 中国信托业协会编著：《信托基础》，2012 年 12 月第 1 版。

（二）委托人

委托人可以是自然人、法人或者依法成立的其他组织，自然人委托人必须具有完全民事行为能力，限制民事行为能力和无民事行为能力的自然人不能作为委托人。在集合资金信托计划中，委托人还必须符合合格投资者的条件。

所谓的合格投资者就是能够识别、判断和承担信托计划风险的人，合格投资者必须符合如下条件之一：（1）投资一个信托计划的最低金额不少于100万元人民币的自然人、法人或者依法成立的其他组织；（2）个人或者家庭金融资产总计在其认购时超过100万元人民币，且能够提供相关财产证明的自然人；（3）个人收入在最近三年内每年收入超过20万元人民币或者夫妻双方合计收入在最近三年内每年收入超过30万元人民币，且能够提供相关收入证明的自然人。

实务中经常遇到的问题是外国人能不能购买信托产品，即外国人能不能成为信托的委托人。如果外国自然人是具备完全民事行为能力的人，即可以成为信托委托人（集合资金信托委托人还必须符合合格投资者的标准）。关于如何判定外国人的民事行为能力，涉及国际私法，在此就不予深入讨论。

（三）受托人

受托人应当是具有完全民事行为能力的自然人、法人。法律行政法规对受托人的条件另有规定的，从其规定。和委托人不同的是，受托人限定在自然人和法人的范围，依法成立的其他组织是不能作为受托人的。在我国，狭义上的受托人一般为信托公司。

同一信托可以有两个以上的受托人，其成为共同受托人。受托人应当按照信托文件的约定，亲自处理信托事务，履行受托人职责，按照信托文件的约定，受托人可以将信托事务委托给他人代为处理，但应当对他人处理信托事务的行为承担责任。

（四）受益人

1. 主体资格：受益人是在信托中享有信托受益权的人。受益人可以为自然人、法人或依法成立的其他组织，自然人受益人可以是完全民事行为能力人，也可以是限制民事行为能力和无民事行为能力人。委托人和受托人都可以是受益人，但受托人不得是同一信托的唯一受益人，而委托人可以是同一信托的唯一受益人。在集合资金信托计划中，参与信托计划的委托人必须为唯一的受益人。

2. 受益权人确定性原则：信托受益权人必须符合确定性原则，即信托设立时信托受益权人或受益权人范围必须能够确定，否则信托将归于无效。信托受益权人确定性原则要求信托设立时受益人或受益权人范围应当能够确定，但并不要求信托设立时受益权人必须存在。比如某委托人设立信托时，指定受益权人为某大学2020年法学院入学的学生，此时某大学2020年法学院入学的学生尚不存在，但是其范围能够确定，这是符合受益权人确定性原则。如果某委托人设立信托时指定受益权程，监管部门分别于1982年、1985年、1988年、1993年、1999年和1997年对信托公司进行六次大规模的行业整顿。

2007年，银监会修订并颁布《信托公司管理办法》和《信托公司集合资金信托计划管理办法》，调整并明确信托公司的市场定位，为信托公司指明了发展方向。根据银监会的监管精神和导向，信托公司应该明确定位于专业的资产管理机构和金融理财机构，也即是为合格投资者提供资产管理服务的金融中介机构。①

新管理办法的出台，信托公司管理规模由2007年的9400亿元增加至2017年的26.25万亿元；截止2017年末，依托公司共有68家，国有资产规模达到6578.99亿元。

在信托公司管理资产规模快速扩张的同时，信托公司的内部控制制度和风险管理能力尚不健全，很多信托公司盲目的进行规模扩张，大量进行以通道类业务为代表的粗放型经营模式。为了鼓励信托公司主动管理型信托业务的发展，提高信托业务的技术含量和附加值，避免信托公司的“小牛拉大车”式的粗放式规模扩张战略，银监会于2010年下发了《信托公司净资本管理办法》，通过净资本与风险资本的管理，引导信托公司走内涵式发展的道路。

（三）证券投资基金的产生和发展

1. 证券投资基金的产生和发展

伴随着我国证券市场的起步，作为资本市场重要的机构投资者之一的证券投资

---

① 为了落实并执行《信托公司管理办法》和《信托公司集合资金信托计划管理办法》，推动信托公司实现平稳过渡，银监会下发了《关于实施〈信托公司管理办法〉和〈信托公司集合资金信托计划管理办法〉有关具体事项的通知》。根据该《通知》的要求，凡是符合条件的信托公司，从该《通知》下发之日起2个月内，向银监会提出变更申请并换发新的金融许可证；对于不符合条件的信托公司，银监会给予了不超过3年的过渡期。提出变更申请并换发新金融许可证的信托公司以及申请结束过渡期的信托公司的提足各项损失准备后的净资产不得低于3亿元人民币。对于换发新金融许可证的信托公司，监管部门优先支持其发展私人股权投资、资产证券化、受托境外理财、房地产投资等创新类信托业务；对于处在过渡期的信托公司，不接受其开展资产证券化、受托境外理财等创新类业务资格的申请。

首先，对于获准变更申请并换发新的金融许可证的信托公司：①应当在规定期限内清理完毕其固有业务项下实业投资，在清理期间与被投资单位的管理交易应当符合该《通知》的要求；②逐步压缩拆入和担保业务的规模，直至达到新办法的要求，否则不得开办新的拆入和担保业务；③对于新发生的业务要严格按照新办法的要求执行。

其次，对于处于过渡期的信托公司：①应当按照过渡期方案在过渡期结束前清理完毕固有业务项下实业投资，在清理期间与被投资单位的管理交易应当符合该《通知》的要求；②同时逐步压缩拆入和担保业务的规模，直至达到新办法的要求，否则不得开办新的拆入和担保业务；③集合信托业务的开展应当进行事前报告，并且不得进行异地推介；单个集合信托计划的委托人不得超过200人，单笔认购金融不得低于20万元，受益权转让每份金融不得低于20万元，且机构投资者受益权不得向自然人转让，转让后的集合资金信托计划受益权在存续期间不得超过200份；④除集合信托业务外的其他业务应当按照新办法执行。

基金也随之诞生，“武汉证券投资基金”和“深圳南山风险投资基金”成为我国第一批投资基金。1997 年之前的证券投资基金的设立与运作都不太规范，银行、信托投资公司、证券公司、保险公司、其他企业等都可以作为基金发起人设立投资基金。

证监会于 1997 年 10 月颁发的《证券投资基金管理暂行办法》① 标志着我国证券投资基金开始步入规范发展的阶段。1998 年 3 月我国第一批基金管理公司“国泰基金管理公司”和“南方基金管理公司”分别在上海和深圳成立，同年又成立了华夏基金公司、华安基金公司、博时基金公司和鹏华基金公司。

全国人大常委会于 2003 年正式颁发了《证券投资基金法》（2012 年修订），正式以法律的形式对证券投资基金设立与运作进行规范。《证券投资基金法》由总则、基金管理人、基金托管人、基金的募集、基金份额的交易、基金份额的申购与赎回、基金的运作与信息披露、基金合同的变更、终止与基金财产清算、基金份额持有人、监督管理、法律责任、附则等十二章组成。

2. 证券投资基金法

《证券投资基金法》规定了该法的适用范围，即在中国境内通过公开发售基金份额募集证券投资基金，由基金管理人管理、基金托管人托管，为基金份额持有人的利益，以资产组合方式进行证券投资活动，适用该法。《证券投资基金法》规定基金运作方式可以采用开放式、封闭式或者其他方式。

《证券投资基金法》对担任证券投资基金管理人的基金管理公司的设立条件、职责以及其从业人员进行了规范，设立基金管理公司应当符合的条件包括：（1）有符合《证券投资基金法》和《公司法》规定的章程；（2）注册资本不低于 1 亿元人民币，并且为实缴货币资本；（3）主要股东具有从事证券经营、证券投资咨询、信托资产管理或者其他金融资产管理的较好的经营业绩和良好的社会声誉，最近三年没有违法记录，注册资本不低于三亿元人民币；（4）取得基金从业资格的人数达到法定人数；（5）有符合要求的营业场所、安全防范设施和与基金管理业务有关的其他设施；（6）有完善的内部稽核监控制度和风险控制制度；（7）法律、行政法规规定的和经国务院批准的国务院证券监督管理机构规定的其他条件。该法对担任基金托管人的商业银行的资质和职责也进行了相应的规范。

基金管理公司募集基金活动应当符合《证券投资基金法》的规定。对于基金募集符合《证券投资基金法》的规定、基金合同期限在 5 年以上的、募集基金不低于 2 亿元、基金份额持有人不低于 1000 人以及符合基金份额上市交易规则规定的其他

---

① 后被 2004 年 9 月 16 日通过的《证券投资基金管理公司管理办法》废止。该《证券投资管理公司管理办法》已被 2012 年 9 月 20 日通过的《证券投资基金管理公司管理办法》废止。

条件的封闭式基金的基金份额可以在证券交易所上市交易。投资者可以根据《证券投资基金法》、基金合同的规定进行开放式基金的基金份额的申购、赎回和登记。

《证券投资基金法》规定基金财产只能投资于上市交易的股票、债券或者监管部门规定的其他证券品种，而不能用于（1）承销证券；（2）向他人提供贷款或担保；（3）从事承担无限责任的投资；（4）买卖其他基金份额（国务院另有规定的除外）；（5）向其基金管理、基金托管人出资或者买卖其基金管理人、基金托管人发行的股票或者债券；（6）买卖与其基金管理人、基金托管人有控股关系的股东或者与其基金管理人、基金托管人有其他重大利害关系的公司发行的证券或者承销期内承销的证券；（7）从事内幕交易、操纵证券交易价格及其他不正当的证券交易活动；（8）依照法律、行政法规有关规定，由国务院证券监督管理机构规定禁止的其他活动。

《证券投资基金法》规定基金管理人、基金托管人、其他基金信息披露义务人应当按照真实性、准确性和完整性的要求履行严格的信息披露义务。《证券投资基金法》对于基金份额持有人的权利、基金份额持有人大会、基金合同的变更终止与基金财产的清算等进行了规范，同时还对监管部门的职责和监管措施、法律责任等进行了详细规范。

第二节 信托公司的设立与运营

一、信托公司的设立、变更和终止

（一）信托公司定义

按照《信托公司管理办法》的定义，信托公司是指依照《中华人民共和国公司法》和《信托公司管理办法》设立的主要经营信托业务的金融机构。从该定义我们可以知道，首先，信托公司是法定金融机构。在我国金融行业分业监管的现实下，信托公司是银监会监管下的非银行金融机构。其次，信托公司主要经营信托业务。所谓的信托业务是指信托公司以营业和收取报酬为目的，以受托人身份承诺信托和处理信托事务的经营行为。

信托公司的业务分为信托业务和固有业务，信托业务是信托公司接受委托人的委托，管理、运用和处分信托财产的经营行为，而固有业务是指信托公司对固有财产（信托公司自有财产）进行管理、运用和处分的经营行为。法律规定信托公司的主营业务是信托业务，但是从信托公司在中国的发展历程来看，很长一段时间内，信托公司偏离了其主营业务。2007 年信托新规的出台，将指引信托公司向主业回归，推动信托公司从“融资平台”真正转变为“受人之托、代人理财”的专业化金融机构。

（二）信托公司设立条件

设立信托公司必须符合下列条件：

（1）有符合《公司法》和银监会规定的公司章程；

（2）有符合规定条件的出资人，包括境内非金融机构、境内金融机构、境外金融机构和银监会认可的其他出资人；

（3）信托公司注册资本最低限额为3亿元人民币或等值的可自由兑换货币，同时注册资本必须是实缴资本；处理信托事务不履行亲自管理职责，即不承担投资管理人职责的，最低限额为1亿元人民币或等值的可自由兑换货币；

（4）由具备银监会规定的任职资格的董事、高级管理人员和与其业务相适应的信托从业人员设立；

（5）具有健全的组织机构、管理制度和风险控制机制；

（6）有符合要求的营业场所、安全防范措施和与业务有关的其他设施；

（7）建立了与业务经营和监管要求相适应的信息科技架构，具有支撑业务经营的必要、安全且合规的信息系统，具备保障业务持续运营的技术与措施；

（8）银监会规定的其他条件。

（三）信托公司设立程序

1. 筹建

信托公司筹建的程序如下图：

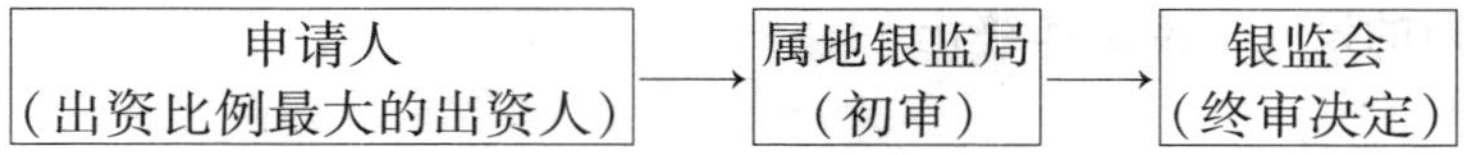

银监会自收到完整申请材料之日起4个月内作出批准或不批准的书面决定，申请人在接到银监会批准决定之日起6个月，未能按期筹建的可申请延期一次，延长期限不得超过3个月。申请人应在筹建期限届满1个月前向银监会和拟设地银监局提交筹建延期申请。

2. 开业

申请人应当在前款规定的期限届满前提交开业申请，逾期未提交的，筹建批准文件失效，由决定机关注销筹建许可。

信托公司开业，应当由出资比例最大的出资人作为申请人向拟设地银监局提交申请，由银监局受理、审查并决定。银监局自受理之日起2个月内作出核准或不予核准的书面决定，并抄报银监会。

信托公司获准开业，应当在银监会领取《金融许可证》后，办理工商登记手续。未经银监会批准，任何单位和个人不得经营信托业务，任何单位也不得在其名称中使用“信托公司“字样。

在目前信托行业的监管政策中，信托公司不得设立或变相设立分支机构。但是现在信托公司如果要异地展业的话，一般会在某地设立信托业务部或信托业务总部，其法律属性仅为信托公司的信托业务部门，而非分支机构。

（四）信托公司出资人

设立信托公司，出资人可以是中国境内的金融机构，也可以是中国境内的非金融机构，但外资出资人必须是境外的金融机构，境外的非金融机构是不能成为信托公司的出资人，银监会认可的出资人亦可作为设立信托公司的出资人。

1. 信托公司出资人的资质条件

境内非金融机构投资人：境内非金融机构作为信托公司出资人，应当具备以下条件（境内金融机构需符合除第6项外的其他条件，同时须符合与该类金融机构有关的法律、法规和监管规定以及具有良好的内部控制机制和健全的风险管理体系）：

（1）在工商行政管理部门登记注册，具有法人资格（该项条件排除了非法人企业如合伙企业等作为信托公司出资人的情形）；

（2）有良好的公司治理结构或有效的组织管理方式；

（3）有良好的社会声誉、诚信记录和纳税记录；

（4）经营管理良好，最近2年内无重大违法违规记录；

（5）财务状况良好，且最近2个会计年度连续盈利；

（6）最近一个会计年度末，净资产不低于资产总额的30%；

（7）入股资金为自有资金，不得以借贷资金入股，不得以他人委托资金入股（该项条件排除了信托公司以信托资金入股其他信托公司情形，但信托公司可以固有资金入股其他信托公司）；

（8）单个出资人及其关联方入股信托公司不得超过2家，其中绝对控股不得超过1家；

（9）承诺5年内不转让所持有的信托公司股权（银监会依法责令转让的除外），不将所持有的信托公司股权进行质押或设立信托，并在公司章程中载明；

（10）银监会规章规定的其他审慎性条件。

境外金融机构投资人：境外金融机构作为信托公司出资人，应当符合以下条件：

（1）最近1个会计年度末总资产原则上不少于10亿美元；

（2）具有国际相关金融业务经营管理经验；

（3）银监会认可的国际评级机构最近2年对其作出的长期信用评级为良好及以上；

（4）财务状况良好，最近2个会计年度连续盈利；

（5）符合所在国家或地区法律法规及监管当局的审慎监管要求，最近2年内无重大违法违规经营记录；

（6）具有良好的公司治理结构、内部控制机制和健全的风险管理体系；

（7）单个出资人及其关联方投资入股的信托公司不得超过2家，其中绝对控股不得超过1家；

（8）承诺5年内不转让所持有的信托公司股权（银监会依法责令转让的除外）、不将所持有的信托公司股权进行质押或设立信托，并在公司章程载明；

（9）所在国家或地区金融监管当局已经与银监会建立良好的监督管理合作机制；

（10）具有有效的反洗钱措施；

（11）所在国家或地区经营状况良好；

（12）银监会规章规定的其他审慎性条件。

2. 信托公司出资人禁止

不得作为信托公司出资人情形：

（1）公司治理结构与管理机制存在明显缺陷；

（2）关联企业众多、股权关系复杂且不透明、关联交易频繁且异常；

（3）核心主业不突出且其经营范围涉及行业过多；

（4）现金流量波动受经济景气影响较大；

（5）资产负债率、财务杠杆率高于行业平均水平；

（6）代他人持有信托公司股权；

（7）其他对信托公司产生重大不利影响的情况。

3. 流动性支持及资本补充机制

根据银监会办公厅《关于信托公司风险监管的指导意见》（银监办发〔2014〕99号），信托公司股东在信托公司出现流动性风险时，需要给予流动性支持；如果信托公司资本因经营损失而侵蚀，应该在净资本中全额扣除，相应压缩业务规模或者由股东及时补充资本。信托公司如果违反审慎经营原则，严重危及公司的稳健运行，损害投资人合法权益的，监管机构可以依法责令控股股东转让股权或限制股东权利等监管措施。

（五）机构变更与终止

1. 机构变更

信托公司法人机构变更的主要事项包括：变更名称、变更股权或调整股权结构、变更注册资本、变更住所、修改公司章程、分立或合并等。

2. 机构终止

信托公司法人机构出现：①公司章程规定的营业期限届满或者其他应当解散的情形；或②股东会议决定解散；或③因公司合并或者分立需要解散；或④其他法定

事由的，可以申请解散。

信托公司出现：①不能清偿到期债务，并且资产不足以清偿全部债务或者明显缺乏清偿能力，自愿或应其债务人要求申请破产的；或②已解散但未清算或者未清算完毕，依法负有清算责任的人发现该机构资产不足以清偿债务，应当申请破产的，向法院申请破产前，应当向银监会申请并获得批准。

（六）调整业务范围和增加业务品种

1. 企业年金基金管理业务资格

（1）具有良好的公司治理和内部控制体系；

（2）符合审慎监管指标要求；

（3）监管评级良好；

（4）最近2年无重大违法违规经营记录；

（5）具有与开办企业年金基金管理业务相适应的内部控制制度及风险管理制度、合格专业人员、安全且合规的信息系统，具备保障业务持续运营的技术与措施；

（6）银监会规章规定的其他审慎性条件。

2. 特定目的信托受托机构资格

（1）完成重新登记3年以上；

（2）注册资本不低于5亿元人民币或等值的可自由兑换货币，且最近2年年末按要求提足全部准备金后，净资产不低于5亿元人民币或等值的可自由兑换货币；

（3）自营业务资产状况和流动性良好，符合有关监管要求；

（4）具有良好的社会声誉和经营业绩，最近2年无重大违法违规经营记录；

（5）监管评级良好，符合审慎监管指标要求；

（6）具有良好的公司治理和内部控制制度，完善的信托业务操作流程和风险管理体系；

（7）具有履行特定目的信托受托机构职责所需要的专业人员以及与业务经营相适应的安全且合规的信息系统，具备保障业务持续运营的技术与措施；

（8）已按照规定披露公司年度报告以及银监会规章规定的其他审慎性条件。

3. 受托境外理财业务资格

（1）具有良好的公司治理、风险管理体系和内部控制；

（2）注册资本不低于10亿元人民币或等值的可自由兑换货币；

（3）经批准具备经营外汇业务资格，具有良好的开展外汇业务的经历；

（4）监管评级良好及符合审慎监管指标要求；最近2年无重大违法违规经营记录；

（5）最近2个会计年度连续盈利；

（6）配备能够满足受托境外理财业务需要且具有境外投资管理能力和经验的专

业人才（从事外币有价证券买卖业务 2 年以上的专业管理人员不少于 2 人）；设有独立开展受托境外理财业务的部门，对受托境外理财业务集中受理、统一运作、分账管理；

（7）具备满足受托境外理财业务需要的风险分析技术和风险控制系统；具有满足受托境外理财业务需要的营业场所、安全防范设施和其他相关设施；在信托业务与固有业务之间建立了有效的隔离机制；

（8）具有与业务经营相适应的安全且合规的信息系统，具备保障业务持续运营的技术与措施；

（9）银监会规章规定的其他审慎性条件。

4. 股指期货交易业务资格

（1）监管评级良好且符合审慎监管要求，最近 2 年无重大违法违规经营记录；

（2）具有完善有效的股指期货交易内部控制制度和风险管理制度；

（3）具有接受相关期货交易技能专门培训半年以上、通过期货从业资格考试、从事相关期货交易 1 年以上的交易人员至少 2 名，相关风险分析和管理人员至少 1 名，熟悉套期会计操作程序和制度规范的人员至少 1 名，以上人员相互不得兼任，且无不良记录；期货交易业务主管人员应当具备 2 年以上直接参与期货交易活动或风险管理的经验，且无不良记录；

（4）具有符合如下要求信息系统：①具备可靠、稳定、高效的股指期货交易管理系统及股指期货估值系统，能够满足估值期货交易及估值的需要；②具备风险控制系统和风险控制模块，能够实现对股指期货交易的实时监控；③将股指期货交易系统纳入风险控制指标动态监控系统，确保各项风险控制指标符合规定标准；④信托公司与其合作的期货公司信息系统至少铺设一条专线连接，并建立备份通道；

（5）具有从事交易所需要的营业场所、安全防范设施和其他相关设施；具有严格的业务分离制度，确保套期保值类业务与非套期保值类业务的市场信息、风险管理、损益核算有效隔离；

（6）申请开办以投机为目的的股指期货交易，应当已开展套期保值或套利业务一年以上；

（7）银监会规章规定的其他审慎性条件。

5. 发行金融债券、次级债券

（1）具有良好的公司治理、风险管理体系和内部控制，具备适当的业务隔离和内部控制技术支持系统；

（2）监管评级良好且符合审慎监管指标要求；

（3）最近 2 年内无重大违法违规经营记录；最近 2 个会计年度连续盈利，有稳定的盈利预期；

（4）无到期不能支付的债务；

（5）银监会规章规定的其他审慎性条件。

6. 申请程序

信托公司申请开展上述业务的资格，应当向银监分局或所在城市银监局提交申请，由银监分局或银监局受理并初步审查，银监局审查并决定。银监局自受理之日或收到完整申请材料之日起 3 个月内作出批准或不批准的书面决定，并抄报银监会。

二、信托公司经营范围与经营方式

（一）营业范围

《信托公司管理办法》对信托公司的营业范围进行了规定，信托公司可以申请如下部分或全部本外币业务：①资金信托；②动产信托；③不动产信托；④有价证券信托；⑤其他财产或财产权信托；⑥作为投资基金或基金管理公司的发起人从事投资基金业务；⑦经营企业资产的重组、购并及项目融资、公司理财、财务顾问等业务；⑧受托经营国务院有关部门批准的证券承销业务；⑨办理居间、咨询、资信调查等业务；⑩代保管及保管箱业务以及法律法规或银监会批准的其他业务。

根据《信托公司管理办法》对信托公司营业范围的限定，信托公司除可以开展资金信托、动产信托、不动产信托、有价证券信托以及其他财产或财产权信托等信托业务外，还可以从事证券承销业务；作为投资基金或者基金管理公司的发起人从事投资基金业务；办理居间、咨询和资信调查业务；代保管和保管箱业务；经营企业资产的重组、购并及项目融资、公司理财和财务顾问业务。

《信托公司管理办法》规定：信托公司经营外汇信托业务，应当遵守国家外汇管理的有关规定，并接受外汇主管部门的检查、监督。已经失效的《信托投资公司管理办法》对于信托公司的外汇业务已予以了确认，但是要求经营外汇业务的信托公司的注册资本中应不少于等值 1500 万美元的外汇。为了对接《信托投资公司管理办法》关于信托公司外汇资本金的规定，国家外汇管理局颁发了《关于信托投资公司购汇补充外汇资本金有关问题的通知》（汇发〔2001〕159 号）①。

---

① 该通知的主要内容为：（1）信托投资公司须先在人民银行进行重新登记后，方可向所在地外汇局申请购汇补充外汇资本金；（2）对于自有外汇资金不足 1500 万美元的信托投资公司，差额部分可以向所在地外汇管理局分局申请购汇，用于补充外汇资本金。所在地分局在审核真实性后，可以批准其购汇；（3）信托投资公司在向外汇局申请购汇时，应提供人民银行重新登记的证明文件和近期经会计师事务所验资的自有外汇资金的证明文件；（4）如果信托投资公司申请购汇的金额超过自有外汇资金与 1500 万美元的差额，对于超过部分的外汇资金需求，外汇局暂不受理。

从理论上，信托公司是可以开展以上所有的业务，但是在实际上信托公司很多业务是开展不了或者是没有拓展的。比如证券承销业务，证监会是不会允许信托公司开展股票承销业务的，首先是因为信托公司是银监会监管下的金融机构，分业监管下的部门利益冲突是客观存在的；其次目前服务于股票承销市场的证券公司已趋于饱和。尽管信托公司可以从事债券承销业务，但业务份额极为有限，信托公司可以做副主承销商，但是相关监管部门是不会批准信托公司为主承销商的。

（二）信托/固有财产的管理运用方式

信托公司管理、运用或处分信托财产，可以采取投资、出售、存放同业、买入返售、租赁、贷款等方式，但是信托公司不得以卖出回购方式管理、运用信托财产。

信托公司的固有业务可以采取开展存放同业、拆放同业、贷款、租赁、投资等业务，但是信托公司不得以固有财产进行实业投资，只能进行金融类股权投资、金融产品投资和自用固定资产投资。银监发〔2007〕8号文要求信托公司2007年12月31日前清理完毕固有项下的实业投资，对于实施过渡期安排的信托公司，应当在过渡期结束前清理完毕固有项下实业投资。信托公司开展对外担保业务的，其对外担保余额不得超过其净资产的50%。信托公司也可以开展外汇信托业务。

信托公司不得负债经营，但可以开展同业拆入业务。信托公司开展同业拆借业务需要向中国人民银行上海总部申请进入全国银行间同业拆借市场，信托公司进入同业拆借市场应当具备《同业拆借管理办法》规定的市场准入条件①，并且应当在申请进入同业拆借市场前最近2个年度连续盈利。信托公司最高拆入限额和最高拆出限额②均不得超过净资产的20%。信托公司拆入资金的最长期限③为7天，最短期限为1天，具体同业拆借期限由信托公司和拆出方金融机构协商确定；金融机构

① 申请进入全国银行间同业拆借市场的金融机构应当具备如下基本的市场准入条件：（1）在中国境内依法设立；（2）有健全的同业拆借交易组织机构、风险管理制度和内部控制制度；（3）有专门从事同业拆借交易的人员；（4）主要监管指标符合监管部门的规定；（5）最近2年未因违法违规行为受到监管部门的处罚；（6）最近2年未出现资不抵债情况；（7）中国人民银行规定的其他条件。

② 各金融机构最高拆入限额和最高拆出限额分别为：政策性银行上年末待偿还金融债券余额的8%；中资商业银行、城市信用合作社、农村信用合作社县级联合社各项存款余额的8%；外商独资银行、中外合资银行实收资本的2倍；外国银行分行人民币营运资金的2倍；企业集团财务公司、金融资产管理公司、金融租赁公司、汽车金融公司、保险公司实收资本的100%；信托公司、保险资产管理公司净资产的20%；证券公司净资本的80%。除城市商业银行、农村商业银行和农村合作银行外的中资商业银行授权的一级分支机构的最高拆入限额和最高拆出限额由该机构的总行授权确定，并应纳入总行法人统一考核。

③ 政策性银行、中资商业银行、中资商业银行授权的一级分支机构、外商独资银行、中外合资银行、外国银行分行、城市信用合作社、农村信用合作社县级联合社拆入资金的最长期限为1年；金融资产管理公司、金融租赁公司、汽车金融公司、保险公司拆入资金的最长期限为3个月；企业集团财务公司、信托公司、证券公司、保险资产管理公司拆入资金的最长期限为7天。

拆出资金的最长期限不得超过对手方由中国银行规定的拆入资金最长期限；同业拆借到期后不得展期。

第三节　信托公司内部治理机制

一、信托公司内部治理概述

信托公司内部治理所遵循的基本原则是受益人利益最大化原则。信托公司治理架构的建立和运作应当以受益人利益为根本出发点，信托公司、股东及其员工的利益与受托人利益发生冲突时，应当优先保障受益人的利益。根据监管部门的要求，信托公司应当保持公司内部治理的适当性和有效性，合理界定三会一层（股东会、董事会、监事会、高级管理层）的职责权限，全面强化公司内部约束机制。

二、信托公司法人治理结构

建立健全公司的内部治理，首先要求完善公司的法人治理结构。信托公司应当合理界定股东会、董事会、监事会和高级管理层的职责权限：信托公司各股东应当合法诚信，积极支持信托公司的长远发展；董事会及其下属的各专门委员会应当严格按照法律法规、监管规定和《公司章程》履行相应的职责，并且根据信托公司长期健康发展的要求，组织制定切实可行的中长期发展规划，同时应当建立健全独立董事制度；监事会应当切实履行监督公司的战略决策、风险与合规管理、内部审计等方面的职责，并根据公司的实际情况提出合理化建议；高级管理层根据董事会的授权审慎开展经营活动，并且应当认真执行董事会制定的发展战略、风险和合规管理政策。

根据《中国银行业监督管理委员会办公厅关于信托公司风险监管的指导意见》（银监办发〔2014〕99 号），信托公司股东会、董事会、监事会、经营管理层需要清晰界定职责权限，各司其职，形成运行有效、制衡有效、激励有效、约束有效的良性机制。信托公司实际控制人必须“阳光化”，明确风险责任，做到权责对等。各地银监局要将信托公司的公司治理情况作为监管重点，对《信托公司治理指引》等相关规定执行不力的机构和责任人员严格问责。

（一）股东会

股东会是信托公司的权力机构，信托公司应当在公司章程中明确规定股东会的职权范围、股东会的召集、表决的程序和方式。信托公司应当定期召开股东会议，定期会议审议事项包括：法律法规和公司章程规定的事项[①]；通报监管部门对公司的监管意见及公司执行整改情况；报告受益人利益的实现情况。

股东会议应当按照《公司法》和《公司章程》规定的表决程序和方式对相关会议事项进行表决，但是如果信托公司的股东单独或者与其关联方合并持有信托公司50%以上股东的，为了缓冲大股东利用表决权优势产生的对信托公司的控制，增强小股东在信托公司治理中的话语权，股东会议选举董事、监事应当实行累计投票制[②]。

（二）董事会

董事会应当对股东会负责，根据法律法规、监管指引和《公司章程》行使职权[③]，制定信托公司发展战略、风险管理政策以及公司的基本管理制度，并且不得干预高级管理层在授权范围内的正常经营活动。

根据《信托公司治理指引》规定信托公司董事会每年至少召开两次会议，董事会决议应当经董事会一半以上董事通过方为有效，但表决重大投资、重大资产处置、变更高级管理人员和利润分配方案等事项，须经董事会三分之二以上董事通过。

董事会应当履行的通知和报告义务包括：当出现公司或高级管理人员涉嫌重大违规违法行为、公司财务状况持续恶化或者发生重大亏损、拟更换董事、监事或高级管理人员以及其他可能影响信托公司持续经营的事项时董事会应当立即通知全体股东，并向监管部门报告。对于一致行动时可以实际上控制信托公司的关联股东，董事会应当及时向股东大会和监管部门报告并提交关联股东的名单。

信托公司董事会可以根据具体情况下设如下专门委员会：信托委员会、风险控制委员会、审计委员会、关联交易委员会、人事与薪酬委员会。其中信托委员会是

---

① 根据《公司法》的规定，股东会行使的职权包括：（1）决定公司的经营方针和投资计划；（2）选举和更换非由职工代表担任的董事、监事，决定有关董事和监事的报酬事项；（3）审议批准董事会报告；（4）审议批准监事会或者监事的报告；（5）审议批准公司的年度财务预算方案和决算方案；（6）审议批准公司的利润分配方案和弥补亏损方案；（7）对公司增加或者减少注册资本作出决议；（8）对发行公司债券作出决议；（9）对公司合并、分立、解散、清算或者变更公司形式作出决议；（10）修改公司章程；（11）公司章程规定的其他职权。

② 根据《公司法》的规定，股东大会选举董事、监事，可以依照公司章程的规定或者股东大会的决议，实行累积投票制。累积投票制是由证监会2002年颁布的《上市公司治理指引》首次引进的一种表决制度，2005年修订《公司法》时，也吸收了这一表决制度。累积投票制的具体含义是指：股东大会选举董事或者监事时，每一股份拥有与应选董事或者监事人数相同的表决权，股东拥有的表决权可以集中使用。

③ 根据《公司法》的规定，董事会行使的职权包括：（1）召集股东会会议，并向股东会报告工作；（2）执行股东会的决议；（3）决定公司的经营计划和投资方案；（4）制定公司的年度财务预算方案和决算方案；（5）制定公司的利润分配方案和弥补亏损方案；（6）制定公司增加或者减少注册资本以及发行公司债券的方案；（7）制定公司合并、分立、解散或者变更公司形式的方案；（8）决定公司内部管理机构的设置；（9）决定聘任或者解聘公司经理及其报酬事项，并根据经理的提名决定聘任或者解聘公司副经理、财务负责人及其报酬事项；（10）制定公司的基本管理制度；（11）公司章程规定的其他职权。

信托公司必须设立的专门委员会，信托委员会委员不少于 3 人，委员会主任应当由独立董事担任。其他专门委员会根据公司实际情况和需求设立。

董事会秘书是信托公司必须设立的专门机构，主要负责股东大会、董事会的筹备、会议记录和会议文件的保管、信息披露及其他日常事务，并负责将股东大会、董事会等会议文件报监管部门备案。

（三）监事会

信托公司必须设立监事会，和董事会会议一样，监事会会议每年至少召开两次会议。监事会可以要求信托公司董事或高级管理人员出席监事会会议，回答所关注的问题；信托公司应当将其内部稽核报告、合规检查报告、财务会计报告及其他事项及时报告监事会。

信托公司监事会可以聘请外部审计机构或咨询机构，其费用由信托公司承担。监事会可以根据履行职责的需要下设专门机构，负责监事会会议的筹备、会议记录和会议文件保管等事项。

信托公司董事、高级管理人员及其直系亲属不得担任本公司监事。信托公司监事应当列席董事会会议，享有发表意见的权利（但不具有表决权），并可就其所发现的重大事项单独向中国银监会或属地银监局报告。

（四）董事、高级管理人员

1. 独立董事

信托公司必须设立独立董事，独立董事人数应不少于董事会成员的四分之一，如果单个股东及其关联方持有信托公司总股本三分之二以上的，其独立董事人数应不少于董事会成员的三分之一。信托公司独立董事不得在其他信托公司任职。

信托公司独立董事不得存在如下情形：

（1）本人及其近亲属合并持有该信托公司 1% 以上股份或股权；

（2）本人或其近亲属在持有该信托公司 1% 以上股份或股权的股东单位任职；

（3）本人或其近亲属在该信托公司、该信托公司控股或者实际控制的机构任职；

（4）本人或其近亲属在不能按期偿还该信托公司债务的机构任职；

（5）本人或其近亲属任职的机构与本人拟任职信托公司之间存在法律、会计、审计、管理咨询、担保合作等方面的业务联系或债权债务等方面的利益关系，以致妨碍其履职独立性的情形；

（6）本人或其近亲属可能被拟任职信托公司大股东、高管层控制或施加重大影响，以致妨碍其履职独立性的其他情形；

（7）本人已在其他信托公司任职的。

独立董事职责：①提议召开股东大会临时会议或董事会；②向股东大会提交工

作报告；③基于履行职责的需要聘请审计机构或咨询机构，费用由信托公司承担。（监事会也有此职责和权利）；④对重要业务发表独立意见，可就关联交易等情况单独向监管部门报告；⑤对公司董事、高级管理人员的薪酬计划、激励计划等事项发表独立意见。

独立董事在任期内辞职或被免职的，独立董事本人和信托公司应当分别向股东大会和监管部门提供书面说明。

2. 高级管理人员

任职资格：信托公司董事长、副董事长、独立董事、其他董事会成员以及董事会秘书，须经任职资格许可。信托公司总经理（首席执行官、总裁）、副总经理（副总裁）、风险总监（首席风险官）、财务总监（首席财务官）、总会计师、总审计师（总稽核）、运营总监（首席运营官）、信息总监（首席信息官）、总监理助理（总裁助理）等高级管理人员，须经任职资格许可。

信托公司总经理和董事长不得为同一人，总经理向董事会负责，未担任董事职务的总经理可以列席董事会会议。

根据《中国银行业监督管理委员会办公厅关于信托公司风险监管的指导意见》（银监办发〔2014〕99 号），对信托公司高管实行准入“三考”制度。凡新进信托公司董事、高管都必须通过“三考”，再核准其任职资格。“三考”内容和要求，由非银行金融机构监管部负责制定，属地银监局按统一要求具体实施。包括：考核（对过往业绩做非现场检查）、考试（考查履职能力和业务能力是否相符）、考查（当面谈话，判断是否具备高管能力）。

信托公司的高级管理层应当设立合规管理部门。合规管理部门协助高级管理层有效识别和管理信托公司所面临的合规风险，对信托公司各部门及其人员行为的合规情况进行全程监控。信托公司内部审计部门应当至少每半年向信托公司董事会提交内部审计报告，同时向银监会或属地银监局报送内部审计报告副本。

3. 董事、高级管理人员任职资格

（1）董事、高级管理人员基本任职资格

①具有完全民事行为能力。

②具有担任拟任职务所需的相关知识、经验及能力。

③具有良好的守法合规记录、品行和声誉以及经济金融从业记录，但是具有以下情形之一的，不得担任信托公司董事和高级管理人员：有故意或重大过失犯罪记录的；有违反社会公德的不良行为，造成恶劣影响的；对曾任职机构违法违规经营活动或重大损失负有个人责任或直接领导责任，情节严重的；担任或曾任被接管、撤销、宣告破产或吊销营业执照机构董事或高级管理人员的，但能够证明本人对此不负有个人责任的除外；因违反职业道德、操守或者工作严重失职，造成重大损失

或恶劣影响的；指使、参与所任职机构不配合依法监管或案件查处的；被取消终身的董事和高级管理人员任职资格，或收到监管机构或其他金融管理部门处罚累计达到2次以上的；不具备任职资格条件，采取不正当手段以获取任职资格核准的。

④个人及家庭财务稳健、具有担任拟任职务所需的独立性、能够履行对金融机构的忠实与勤勉义务，但是具有以下情形之一的，不得担任信托公司董事和高级管理人员：截至申请任职资格时，本人或其配偶仍有数额较大的逾期债务未能偿还，包括但不限于在该信托公司的逾期债务；本人及其近亲属合并持有该信托公司5%以上股份，且从该信托公司获得授信总额明显超过其持有的该信托公司的股权净值；本人及其所控股的信托公司股东单位合并持有该信托公司5%以上股份，且从该信托公司获得授信总额明显超过其持有的该信托公司的股权净值；本人或其配偶在持有该信托公司5%以上股份的股东单位任职，且该股东单位从该信托公司获得授信总额明显超过其持有的该信托公司的股权净值，但能够证明授信与本人及其配偶没有关系的除外；存在其他所任职务与其在该信托公司拟任、现任职务有明显利益冲突，或明显分散其在该信托公司履职时间和精力的情形。

（2）董事的任职资格

拟任董事除需符合基本任职资格外，还需要符合如下条件：

①具有5年以上经济、金融、法律、财会或其他有利于履行董事职责的工作经历，其中拟担任独立董事的，还应是经济、金融、法律、财会等方面专业人士；

②能够运用信托公司财务报表和统计报表判断信托公司的经营管理和风险状况；

③了解拟任职信托公司的公司治理结构、公司章程以及董事会职责，并熟知董事的权利和义务。

拟任董事长、副董事长和董事会秘书，除需符合基本任职资格及董事任职资格外，还需要符合如下条件：

①拟任信托公司董事长、副董事长，应当具有本科以上学历，从事金融工作5年以上，或从事相关经济工作10年以上（其中从事金融工作3年以上）；

②拟任信托公司董事会秘书，应当具备本科以上学历，从事信托业务5年以上，或从事其他金融工作8年以上。

（3）高级管理人员的任职资格

拟任高级管理人员除需符合基本任职资格外，还需要符合如下条件：

①担任总经理（首席执行官、总裁）、副总经理（副总裁）、运营总监（首席运营官）和总经理助理（总裁助理）以及实际履行高级管理人员职责的人员，应当具备本科以上学历，从事信托业务5年以上，或从事其他金融工作8年以上；

②担任财务总监（首席财务官）、总会计师、总审计师（总稽核），应当具备

本科以上学历，从事财务、会计或审计工作6年以上；

③担任风险总监（首席风险官），应当具备本科以上学历，从事金融机构风险管理工作3年以上，或从事其他金融工作6年以上；

④担任信息总监（首席信息官），应当具备本科以上学历，从事信息科技工作6年以上。

三、内部控制管理机制

根据相关政策法规和监管精神，信托公司应当分别设置固有业务部门和信托业务部门以确保固有业务和信托业务相互分离，分管固有业务和信托业务的高级管理人员不能为同一人，固有业务部门和信托业务部门的工作人员不得相互兼职。信托公司应当为自营业务和信托业务分别建账和核算，其财务人员也应当互相独立。信托公司对自营业务和信托业务应当分别制定业务流程、操作规程和风险控制制度。信托同时还应当实行信息隔离制度，自营业务部门和信托业务部门对于未经公开的业务信息不得公开交流。

信托公司内部的风险控制机制应当是事前防范、事中控制和事后监督相结合，与此相对应，信托公司应当根据职责分离的原则，形成前台、中台、后台相互分离监督和协调的互不约束监督机制。根据信托公司实际运行状况，一般可分为前台业务部门（固有业务和信托业务部门）、中台审批部门（包括风险管理部门、合规法律部等）、后台支持部门（包括财务部门、人力资源部门、综合行政部门、稽核审计部门等）。

根据监管要求，信托公司应当设立独立的内部稽核审计部门，对所有业务每半年至少稽核一次，对中止或结束的业务要在一个月内进行稽核，对自营业务和信托业务的分离情况进行稽核，对业务开展过程中出现的问题要随时稽核，按季将稽核情况上报董事会。信托公司还应当建立业务风险责任制和尽职问责制，明确风险责任的承担原则和方式。

第四节　信托产品类型

一、信托产品分类

（一）产品分类标准

信托公司的信托产品没有统一的标准化分类，根据不同的标准可以有不同的分类。

按照产品结构和投资人的特征可以将信托产品分为单一信托、集合信托和财产管理信托。单一信托是信托公司根据单一委托人的相关要求来设计产品，一般情况下该类单一委托人要么是机构投资者，要么就是风险识别和风险承受能力很强的自然人，因此信托公司承担的风险较小、信托报酬也较低、受到的监管也较松。集合信托一般都是信托公司自主开发的产品，然后向合格投资者推介。银监会为了规范集合信托产品的运作，专门颁发了《信托公司集合资金信托计划管理办法》。财产管理信托在信托公司的信托业务中所占的比例较小，比如股权代持等。

按照投资方式或投资领域，可以将信托产品分为房地产信托、私募股权投资信托、私募证券投资信托、受托境外理财、企业年金、基础设施类信托（信政合作）、银信合作。值得说明的是，根据《银行与信托公司业务合作指引》的规定，银信合作的范围较为广泛，银信理财合作、信贷资产证券化、信托产品推介和信托计划的保管等都属于银信合作领域，所以银信合作并不是一个单独的信托产品种类。但是我们可以从狭义上去理解银信合作，将银信合作局限于银信理财合作和信贷资产证券化，就可以将银信合作划分为独立的产品类型。

（二）业务转型创新

根据《中国银行业监督管理委员会办公厅关于信托公司风险监管的指导意见》（银监办发〔2014〕99 号），监管部门要求改造信贷类集合资金信托业务模式，研究推出债权型信托直接融资工具。大力发展真正的股权投资，支持符合条件的信托公司设立直接投资专业子公司。鼓励开展并购业务，积极参与企业并购重组，推动产业转型。积极发展资产管理等收费型业务，鼓励开展信贷资产证券化等业务，提高资产证券化业务附加值。探索家族财富管理，为客户量身定制资产管理方案。完善公益信托制度，大力发展公益信托，推动信托公司履行社会责任。

二、单一信托与集合信托计划

（一）单一信托

单一信托是指由单一委托人将其所有的财产或财产权信托给信托公司，由信托公司按照信托合同的约定管理、运用和处分信托财产。单一信托和集合信托的区别主要在于委托人数量的不同，集合信托的委托人必须是 2 人及 2 人以上。委托人可以将其所有的资金、动产、不动产、有价证券、其他财产权等信托给信托公司，从而设立单一资金信托、单一动产信托、单一不动产信托、单一有价证券信托或者单一财产权信托。

在信托公司业务实践中，集合信托产品一般是由信托公司主导开发，然后由信托公司向机构和个人投资者发售。单一信托则往往由委托人制定信托资金的运用方式和运用对象，受托人则按照委托人的指定管理、运用和处分信托财产。

（二）集合信托计划

目前信托公司开展的集合信托计划基本上都是资金信托，也即是集合资金信托计划，是由信托公司担任受托人，按照委托人的意愿，为受益人的利益，将两个及以上委托人交付的资金进行集中管理、运用或处分的资金信托业务。为了规范信托公司集合资金信托业务的开展，银监会颁发了《信托公司集合资金信托计划管理办法》。《信托公司集合资金信托计划管理办法》对信托计划的设立、信托计划的推介、信托计划的运营和风险管理、信托财产的保管、信托计划的变更终止和清算、受益人大会和信息披露等项内容进行了规范。

信托公司发行集合资金信托产品，认购产品的委托人必须是合格投资者，同时参与信托计划的委托人必须为唯一的受益人。两个或两个以上单一资金信托项下信托资金投资同一个项目的，其委托人也应当符合合格投资者的条件。《信托公司集合资金信托计划管理办法》对认购单个信托计划的自然人委托人的人数进行了限制，即不得超过 50 人，但是如果单笔认购信托计划金额超过 300 万元的自然人委托人不受该 50 人人数的限制。

上述合格投资者的认定标准，《信托资金信托计划管理办法》予以了明确，即符合如下条件之一的投资者可认定为合格投资者：（1）投资一个信托计划的最低金额不少于 100 万元人民币的自然人、法人或者依法成立的其他组织；（2）个人或者家庭金融资产总计在其认购时超过 100 万元人民币，且能够提供相关财产证明的自然人；（3）个人收入在最近 3 年内每年收入超过 20 万元人民币或者夫妻双方合计收入在最近 3 年内每年收入超过 30 万元人民币，且能够提供相关收入证明的自然人。

信托公司设立信托计划前，应当进行详细的尽职调查，并出具尽职调查报告报经风险与合规部门审批核准。信托公司发行集合信托产品，应当签署的信托计划文件包括认购风险申明书、信托计划说明书、信托合同以及银监会规定的其他文件①。

---

① 认购风险申明书应当包含但不限于如下内容：（1）信托计划不承诺保本和最低收益，具有一定的投资风险，适合风险识别、评估、承受能力较强的合格投资者；（2）委托人应当以自己合法所有的资金认购信托单位，不得非法汇集他人资金参与信托计划；（3）信托公司依据信托计划文件管理信托财产所产生的风险，由信托财产承担。信托公司因违背信托计划文件、处理信托事务不当而造成信托财产损失的，由信托公司以固有财产赔偿；不足赔偿时，由投资者自担；（4）委托人在认购风险申明书上签字，即表明已经认真阅读并理解所有信托计划文件，并自愿依法承担相应的信托投资风险。信托计划说明书应当不含但不限于如下内容：（1）信托公司基本情况；（2）信托计划的名称及主要内容；（3）信托合同的内容摘要；（4）信托计划的推介日期、期限和信托单位价格；（5）信托计划的推介机构；（6）信托经理人员名单、履历；（7）律师事务所出具的法律意见书；（8）风险警示内容；（9）银监会规定的其他内容。信托合同应当载明的事项：（1）信托目的；（2）受托人、保管人的姓名（或者名称）、住所；（3）信托资金的币种和金额；（4）信托计划的规模与期限；（5）信托资金管理、运用和处分的具体方法或者安排；（6）信托利益的计算、向受益人交付信托利益的时间和方法；（7）信托终止时信托财产的归属及分配方式；（8）受托人报酬计算方法、支付期间及方法；（9）信托终止时信托财产的归属及分配方式；（10）信托当事人的权利、义务；（11）受益人大会召集、议事及表决的程序和规则；（12）新受托人的选任方式；（13）风险揭示；（14）信托当事人的违约责任及纠纷解决方式；（15）信托当事人约定的其他事项。

《信托公司集合资金信托计划管理办法》对信托文件应当具备的内容进行了规范，同时要求在信托合同首页右上方用醒目字体载明如下文字：“信托公司管理信托财产应恪尽职守，履行诚实、信用、谨慎、有效管理的义务。信托公司依据本信托合同约定管理信托财产所产生的风险，由信托财产承担。信托公司因违背信托合同、处理信托事务不当而造成信托财产损失的，由信托公司以固有财产赔偿；不足赔偿时，由投资者自担。”

三、公益信托

（一）公益信托概述

1. 公益信托定义

根据《信托法》第60条规定，为了下列公共利益目的之一而设立的信托，属于公益信托：①救济贫困；②救助灾民；③扶助残疾人；④发展教育、科技、文化、艺术、体育事业；⑤发展医疗卫生事业；⑥发展环境保护事业，维护生态环境；⑦发展其他社会公益事业。

《慈善法》第3条以及《慈善信托管理办法》（银监发〔2017〕37号）第7条关于慈善活动目的的界定与《信托法》基本相同。

2. 公益信托特点

（1）信托目的的公益性

信托目的的公益性需要注意如下两个问题：①信托目的必须是完全公益性，还是可以包括其他非公益目的？根据《信托法》第63条的规定，公益信托的信托财产及其收益不得用于非公益目的，因此公益信托的信托目的必须具有完全公益性。②信托目的的公益性应从实质性角度去认定，并不能从形式性角度去认定。

（2）受益人的不特定性

根据《信托法》第11条规定，受益人或者受益人范围不能确定的信托，属于无效信托。《信托法》规定的受益人的确定性主要包括受益人的确定性或者受益人范围的确定性两个方面。公益信托的受益人的确定性主要是指受益人范围的确定性，而受益人具有不特定性。《慈善信托管理办法》第14条第（四）项明确规定慈善信托文件应当载明受益人范围及选定的程序和方法。

（二）公益信托的设立与审批

1. 设立要件

（1）信托目的：具备合法的信托目的且该信托目的应当具备公益性。

（2）信托财产：有确定性的信托财产且必须是委托人合法所有的财产；公益信托的信托财产及其收益，不得用于非公益目的。

（3）书面形式：公益信托的设立应当采取书面形式。书面形式可以是信托合同，也可以是遗嘱或者法律、行政法规规定的其他书面文件。

（4）受益人：公益信托的受益人范围应当能够确定。

2. 公益信托的审批

（1）审批机关

根据《信托法》第 62 条规定，公益信托的设立和确定其受托人，应当经有关公益事业的管理机构批准。未经公益事业管理机构的批准，不得以公益信托的名义进行活动。公益事业的管理机构包括民政主管部门、教育主管部门等多个部门，因此《慈善法》出台前的公益信托存在如下审批无门的实务困境：①多个公益目的下的审批机关无法确定；②具体审批规则和程序的缺失导致审批无章可循。

《慈善法》第 45 条及《慈善信托管理办法》第 15 条规定，受托人应当在慈善信托文件签订之日起七日内，将相关文件向受托人所在地县级以上人民政府民政部门备案。未按照前款规定将相关文件报民政部门备案的，不享受税收优惠。

值得注意的问题在于：《信托法》规定公益信托的设立实行的是审批制，即需要经公益事业管理机构的批准；而《慈善法》和《慈善信托管理办法》规定公益信托的设立实行的是备案制，将相关信托文件提交民政部门备案即可。

（2）审批事项

①设立审批：信托设立的一般要件及公益信托的特别要件。公益信托成立后，发生设立信托时不能预见的情形，公益事业管理机构可以根据信托目的，变更信托文件中的有关条款。

②受托人审批：公益信托受托人的确定应当经公益事业管理机构的批准；公益信托受托人未经公益事业管理机构的批准，不得辞任；公益信托受托人违反信托义务或者无能力履行其职责的，由公益事业管理机构变更受托人。

（3）反向监督

如果公益事业管理机构违反《信托法》相关规定的，委托人、受托人或者受益人有权向人民法院提起诉讼。

3. 公益信托监察人

（1）监察人指定

《信托法》第 64 条规定，公益信托应当设置信托监察人。信托监察人由信托文件规定。信托文件未规定的，由公益事业管理机构指定。

《慈善法》第 49 条及《慈善信托管理办法》第 11 条规定，慈善信托的委托人根据需要，可以确定信托监察人。

值得注意的问题在于：《信托法》规定公益信托关于信托监察人的设置是“应当”，即公司信托必须设置监察人；而《慈善法》及《慈善信托管理办法》是委托人根据需要，可以确定信托监察人。

(2) 法定职权

《信托法》第65条规定，信托监察人有权以自己的名义，为维护受益人的利益，提起诉讼或者实施其他法律行为。

《信托法》第67条规定，受托人应当至少每年一次作出信托事务处理情况及财产状况报告，经信托监察人认可后，报公益事业管理机构核准，并由受托人予以公告。

《信托法》第71条规定，公益信托终止的，受托人作出的处理信托事务的清算报告，应当经信托监察人认可后，报公益事业管理机构核准，并由受托人予以公告。

(3) 推定职权

监察人推定职权是指监察人推定享有的应当由受益人行使的监督权（《信托法》第20~23条规定的信托事务知情权、信托财产管理方法调整权、撤销权及损害赔偿权请求权、解任权）。如果监察人行使推定监督权，与委托人意见不一致的，可以申请人民法院裁定。

(三) 公益信托终止

1. 终止事由

①信托文件规定的终止事由发生；

②信托存续违反信托目的；

③信托目的已经实现或者不能实现；

④信托被撤销。

2. 清算分配

(1) 清算报告

公益信托的清算报告应当经信托监察人认可后，报公益事业管理机构核准，并由受托人予以公告。

(2) 近似原则

①信托终止的，信托财产归属于信托文件规定的人；信托文件未规定的，按照下列顺序确定归属：受益人或者其继承人；委托人或者其继承人。

②公益信托终止的，没有信托财产权利归属人或者信托财产权利归属人是不特定的社会公众的，经公益事业管理机构批准，受托人应当将信托财产用于与原公益目的相近似的目的，或者将信托财产转移给具有近似目的的公益组织或者其他公益信托。

四、另类信托业务

(一) 艺术品投资信托业务

目前艺术品信托的运作模式主要有三种类型：艺术品质押融资、艺术品投资信托基金、艺术家共同信托。艺术品质押融资是指艺术品所有人将其持有的艺术品质押给信托公司，从信托公司融出资金，在艺术品所有人按期偿还债务本息后，信托公司将所质押的艺术品交还给艺术品所有人；艺术品投资信托基金是指信托公司设立信托计划，并聘请专业的艺术品投资顾问提供顾问服务，通过艺术品组合交易投资以实现投资收益。艺术家共同信托是指艺术家将其作品或其收藏的作品交付信托公司设立信托，由信托公司负责经营管理以实现艺术品的价值增值，并从销售增值中获得投资回报。

艺术品投资品种主要包括字画类、古董类、邮品钱币类、珠宝玉石类。字画类投资品种具体可包括书法作品、绘画作品、印章、砚台等。古董类投资品种主要是指古代遗留下来的具有历史文化价值的器物，具体可以包括陶瓷、金银器、青铜器、玉石器、书画、古木家具、钟表等。邮品钱币类投资品种包括邮票、钱币等，其中钱币又包括纸币、铸币等品种。珠宝玉石具体可包括钻石、玉石、珍珠、其他宝石等。

（二）贵金属投资信托业务

1. 我国贵金属市场的发展历程

贵金属主要指金、银、钌、铑、钯、锇、铱、铂八种金属元素，其中铑、钯、锇、铱、铂统称为铂族金属。信托公司开展较多的贵金属投资品种主要为黄金，也即是信托公司以信托资金投资于黄金交易所的黄金产品或者其他与黄金相关的投资标的。

我国在很长时间内没有贵金属交易市场，国家禁止金银在市场上流通。我国贵金属市场的发展经历了如下的发展阶段：

第一阶段，流通市场限制：1950 年 4 月，中国人民银行颁发的《金银管理办法》冻结了民间的金银买卖；1982 年，中国人民银行发行熊猫金币；1982 年 9 月，国内开始出售黄金饰品；1983 年 6 月，国务院颁发的《金银管理条例》规定了国家对金银的统购统配和统一管理的政策，禁止个人和单位私自买卖金银或抵押借款抵押金银。

第二阶段，流通市场开放：1999 年 11 月，国家放开白银市场；2000 年 8 月老凤祥成为我国首家试点黄金自由兑换业务的企业；2001 年 4 月，中国人民银行宣布取消金银的“统购统配”政策；2001 年 6 月，中国人民银行启动黄金价格周报制度；2001 年 9 月中国黄金集团总公司成立；2001 年 11 月，黄金交易所模拟运行；2002 年 10 月，上海黄金交易所开业，标志我国黄金市场全面开放；2004 年 8 月，上海黄金交易所推出 AU（T+D）业务。

2. 贵金属交易场所与品种

我国黄金等贵金属交易的交易所主要有三家，即上海黄金交易所、上海期货交易所和天津贵金属交易所。根据《中国人民银行、公安部、工商总局、银监会、证监会颁发的关于加强黄金交易所或从事黄金交易平台管理的通知》（银发〔2011〕

301 号）规定，上海黄金交易所和上海期货交易所是我国法定的两家黄金现货或期货的交易平台，任何其他机构和单位不得设立黄金交易所，或者在其他交易场所设立黄金交易平台。

国内黄金投资产品主要分为实物黄金、纸黄金、黄金期货、黄金现货延期交收四个品种。以上海黄金交易所为例，目前在上海黄金交易所上市交易的商品有黄金、白银和铂金：黄金现货实盘交易品种有 Au99.95、Au99.99、Au50g、Au100g，延期交易品种有 Au（T+5）、Au（T+D），中远期交易品种有 Au（$T+N^1$）、Au（$T+N^2$）；白银现货实盘交易品种有 Ag99.9、Ag99.99，延期交易品种有 Ag（T+D）；铂金现货实盘交易品种有 Pt99.95。

（三）其他另类投资业务

另类信托投资品种还有酒类投资信托、茶类投资信托。

酒类投资信托主要的投资品种集中于具有一定年份的高档白酒、葡萄酒，其主要的投资点在于其稀缺性和不可复制性，投资者既可以分享投资增值所带来的收益，也可以获得实物分配，非常迎合高端投资者的投资偏好。普洱茶作为信托投资品种在于其本身可以储藏发酵的特质，目前市场上普洱茶投资的热潮使普洱茶悄然成为信托投资品种。

五、非标资金池业务

（一）监管禁止

根据国务院办公厅《关于加强影子银行监管有关问题的通知》（国办发〔2013〕107 号）规定，商业银行不得开展理财资金池业务，切实做到资金来源与运用一一对应；信托公司不得开展非标准化理财资金池等具有影子银行特征的业务。

中国银监会办公厅《关于信托公司风险监管的指导意见》指出，信托公司不得开展非标准化理财资金池等具有影子银行特征的业务。

中国银监会办公厅《关于进一步加强信托公司风险监管工作的意见》（银监办发〔2016〕58 号）规定：各银监局要加强对各信托产品资金来源与运用的期限结构分析，特别是资金来源为开放式、滚动发行、分期发行的信托产品期限错配情况，对复杂信托产品要按“穿透”原则监测底层资产流动性状况。要加大非标资金池信托排查清理力度，摸清底数，督促信托公司积极推进存量非标资金池清理，严禁新设非标资金池，按月报送非标资金池信托清理计划执行情况，直至达标为止。

中国证监会《关于进一步加强基金管理公司及其子公司从事特定客户资产管理业务风险管理的通知》规定：专户产品募集的资金应按照合同约定的投资范围、投资策略和投资标准进行投资，不得开展资金池业务，切实做到资金来源与运用一一对应，确保投资资产逐项清晰明确并定期向客户披露投资组合情况。

（二）资金池业务特征

关于什么是资金池业务，监管机关并无明确的界定。中国证券投资基金业协会印发的《证券期货经营机构落实资产管理业务“八条底线”禁止行为细则》第7条列举了资金池业务的几种情形：①不同资产管理计划进行混同运作，资金与资产无法明确对应；②资产管理计划未单独建账、独立核算，多个资管计划合并编制一张资产负债表或估值表；③资产管理计划在开放申购、赎回或滚动发行时未进行合理估值，脱离对应资产的实际收益率进行分离定价。

第五节 风险监管指标与监管评级

一、金融机构风险监管指标概述

（一）银行业风险监管标准

1. 商业银行风险监管核心指标

根据《商业银行风险监管核心指标（试行）》的规定，商业银行风险监管核心指标分为风险水平、风险迁徙和风险抵补三个层次。

（1）风险水平

风险水平指标包括流动性风险指标、信用风险指标、市场风险指标和操作风险指标，具体指标如下：

流动性风险：流动性比例≥25%、核心负债依存度≥60%、流动性缺口≥10%；

信用风险：不良资产率≤4%（其中不良贷款率≤5%）、单一集团客户授信集中度≤15%，（其中单一客户贷款集中度≤10%）、全部关联度≤50%；

市场风险：累计外汇敞口头寸比例≤20%、利率风险敏感度为利率上升200个基点对银行净值的影响与资本净额之比；

操作风险：操作风险的衡量指标为操作风险损失率，即操作造成的损失与前三期净利息收入加上非利息收入平均值之比。

（2）风险迁徙

风险迁徙类指标衡量商业银行风险变化的程度，表示为资产质量从前期到本期变化的比率。风险迁徙类指标包括正常贷款迁徙率和不良贷款迁徙率，其中正常贷款迁徙率包括正常类贷款迁徙率和关注类贷款迁徙率，不良贷款迁徙率包括次级类贷款迁徙率和可疑类贷款迁徙率。

（3）风险抵补

风险抵补指标是衡量商业银行抵补风险损失的能力，包括盈利能力、准备金充足程度和资本充足程度三个方面，具体指标如下：

盈利能力：成本收入比≤45%、资产利润率≥0.6%、资本利润率≥11%；

准备金充足程度：资产损失准备充足率≥100%，其中贷款准备充足率≥100%；

资本充足程度：资本充足率≥8%，核心资本充足率≥4%。

2. 商业银行的新监管标准

巴塞尔委员会于2010年12月16日发布了《第三版巴塞尔协议》（Basel Ⅲ），为了推动中国银行业实施国际新监管标准，增强我国银行体系的稳健性和银行业的国际竞争力，银监会颁发了《关于中国银行业实施新监管标准的指导意见》（银监发〔2011〕44号，以下简称《指导意见》）。

《指导意见》强化了对资本充足率的监管，将监管资本修改为三级分类，即核心一级资本、其他一级资本和二级资本；将两个最低资本充足率要求修改为三个层次，即核心一级资本充足率、一级资本充足率和资本充足率分别不低于5%、6%和8%；对于系统性重要银行增加1%的附加资本要求，正常条件下的系统性重要银行和非系统性重要银行的资本充足率分别不低于11.5%和10.5%；引入2.5%的留存超额资本和0~2.5%的逆周期超额资本的逆周期资本监管框架；建立杠杆率监管标准，一级资本占调整后表内外资产余额的比例不得低于4%。

《指导意见》改进了对流动性风险的监管，建立流动性覆盖率、净稳定融资比例、流动性比例、存贷比以及核心负债依存度、流动性缺口率、客户存款集中度以及负债集中度等多个流动性风险监管指标和监测指标，其中流动性覆盖率和净稳定融资比例均不得低于100%。

《指导意见》要求建立贷款拨备率和拨备覆盖率监管标准和动态调整贷款损失准备制度，其中贷款拨备率不低于2.5%，拨备覆盖率不低于150%，以两者孰高的原则确定银行业金融机构贷款损失准备监管要求。

《指导意见》还要求增强系统性重要银行的监管有效性，并从系统性重要银行的定义、维持防火墙和改进事前准入监管、提高审慎监管要求、强化持续监管、加强监管合作五个方面对系统性重要银行的监管提出要求。

（二）证券业风险监管标准

1. 证券公司净资本指标

根据《证券公司风险控制指标管理办法》的规定，证券公司净资本应当符合如下规定：

（1）经营证券经纪业务的证券公司的净资本不得低于5000万元；

（2）经营证券承销与保荐、证券自营、证券资产管理以及其他证券业务等业务之一的证券公司的净资本不得低于1亿元；

（3）经营证券经纪业务的同时，还经营证券承销与保荐、证券自营、证券资产管理以及其他证券业务等业务之一的证券公司的净资本不得低于5亿元；

（4）经营证券承销与保荐、证券自营、证券资产管理、其他证券业务中的两项及以上业务的证券公司的净资本不得低于2亿元。

2. 证券公司其他风险控制指标

证券公司除符合以上净资本指标外，还应当符合如下的风险控制指标：

（1）净资本与各项风险准备之和比例不得低于100%；

（2）净资本与净资产的比例不得低于40%；

（3）净资产与负债比例不得低于20%；

（4）净资本与负债的比例不得低于8%。

《证券公司风险控制指标管理办法》对证券自营业务、融资融券业务的业务监管指标也进行了相应的规定。

证券公司开展证券自营业务：（1）自营权益类证券及证券衍生品的合计额不得超过净资本的100%；（2）自营固定收益类证券的合计额不得超过净资本的500%；（3）持有一种权益类证券的成本不得超过净资本的30%；（4）持有一种权益类证券的市值与其总市值的比例不得超过5%，但因包销导致的情形和证监会另有规定的除外。

证券公司为客户买卖证券提供融资融券服务：（1）对单一客户融资业务规模不得超过净资本的5%；（2）对单一客户融券业务规模不得超过净资本的5%；（3）接受单只担保股票的市值不得超过该股票总市值的20%。

二、信托公司风险监管标准

（一）概述

随着中国信托业的发展，信托资产规模快速增长、信托产品的种类也日益丰富，信托公司也出现了分化加剧的趋势。目前我国信托公司的内部控制机制不健全，业务扩展速度远超过其资本实力和风险管理能力，信托公司风险也在不断地积聚。另外，监管部门对信托公司的有效监管工具不足，风险监管指标较为单一。如果简单限制信托业务规模的盲目扩张，则很难形成有效的监管推动力，防范和化解信托公司的风险，也无法引导信托公司根据自身的特点进行差异化选择和发展。为了适应信托公司业务转型及创新业务发展的需要，监管部门需要建立能综合反映信托公司潜在风险的风险监管指标体系，引导信托公司调整优化公司资产和业务结构，提高抵御风险的能力。

（二）净资本监管指标

1. 净资本管理办法

根据《信托公司管理办法》第48条的规定，银监会对信托公司实行净资本管理，具体办法由银监会另行规定。2010年7月12日，银监会颁发《信托公司净资本管理办法》。该办法对信托公司设定了3个风险控制指标：

（1）信托公司净资本不得低于人民币2亿元；

（2）信托公司净资本不得低于各项风险资本之和的100%；

（3）净资本不得低于净资产的40%。

净资本计算公式：净资本＝净资产－各类资产的风险扣除项－或有负债的风险扣除项－银监会认定的其他风险扣除项。

风险资本计算公式：风险资本＝固有业务风险资本＋信托业务风险资本＋其他业务风险资本。

固有业务风险资本＝固有业务各项资产净值×风险系数；

信托业务风险资本＝信托业务各项资产余额×风险系数；

其他业务风险资本＝其他各项业务余额×风险系数。

信托公司董事会承担本公司净资本管理的最终责任，信托公司总经理应当至少每年将净资本管理情况向董事会书面报告。信托公司应当在每季度结束之日起18个工作日内，向银监会报送季度净资本计算表、风险资本计算表和风险控制指标监管报表，同时应当在年度报告中披露净资本、风险资本以及风险控制指标等情况。信托公司净资本等相关风险控制指标与上季度相比变化超过30%或者不符合规定标准的，应当在该情形发生之日起5个工作日内，向银监会书面报告。

《中国银行业监督管理委员会关于印发信托公司净资本计算标准有关事项的通知》（银监发〔2011〕11号）对信托公司净资本、风险资本计算标准和监管指标进行了规范和细化。根据分类监管的原则，银监会对不同监管评级的信托公司实施不同的风险资本计提标准，对于评级结果为3级及以下的信托公司风险资本计算系数为标准系数，评级结果为1级和2级的信托公司风险资本计算系数在标准系数基础上下浮20%。

对于同时包含融资类和投资类业务的信托产品，信托公司应按照融资类和投资类业务风险系数分别计算风险资本；信托公司对于TOT信托产品，应按照被投资信托产品的分类分别计算风险资本；银信合作业务及受益权发生转让导致受益人超过2人的信托业务、按照集合资金信托业务计提风险资本，其中银行理财资金成为受益人的信托业务视为银信合作业务。信托公司对信托资金来自非关联方但用于关联方的单一信托业务应按照规定的风险系数额外计提附加资本。

银监会同时对融资类业务和投资类业务进行了区分。融资类业务包括但不限于信托贷款、受让信贷资产或票据资产、附加回购或回购选择权、股票质押融资、准资产证券化、除TOT和股票受益权投资信托业务外的其他受益权投资信托业务等。

2. 资本监管的完善

根据《中国银行业监督管理委员会办公厅关于信托公司风险监管的指导意见》

（银监办发〔2014〕99 号），银监会将于 2014 年上半年完成净资本计算标准的修订工作，将信托业务区分为自主管理类业务和事务管理类业务，其中事务管理类业务主要为通道类业务。新的净资本计算标准将强化信贷类信托业务的资本约束，建议合理明晰地分类资本计量。

（三）信托赔偿准备金与相关业务监管指标

信托公司应当提取信托赔偿准备金，提取标准为每年税后利润的 5%，如果该赔偿准备金累计金额达到信托公司注册资本的 20% 时，可以不再提取。信托公司的赔偿准备金应当存放于经营稳健、具有一定实力的境内商业银行，或者用于购买国债等低风险高流动性的证券品种。

根据《信托公司管理办法》和《信托公司集合资金信托计划管理办法》的规定：信托公司开展同业拆入业务的，同业拆入余额不得超过其净资产的 20%；信托公司开展对外担保业务的，对外担保余额不得超过其净资产的 50%；信托公司管理信托计划，向他人提供贷款不得超过其所管理的所有信托计划实收余额的 30%，银监会另有规定的除外。

根据《信托公司私人股权投资信托业务操作指引》的规定，信托公司以固有资金认购私人股权投资信托计划份额的，其所认购的份额不得超过该信托计划财产的 20%，且用于认购私人股权投资信托计划的固有资金不得超过信托公司净资产的 20%。

根据《中国银监会关于规范银信理财合作业务有关事项的通知》（银监发〔2010〕72 号）规定，自该通知发布之日起，信托公司融资类银信理财合作业务余额占银信理财合作业务余额的比例不得高于 30%。

根据《信托公司参与股指期货交易业务指引》的规定，集合资金信托计划参与套期保值交易时，在任何交易日日终持有的卖出股指期货合约价值总额不得超过集合信托计划持有的权益类证券总市值的 20%，在任何交易日日终持有的买入股指期货合约价值总额不得超过信托资产净值的 10%；信托公司单一信托参与股指期货交易，在任何交易日日终持有股指期货的风险敞口不得超过信托资产净值的 80%。

银监会颁发的《信托公司受托境外理财业务管理暂行办法》（银监发〔2007〕27 号）以及银监会办公厅颁发的《关于调整信托公司受托境外理财业务境外投资范围的通知》（银监办发〔2007〕162 号）对信托公司开展受托境外理财业务的相关业务风险控制指标进行了规范。

三、信托公司监管评级与分类监管

对信托公司进行监管评级是信托公司风险监管体系的重要组成部分，也是监管部门实现对信托公司持续监管、分类监管和风险预警的一种重要的监管工具。监管部门通过对信托公司进行监管评级，可以使监管部门全面掌握信托公司的风险状况，合理配置监管资源，以实现对信托公司进行分类监管、扶优限劣，促进信托公司积极创新、做优做强。监管部门可以根据评级结果，制定对信托公司的监管计划和政策，确定监管重点以及现场检查和非现场监管的频率和范围，同时还应当将评级结果作为市场准入的重要参考因素。

根据《信托公司监管评级与分类监管指引》的规定，对信托公司的监管评级应当从公司治理、内部控制、合规管理、资产管理和盈利能力五个方面进行；评级结构分为综合评级 1 级、综合评级 2 级、综合评级 3 级、综合评级 4 级、综合评级 5 级、综合评级 6 级，每个等级中可以再分为 A、B、C 三档。

信托公司监管评级的周期为 1 年。信托公司根据监管评级标准进行自评，并上报属地监管局，但自评结果不影响监管评级结果；属地监管局促成评级工作小组对信托公司进行初评，初评确定监管评级的级别，但是不确定各级别的档次，初评结果由部分主任或监管局（分局）局长主持的会议确定；银监会对各地银监局上报的评级结果进行最终审定，并确定评级结果和各级别的档次。

第二章 合规文化与合规制度建设

第一节 合规概述

一、什么是合规

（一）合规含义

《商业银行合规风险管理指引》第3条第2款规定：“本指引所称合规，是指商业银行的经营活动与法律、规则和准则相一致。”《上海银行业金融机构合规风险管理机制建设的指导意见》规定：“合规是指使一家银行的活动与所适用的法律法规、监管规定、规则、自律性组织制定的有关准则，以及适用于银行自身业务活动的规章制度和行为准则相一致。”《证券公司合规管理试行规定》第2条第3款规定：“本规定所称合规，是指证券公司及其工作人员的经营管理和执业行为符合法律、法规、规章及其他规范性文件、行业规范和自律规则、公司内部规章制度，以及行业公认并普遍遵守的职业道德和行为准则。”《保险公司合规管理指引》第2条第1款规定：“本指引所称的合规是指保险公司及其员工和营销员的保险经营管理行为应当符合法律法规、监管机构规定、行业自律规则、公司内部管理制度以及诚实守信的道德准则。”这是监管法规对“合规”所进行的定义，因此我们可以据此认为，“合规”是指遵守法律法规、监管政策、规章制度及要求的能力。从以上的定义可知“合规”的“规”字应当包括三个部分：法律法规、监管规则；行业自律性组织制定的行业自律规则；公司内部的规则制度、操作流程和风险控制体系。

合规主要分为三个层面去理解：首先指的是对外部法律法规、监管政策的遵守，符合国家的宏观调控政策；其次是对内部规章制度及风险控制系统的贯彻执行；最后就是内部规章制度及风险控制系统要符合外部法律法规和监管政策的要求。中国银行业协会组编的《中国银行业法律前沿问题研究》则认为合规的三个层次为“第一层指银行在其经营运作中必须遵守国家法律、法规、规章（包括监管机构及其他政府机关发布的）、自律公约、企业内部制度、行业惯例等一切规范性法律依据。第二层次是指银行必须根据各类规范性文件的变化而不断调适自身的经营运作行为，以确保与法规的同步，其主要内容实质上是确保法律及其他规范性文件在银行得到有效实施，并借此实现内控目标和监管目标。第三层次是银行的忠诚，包括员工对银行的忠诚和银行对客户以及交易对手的诚信”。[①]

（二）合规风险

信托公司的合规风险就是指因没有遵守法律、规则和准则而可能遭受的法律制裁、监管处罚、重大财务损失和声誉损失的风险。信托公司在内部制度建设、产品研发、市场拓展、业务创新中，没有有效地遵守法律法规、监管规则，将会面临着法律制裁、监管处罚等后果。失败的合规工作给信托公司带来的直接损失就是倒闭、罚款、诉讼、限制或暂停业务，所带来的间接损失就是声誉损害、市场份额损失和客户信任度降低。

信托公司应当建立“四个层级、三道防线”的合规风险控制体系。董事会及其下属的专门委员会、高级管理层及其项目审批委员会、合规法律部（或风险与合规部）、业务部门等四个层级应当分别履行各自层级的合规管理职责，业务部门、合规法律部、审计部分别负责合规风险的事前防范、事中防范和事后防范。

信托公司的董事会及其专门委员会决定了公司的合规风险偏好，负责制定或审核公司合规风险管理政策和内部控制政策；高级管理层依据董事会审定的合规风险管理战略和风险承受能力进行公司合规风险管理及业务决策；合规法律部应当内设法律岗和合规岗，在各自的岗位职责范围内履行合规风险管理工作；业务部门负责其职责范围内的合规风险管理事项，一般会内设专门的合规风险岗，并与项目经理分别在各自职责范围内开展合规风险管理工作。

二、合规管理部门与相关部门

营造信托公司良好的合规文化氛围，首要的就是落实具体的合规工作。监管部门要求信托公司设置合规管理部门负责具体的合规工作，合规管理部门负责整个公司合规文化的宣传、具体的合规风险管理工作的落实。其既是合规文化的宣传者，也是合规风险管理工作的践行者。

信托公司合规风险管理工作的落实、合规文化及合规理念的构建不仅仅是合规管理部门单个部门的事，而应是全公司的事。除了合规管理部门，信托公司内部风险管理部门还有风险管理部门和内部审计部门，他们之间的工作既有分工，也有交叉。信托公司内部很容易出现“合规工作是合规部门和合规人员的事，与自己无关”的看法，从而导致各部门之间不能有效沟通和协调配合。信托公司需要明确各

① 中国银行业协会：《中国银行业法律前沿问题研究》（第一辑），中国金融出版社2010年版，第106页。

部门之间的职责所在，同时也要树立“合规人人有责的理念”，配合合规部门做好合规风险管理工作。

（一）合规管理部门与风险管理部门

从广义上讲，信托公司合规风险管理和内部审计属于风险管理的一部分，狭义上的风险管理部门是和合规管理部门相平行的部门，风险管理部门主要侧重于业务的经济风险和财务风险，而合规管理部门则侧重于法律法规、监管政策的遵守和执行。《商业银行合规风险指引》要求信托公司应建立起风险管理部门和合规管理部门在合规管理方面的协作机制。

（二）合规管理部门与内部审计部门

合规管理部门与内部审计部门都属于风险控制部门，两者的区别主要在以下两点：

1. 合规工作的重点是在那些可能给机构带来监管风险和声誉的领域，比如对某些交易进行监控、参与反洗钱政策的制定和实施等。而内部审计部门对风险防范的目标可能更为多样化，比如对信贷风险控制部门进行稽核更侧重于信贷（经济）经济风险的防范。

2. 合规管理部门随时参与对信托公司合规风险的识别和监控，而内部审计部门主要是事后检查，有规律地、阶段性地参与风险防范工作。

根据《商业银行合规风险指引》规定，信托公司的合规管理职能和内部审计职能应予以分离，应明确合规管理部门与内部审计部门在合规风险评估和合规性测试方面的职责。内部审计部门应定期对合规管理职能的履行情况进行独立评价。内部审计部门负责信托公司各项经营活动的合规性审计，应对合规管理职能的适当性和有效性进行审计评价。同时应将合规性审计结果告知合规负责人。

信托公司建立合规管理部门与其他风险管理部门之间在合规事务方面的紧密合作和相互支持的机制。信托公司其他风险管理部门负责识别、评估包括自身合规风险在内的各类风险，并应向合规管理部门报告相关合规风险信息，支持合规管理部门合规风险的监测、识别和预防。

三、金融创新与合规风险管理

金融创新是指对金融产业的各种要素的重新组合以及创造性变革，从而增加金融工具，变革现有的金融体制。我国学术界通说认为，金融创新主要包括金融制度创新、金融业务创新、金融组织创新等三类。金融创新也可以从宏观、中观和微观三个层面去理解。

宏观层面的金融创新主要着眼于金融产业的发展史。金融产业的发展史就是一部金融创新的历史。比如货币就经历了实物货币、金属货币、纸币、电子货币等形式，每一次货币形式的变更都是金融产业的革命性变革与创新。

中观层面的金融创新主要在于金融中介机构的功能创新。随着我国经济社会和金融产业的发展，各种新型金融机构不断产生。从最早的钱庄到现代的传统商业银行，再到目前我国各类金融机构并存的局面，目前具有监管部门的金融许可牌照的金融机构主要包括：银行（央行、政策性银行、商业银行、信用合作社等）、保险机构（保险公司、保险资产管理公司、保险专业中介公司）、证券机构（证券公司、基金公司、期货公司、证券交易所）、信托公司、财务公司、金融租赁公司等。各类金融机构的经营业务在不断探索创新，比如我国商业银行原本主要经营传统的存贷款业务，商业银行也需要对自己的经营业务进行创新，增加中间业务收入来源。

微观层面的金融创新仅仅是指金融工具的创新，金融衍生品就是金融创新的产物。金融工具的创新主要包括信用创新（如次级贷等信用衍生产品等）、风险转移创新（如货币互换、利率互换等）、增加流动性创新（如资产证券化等）、股权创造性创新（如可转债等）四种类型。

信托公司是金融创新的试验田，始终走在金融体制改革和金融业务创新的最前沿。在目前法律制度下，信托作为连接货币市场、资本市场和产业市场的特殊金融工具，信托公司能够完成其他金融机构所不能完成的任务。从信托公司在我国的发展历程来看，其引领着我国金融业的不断创新。信托公司成立之初，主要目的就是探索在银行业之外引进外资与融通资金的新渠道和新途径。也正是因为这样一种创新性特性，使得信托公司被历次清理整顿，其中主要的原因就在于信托公司没有很好地处理金融创新与合规风险管理的管理。

由于目前我国金融监管方面的法律法规和规范性文件尚不健全，并且还有很多灰色地带，金融创新往往会成为规避监管法规的工具，如何处理好合规经营与金融创新的关系也就成为各类金融机构必须面对的问题。合规经营是信托公司的生存之道，信托公司在开展创新业务的同时，更应该加强合规风险管理，业务创新要坚持合法合规的大前提，坚决禁止借创新之名以规避监管。信托公司应建立健全创新业务的审批体系，合理设置创新业务的审批权限，同时应当加强与监管部门的沟通，取得监管部门关于该类业务的监管意见。

第二节　信托公司的合规文化

一、合规文化概述

合规经营始终是信托公司生存和发展的根本，健全的合规风险管理机制不仅能够保障信托公司长期可持续发展，而且也能为信托公司创造巨大的有形和无形的价值，合规文化应当成为信托公司企业文化的核心要素。

巴塞尔银行监管委员会《合规与银行内部合规部门》认为，合规应成为银行文化的一部分。合规应从高层做起。当企业文化强调诚信与正直的准则并由董事会和高级管理层作出表率时，合规才最为有效。合规与银行内部的每一位员工都相关，应被视为银行经营活动的组成部分。银行在开展业务时应坚持高标准，并始终力求遵循法律的规定与精神。

合规文化是信托公司及其员工在经营活动中所形成的一种思想观念、价值标准、行为意思，在公司的日常经营和业务拓展过程中，能够自觉地遵守法律法规、监管政策，主动识别其中可能存在的合规性风险，从而采取相应的措施加以防范。

二、合规人人有责

信托公司设有合规管理部门专门负责合规工作，但是合规工作并非合规管理部门自己的事，合规工作应当是全体公司员工的事。信托公司的合规文化的前提就是“合规人人有责”，信托公司要建立“人人合规、主动合规”的体制机制，更要让全体员工树立“合规人人有责、主动合规”的思想意识。健全的合规文化建设要做到使合规成为每一位员工的行为准则，成为各级员工日常自觉行为，这样才能使合规风险管理得到有效的贯彻执行。

三、合规从高层做起

巴塞尔银行监管委员会颁布的《合规与银行内部合规部门》在引言中就明确了“合规应从高层做起”的原则，当企业文化强调诚信与正直的准则并由董事会和高级管理层作出表率时，合规才最有效。《商业银行合规风险管理指引》第 6 条第 2 款明确规定：“合规是商业银行所有员工的共同责任，并应从商业银行高层做起。”董事会应当对信托公司的经营活动的合规性负最终责任；高级管理层应该有效管理信托公司的合规风险；合规负责人应全面协调信托公司合规风险的识别和管理。监督合规管理部门根据合规风险管理计划履行职责，定期向高级管理层提交合规风险评估报告；信托公司各业务部门负责人应当对本部门经营活动的合规性负首要责任。

信托公司高层在制定公司发展规划、建立健全公司法人治理结构、颁发内部规章制度和决策流程等重大事项过程中，就应该践行合规经营的理念。高级管理人员首先应从自身做起，其次倡导全公司员工树立起“合规人人有责、合规创造价值”的理念。信托公司的合规经营需要从高层做起，从上层到下层、从理念到制度、从流程到行为，自觉有效地遵守法律、法规和监管政策，践行诚实守信的良好道德情操。

四、合规创造价值

纵观中国信托公司的发展历程，其历次被全行业整顿，主要原因就在于没能做到合规经营。合规工作表面上看来并不能为信托公司创造直接的经济收益，中国金融业的合规价值也被长期低估。合规工作虽然并不能创造直接的有形价值，但是却能给信托公司创造长期的无形价值。

有效的合规工作能够为信托公司避免因违规经营所带来的财务损失、声誉损失、监管处罚，从而促进信托公司长期、稳健、健康发展。加强合规管理，通过在风险防范中发挥特殊作用来减少因合规风险管理不当而造成的损失，从而为信托公司创造长期价值。

信托公司的经营理念在于“受人之托、代人理财 ”，信托业的本质也在于“信任”。如果信托公司做不到合规经营，其也就脱离了信托公司的经营理财和信托业的本质，也会直接阻碍整个信托行业的发展。

合规风险管理不仅要求信托公司及其从业人员要遵守法律、法规和监管政策，同时也要求信托公司及其从业人员遵守诚实守信的道德标准。合规风险管理不仅能为信托公司自身创造价值，同时也能为信托行业创造价值。

第三节　合规风险管理制度建设

一、合规政策与合规风险管理流程

（一）合规政策

信托公司的合规政策应明确合规风险管理和识别的主要程序，内部员工与业务拓展所需要遵守的基本原则，合规管理的主要职能，等等。主要应包括：

（1）合规管理部门的功能和职责；

（2）合规管理部门的权限，包括享有与信托公司任何员工进行沟通并获取履行职责所需的任何记录或档案材料的权利等；

（3）合规负责人的合规管理职责；

（4）保证合规负责人和合规管理部门独立性的各项措施，包括确保合规负责人和合规管理人员的合规管理职责与其承担的其他职责之间不产生利益冲突等；

（5）合规管理部门与风险管理部门、内部审计部门等其他部门之间的协作关系；

（6）设立业务部门和分支机构合规管理部门的原则。

信托公司合规管理部门应当根据合规政策，制定年度合规管理计划和合规检查方案。年度合规管理计划应当根据年度合规管理工作的目标制定具体的合规管理工作内容，并且制定落实合规工作根据的具体措施。合规管理部门制定年度定期和不定期的合规检查方案，具体包括对固有与信托业务的合规检查方案、公司内控制度以及各部门履职的检查方案。

（二）合规风险管理流程

信托公司合规风险管理的基本流程包括合规风险的监控、识别、评估、应对、报告。

信托公司应当通过定期和不定期的检查内部控制制度、各部门合规职责履行情况、重大违规事项等以实现对风险进行监控；

合规管理部门在监控过程中对可能存在的和发生合规风险的事项进行判断，并分析产生的原因；合规管理部门在合规风险识别的基础上，应该对该合规风险可能使信托公司遭受法律制裁、监管处罚、财务或声誉的损失进行评估；

合规管理部门在对合规风险进行评估的基础上，根据信托公司的风险偏好、风险承受能力以及合规风险的性质、程度，制定风险应对策略和措施；

合规管理部门应当根据内部合规风险的报告路径，定期或者不定期地向分管合规部门的高级管理人员报告，或者根据相关董事会授权或监管要求，直接向董事会报告。

二、合规管理职责与合规问责

（一）合规管理职责

信托公司合规风险管理组织架构包括董事会、高级管理层、合规管理部门与合规管理人员，每个层级在各自的职权范围内履行相应的合规风险管理职责。

1. 董事会的合规管理职责

董事会对信托公司的合规风险管理负最终责任。董事会履行如下合规风险管理职责。

（1）审议批准信托公司的合规政策，并监督合规政策的落实；

（2）审议批准高级管理层提交的合规风险管理报告，并对信托公司的合规风险管理的有效性作出评价，以使合规缺陷得到及时有效的解决；

（3）授权董事会下设的风险管理委员会、审计委员会或专门设立的合规管理委员会对信托公司合规风险管理进行日常监督，负责合规工作的专门委员会应通过与合规负责人单独面谈或其他有效途径，了解合规政策的实施情况和存在的问题，及时向董事会或高级管理层提出相应的意见和建议，监督合规政策的有效实施；

（4）信托公司章程规定的其他合规管理职责。

2. 高级管理层的合规管理职责

高级管理层应有效管理信托公司的合规风险，并应履行如下职责：

（1）制定书面的合规政策，并根据合规风险管理状况以及法律、规则和准则的变化情况实施修订合规政策，报经董事会审议批准后传达给全体员工；

（2）贯彻执行合规政策，确保发现违规事件时及时采取适当的纠正措施，并追究违规责任人的相应责任；

（3）任命合规负责人，并确保合规负责人的独立性。合规负责人的任命应按有关规定向银监会报告，合规负责人离任后的10个工作日内，信托公司应向银监会报告离任原因等有关情况。

（4）明确合规管理部门及其组织结构，为其履行职责配备充分和适当的合规管理人员，并确保合规管理部门的独立性；

（5）识别信托公司所面临的主要合规风险，审核批准合规风险管理计划，确保合规管理部门与风险管理部门、内部审计部门以及其他相关部门之间的工作协调；

（6）每年向董事会提交合规风险管理报告，报告应提供充分依据并有助于董事会成员判断高级管理层管理合规风险的有效性；

（7）及时向董事会或其下设委员会、监事会报告任何重大违规事件；

（8）合规政策规定的其他职责。

3. 合规风险管理部门职责

信托公司的合规风险管理部门就是要识别、评估、咨询、监测并报告合规风险，开展合规培训和合规文化建设活动。合规管理部门的合规风险管理的目标就是要通过建立健全合规风险管理框架，实现对合规风险的有效识别和管理，促进全面风险管理体系建设，确保信托公司依法合规经营。

在信托公司合规风险管理工作中，一般可以分为法律事务管理和合规风险管理，并分别设置法律岗和合规岗；法律岗的主要内容为法律咨询、合同管理和诉讼仲裁。合规岗的主要内容为规章制度、反洗钱和关联交易。合规管理部门承担的职责主要为：

（1）向业务部门提供有效的合规服务，对业务拓展、金融产品设计提供合规建议，以使其遵守外部法律法规、监管政策和内部规章制度；

（2）识别信托公司经营活动和提供金融服务过程中所面临的风险，并及时有效地提供合规建议；

（3）设计并实施信托公司内部合规风险控制制度，加强合规风险控制体系建设，以使信托公司避免于合规风险威胁；

（4）在管理、控制信托公司合规风险过程中对内部合规风险控制系统的有效性进行监控和汇报；

（5）如果信托公司出现了合规风险问题，合规管理部门应及时有效地提出解决方案；

（6）就有关法律法规、内部规章制度和风险控制系统提供合规培训，接受业务部门的法律咨询；

（7）合规管理部门作为信托公司与监管部门沟通的联系人，要定期与监管部门沟通联系，及时掌握监管动态，就公司的合规文化和合规制度建设与监管部门交流意见，就公司出现的合规风险与监管部门及时沟通。

信托公司合规风险管理的主要领域包括：反洗钱；处理客户投诉；保密信息；内部信息、内部交易和防火墙；利益冲突；与监管当局的沟通；岗位资格认证和考试；沟通的标准及对报告的使用。信托公司一般都设有专门的客服部或财富管理中心，其中处理客户投诉便成为客服部或财富管理中心的工作之一，合规管理部门应当协助业务部门或者客服部/财富管理中心处理客户投诉工作。

信托公司合规管理人员的主要工作包括：接受、转发和处理监管机构的红头文件和其他来函并监督确保及时回复；处理监管机构的其他来电、问询等；审阅向监管机构报送的各种报表、信函、申请文件等；就法规变化及内部某些政策、规程的变化给业务部门提供更新信息；起草并更新合规手册和其他与合规相关的政策和规程；新员工合规培训和其他合规培训；接受新客户和新账户开立；审阅机构对外发布的新闻稿、研究报告和广告；处理并调查涉嫌的反洗钱案件，识别洗钱风险；协助业务部门处理客户投诉；就员工违规和其他不良行为进行调查；对监管机构的现场检查、非现场检查和其他专项调查进行协调和跟进；就业务人员和高级管理人员与监管机构的会晤和相互走访进行安排和协调。

合规负责人全面协调信托公司合规风险的识别和管理，监督合规管理部门根据合规风险管理计划履行职责，定期向高级管理层提交合规风险评估报告。信托公司应当保持合规部门的独立性，合规负责人不得分管业务部门。

信托公司各业务部门的负责人应对本部门业务活动的合规性负首要责任。信托公司应建立有效的合规绩效的考核制度、合规问责制度和诚信举报制度。合规管理部门工作的外包应遵循法律、法规和相关准则的要求，并由董事会和高级管理层负责。合规负责人应对外包安排进行适当监督。

（二）合规问责

参照《商业银行合规风险管理指引》的要求，信托公司根据倡导合规、惩处违规的价值理念，建立健全合规绩效考核机制和合规问责机制，对于违规行为要进行严格的责任认定与追究。对于因违规行为可能产生的影响，应当采取及时有效的措施进行纠正。

为了增进合规管理工作的有效性，信托公司应当建立诚信举报制度，鼓励公司员工举报违法违规以及违反职业操守的行为或者可疑行为。员工可以根据具体情况向各级管理部门进行举报，甚至可以直接向董事会进行举报，信托公司应当充分保护举报人。

三、合规培训及监管监察

（一）合规培训

加强合规培训是信托公司合规文化建设的重要内容，信托公司应当将合规培训纳入日常教育培训日程中。合规培训包括两方面的内容：一方面，信托公司应加强对新员工的入职培训，主要目的在于让新员工了解相关法律、法规、监管政策以及信托公司内部的规章制度；另一方面，信托公司应加强对内部在职员工的继续教育，主要目的在于了解法律、法规、监管政策的最新发展，以及最新的监管动态。

合规培训既包括合规管理部门内部的合规培训，也包括合规部门对其他部门进行的合规培训。合规管理部门内部的培训主要在于提升合规人员的专业技能和个人素养，以使其能够有效地履行合规风险管理的职责。合规部门对其他部门进行的合规培训在于让其了解现行有效的法律、法规、监管政策以及公司内部的规章制度。巴塞尔银行监管委员会《合规与银行内部合规部门》第 33 条规定：“为合规部门提供的资源应该是充分和适当的，以确保银行内部合规风险的有效管理。特别是，合规部门职员应该具备必要的资质、经验、专业水准和个人素质，以使他们能够履行特定职责。合规部门职员应该能正确理解合规法律、规则和准则及其对银行经营的实际影响。合规部门职员的专业技能，尤其是在把握合规法律、规则和准则的最新发展方面的技能，应通过定期和系统的教育和培训得到维持。”巴塞尔银行监管委员会《合规与银行内部合规部门》第36 条规定：“合规部门应该协助高级管理层就合规问题对员工进行教育，并成为银行员工咨询有关合规问题的内部联络部门；就合规法律、规则和准则的恰当执行，通过政策、程序以及诸如合规手册、内部行为准则和各项操作指引等其他文件，为员工制定书面指引。”

（二）监管监察与沟通

根据《信托公司监管评级与分类监管指引》的要求，合规情况是信托公司监管评级的重要指标要素。监管部门定期或者不定期地对信托公司进行监管监察，合规风险管理的有效性评级就是监管检查的重要内容。根据《商业银行合规风险管理指引》的规定，监管部门对商业银行的现场检查的频率、范围和程度应当根据商业银行的合规记录及合规风险管理评价报告确定，检查内容包括：商业银行合规风险管理体系的适当性和有效性；商业银行董事会和高级管理层在合规风险管理中的作用；商业银行绩效考核制度、问责制度和诚信举报制度的适当性和有效性；商业银行合规管理职能的适当性和有效性。

信托公司合规管理部门负责牵头与监管部门进行日常工作联系，跟踪和评估监管意见和监管要求的落实情况，建立与外部监管部门良好的沟通和联系机制，实现内部合规与外部监管之间的有效互动。

建立与监管部门的有效沟通能够使合规管理部门及时了解监管动态，明确监管部门的监管意图，从而能够在最新监管精神的指导下进行合规经营。如果在业务拓展和产品结构设计时，遇到法律、法规、监管政策规定不明确的地方，合规管理部门通过与监管部门的及时沟通，能够更加准确地掌握监管法规与政策。尤其是信托公司在开展创新性业务时，加强与监管部门的沟通交流能够使金融产品创新在合规的前提下进行，从而避免金融创新的目的就是规避监管政策的误区。

第四节　关联关系与关联交易

一、关联方的确认

所谓关联方，是指具有控制、共同控制或重大影响的关系，具体指一方控制、共同控制另一方或对另一方施加重大影响，以及两方或两方以上同受一方控制、共同控制或重大影响。

按照《企业会计准则第 36 号——关联方披露》规定，目标公司的关联方包括：(1) 目标企业的母公司；(2) 目标企业的子公司；(3) 与目标公司受同一母公司控制的其他企业；(4) 对目标公司实施共同控制的投资方；(5) 对目标公司实施重大影响的投资方；(6) 目标公司的合营企业；(7) 目标公司的联营企业；(8) 与目标企业的主要投资者个人及与其关系密切的家庭成员；(9) 目标公司或其母公司的关键管理人员及与其关系密切的家庭成员；(10) 与目标企业主要投资者个人、关键管理人员或与其关系密切的家庭成员控制、共同控制或施加重大影响的其他企业。上述所说的主要投资者个人，是指能够控制、共同控制一个企业或者对一个企业施加重大影响的个人投资者。关键管理人员是指有权力并负责计划、指挥和控制企业活动的人员。与主要投资者个人或关键管理人员关系密切的家庭成员，是指在处理与企业相关的交易时可能影响该个人或受该人影响的家庭成员。

一般来说，仅仅同受国家控制而不存在其他关联关系的企业，不构成关联方，因此由国家出资组建的中央企业，比如由国资委管理的中央企业之间不构成关联关系。仅与目标企业存在如下关系的，不构成目标企业的关联方：与目标企业发生日常往来的资金提供者、公用事业部门、政府部门和机构；与目标企业发生大量交易而存在经济依存关系的单个客户、供应商、特许商、经销商或代理商；与该企业共同控制合营企业的合营者。

按照江苏银监局《信托投资公司关联交易风险管理指引》的规定，信托公司的关联方主要包括：

1. 信托公司的控制方。包括但不限于：持有信托公司10%及以上名义股权的股东；通过委托他人管理、代持股、共同持股、私下转让、抵押形式达到10%及以上股权的实际股东、名义股东；通过其他方式投资信托公司，并能对信托公司的经营决策产生重大影响的机构和入股比例超过5%的自然人。

2. 信托公司控制的公司。包括但不限于：信托公司的控股子公司；其子公司单独或者共同持股20%以上的公司，或持股不足20%但处于最大股东地位的公司；信托公司以其他方式控制或者对其经营产生重大影响的公司。

3. 信托公司实际控股股东控制的除信托公司之外的关联企业；公司自然人股东、高级管理人员、关键管理人员及这些自然人的近亲属控制的公司。

二、关联交易

江苏银监局颁发的《信托投资公司关联交易风险管理指引》对信托公司关联交易的范围进行了界定，信托公司的关联交易包括：1. 以固有财产与其关联方发生的交易；2. 以信托财产与其关联方发生的交易；3. 以不同信托账户下的信托财产进行的交易；4. 以固有财产与信托财产发生的交易。

信托公司应当严格按照法律法规和监管政策审慎开展关联交易，防止不当关联交易给信托公司带来的道德风险、法律风险和系统性风险。信托公司可以在董事会下设关联交易委员会，对于信托公司涉及的关联交易应当上报关联交易委员会。信托公司应当完善内部管理制度，制定关联交易的管理办法。

信托公司应当按照公平的市场价格开展关联交易，每一笔关联交易应当按照规定进行信息披露，并向中国银监会作事前报告。信托公司开展固有业务时，不得向关联方融出资金或转移财产，不得向关联方提供担保，不得以股东持有的本公司股权作为质押进行融资。信托公司设立并管理信托计划，不得将信托资金直接或者间接运用于信托公司的股东及其关联人，但信托资金全部来源于股东或其关联人的除外；不得以固有财产与信托财产进行交易；不得将不同信托财产进行相互交易。信托公司管理的单一信托项下的信托资金能够运用于信托公司股东及其关联人，目前没有明确规定，因此应当认定为单一信托项下的信托资金可以运用于信托公司股东及其关联人。信托公司股东不得利用股东地位牟取不当利益，不得要求信托公司为其提供担保，不得挪用信托公司固有财产或信托财产，不得与信托公司违规开展关联交易。

第五节　反洗钱与反商业贿赂

一、反洗钱概念

反洗钱是指为了预防通过各种方式掩饰、隐瞒毒品犯罪、黑社会性质的组织犯罪、恐怖活动犯罪、走私犯罪、贪污贿赂犯罪、破坏金融管理秩序犯罪、金融诈骗犯罪等犯罪所得及其收益的来源和性质的洗钱活动。

从我国目前实际情况看，洗钱活动主要有以下几种：①

1. 通过境外银行账户过渡，使非法资金进入金融体系；
2. 通过地下钱庄，实现犯罪所得的跨境转移；
3. 利用现金交易和发达的经济环境，掩盖洗钱行为；
4. 灵活使用各种金融业务，避免引起银行注意；
5. 通过设立公司作为非法资金的“中转站”；
6. 通过各种投资活动，将非法资金合法化。

《中华人民共和国反洗钱法》第3条规定：“在中华人民共和国境内设立的金融机构和按照规定应当履行反洗钱义务的特定非金融机构，应当依法采取预防、监控措施，建立健全客户身份识别制度、客户身份资料和交易记录保存制度、大额交易和可疑交易报告制度，履行反洗钱义务。”金融机构是洗钱活动涉及的重点领域，因此反洗钱工作成为金融机构一项非常重要的工作。《金融机构反洗钱规定》第2条明确规定了以下金融机构必须履行反洗钱工作：商业银行、城市信用合作社、农村信用合作社、邮政储蓄机构、政策性银行；证券公司、期货经纪公司、基金公司；保险公司、保险资产管理公司；信托投资公司、金融资产管理公司、财务公司、金融租赁公司、汽车金融公司、货币经济公司；中国人民银行确定并公布的其他金融机构。由此可见反洗钱工作是信托公司合规工作的一项非常重要的工作。

二、反洗钱工作的基本制度

《中华人民共和国反洗钱法》规定了客户身份识别制度、客户身份资料和交易记录保存制度、大额交易和可疑交易报告制度等反洗钱工作的三项基本制度。

（一）客户身份识别制度

信托公司在与客户建立业务关系或提供其他金融服务时，应当要求客户提供真实有效的身份证件或者其他身份证件并进行核对登记。或者要求客户补充其他身份

---

① 唐旭主编：《中国洗钱犯罪案例剖析》，群众出版社2009年版。

资料或身份证明文件、回访客户、实地查访、向公安、工商等部门核实及其他措施识别客户身份，以达到“了解你的客户”。如果委托认购信托产品时，是由他人代理办理的，信托公司应当同时对代理人和被代理人的身份证件或其他身份证明文件进行核对并登记。如果信托受益人不是委托人本人，信托公司应当对信托受益人的身份证件或者其他身份证明文件进行核对并进行登记。

如果信托公司对先前获得的客户资料的真实性、有效性和完整性有疑问的，应当重新识别客户身份。《金融机构客户身份识别和客户身份资料及交易记录保存管理办法》规定了重新识别客户的七种情况：(1）客户要求变更姓名或者名称、身份证件或者身份证明文件种类、身份证件号码、注册资本、经营范围、法定代表人或者负责人。(2）客户行为或者交易情况出现异常。(3）客户姓名或者名称与国务院有关部门、机构和司法机关依法要求金融机构协查或者关注的犯罪嫌疑人、洗钱和恐怖融资分子的姓名或者名称相同的。(4）客户有洗钱、恐怖融资活动嫌疑的。(5）金融机构获得的客户信息与先前已经掌握的相关信息存在不一致或者相互矛盾。(6）先前获得的客户身份资料的真实性、有效性、完整性存在疑点。(7）金融机构认为应重新识别客户身份的其他情形。

信托公司可以通过第三方识别客户身份，但是应当确保第三方已经采取符合《反洗钱法》要求的身份识别措施。并且应当符合以下要求：(1）能够证明第三方按反洗钱法律、行政法规的要求，采取了客户身份识别和身份资料保存的必要措施。(2）第三方为本金融机构提供客户信息，不存在法律制度、技术等方面的障碍。(3）本金融机构在办理业务时，能立即获得第三方提供的客户信息，还可以在必要时从第三方获得客户的有效身份证件、身份证明文件的原件、复印件或者影印件。

信托公司应当承担第三方未履行客户身份识别义务的责任。信托公司如果认为有必要时，可以向公安、工商行政管理部门核实客户身份信息。

《金融机构客户身份识别和客户身份资料及交易记录保存管理办法》规定，信托公司在设立信托时，应当核对委托人的有效身份证件或者其他身份证明文件，了解信托财产的来源，登记委托人、受益人的身份基本信息，并留存委托人的有效身份证件或其他身份证明文件的复印件或者影印件。除信托公司以外的金融机构了解或者应当了解客户的资金或者财产属于信托财产的，应当识别信托关系当事人的身份，登记信托委托人、受益人的姓名或者名称、联系方式等。

信托公司委托其他金融机构推介信托产品时，应在委托协议中明确双方在客户身份方面的职责，相互间提供必要的协助，相应采取有效的客户身份识别措施。代销信托产品的金融机构采取的客户身份识别措施符合反洗钱法律、行政法规的要求，并且能够有效获得并保存客户身份资料信息，则信托公司可以信赖该金融机构所提供的客户身份识别结果，不再重复进行已完成的客户身份识别程序，但仍应承担未履行客户身份识别义务的责任。

（二）大额交易和可疑交易报告制度

由于非法资金一般金额巨大，并且交易异常，信托公司应该对此格外地关注。如果信托公司在办理业务过程中发现单笔交易或在规定期限内的累计交易超过规定金额或者发现可疑交易的，应当及时向反洗钱主管部门报告。

《金融机构大额交易和可疑交易报告管理办法》对大额交易和可疑交易制度进行了具体规定，并且规定了大额交易报告和可疑交易或行为的具体标准，符合该标准的，金融机构应当向反洗钱主管部门报告。但该办法第10条规定了对于符合特定条件的大额交易，如果没有发现可疑的情况，可以不向反洗钱主管部门报告。

大额交易报告的标准（符合下列条件之一的即可构成大额交易）：

1. 单笔或当日累计人民币交易20万元以上或者外币交易等值1万美元以上的现金缴存、现金支取、现金结售汇、现钞兑换、现金汇款、现金票据解付及其他形式的现金收支。

2. 法人、其他组织和个体工商户银行账户之间单笔或者当日累计人民币200万元以上或者外币等值20万美元以上的款项划转。

3. 自然人银行账户之间，以及自然人与法人、其他组织和个体工商户银行账户之间单笔或者当日累计人民币50万元以上或者等值10万美元以上的款项划转。

4. 交易一方为自然人，单笔或者当日累计等值1万美元以上的跨境交易。

可疑交易或行为标准：

1. 短期内资金分散转入、集中转出或者集中转入、分散转出，与客户身份、财务状况、经营业务明显不符。短期内相同收付款人之间频繁发生资金收付，且交易金额接近大额交易标准。

2. 法人、其他组织和个体工商户短期内频繁收取与其经营业务明显无关的汇款，或者自然人客户短期内频繁收入法人、其他组织的汇款。长期闲置的账户原因不明地突然启用或者平常资金流量小的账户突然有异常资金流入，且短期内出现大量资金收付。

3. 与来自贩毒、走私、恐怖活动、赌博严重地区或者避税型离岸金融中心的客户之间的资金往来活动在短期内明显增多，或者频繁发生大量资金收付。

4. 没有正常原因的多头开户、销户，且销户前发生大量资金收付。提前偿还贷款，与其财务状况明显不符。

5. 客户用于境外投资的购汇人民币资金大部分为现金或者从非同名银行账户转入。客户要求进行本外币间的掉期业务，而其资金的来源和用途可疑。客户经常存入境外开立的旅行支票或者外币汇票存款，与其经营状况不符。

6. 外商投资企业以外币现金方式进行投资或者在收到投资款后，在短期内将资金迅速转到境外，与其生产经营支付需求不符。外商投资企业外方投入资本金数额超过批准金额或者借入的直接外债，无关联企业的第三国汇入。

7. 证券经营机构指令银行划出与证券交易、清算无关的资金，与其实际经营情况不符。证券经营机构通过银行频繁大量拆借外汇资金。

8. 保险机构通过银行频繁大量对同一家投保人发生赔付或者办理退保。

9. 自然人银行账户频繁进行现金收付且情形可疑，或者一次性大额存取现金且情形可疑。居民自然人频繁收到境外汇入的外汇后，要求银行开具旅行支票、汇票或者非居民自然人频繁存入外币现钞并要求银行开具旅行支票、汇票带出或者频繁订购、兑现大量旅行支票、汇票。多个境内居民接受一个离岸账户汇款，其资金的划转和结汇均由一人或者少数人操作。

（三）客户身份资料和交易记录保存制度

业务关系存续期间，信托公司应及时更新客户身份资料。金融机构应当保存的客户资料包括记载客户身份信息、资料以及反映金融机构开展客户身份识别工作情况的各种记录和资料；应当保存的交易记录包括关于每笔交易的数据信息、业务凭证、账簿以及有关规定要求的反映交易真实情况的合同、业务凭证、单据、业务函件和其他资料。

信托公司应当依法保存客户资料并对客户资料保密，金融机构应采取必要管理措施和技术措施，防止客户身份资料和交易记录的缺失、损毁，防止泄露客户身份信息和交易信息。

当业务或交易结束时，客户身份资料或交易信息至少应当保存 5 年，如果信托公司破产或解散的，客户身份资料和交易信息应当移交国务院有关部门指定机构。如果客户身份资料和交易记录涉及正在被反洗钱调查的可疑交易活动，且反洗钱调查工作在前款规定的最低保存期届满时仍未结束的，金融机构应将其保存至反洗钱调查工作结束。同一介质上存在不同保存期限客户身份资料或者交易记录的，应当按最长期限保存。同一客户身份资料或者交易记录采用不同介质保存的，至少应当按照上述期限要求保存 1 种介质的客户身份资料或者交易记录。

三、反商业贿赂

（一）商业贿赂定义

《中华人民共和国反不正当竞争法》第 7 条规定：“经营者不得采用财物或者其他手段贿赂下列单位或者个人，以谋取交易机会或者竞争优势：（一）交易相对方的工作人员；（二）受交易相对方委托办理相关事务的单位或者个人；（三）利用职权或者影响力影响交易的单位或者个人。经营者在交易活动中，可以以明示方式向交易相对方支付折扣，或者向中间人支付佣金。经营者向交易相对方支付折扣、向中间人支付佣金的，应当如实入账。接受折扣、佣金的经营者也应当如实入账。经营者的工作人员进行贿赂的，应当认定为经营者的行为；但是，经营者有证据证明该工作人员的行为与为经营者谋取交易机会或者竞争优势无关的除外。”国家工商行政管理局根据《反不正当竞争法》制定了《关于禁止商业贿赂行为的暂行规定》。

商业贿赂的手段包括以假借促销费、宣传费、赞助费、科研费、劳务费、咨询费、佣金等名义，或者以报销各种费用等方式，给付对方单位或者个人的财物；也可以是提供国内外各种名义的旅游、考察等给付财务以外的其他利益的手段。

（二）信托公司反商业贿赂的表现形式

信托公司开展业务过程中，信托公司及其从业人员的商业贿赂行为经常发生。反商业贿赂是信托公司合规经营的要点之一，也是合规管理部门一项重要的合规工作。信托公司涉及商业贿赂的类型主要包括以下几个方面：

1. 信托公司及其从业人员开拓信托业务，账外暗中接受交易对手给予的财物或者其他利益，以为交易对手谋取交易机会；

2. 信托公司及其从业人员为了拓展信托业务，账外暗中给予相关方财物或者其他利益，以谋取相应的交易机会；

3. 信托公司及其从业人员为了推介信托产品，账外暗中给予投资人回扣、返点，以吸引投资者投资信托产品；

4. 信托业务人员给予信托公司业务审批人员或者高级管理人员财物或者其他利益，要求放宽风险控制标准、加快审批流程或者谋取其他利益。

所谓的账外暗中，是指未在依法设立的反映其生产经营活动或者行政事业经费收支的财务账上按照财务会计制度规定明确如实记载，包括不计入财务账、转入其他财务账或者做假账。

根据《关于禁止商业贿赂行为的暂行规定》第 7 条第 1 款规定：“经营者销售或者购买商品，可以以明示方式给中间人佣金。经营者给中间人佣金的，必须如实入帐；中间人接受佣金的，必须如实入帐。”第 8 条第 1 款规定：“经营者在商品交易中不得向对方单位或者其个人附赠现金或者物品。但按照商业惯例赠送小额广告礼品的除外。”根据以上规定，信托公司及其从业人员可以向为信托业务拓展提供居间服务的中间人支付佣金，但双方应当签署居间服务协议并如实入账。

（三）信托公司反商业贿赂的界定和治理工作

信托公司反商业贿赂工作中，需要区分三个层面的界限：商业贿赂、不正当交易行为、正常商务往来的馈赠。根据《中国银行业监督管理委员会印发〈关于银行业开展治理商业贿赂专项工作的实施方案〉的通知》（银监发〔2006〕17 号）的要求，认定为商业贿赂的条件包括：

1. 商业行贿案件：集体和员工为了获得与客户、其他单位和个人的交易机会或有利于实现交易目的，一次或多次向客户、其他单位和个人赠送现金超过10000元（含）的；集体和员工一次或多次向客户、其他单位和个人赠送股票或其他有价证券（卡）并且面值超过10000元；集体和员工一次或多次向客户、其他单位和个人赠送物品价值超过10000元的。

2. 商业受贿案件：客户、其他单位和个人为了获得交易机会或有利于实现交易目的，一次或多次赠送集体和员工且被接收的现金超过5000元（含）的；一次或多次赠送集体和员工且被接收的股票或其他有价证券（卡）面值或者价值超过5000元的；一次或多次赠送集体和员工且被接收的物品价值超过5000元的。

对于银行业金融机构及其员工赠送款物金额在10000元以下，收受款物金额在5000元以下的，属于不正当交易行为。

对于不是为了谋取交易机会或者实现交易目的，只是正常的商务往来而赠送的礼品并且价值在合理范围之内的，不能认定为商业贿赂和不正当交易行为。

信托公司应当将反商业贿赂纳入公司的日常治理工作中，要深入开展反商业贿赂的合规文化培训和宣传教育活动，营造一个良好的防范商业贿赂的环境和氛围。信托公司要建立健全防范商业贿赂的内部管理制度，加强反商业贿赂的合规管理。信托公司要加强合规文化和商业道德建设，建立诚实诚信、公平竞争的商业行为规范，为信托公司的稳健、合规、持续经营创造一个良好的制度和文化环境。

第六节　业务经营与信息披露的合规性

一、业务经营的合规性

信托公司开展固有业务和信托业务都应当遵守法律法规、监管政策以及内部的规章制度和业务操作指引，《信托公司监管评级与分类监管指引》将固有业务合规和信托业务合规性作为信托公司监管评级项下信托公司合规管理的重要评价因素。根据《信托公司管理办法》《信托公司集合资金信托计划管理办法》以及《信托公司监管评级与分类监管指引》的规定，固有业务和信托业务的合规性评价指标如下。

（一）固有业务的合规性评价要求

1. 负债经营的限制

根据2007年修订的《信托公司管理办法》规定，信托公司原则上不得负债经营，信托公司不得开展除同业拆入业务以外的其他负债类业务，且同业拆入余额不得超过其净资产的20%；同时监管部门对信托公司或有负债业务进行了控制，信托公司开展对外担保业务余额不得超过其净资产的50%。

2. 关联交易的限制

为了防止信托公司成为其股东的融资工具，引导出资人切实有效的支持信托公司的长期发展，监管政策规定信托公司在开展固有业务时，不得向关联方融出资金或者转移财产，不得为关联方提供担保，不得以股东持有的本公司股权作为质押进行融资。

3. 实业投资限制

监管部门对信托公司的实业投资进行了限制，根据《信托公司管理办法》的规定，信托公司不得以固有财产进行实业投资，但是中国银监会另有规定的除外。根据银监发〔2009〕25 号文规定，信托公司可以以固有资金从事私人股权投资业务或者以固有资金参与私人股权投资信托业务。

（二）信托业务

1. 信托设立和推介的合规性

（1）信托设立：信托公司设立信托计划，应当进行事先的尽职调查，就可行性分析、合规性、风险评估、有无关联方交易等事项出具尽职调查报告。信托计划推介期限届满，未能满足信托文件约定的成立条件的，信托公司应当在推介期限届满后 30 日内返还委托人已缴付的款项，并加计当期活期存款利息。信托计划成立后，信托公司应当将信托计划财产存入信托财产专户，并在 5 个工作日内向委托人披露信托计划的推介和设立情况。

信托计划的设立应当符合如下条件：第一，委托人必须是符合规定的合格投资者，并且参与信托计划的委托人为该信托计划的唯一受益人，单个信托计划的自然人人数不得超过 50 人，但是单笔认购单个信托计划份额超过 300 万份的，不受该自然人人数的限制；第二，为了长期投资理念，防止过度投机行为，信托计划期限不得少于 1 年；第三，集合信托资金有明确的投资方向和投资策略，且应当符合国家的产业政策以及其他规定；第四，信托公司可以在信托合同中约定合理的信托报酬，除此之外，信托公司不得以任何名义直接或者间接地以信托财产为自己或者他人牟利；第五，信托受益权应当划分为等额份额的信托单位。

信托公司与委托人签订的《认购风险申明书》应当符合相关规定。根据《信托公司集合资金信托计划管理办法》的规定，《认购风险说明书》应当包括如下内容：①信托计划不承诺保本和最低收益，具有一定的投资风险，适合风险识别、评估、承受能力较强的合格投资者。②委托人应当以自己合法所有的资金认购信托单位，不得非法汇集他人资金参与信托。③信托公司依据信托计划文件管理信托财产所产生的风险，由信托财产承担。信托公司因违背信托计划文件、处理信托事务不当而造成信托财产损失的，由信托公司以固有财产赔偿；不足赔偿时，由投资者自担。④委托人在认购风险说明书上签字，即表明已认真阅读并理解所有的信托计划文件，并自愿依法承担相应的信托投资风险。

（2）信托计划的推介

信托公司开展推介信托计划，不得承诺信托财产不受损失或者保证最低收益不得进行公开营销宣传，也不得委托非金融机构进行推介[①]；信托公司信托计划的推介材料不得含有与信托文件不符的内容，或者存在虚假记载、误导性陈述或者重大遗漏等情况；不得对公司的过往经营业绩作夸大介绍，或者恶意贬低同行。

根据《中国银监会办公厅关于信托公司风险监管的指导意见》（银监办发〔2014〕99号），信托公司应当对信托产品营销进行规范：①信托公司应当坚持合格投资人标准，在产品说明书中明确投资人不得违规汇集他人资金购买信托产品，违规者要承担相应责任及法律后果；②坚持私募标准，不得向不特定客户发送产品信息，准确划分投资人群，坚持把合适的产品卖给适合的对象，切实承担售卖责任；③遵循诚实信用原则，切实履行“卖者尽责”义务，在产品营销时向投资人充分揭示风险，增强投资者“买者自负”意识。在信托公司履职尽责的前提下，投资者应遵循“买者自负”原则自行承担风险损失；④信托公司应逐步实现录音录像保存营销记录，防止第三方非金融机构销售风险向信托公司传递。如果发现违规推介的，监管部门应暂停其相关业务，对高管严格问责。

2. 信托财产保管的合规性

信托财产的保管应当符合如下要求：（1）信托公司应当依法建账，对信托业务与非信托业务分别核算，并对每项信托业务单独核算；信托公司应当将信托财产与其固有财产分别管理、分别记账，并将不同委托人的信托财产分别管理，分别记账；（2）信托公司应当亲自处理信托事务，信托文件另有约定或者有不得已事由时，可以委托他人代为处理，但信托公司应当履行足够的监督义务，并对他人处理信托事务的行为承担责任；（3）集合资金信托计划实行信托资金保管制，信托公司应当选择经营稳健的商业银行担任保管人；信托财产的保管账户与信托财产专用账户应当是同一账户。

3. 信托运营与风险管理的合规性

（1）信托公司不得将信托财产挪用于非信托目的用途；信托公司运用信托资金，应当与信托计划文件约定的投资方向和投资策略相一致；（2）信托公司不得利用受托人地位谋取不当利益；（3）信托公司不得以信托财产提供担保；（4）信托公司不得以卖出回购方式管理运用信托财产，卖出回购类业务实质即为负债类业务，而监管政策对信托公司负债类业务进行严格限制；（5）信托公司运用信托资金

---

① 在信托公司的业务实践中，信托计划推介的主要渠道分为自主营销、银行及其他金融机构承销、第三方非金融机构承销。虽然目前委托非金融机构营销信托产品是信托公司的普遍做法，但是在监管层面是被禁止的。

进行证券投资，应当采用资产组合的方式，事先制定投资比例和投资策略，采取有效措施防范风险；（6）信托公司管理信托计划，不得将不同信托财产进行相互交易；（7）信托公司管理信托计划，向他人提供贷款不得超过其管理的所有信托计划实收余额的30%，但是银监会另有规定的除外；（8）信托公司不得将同一公司管理的不同信托计划资金投资同一项目，其主要目的在于防止信托公司通过成立多个信托计划投资同一项目，以此规避监管政策关于单个信托计划的自然人委托人人数不得超过50人的限制；（9）信托公司管理信托计划而取得的信托收益，如果信托计划没有约定其他运用方式的，应当将该信托收益交由保管人保管，任何人不得挪用；（10）两个及以上单一资金信托用于同一项目的，委托人应当为合格投资者，且应当符合集合资金信托计划的监管规定。

4. 信托变更及清算的合规性

（1）信托受益权转让

集合资金信托、动产信托、不动产信托以及其他财产和财产权信托的信托受益权不得违规拆分转让。根据《信托公司集合资金信托计划管理办法》的规定：信托受益权进行拆分转让的，受让人不得为自然人；机构所持有的信托受益权不得向自然人转让或拆分转让。根据上述规定可知，为了防止通过向自然人拆分转让信托受益权的方式规避单个信托计划的自然人投资者不得超过50人的政策限制，机构和自然人转让信托受益权时，均不得向自然人进行拆分转让，并且机构所持有的信托受益权不得向自然人转让。值得探讨的是关于如何理解“机构所持有的信托受益权不得向自然人转让或拆分转让”的问题，一种可以理解为：机构所持有的信托受益权不得向自然人转让，也不得向自然人拆分转让；另外一种理解为：机构所持有的信托受益权不得向自然人转让，也不得对外进行拆分转让。如果按照第一种理解，既然已经规定机构所持有的信托受益权不得向自然人转让了，就无须再重复规定不得向自然人拆分转让。如果按照第二种理解，机构所持有的信托受益权只有向机构投资者进行整体转让一种方式，唯一能进行拆分转让的方式就是自然人所持有的信托受益权向机构投资者进行拆分转让。

（2）信托计划终止与清算

信托公司应当于信托计划终止后10个工作日内作出处理信托事务的清算报告，并根据信托文件要求向受益人披露；清算后的剩余信托财产，应当依照信托合同约定按受益人所持有的信托单位比例进行分配；信托公司应当用管理信托计划所产生的实际信托收益进行分配，严禁信托公司将信托收益归入其固有财产，或者挪用其他信托财产垫付信托计划的损失或收益。

（3）受益人大会

如果信托计划文件没有事先约定，而发生：①提前终止信托合同或者延长信托期限；或者②改变信托财产运用方式；或者③改换受托人；或者④提高受托人的报酬标准；或者⑤信托计划文件约定需要召开受益人大会等事项，应当由受托人召开受益人大会审议决议，如果受托人未按照规定召集或者不能召集，则代表信托单位10%以上的受益人有权自行召集。

召集受益人大会应当至少提前10个工作日公告受益人大会的召开时间、会议形式、审议事项、议事程序和表决方式等事项。受益人大会应当由代表50%以上信托单位的受益人参加方可召开，除更换受托人、改变信托财产运用方式、提前终止信托合同事项需要参加大会的受益人全体通过外，其他事项应当由参加大会的受益人所持表决权的2/3以上多数通过。

二、信息披露的合规性

（一）年度报告披露的合规性

信托公司应当在会计年度结束后编制年度报告，年度报告应当包括公司的概况、公司治理、经营概况、会计报表、会计报表附注、财务情况说明书和特别事项揭示等内容。

年度报告的经营概况中应当披露公司风险管理概况以及信用风险、市场风险、操作风险情况以及风险管理情况；年度报告中应当披露年度内召开的股东大会情况、董事会及其下属委员会履行职责的情况、监事会及其下属委员会履行职责的情况、高级管理层履行职责的情况、内部控制情况等公司治理信息。

信托公司应当在会计报表附注中披露关联交易总量及重大关联交易[①]的情况；信托公司应于每个会计年度结束后的四个月内披露年度报告和年度报告摘要，如果因为特殊原因不能按时披露的，应至少提前15日向监管部门申请延迟。

（二）重大事项[②]临时报告披露

信托公司对发生可能影响本公司财务状况、经营成果、客户和相关利益人权益的重大事项，应当制作重大事项临时报告并向社会披露。重大事项临时报告应当明

---

① 重大关联交易是指信托公司固有财产与一个关联方之间、信托公司信托财产与一个关联方之间、信托公司固有财产与信托财产之间、信托财产之间单笔交易金额占信托公司注册资本5%以上，或者信托公司与一个关联方发生交易后，信托公司与该关联方的交易余额占信托公司注册资本20%以上的交易。重大关联交易的披露内容包括：关联交易方、交易内容、定价原则、交易方式、交易金额及报告期内逾期没有偿还的有关情况等。如果该关联交易方为信托公司股东，则还应当披露该股东所持有信托公司的股权比例和金额。

② 需要进行临时报告的重大事项包括但不限于：（1）信托公司第一大股东变更及变更的原因；（2）信托公司董事长及总经理的变动及变动原因；（3）信托公司董事在报告期内累计变更超过50%；（4）信托经理和信托业务人员在报告期内累计变更超过30%；（5）信托公司合并、分立和解散等事项；（6）信托公司变更为其提供审计服务的会计师事务所以及提供法律服务的律师事务所；（7）法律法规规定的其他重要事项。

确：董事会及董事承诺所披露的信息真实、准确和完整，并就其承诺承担相应的法律责任；该重大事项发生的时间、地点、当事人、事件内容、原因分析、对公司发展影响的评估以及公司准备采取的应对措施。

信托公司应将重大事项临时报告自事实发生之日后5日内刊登在至少一种监管部门指定的全国性报纸上；信托公司应当有专门人员负责信息披露事务，包括接待来访、回答咨询，以及与监管部门、客户、新闻机构等的联系。

（三）信托财产管理的信息披露

信托公司应当依照法律法规的规定和信托文件的约定按时披露信息，并保证所披露信息的真实性、准确性和完整性；委托人、受益人有权向信托公司了解对其信托财产的管理运用、处分及收支情况，并要求信托公司作出说明，信托公司应在不损害其他受益人合法权益的前提下，准确、及时、完整地提供相关信息，不得拒绝和推诿；信托公司在处理信托事务时应当避免利益冲突，在无法避免时，应向委托人、受益人予以充分的信息披露，或者拒绝从事该项业务。

1. 信托计划信息披露

信托公司推介信托计划，应有规范和详尽的信息披露材料，明示信托计划的风险收益特征，充分揭示参与信托计划的风险及风险承担原则，如实披露专业团队的履历、专业培训及从业经历，不得使用任何可能影响投资者进行独立风险判断的误导性陈述；

集合信托计划发生信托财产可能遭受重大损失、信托资金使用方的财务状况严重恶化、信托计划担保方不能继续提供有效的担保情形之一的，信托公司应当在获知有关情况后三个工作日内向受益人披露，并自披露之日起七个工作日内向受益人书面提出信托公司采取的应对措施。

2. 信托财产管理报告

信托公司应当妥善保存处理信托事务的完整记录，定期向委托人、受益人报告信托财产及其管理运用、处分及收支情况，信托计划的全部资料的保存期自信托计划结束之日起不得少于15年。

信托公司应当在信托财产管理报告中向委托人、受益人报告如下情况：信托财产专户的开立情况；信托资金管理、运用、处分和收益的情况；信托经理变更情况；信托资金运用重大变动说明；涉及诉讼或者损害信托计划财产、受益人利益的情形；信托计划文件约定的其他内容。

3. 其他事项信息披露的合规性

信托公司应于信托专用证券账户和信托专用资金账户开设后的三个工作日内，将所开账户的开户材料报送监管部门备案；信托公司应当确保非现场监管报表的真实性，无漏报、迟报和错报现象。

第三章

尽职调查与信用增级措施

第一节 信托业务的尽职调查

一、尽职调查的基本原则和流程

（一）基本原则

尽职调查工作是信托业务开展的基础和前提，尽职调查所获得的相关信息是信托业务审批和风险控制的依据。信托业务尽职调查应遵循全面、真实、区别化原则：

全面性：全面性原则是指调查内容要全面，应当根据风险控制的需要，全面调查和反映与信托业务相关的所有情况，不能存在重大遗漏。

真实性：尽职调查所获得的信息应当真实反映与信托业务相关的所有情况，不能出现虚假和不准确的资料和信息。

区别化：针对信托业务的不同类型、交易对手所处的不同行业、交易对手所处的发展阶段等，尽职调查的侧重点应有所不同。

（二）尽职调查的方法与流程

1. 尽职调查方法

信托业务尽职调查应通过收集相关文件资料、与交易对手的管理层或其相关人员面谈、通过各种方式核实相关事实、实地考察等多种方式相结合，对财产信托的委托人、信托财产（资金）的运用对象、交易对手的基本情况、法律关系、经营管理财务状况进行调查和分析判断。

尽职调查方法包括查阅资料、人员访谈、实地调查、信息分析与印证等。查阅资料可以通过企业提供资料、银行信贷登记查询系统的查询资料、工商税务系统的查询资料、公开媒体披露材料等渠道进行；人员访谈主要通过与交易对手的高级管理人员、财务人员、销售人员以及内控人员等企业关键部门人员访谈，了解企业的相关关键信息和最新状况；实地调查需要到企业的生产场所、建设工地等地方了解交易对手的实际生产状况、项目建设情况等；尽职调查人员应当对通过上述方法获得的相关资料和信息进行分析、对比和印证，并得出尽职调查结论，形成尽职调查报告。

2. 尽职调查流程

尽职调查一般包括五个阶段：尽职调查的准备工作、信息收集工作、现场调查工作、研究分析工作、提交尽职调查报告。

准备工作——拟定调查方案、确定调查内容和重点。

信息收集——通过各种方式，广泛收集与信托业务相关的各种信息。

现场调查——对重要信息和事项进行现场考察，与相关方沟通。

研究分析——收集到的相关信息进行可行性分析研究。

调查报告——根据尽职调查的情况，提交尽职调查报告。

二、尽职调查的内容

尽职调查的基本内容包括：交易对手基本情况、交易对手的经营管理情况、项目（产品）情况、法律关系和财务状况。尽职调查应当收集相关文件资料的原件，如果收集原件确有困难的，可以收集复印件或副本，但复印件或副本须与原件核对一致，并由经办人员在复印件或副本上注明“经核对与原件一致”字样，所有资料均需加盖相关方的印章。

（一）交易对手基本情况调查

了解交易对手的企业组织形式、所处行业及行业地位、工商注册登记及年检情况、企业的发展历史及过往经营业绩、管理层及人力资源情况、股权结构及股东基本情况。可以通过获取交易对手的营业执照、公司章程、组织机构代码证、工商登记查询资料和企业信贷登记查询资料等文件资料获取以上信息。

（二）交易对手的经营管理调查

是否构建了股东（大）会、董事会、监事会、高级管理层的企业治理结构，独立董事和外部监事制度；是否明确股东（大）会、董事会、监事会、高级管理层的权限和工作职责及履职情况；股东资格是否符合相关规定，是否存在大股东损害中小股东利益的情况，股东是否按照章程规定发挥相应的职能；董事和高管是否具备相应的任职资格①，是否具备履职所需的专业素养和胜任能力；董事、高管的聘任是否符合相关规定和程序。是否制定健全的业务管理制度、财务管理制度、风险管理和控制制度。

（三）项目（产品）情况调查

交易对手项目（产品）的市场定位、所占的市场份额、行业地位和行业竞争力、市场前景；交易对手是否具有开发项目（产品）的相应资格②、开发项目（产品）是否符合国家的产业政策；开发项目（产品）是否具备相应的技术条件、是否拥有自主专利或相应的知识产权及对知识产权的保护情况。

（四）法律关系调查

法律关系调查包括但不限于：交易对手的对外诉讼、对外担保、关联关系和关联交易情况；注册资本金投入情况③；股权变更及股东是否有抽逃出资等其他违法违规行为④；国家特许经营行业的行业准入资格；是否按照国家法律法规依法纳税。

信托业务的法律尽职调查还包括：信托（计划）委托人的信托财产来源是否合

---

① 我国现行《公司法》规定了公司的董事、监事、高级管理人员的任职资格，即凡是具有如下情况之一的人员，不准担任公司的董事、监事和高级管理人员：（1）无民事行为能力或者限制民事行为能力；（2）因贪污、贿赂、侵占财产、挪用财产或者破坏社会主义市场经济，被判处刑罚，执行期满未逾五年，或者因犯罪被剥夺政治权利，执行期满未逾五年；（3）担任破产清算的公司、企业的董事或者厂长、经理，对该公司、企业的破产负有个人责任的，自该公司、企业破产清算完结之日起未逾三年；（4）担任因违法被吊销营业执照、责令关闭的公司、企业的法定代表人，并负有个人责任的，自该公司、企业被吊销营业执照之日起未逾三年的；（5）个人所负数额较大的债务到期未清偿。《公司法》同时规定了董事和高级管理人员不得从事的行为：（1）挪用公司资金；（2）将公司资金以个人名义或者以其他个人名义开立账户存储；（3）违反公司章程的规定，未经股东会或董事会同意，将公司资金借贷给他人或者以公司财产为他人提供担保；（4）违反公司章程规定或者未经股东会同意，与本公司订立合同或者进行交易；（5）未经股东会同意，利用职务便利为自己或者他人谋取属于公司的商业机会，自营或者为他人经营与所任职公司同类的业务；（6）接受他人与公司交易的佣金归为己有；（7）擅自披露公司秘密；（8）违反对公司忠实义务的其他行为。

② 房地产开发企业应当具备房地产开发企业资质证书，建筑施工企业、建筑工程勘察设计企业以及工程监理企业都应当具备相应的资质证书；房地产开发项目应当具备的五证包括建设用地使用权证、建设用地规划许可证、建筑工程规划许可证、建设工程施工许可证、预售许可证。煤矿企业应当具备六证：《采矿许可证》《安全生产许可证》《煤炭生产许可证》《矿长安全资格证》《矿长资格证》《营业执照》。

③ 现行《公司法》允许股东分批缴纳出资，全体股东首次出资额不得低于注册资本的20%，且不得低于法定最低注册资本限额，剩余部分可由股东自公司成立之日起两年内缴足，投资公司可以在五年内缴足。

④ 根据《公司法》的规定，公司成立后，股东不得抽逃出资。股东可以向其他股东或者第三方转让其所持有的公司股权。对股东会的特定决议事项投反对票的有限公司股东可以要求公司按照合理的价格收购其股权，该特定事项包括：（1）公司连续五年不向股东分配利润，而该公司五年连续盈利，并且符合利润分配条件的；（2）公司合并、分立、转让主要财产的；（3）公司章程规定的营业期限届满或者章程规定的其他解散事由出现，股东会通过决议修改章程使公司存续的。股份公司只有在特定情形下能被允许收购本公司股份，该特定情形包括：（1）减少公司注册资本；（2）与持有本公司股份的其他公司合并；（3）将股份奖励给本公司职工；（4）股东因对股东大会作出的公司合并、分立决议持异议，要求公司收购其股份的。

法、是否拥有完整的所有权；信托财产的商业运营是否有法律限制；信托目的是否合法合规；信用增级措施是否有法律限制或存在瑕疵。

（五）财务状况调查

获取交易对手经审计的近三年的财务报告、附注说明、审计报告和最近的财务报表，必要时可以外聘会计师事务所进行重新审计。根据财务报告对各项财务指标进行分析和研究以确定交易对手的财务状况。

第二节　担保物权和保证担保

一、抵押权

（一）抵押物范围

债务人或者第三人可以抵押的财产包括：（1）建筑物和其他土地附着物；（2）建设用地使用权；（3）以招标、拍卖、公开协商等方式取得的荒地等土地承包经营权；（4）生产设备、原材料、半成品、产品；（5）正在建造的建筑物、船舶、航空器；（6）交通运输工具；（7）法律、行政法规未禁止抵押的其他财产。

《物权法》对于可以抵押的财产范围规定得比较宽泛，凡是法律、行政法规没有禁止抵押的财产都是可以设定抵押的。《物权法》规定不得设定抵押的财产包括：（1）土地所有权；（2）耕地、宅基地、自留山和自留地等集体所有的土地使用权，但法律规定可以设定抵押的除外；（3）学校、幼儿园、医院等以公益为目的的事业单位、社会团体的教育设施、医疗设施和其他社会公益设施；（4）所有权、使用权不明或者有争议的财产；（5）依法被查封、扣押、监管的财产；（5）法律、行政法规规定不得抵押的其他财产。

《物权法》同时设立了集合抵押制度和浮动抵押制度。所谓集合抵押就是抵押人可以将所有可以设定抵押的财产一并设定抵押，该项制度体现在《物权法》第180条第2款："抵押人可以将前款所列财产一并抵押。"《物权法》第181条规定了浮动抵押制度，该条规定："经当事人书面协议，企业、个体工商户、农业生产经营者可以将现有的以及将有的生产设备、原材料、半成品、产品抵押，债务人不履行到期债务或者发生当事人约定的实现抵押权的情形，债权人有权就实现抵押权时的动产优先受偿。"浮动抵押的特点在于抵押财产在抵押人的日常生产经营活动中是处于不断变动的状态，抵押物的价值是以抵押物变现时的现时价值来确定的。

（二）抵押权设定

《物权法》在抵押权设定方面对《担保法》进行了重大修改，区分了物权行为和债券行为。设定抵押权，当事人应当通过书面形式订立抵押合同。以生产设备、原材料、半成品、产品、交通运输工具、正在建造的船舶和航空器设定抵押的，抵押权自抵押合同生效时设立，动产浮动抵押权自抵押合同生效时设立。以上自合同生效即设立的抵押权如果未经登记，不得对抗善意第三人，动产浮动抵押的登记机关为抵押人住所地的工商行政部门。以建筑物和其他土地附着物、建设用地使用权、四荒土地承包经营权、在建工程设定抵押的，抵押权自办理抵押登记时设立，抵押合同的生效并不能导致该抵押权的设立。

我国房地产法制中实行的是地随房走和房随地走的原则。《物权法》规定以建筑物抵押的，该建筑物占用范围内的建设用地使用权一并抵押；以建设用地使用权设定抵押的，该土地上的建筑物一并抵押；抵押人如果未一并抵押的，未抵押的财产视为一并抵押。乡镇和村企业的建设用地不得单独抵押，以乡镇和村企业的厂房等建筑物抵押的，其占用范围的建设用地使用权一并抵押。建设用地使用权设定抵押后，该土地上新增的建筑物不属于抵押财产，但实现抵押权时，该新增建筑物应当与建设用地使用权一并处分，新增建筑物处分所得价款不属于抵押权人优先受偿的范围。

(三) 抵押权期限

根据《最高人民法院关于适用〈中华人民共和国担保法〉若干问题的解释》，抵押各方当事人约定或登记部门要求登记的担保期间，对担保物权的存续不具有法律约束力。担保物权所担保的债权的诉讼时效结束后，担保权人在诉讼时效结束后的2年内行使担保物权的，人民法院应当支持。但是根据《物权法》第202条的规定，抵押权人应当在主债权诉讼时效期间行使抵押权，未行使的，人民法院不予保护。《物权法》和《担保法解释》对于主债权诉讼时效结束后抵押权是否受到法院保护的问题有不同规定，根据《立法法》的规定，《物权法》的规定具有优先效力，但是《物权法》就该问题没有对质押权进行规定，因此在主债权诉讼时效结束后2年内，质权人的权利请求是受到法院保护的。

二、质权

(一) 动产质权

《物权法》对可以设定质权的动产范围的规定非常宽泛，只要不是法律、行政法规所禁止转让的动产都可以设定质押。设定动产质权，应当通过书面形式订立质押合同，质权是自出质人交付质押财产时设定，质押合同的生效并不能产生质权设立的法律效果。

(二) 权利质权

可以设立权利质权的权利包括：(1) 汇票、本票、支票；(2) 债券、存款单；(3) 仓单、提单；(4) 可以转让的基金份额、股权；(5) 可以转让的注册商标专用权、专利权、著作权等知识产权中的财产权；（6）应收账款。《物权法》同时规定法律、行政法规规定可以出质的其他财产权利可以出质，就此规定我们可以认为如果法律、行政法规没有规定可以设定质权的权利是不能作为权利质权的标的，这点和动产质权不同。

以汇票、支票、本票、债券、存款单、仓单、提单出质的，质权自权利凭证交付质权人时设立，如果没有权利凭证，质权自有关部门办理出质登记时设立。以基金份额、股权、知识产权中的财产权、应收账款出质的，应当经过相关部门的出质登记方可设定质权。应收账款的出质登记机关为信贷征信机构，基金份额和上市公司股权的出质登记机关为证券登记结算机构，非上市公司股权的出质登记机构为工商行政主管部门。

三、保证担保

（一）保证人范围

能够承担保证责任的主体是具有代为清偿债务能力的法人、其他组织或者公民，根据《担保法》规定：（1）国家机关不得为保证人，但是经国务院批准为使用外国政府或者国际经济组织贷款进行转贷的除外；（2）学校、幼儿园、医院等以公益为目的的事业单位、社会团体不得为保证人；（3）企业法人的分支机构、职能部门不得为保证人，企业法人的分支机构有法人书面授权的，可以在授权范围内提供保证。

在信托公司开展信政合作信托业务时，地方政府通过财政局出具承诺函和人大出具决议的方式以财政资金为政府平台公司的信托融资提供担保。为了制止这一政府违规担保的行为，财政部颁布的《关于坚决制止财政违规担保向社会公众集资行为的通知》要求，地方政府要严格遵守《担保法》及其他相关规定，不得违规提供政府担保向社会公众集资。2010 年 6 月，国务院发布《国务院关于加强地方政府融资平台公司管理有关问题的通知》要求，地方各级政府及其所属部门、机构和主要依靠财政拨款的经费补助事业单位，均不得以财政性收入、行政事业等单位的国有资产，或者其他任何直接和间接形式为融资平台公司的融资行为提供担保。《中国银监会关于有效防范企业债担保风险的意见》（银监发〔2007〕75 号）规定，各银行原则上不得再为信托计划融资性项目出具银行担保。

（二）保证方式及保证期间

保证方式分为一般保证和连带责任保证。当事人在保证合同中约定，债务人不能履行债务时，由保证人承担保证责任的，为一般保证；当事人在保证合同中约定保证人与债务人对债务承担连带责任的，为连带责任保证，当事人对保证方式没有约定或者约定不明确的，按照连带责任保证承担保证责任。一般保证和连带责任保证的区别在于：一般保证的保证人在主合同纠纷未经审判或者仲裁，并就债务人财产依法强制执行仍不能履行债务前，对债权人可以拒绝承担保证责任；而连带责任保证的债务人在主合同规定的债务履行期届满没有履行债务的，债权人可以要求债务人履行债务，也可以要求保证人在其保证范围内承担保证责任。

债权人与保证人可以约定保证期间，如果未约定保证期间的，一般保证的保证期间为主债务履行期届满之日起 6 个月，连带保证的债权人有权自主债务履行期届满之日起 6 个月内要求保证人承担保证责任。一般保证的债权人在保证期间内未对债务人提起诉讼或者申请仲裁，保证人免除保证责任，债权人已经提起诉讼或申请仲裁的，保证期间适用诉讼时效中断的规定。连带保证的债权人在保证期间内未要求保证人承担保证责任的，保证人免除保证责任。保证合同约定的保证期间早于或等于主债务履行期间的，视为没有约定，保证期间为主债务履行期届满之日起 6 个月。保证合同约定保证人承担保证责任直至主债务本息还清时为止等类似内容的，视为约定不明，保证期间为主债务履行期届满之日起 2 年。

（三）物的担保与人的担保的效力

《担保法》《担保法解释》和《物权法》对物的担保与人的担保的效力问题的规定是不同的。《担保法》规定："同一债权既有保证又有物的担保的，保证人对物的担保以外的债权承担保证责任。债权人放弃物的担保的，保证人在债权人放弃权利的范围内免除保证责任。"《担保法解释》对《担保法》的这一规定进行了修正。《担保法解释》规定："同一债权既有保证又有第三人提供物的担保的，债权人可以请求保证人或者物的担保人承担担保责任。当事人对保证担保的范围或者物的担保的范围没有约定或者约定不明的，承担了担保责任的担保人，可以向债务人追偿，也可以要求其他担保人清偿其应当分担的份额。同一债权既有保证又有物的担保的，物的担保合同被确认无效或者被撤销，或者担保物因不可抗力的原因灭失而没有代位物的，保证人应当按照合同的约定或者法律的规定承担保证责任。债权人在主合同履行期届满后怠于行使担保物权，致使担保物的价值减少或者毁损、灭失的，视为债权人放弃部分或者全部物的担保，保证人在债权人放弃权利的范围内减轻或者免除保证责任。"《物权法》对此采取了与《担保法解释》基本相同的观点并做了进一步的规定。《物权法》规定："被担保的债权既有物的担保又有人的担保，债务人不履行到期债务或者发生当事人约定的实现担保物权的情形，债权人应当按照约定实现债权；没有约定或者约定不明确，债务人自己提供物的担保的，债权人应当现就该物的担保实现债权；第三人提供物的担保的，债权人可以就物的担保实现债权，也可以要求保证人承担保证责任。提供担保的第三人承担担保责任后，有权向债务人追偿。"

四、“外保内贷”问题分析

（一）外保内贷外汇管理

“外保内贷”是指债务人向境内金融机构借款时，由境外机构或个人提供担保。“外保内贷”的担保方式可以为保证担保，也可以为抵押担保或质押担保。根据《外债登记管理办法》和《资本项目外汇业务操作指引》（2013 年版）规定，可以归纳中国法下“外保内贷”的如下特征：

（1）债务人为外商投资企业，或者获得外汇局外保内贷额度的是中资企业；

（2）债权人为境内注册的金融机构，债权人应按照相关规定向所在地外汇局报送相关数据；

（3）担保的债权为债务人借用的本外币普通贷款或金融机构给予的授信额度；

（4）担保的形式为保证担保、中国法律法规允许提供或接受的抵押或质押担保。

债务人为外商投资企业的，债务人可以直接与境外担保人及债权人签订担保合同。债务人是中资企业，则应当事前向所在地外汇局申请外保内贷额度，可以在外汇局核定的额度内直接签订担保合同。如果发生境外担保履约的，债务人应到所在地外汇局办理外债登记。

（二）小额外保内贷外汇管理

根据国家外汇管理局《关于在部分地区试行小额外保内贷业务有关外汇管理问题的通知》，符合条件的境内企业办理小额外保内贷业务，可以直接与境外机构或个人、境内金融机构签订外保内贷合同。小额外保内贷业务应当符合如下条件：（1）一个日历年内单家企业小额外保内贷项下贷款签约总金额不超过等值 5000 万元人民币；（2）在任一时点，小额外保内贷项下贷款未偿本金余额均不超过该企业上年末净资产。

（三）境内企业办理外保内贷业务

根据《资本项目外汇业务操作指引》（2013 年版）规定，外商投资企业可以自行签订外保内贷合同；中资企业借用境内贷款需要接受境外担保的，应当事先向外汇局申请外保内贷额度。外汇局依据如下原则进行审核：（1）属于国家鼓励行业；（2）过去三年内连续盈利，或经营趋势良好；（3）具有完善的财务管理制度和内控制度；（4）企业的净资产与总资产的比例不得低于 15%；（5）对外借款与对外担保余额之和不得超过其净资产的 50%。

（四）投注差与外债规模管理

投注差是指外商投资企业投资总额与注册资本的关系。根据国家工商行政管理局《关于中外合资经营企业注册资本与投资总额比例的暂行规定》，中外合资经营企业的注册资本和投资总额的比例：（1）投资总额在300万美元及以下的，其注册资本至少应占投资总额的7/10；（2）投资总额在300万美元以上至1000万元（含）的，其注册资本至少应占投资总额的1/2，其中投资总额在420万美元以下的，注册资本不得低于210万美元；（3）投资总额在1000万美元以上至3000万美元（含）的，其注册资本至少应占投资总额的2/5，其中投资总额在1250万美元以下的，注册资本不得低于500万美元；（4）投资总额在3000万美元以上的，其注册资本至少应占投资总额的1/3，其中投资总额在3600万美元以下的，注册资本不得低于1200万美元。

根据《外债登记管理办法》规定，外商投资企业发生境外担保履约的，其担保履约额应纳入外商投资企业外债规模管理。根据《外债管理暂行办法》规定，外商投资企业举借的中长期外债累计发生额和短期外债余额之和应当控制在审批部门批准的项目总投资和注册资本之间的差额以内。在差额范围内，外商投资企业可自行举借外债；超出差额的，须经原审批部门重新核定项目总投资。

（五）担保履约款的结购汇

对于境外担保人因承担担保责任而支付的担保履约款，金融机构应当办理结购汇。外汇局按照如下原则进行审核：（1）债权人已经办理境内贷款项下接受境外担保定期登记；（2）境内金融机构作为受益人签订贷款担保合同时无违规行为；（3）境内金融机构签订贷款担保合同时存在违规行为的，应半年一次集中向所在地外汇局提出申请。

第三节　几种常见的担保物权——抵押权

一、房地产抵押权

（一）一般规定

《城市房地产抵押管理办法》对城市规划区内国有土地范围内的房地产抵押事项进行规范，但是该法没有将地上无房屋的国有土地使用权设定抵押事项纳入调整范围。该办法调整的范围包括一般房地产抵押、预购商品房贷款抵押和在建工程抵押。由于信托业务不会涉及预购商品房贷款，所以本章对该内容不予讨论。在建工程抵押由于其特殊性，将会单独予以讨论。

不得设定抵押权的房地产范围包括：（1）权属有争议的房地产；（2）用于教育、医疗、市政等公共福利事业的房地产；（3）列入文物保护的建筑物和有重要纪念意义的其他建筑物；（4）已依法公告列入拆迁范围的房地产；（5）被依法查封、扣押、监管或者以其他形式限制的房地产；（6）依法不得抵押的其他房地产。

抵押人所担保的债权不得超过其抵押物的价值，抵押房地产的价值大于所担保债权的余额部分，可以再次抵押，但不得超过余额部分。如果同一房地产设定两个以上抵押权的，抵押人应当将已经设定过的抵押情况告知抵押权人。以两宗以上房地产设定同一抵押权的，视为同一抵押房地产，但当事人可以另有约定。

（二）抵押各类型房地产的具体规定

（1）以享受国家优惠政策购买的房地产抵押的，其抵押额以房地产权利人可以处分和收益的份额比例为限。

（2）国有企业、事业单位法人以国家授予其经营管理的房地产抵押的，应当符合国有资产管理的有关规定。

（3）以集体所有制企业的房地产抵押的，必须经集体所有制企业职工大会通过并报其上级主管机关备案。

（4）以中外合资、中外合作和外商独资企业的房地产抵押的，必须经董事会通过，但企业章程另有规定的除外。

（5）以有限责任公司、股份有限公司的房地产设定抵押的，必须经董事会或者股东大会通过，但企业章程另有规定的除外。

（6）有经营期限的企业以其所有的房地产设定抵押的，所担保债务的履行期限不应当超过该经营期限。

（7）以具有土地使用年限的房地产设定抵押的，所担保债务的履行期限不应超过土地使用权出让合同规定的使用年限减去已经使用年限后的剩余年限。

（8）以共有房地产抵押的，抵押人应当事先征得其他共有人的书面同意。

（9）以已经出租的房地产抵押的，抵押人应当将租赁情况告知抵押权人，并将抵押情况告知承租人，原租赁合同继续有效。

（三）抵押权的设定、转让与处分

以房地产设定抵押的，抵押当事人应当签订书面抵押合同，抵押当事人应当在房地产抵押合同签订之日起 30 日内到房地产所在地的主管部门办理抵押登记手续。根据《城市房地产抵押管理办法》第 31 条规定，房地产抵押合同自抵押登记之日起生效。但是《物权法》区分了物权行为与债权行为，我们可以根据《物权法》的精神及相关规定认为，房地产抵押合同应当自合同约定的生效条件成就时生效，抵押权自登记之日设定。

对于权属清楚和证明材料齐全的抵押事项，登记主管机关应当在受理登记之日起 7 日内决定是否予以登记。登记机关决定予以登记的，应当在《房屋所有权证》《国有土地使用权证》《房地产权证》上作他项权利记载并由抵押人收执，同时向抵押权人颁发《他项权利证》。

抵押权人处分抵押房地产时，应当书面通知抵押人；如果抵押房地产为共有或者出租的，还应当同时书面通知共有人或承租人，同等条件下，共有人或承租人有优先购买权。同一房地产设定两个以上抵押权时，以抵押登记的先后顺序受偿。土地上新增的建筑物应当和抵押财产一同处分，抵押权人对于新增房屋的处分所得没有优先受偿权。处分以划拨方式取得的土地及其之上的建筑物所得价款，应当首先用于缴纳相当于土地使用权出让金的款项后，抵押权人才可以优先受偿。

处分抵押物所得价款的清偿顺序为：（1）支付处分抵押房地产的费用；（2）扣除抵押房地产应当缴纳的税金；（3）偿还抵押权人债权本息及支付违约金；（4）赔偿由债务人违反合同而对抵押权人造成的损害；（5）剩余金额交还抵押人。

（四）土地使用权抵押相关问题

根据《物权法》《担保法》和《城镇国有土地使用权出让和转让暂行条例》规定，国有土地使用权（建设用地使用权）可以抵押。根据“房随地走”和“地随房走”的原则，土地使用权抵押的，其地上建筑物和附着物随之抵押；地上建筑物和附着物抵押时，其使用范围内的土地使用权随之抵押。

根据原国家土地管理局颁发的《关于土地使用权抵押登记有关问题的通知》规定，土地使用权抵押登记应当遵循登记机关一致原则，即土地使用权的抵押登记手续须在该土地使用权登记管理机关办理，具体由县级以上地方人民政府土地管理部门负责抵押权登记工作。土地使用权抵押权的合法凭证为《土地他项权利证明书》，《土地使用权证》不是抵押权的法律凭证，并且抵押权人也不得扣留抵押人的《土地使用权证》。土地使用权分割抵押的，由土地管理部门确定抵押土地的界线和面积。

抵押人和抵押权人应当在《抵押合同》签署后的15日内到土地管理部门申请办理抵押登记手续；《抵押合同》变更的，抵押人和抵押权人应当在变更后的15日内申请办理抵押登记的变更手续；《抵押合同》解除或终止的，抵押人和抵押权人应当在解除或终止后的15日内申请办理抵押登记的注销手续。因处分抵押财产而导致土地使用权发生转移的，抵押人、抵押权人和受让人在抵押财产处分后30日内申请办理土地登记变更手续。

根据国土资源部颁发的《关于国有划拨土地使用权抵押登记有关问题的通知》规定，以国有划拨土地使用权为标的物设定抵押权的，土地管理部门办理的抵押登记手续视同已经具有审批权限的土地管理部门批准。最高人民法院也发出通知要求，凡是涉及国有划拨土地使用权抵押经过有审批权限的土地管理部门办理抵押登记手续的案件，不得以国有划拨土地使用权抵押未经批准而认定抵押无效。

根据最高人民法院《关于能否将国有土地使用权折价抵偿给抵押权人问题的批复》规定，抵押权人通过拍卖方式处分土地使用权，该土地使用权无法变现的，且债务又没有其他可供清偿的财产，经抵押权人同意，人民法院可以参考评估价值将该土地使用权折价抵偿给抵押权人。

（五）土地承包经营权抵押

根据我国《物权法》《担保法》以及其他土地管理法规，除了“四荒地“之外的其他土地承包经营权不能作为抵押物设定抵押权。我国农村地区的金融服务一直以来是十分薄弱的，农业金融仍然是整个金融体系中最为薄弱的环节。由于土地承包经营权、宅基地使用权等均不能用于抵押，农民用以贷款的担保财产十分有限，致使农民贷款难现象十分突出。

为了进一步提升农村金融服务的能力和水平，实现农村金融与“三农”的共赢发展，国务院办公厅颁发《关于金融服务“三农”发展的若干意见》（国办发〔2014〕17 号）。《意见》要求创新农村抵质押担保方式，制定农村土地承包经营权抵押贷款试点管理办法，在经批准的地区开展试点。《意见》同时要求审慎稳妥地开展农民住房财产权抵押试点，并且推广水域滩涂养殖权和承包土地收益权等为标的的新型抵押担保方式。

二、在建工程抵押权

（一）一般规定

在建工程抵押是指抵押人为取得在建工程继续建造资金的贷款，以其合法方式取得的土地使用权连同在建工程的投入资产，以不转移占有的方式抵押给贷款人作为偿还贷款履行担保的行为。在建工程抵押的条件包括以下几个方面：

1. 在建工程抵押贷款的资金用途为该在建工程继续建造所需资金。借款人不得用在建工程为他人债务提供担保，也不得为借款人其他用途的债务提供担保。

2. 在建工程占用范围内的土地，已经全部交纳国有土地使用权出让金，并取得国有土地使用权证。

3. 在建工程必须已经取得建设用地规划许可证、建设工程规划许可证和建设工程施工许可证。

4. 自有资金投入必须达到工程建设总投资的 25% 以上，已经确定工程施工进度和竣工交付日期。

《城市房地产抵押管理办法》规定在建工程抵押合同应当具有的内容包括：《国有土地使用权证》《建设用地规划许可证》和《建设工程规划许可证》编号；已交纳的土地使用权出让金或需要交纳的相当于土地使用权出让金的款项；已投入在建工程的工程款；施工进度及工程竣工日期；已完成的工作量和工程量。

根据我国的“房随地走”和“地随房走”的原则，以在建工程已完工部分抵押的，其土地使用权随之抵押。如果在建工程在抵押期间竣工的，抵押权人应当在抵押人领取房地产权属证书后及时与抵押人办理房地产抵押登记。

值得注意的是，《城市房地产抵押管理办法》对在建工程抵押权予以认可，但是该办法将在建工程抵押融资的目的限制为“为取得在建工程继续建造所需要的资金而进行的融资”。在实践中，在建工程抵押融资存在两种情形：一种是在建工程抵押人以其所有的在建工程连同建设用地使用权为该在建工程继续建造所需资金而进行的融资提供抵押担保；另一种是在建工程抵押人以其所有的在建工程连同建设用地使用权为自己其他融资或者为他人融资提供抵押担保。《城市房地产抵押管理办法》否认了第二种情形的合法性，但是依据《物权法》及《担保法》司法解释，上述两种抵押担保情形应当为法律所认可，因此我们可以说《城市房地产抵押管理办法》的该项规定不符合经济社会发展的现实和需要，应当由相关主管部门予以修改。

（二）商品房预售和在建工程抵押

根据《城市房地产管理法》第 45 条规定，在建工程符合以下条件即可进行预售：(1) 已交付全部土地使用权出让金，取得土地使用权证书；(2) 持有建设工程规划许可证；(3) 按提供预售的商品房计算，投入开发建设的资金达到工程建设总投资的 25% 以上，并已经确定施工进度和竣工交付日期；(4) 已办理预售登记，取得商品房预售许可证明。《物权法》第 191 条规定：抵押期间，抵押人经抵押权人同意转让抵押财产的，应当将转让所得的价款向抵押权人提前清偿债务或者提存。转让的价款超过债权数额的部分归抵押人所有，不足部分由债务人清偿。抵押期间，抵押人未经抵押权人同意，不得转让抵押财产，但受让人代为清偿债务消灭抵押权的除外。由此我们可以知道，在建工程抵押后，房地产开发企业如果要预售商品房，就必须解除与抵押权人的抵押关系。在信贷资金没有清偿之前解除抵押，对于贷款人的信贷资金安全构成很大的风险。为了防范风险，贷款人可以与借款人设立销售监管账户，预售部分先解除抵押关系，预售收入全部进入销售监管账户作为保证金。或者由借款人提供其他相当价值的担保物作担保，抵押权人方可解除在建工程的抵押。

（三）在建工程抵押权与工程款优先权

根据最高人民法院《关于建设工程价款优先受偿权问题的批复》规定：人民法院在审理房地产纠纷案件和办理执行案件中，应当依照《合同法》第 286 条的规定，认定建筑工程的承包人的优先受偿权优先于抵押权和其他债权。该优先权的行使期限自建设工程竣工之日或者建设工程合同约定的竣工之日起 6 个月。但是该优先权不得对抗已交付商品房全部或者大部分购房款的买受人。信托公司在开展房地产融资业务时，应该注意防范该类风险。信托公司应对建设工程施工单位和开发商进行详尽的尽职调查，对于工程款额应从抵押物价值中剔除出去，或者直接要求建筑施工企业放弃工程款优先权。以此防范可能存在的风险。

三、矿业权抵押权

根据《矿业权出让转让管理暂行规定》（国土资发〔2000〕309 号）的规定，探矿权、采矿权为财产权，统称为矿业权，适用不动产法律法规的调整原则。矿业权人依法对其矿业权享有占有、使用、收益和处分权，矿业权人可以依法抵押矿业权。《矿业权出让转让管理暂行规定》第 55 条规定："矿业权抵押是指矿业权人依照有关法律作为债务人以其拥有的矿业权在不转移占有的前提下，向债权人提供担保的行为。"该条规定明确了矿业权人作为债务人可以将其矿业权抵押给债权人，但是矿业权人能否以其拥有的矿业权为第三人履行债务提供担保存在疑问。

矿业权抵押需要注意的问题包括：（1）矿业权证的有效期限；（2）抵押权实现。其中矿业权证的有效期限较为简单，只需要注意融资期限与矿业权证的有效期限相匹配即可。需要关注的是在抵押权实现的情形出现时，能否顺利转让矿业权成为防范融资风险的关键。抵押权人实现抵押权时，需要将矿业权转让给第三人，新的矿业权申请人应当符合国家规定的资质条件，并应依法办理矿业权转让和变更登记手续。根据《探矿权采矿权转让管理办法》（国务院令第 242 号）规定，转让探矿权应当具备相应的条件：（1）自颁发勘察许可证之日起满 2 年，或者在勘察作业区内发现可供进一步勘察或者开采的矿产资源；（2）完成规定的最低勘察投入；（3）按照国家有关规定已经缴纳探矿权使用费、探矿权价款；（4）探矿权属无争议；（5）国务院地质矿产主管部门规定的其他条件。转让采矿权的应当具备的条件包括：（1）矿业企业投入采矿生产满 1 年；（2）采矿权属无争议；（3）按照国家有关规定已经缴纳采矿权使用费、采矿权价款、矿产资源补偿费和资源税；（4）国务院地质矿产主管部门规定的其他条件。

《矿业权出让转让管理暂行规定》第 50 条规定：已出租的采矿权不得出售、合资、合作、上市和设定抵押。当时对于已经出租的探矿权能否抵押，该法并没有规定。

矿业权抵押需要注意的另外一个问题就是安全生产事故。矿产企业因安全生产事故等原因而导致相关证照被吊销，就可能意味着矿业权的丧失，这就会直接影响到抵押权的实现。根据《矿业权出让转让管理暂行规定》第 58 条的规定，采矿权人被吊销许可证时，由此产生的后果由债务人承担。因此抵押权人的权益只能通过向抵押人索赔而寻求保护。如果政府拍卖采矿权，抵押权人优先于事故赔偿而获得受偿。

四、林权抵押权

（一）抵押物范围

可以作为抵押物的森林资源资产包括：（1）用材林、经济林、薪炭林；（2）用材林、经济林、薪炭林的林地使用权；（3）用材林、经济林、薪炭林的采伐迹地、火烧迹地的林地使用权；（4）国务院规定的其他森林、林木和林地使用权。

不得抵押的森林资源资产包括：（1）生态公益林；（2）权属不清或存在争议的森林、林木和林地使用权；（3）未经依法办理林权登记而取得林权证的森林、林木和林地使用权（农村居民在其宅基地、自留山种植的林木除外）；（4）属于国防林、名胜古迹、革命纪念地和自然保护区的森林、林木和林地使用权；（5）特种用途林中的母树林、实验林、环境保护林、风景林；（6）以家庭承包形式取得的集体林地使用权；（7）国家规定不得抵押的其他森林、林木和林地使用权。抵押人以其所有的森林、林木资产抵押时，其林地使用权须同时抵押，但不得改变林地的属性和用途。

（二）集体林权与共有林权

根据《中国银监会、国家林业局关于林权抵押贷款的实施意见》（银监发〔2013〕32号）规定：以农村集体经济组织统一经营管理的林权进行抵押的，银行业金融机构应要求抵押人提供依法经本集体经济组织三分之二以上成员同意或者三分之二以上村民代表同意的决议，以及该林权所在地乡（镇）人民政府同意抵押的书面证明；林业专业合作社办理林权抵押的，银行业金融机构应要求抵押人提供理事会通过的决议书；有限责任公司、股份有限公司办理林权抵押的，银行业金融机构应要求抵押人提供经股东会、股东大会或董事会通过的决议或决议书。

以共有林权抵押的，银行业金融机构应要求抵押人提供其他共有人的书面同意意见书；以承包经营方式取得的林权进行抵押的，银行业金融机构应要求抵押人提供承包合同；以其他方式承包经营或流转取得的林权进行抵押的，银行业金融机构应要求抵押人提供承包合同或流转合同和发包方同意抵押意见书。

（三）抵押权设定

抵押人以其经营的国家无偿划拨的森林资源资产作抵押的，应当先办理相关的森林、林木出让手续，否则抵押无效。

抵押权人应当审核抵押人的林权证和森林资源资产的林地类型、坐落位置、四至界址、面积、林种、树种、林龄、蓄积等相关资料，以防范可能出现的抵押风险。抵押权人应当要求抵押人聘请具有森林资源资产评估资质的机构对抵押物进行价值评估。根据银监发〔2013〕32号文，对于贷款金额在30万元及以上的林权抵押贷款项目，抵押林权价值评估制度应坚持保本微利原则；对于贷款金额在30万元以下的林权抵押贷款项目，银行业金融机构要参照当地市场价格自行评估，不得向借款人收取评估费。

抵押登记机关对于符合抵押物登记条件的抵押登记申请应当予以登记，并发给抵押权人《森林资源资产抵押登记证》，在抵押合同上签注《登记证》编号、日期、经办人签字、加盖公章，在《林权证》的“注记”栏内载明抵押登记的主要内容。

（四）抵押权实现

对已取得林木采伐许可证且尚未实施采伐的林权抵押的，银行业金融机构要明确要求抵押人将已发放的林木采伐许可证原件提交银行业金融机构保管，双方向核发林木采伐许可证的林业主管部门进行备案登记。林权抵押期间，未经抵押权人书面同意，抵押人不得进行林木采伐。

银行业金融机构因处置抵押财产需要采伐林木的，采伐审批机关要按国家相关规定优先予以办理林木采伐许可证，满足借款人还贷需要。林权抵押期间，未经抵押权人书面同意，采伐审批机关不得批准或发放林木采伐许可证。

五、船舶、航空器抵押权

（一）船舶抵押权的设定

船舶抵押权是指债权人对于债务人或者第三人提供的船舶作为债务履行的担保而设定的抵押权，在债务人不履行债务时，可就拍卖、变卖、折价转让等方式实现抵押权而取得的价款优先受偿的权利。

船舶抵押权的设定不同于普通不动产抵押权。根据《物权法》的规定，对于建筑物和其他土地附着物、建设用地使用权、以招标拍卖公开协商等方式取得的四荒土地的承包经营权以及正在建造的建筑物设定抵押权的，抵押权自登记时设立。对于生产设备、原材料、半成品、产品、交通运输工具以及正在建造的船舶、航空器设定抵押权的，抵押权自抵押合同生效时设立；抵押登记只具有对抗效力，而不具有设定抵押权的效力，未经登记的，不得对抗善意第三人。

《海商法》对船舶所有权和抵押权的设定，都不以登记为设定要件，如果未经登记的，只具有不得对抗第三人的效力。该法第 9 条和第 10 条规定，船舶所有权的取得、转让和消灭，应当向船舶登记机关登记，未经登记的不得对抗第三人；船舶由两个以上法人或者个人共有的，应当向船舶登记机关登记，未经登记的，不得对抗第三人。《海商法》第 13 条规定，设定船舶抵押权的，由抵押权人和抵押人共同向船舶登记机关办理抵押权登记，未经登记的不得对抗第三人。第 14 条规定，建造中的船舶可以设定船舶抵押权，办理抵押登记的，应向船舶登记机关提交船舶的建造合同。最后该法规定了船舶抵押权的法律适用原则，船舶抵押权适用船旗国法律，船舶在光船租赁以前或者光船租赁期间设立船舶抵押权的，适用原船舶登记国的法律。

《船舶登记条例》第四章对船舶抵押权登记进行了详细的规定。船舶抵押的登记机关为船籍港船舶登记机关，对于同一船舶设定两个以上抵押权的，船舶登记机关应当按照抵押权登记申请日期的先后进行登记，并在登记簿上注明登记日期，登记申请日期为登记日期；同日申请的，登记日期相同。

以 20 总吨以上的船舶设定抵押权的，抵押双方应当提交如下材料：（1）双方签字的书面申请书；（2）船舶所有权登记证书或者船舶建造合同；（3）船舶抵押合同；（4）如果船舶是共有的，应当提供三分之二以上份额或者约定份额的共有的共有人的同意证明的文件；（5）如果船舶已设定其他抵押权的，提供相关证明文件。

船舶抵押权转移时，抵押权人和承转人应当持船舶抵押权转移合同到船籍港船舶登记机关办理抵押权转移登记。对经审查符合规定的，船籍港船舶登记机关应当将承转人作为抵押权人载入船舶登记簿和船舶所有权登记证书，并向承转人核发船舶抵押权登记证书，封存原船舶抵押权登记证书。

（二）船舶优先权与船舶抵押权

船舶优先权是指海事请求人依照《海商法》的规定，向船舶所有人、光船承租人、船舶经营人提出海事请求，对产生该海事请求的船舶具有优先受偿的权利。《海商法》第 22 条规定具有船舶优先权的海事请求包括：

（1）船长、船员和在船上工作的其他在编人员根据劳动法律法规或者劳动合同所产生的工资、其他劳动报酬、船员遣返费用和社会保险费用的给付请求；

（2）在船舶营运中发生的人身伤亡的赔偿请求；

（3）船舶吨税、引航费、港务费和其他港口规费的缴付请求；

（4）海难救助的救助款项的给付请求。

（5）船舶在营运中因为侵权行为产生的财产赔偿请求。但是对于载运 2000 吨以上的散装货油的船舶，持有有效的证书，证明已经进行油污损害民事责任保险或者具有相应的财务保证的，对其造成的油污损害赔偿请求的，不属于该项规定的范围。

船舶优先权是一种特殊的担保物权，船舶优先权的效力优先于船舶留置权，而船舶留置权的效力优先于船舶抵押权，因此在船舶优先权、船舶留置权和船舶抵押权的三种担保物权中，船舶优先权的效力为最优，而船舶留置权的效力次之，最后才是船舶抵押权。此处的船舶留置权是指造船人、修船人在合同另一方为履行合同义务时，可以留置所占有的船舶，以保证造船修船费用得以偿还的权利。

（三）航空器抵押权设定

根据《民用航空法》的规定，民用航空器权利人应当就民用航空器所有权、通过购买行为取得并占有民用航空器的权利、根据租赁期限为 6 个月以上的租赁合同占有民用航空器的权利、民用航空器抵押权等权利分别向中国民用航空局办理权利登记。根据《物权法》的规定，民用航空器的抵押权自抵押合同生效时设立，不以登记为要件，登记只具有对抗第三人的效力。《民用航空法》规定，设定民用航空器抵押权，由抵押权人和抵押人共同向中国民用航天局办理抵押登记，未经登记的，不得对抗第三人；民用航空器抵押权设定后，未经抵押权人同意，抵押人不得将被抵押民用航空器转让他人。

《民用航空器权利登记条例》对民用航空器抵押权的设立程序进行了详细的规定。抵押双方当事人办理民用航空器抵押权登记的，应当向民用航空局提交的资料包括：(1) 民用航空器国籍登记证书；(2) 民用航空器所有权登记证书或者相应的所有权证明文件；(3) 民用航空器抵押合同；(4) 国务院民用航空主管部门要求提交的其他必要的有关文件。如果就两架以上民用航空器设定一项抵押权或者就同一民用航空器设定两项以上抵押权时，民用航空器的抵押权人和抵押人应当就每一架民用航空器或者每一项抵押权分别办理抵押权登记。

（四）民用航空器的优先权与抵押权

根据《民用航空法》的规定，民用航空器的优先权是指债权人对于：(1) 救援该民用航空器的报酬；(2) 保管维护该民用航空器的必需费用，向民用航空器所有人、承租人提出赔偿请求，对产生该赔偿请求的民用航空器具有优先受偿的权利。

民用航空器优先权的行使期限为 3 个月，自救援或者保管维护工作终了之日起计算。如果债权人自救援或者保管维护工作终了之日起 3 个月内就其债权向民用航空局申请办理了登记，并且：(1) 债权人与债务人已就该项债权的金额达成协议；或者 (2) 有关该项债权的诉讼已经开始，则民用航空器优先权的行使不受 3 个月期限的限制。

民用航空器优先权优先于民用航空器抵押权受偿，民用航空器优先权通过法院扣押产生优先权的民用航空器行使。

六、动产抵押权

（一）动产抵押概述

动产抵押权是指以生产设备、原材料、半成品、产品以及船舶、航空器、交通运输工具等动产为标的物而设定的抵押权，船舶、航空器和交通运输工具属于特殊动产，其权属交易需进行过户登记，因此一般将其认定为类不动产，因此本节研究的动产抵押不包含船舶、航空器和交通运输公司抵押。

根据《物权法》的规定，债务人或者第三人有权处分的生产设备、原材料、半成品、产品等财产可以抵押。企业、个体工商户、农业生产经营者可以将现有的以及将有的生产设备、原材料、半成品、产品抵押，并且应当向抵押人住所地的工商行政管理部门申请办理登记手续，抵押权是自抵押合同生效时设立，未经登记的，该动产抵押权不具有对抗善意第三人的效力。

国家工商行政管理总局于 2007 年 10 月 12 日颁发了《动产抵押登记办法》，对动产抵押登记事项进行规范。

（二）设立登记申请

动产抵押的登记机关为抵押人住所地的县级工商行政管理机关，对于未设县级工商行政管理局的地级城市，地级市工商行政管理局可以办理动产抵押登记，履行县级工商行政管理局职能的开发区工商分局、专业市场分局等可以在辖区内办理动产抵押登记。抵押双方当事人申请办理动产抵押应当提供的资料包括：

1. 经抵押合同双方当事人签字或者盖章的《动产抵押登记书》；

2. 抵押合同双方当事人主体资格证明或者自然人身份证明文件；委托代理人办理的，还应提交代理人身份证明文件和授权委托书。

（三）动产抵押的变更与注销

抵押合同或者《动产抵押登记书》的内容发生变更的，抵押双方当事人应持如下资料到原登记机关办理变更登记：

1. 原《动产抵押登记书》；

2. 抵押双方当事人签字或者盖章的《动产抵押变更登记书》；

3. 抵押合同双方当事人主体资格证明或者自然人身份证明文件；

4. 如果委托代理人办理的，应提交代理人身份证明文件和授权委托书。

如果出现主债权消灭、担保物权实现、债权人放弃担保物权等情形，抵押双方当事人可以持如下资料到原登记机关办理注销登记手续：

1. 原《动产抵押登记书》以及《动产抵押变更登记书》；

2. 抵押合同双方当事人签字或者盖章的《动产抵押注销登记书》；

3. 抵押双方当事人主体资格证明或者自然人身份证明文件；

4. 如果委托代理人办理的，应提交代理人身份证明文件和授权委托书。

第四节　几种常见的担保物权——质权

一、收费权质权

收费权是指权利人根据法律规定或者政府行政特许而享有的就特定基础设施或者公共服务等收取相关费用的权利。《物权法》第 223 条规定的可以出质的权利中没有规定收费权可以出质，但是如果法律、行政法规规定可以出质的其他财产权利方可设定权利质押，与权利质押不同的是，抵押权和动产质押的设定范围是法律、行政法规没有禁止的动产和不动产。《担保法解释》将公路桥梁、公路隧道或者公路渡口等不动产收益权列入《担保法》第 75 条第（四）项中依法可以质押的其他权利的范围中。《国务院关于收费公路项目贷款担保问题的批复》（国函〔1999〕28号）规定："公路建设项目法人可以用收费公路的收费权质押方式向国内银行申请抵押贷款，以省级人民政府批准的收费文件作为公路收费权的权力证书，地市级以上交通主管部门作为公路收费权质押的登记部门。质权人可以依法律和行政法规许可的方式取得公路收费权，并实现质押权。"

日常生活中的收费权多种多样，诸如电网收费权、自来水收费权、有线电视收费权甚至学校等公益机构的收费权等，至于这些收费权能否设定质押，理论界是存在争议的。在《物权法》起草阶段，关于是否在《物权法》中设定收费权质押这一问题存在一定的分歧。但最终《物权法》没有设定收费权质押，只是规定了一个兜底条款，即法律、行政法规规定可以出质的其他财产权利。《担保法解释》补充揭示了《担保法》的规定，将公路桥梁、公路隧道或者公路渡口等不动产收益权纳入权利质押的范围。由于《担保法》属于法律的范畴，因此笔者认为公路桥梁、公路隧道或者公路渡口等不动产收益权是可以设定质押的。根据物权法定原则，除非法律、行政法规另有规定，公路桥梁、公路隧道或者公路渡口等不动产收益权之外的其他收费权（收益权）不能设定质权。

二、应收账款质权

（一）应收账款范围

根据中国人民银行《应收账款质押登记办法》（中国人民银行令〔2017〕第3号），应收账款是指权利人因提供一定的货物、服务或设施而获得的要求义务人付款的权利以及依法享有的其他付款请求权，包括现有的和未来的金钱债权，但不包括因票据或其他有价证券而产生的付款请求权，以及法律、行政法规禁止转让的付款请求权。应收账款具体包括如下权利：

（1）销售、出租产生的债权，包括销售货物，供应水、电、气、暖、知识产权的许可使用，出租动产或不动产等；

（2）提供医疗、教育、旅游等服务或劳务产生的债权；

（3）能源、交通运输、水利、环境保护、市政工程等基础设施和公用事业项目收益权；

（4）提供贷款或其他信用活动产生的债权；

（5）其他以合同为基础的具有金钱给付内容的债权。

（二）应收账款质押登记

1. 登记程序

应收账款质押登记管理机构为中国人民银行征信中心，应收账款质押登记通过登记公示系统办理。应收账款质押登记由质权人办理，质权人也可以委托他人办理登记。

质权人办理质押登记的内容包括质权人和出质人的基本信息、应收账款的描述、登记期限，质权人还应向登记公示系统提交质权人与出质人签订的质押登记协议（内容包括已签订的质押合同及由质权人办理质押登记）。质权人应将填写完毕的登记内容提交登记公示系统。登记公示系统记录提交时间并分配登记编号，生成应收账款质押登记初始登记证明和修改码提供给质权人。

2. 登记期限

质权人根据主债权旅行期限合理确定登记期限。登记期限最短 6 个月，超过 6 个月的，按年计算且不超过 30 年。质权人可于登记期限届满前 90 日内申请展期；质权人可以多次展期，展期期限按年计算，每次不得超过 30 年。

3. 异议登记

出质人或其他利害关系人认为登记内容错误的，可以要求质权人变更登记或注销登记。质权人不同意变更或注销的，出质人或其他利害关系人可以办理异议登记，并于异议登记办理完毕之日起 7 日内通知质权人。

出质人或其他利害关系人自异议登记之日起 30 日内，未将争议起诉或提请仲裁并在登记公示系统提交案件受理通知的，征信中心撤销异议登记。征信中心按照出质人或其他利害关系人、质权人的要求，根据生效的法院判决、裁定或仲裁机构裁决撤销应收账款质押登记或异议登记。

（三）收费权质押

参见本节“一、收费权质权”部分，此处不再赘述。

三、证券质权

（一）《证券质押登记业务实施细则》

1. 质押登记标的及范围

根据中国证券登记结算有限公司《证券质押登记业务实施细则》（2016 年修订），在中国证券登记结算有限公司办理质押登记的标的证券包括登记在该公司开立的证券账户中的股票、债券和基金。

已经办理质押登记的证券，在解除质押登记前不得重复设置质押；对于已被司法冻结、已作回购质押或已提交中国登记结算公司作为交收担保品的证券，不得再申请办理质押登记。

证券质押登记期间产生的孳息，一并予以质押登记；证券质押登记期间发生配股时，配股权仍由出质人行使。

2. 质押登记办理

出质人和质权人根据《证券质押登记业务实施细则》规定，向中国证券登记结算公司提交申请材料，办理证券质押登记及解除质押登记。中国证券登记结算公司可以授权证券公司作为该公司质押登记业务的代理机构。质押双方可以选择到中国证券登记结算公司现场办理质押登记或者通过远程电子化申报方式办理质押登记。

质押登记的生效日期以中国证券登记结算公司出具的证券质押登记证明上载明的质押登记日为准。证券质押登记不设具体期限，解除质押登记，需由质权人申请办理。质押登记解除的生效日以解除证券质押登记通知上载明的质押登记解除日为准。

同一交易日对同一笔证券由证券受理司法冻结并向中国证券登记结算公司申报成功的，中国证券登记结算公司不办理该笔证券的质押登记。同一交易日对同一笔证券中国证券登记结算公司先受理质押登记，再受理司法冻结的，先办理质押登记，再对该笔已质押证券办理司法冻结；中国证券登记结算公司先受理司法冻结的，不再受理该笔证券的质押登记。

3. 质物处置

债务人不履行到期债务或者发生当事人约定的实现质权的情形，除了通过司法途径实现质权外，还可以通过如下方式处置质物：（1）根据质押合同或质押证券处置协议约定，向中国证券登记结算公司申请将证券质押登记状态（限于流通证券）从“不可卖出质押登记”调整为“可以卖出质押登记”，并以质押证券卖出所得优先偿付质权人。（2）根据质押证券处置协议约定，向中国证券登记结算公司申请以质押证券（限于流动证券）转让抵偿质权人。

（二）《证券公司股票质押贷款管理办法》

证券公司可以以其自营股票、证券投资基金和上市公司可转换债券设定质权，为其对外融资提供质押担保，证监会、银监会和人民银行于2004年联合颁布了经修订的《证券公司股票质押贷款管理办法》，对证券公司的股票质押融资进行规范。

1. 主体资格

贷款人资格：（1）资本充足率等监管指标符合银监会规定；（2）内控机制健全，制定和实施了统一授信制度；（3）制定了与办理股票质押贷款业务相关的风险控制措施和业务操作流程；（4）有专职部门和人员负责经营和管理股票质押贷款业务；（5）有专门的业务管理信息系统，能同步了解股票市场行情以及上市公司有关重要信息，具备对分类股票分析、研究和确定质押率的能力；（6）银监会规定的其他条件。

借款人资格：（1）资产具有充足的流动性，且具备还本付息能力；（2）其自营业务符合证监会规定的有关风险控制比率；（3）已按证监会规定提取足额的交易风险准备金；（4）已按证监会规定定期披露资产负债表、净资本计算表、利润表及利润分配表等信息；（5）最近一年经营中未出现证监会认定的重大违规违纪行为或特别风险事项，现任高级管理人员和主要业务人员无证监会认定的重大不良记录；（6）客户交易结算资金经证监会认定已实现有效独立存管，未挪用客户交易结算资金；（7）贷款人要求的其他条件。

2. 股票质押贷款规则

证券公司股票质押融资的期限不得超过一年，并且不得申请展期，质押率一般不得超过60%。对质物要求是业绩优良、流通股本规模适度、流动性好的股票，对于（1）上一年度亏损的上市公司股票；或（2）前六个月内股票价格的波动幅度超过200%的股票；或（3）可流通股股份过度集中的股票；或（4）证券交易所停牌或者除牌的股票；或（5）证券交易所特别处理的股票；或（6）证券公司持有一家上市公司发行股份的5%以上的，该证券公司不得以该种股票质押，但是证券公司因包销购入售后剩余股票而持有5%以上股份的除外。

3. 股票质押贷款风险防范

贷款人向证券公司发放股票质押贷款的，贷款余额不得超过其资本净额的15%；对一家证券公司发放股票质押贷款的，贷款余额不得超过贷款人资本净额的5%。

一家贷款人及其分支机构接受的用于质押的一家上市公司股票，以及一家证券公司用于质押的一家上市公司股票，均不得高于该上市公司全部流通股的10%；一家证券公司用于质押的一家上市公司股票，还不得高于该上市公司已发行股份的5%。被质押的上市公司股票不得高于该上市公司全部流通股的20%。

贷款人办理证券公司股票质押贷款业务，应当设立警戒线和平仓线以控制股票价格波动所带来的风险。根据《证券公司股票质押贷款管理办法》，警戒线比例不得低于135%，平仓线比例不得低于120%。如果质押股票市值与贷款本金之比低于警戒线时，则借款人应及时补足因证券价格下跌造成的质押价值缺口，如果质押股票价值与贷款本金之比低于平仓线时，贷款人应及时卖出股票，并以所得款项用于清偿贷款本息。

（三）《关于上市公司国有股质押有关问题的通知》

为了规范上市公司国有股权质押相关事项，财政部于2001年颁发了《关于上市公司国有股权质押有关问题的通知》（财企〔2001〕651号）。

根据该通知，公司发起人持有的国有股，在法律限制转让期内不得用于质押。根据《公司法》的规定，对于股份有限公司，发起人持有本公司股份自公司成立之日起一年内不得转让；公司公开发行股份前已发行的股份，自公司股票在证券交易所上市交易之日起一年内不得转让。

国有股东授权代表单位如果以其所持有的国有股进行质押，应当事先进行充分的可行性论证、明确资金用途，指定融资还款计划，并经董事会或者总经理办公会

（不设董事会的情形）审议决定。所担保的债务人只限于本单位及其全资或控股子公司，除此之外，国有股东授权代表单位持有的国有股不得为其他任何单位或者个人提供质押。国有股东授权代表单位用于质押的国有股数量不得超过其所持有的该上市公司国有股总额的50%，质押融资所获得的资金应当按照规定的用途使用，禁止用于买卖股票。

以国有股设定质押的，国有股东授权代表单位在签订质押协议后，按照财务隶属关系报省级以上主管财政机关备案，并根据省级以上主管财政机关出具的《上市公司国有股质押备案表》到中国证券登记结算公司办理国有股质押登记手续。如果届时债务人不能按时清偿债务，则质权人应当按照法律法规规定的方式和程序变现国有股受偿，不得将国有股直接过户到债权人名下；国有股变现清偿时，涉及国有股协议转让的，应当按照规定报财政部核准；导致上市公司实际控制权发生变化的，质权人应当同时遵守上市公司收购的规定。

四、非上市公司股权质押

根据《物权法》第226条规定："以基金份额、股权出质的，当事人应当订立书面合同。以基金份额、证券登记结算机构登记的股权出质的，质权自证券登记结算机构办理出质登记时设立；以其他股权出质的，质权自工商行政管理部门办理出质登记时设立。"由此可知，如果交易对手以其所持有的或第三人所持有的非上市公司股权申请质押融资的，则应在工商行政管理机构办理股权质押登记，质权自工商行政管理部门办理出质登记时设立。2008年9月1日，国家工商行政管理总局公布第32号令，正式颁发《工商行政管理机关股权出质登记办法》，对未在证券登记结算机构登记的股份有限公司以及有限责任公司的股权质押事项进行规范。

（一）登记基本原则

申请质押登记的股权必须是依法可以转让和出质的股权，如果受到司法冻结或者其他限制，在解除质押之前不得办理质押登记。根据《公司法》的规定，股份有限公司不得接受本公司的股票作为质权标的。值得注意的是，《公司法》并没有规定有限责任公司是否可以接受本公司股票作为质权标的。申请股权质押设立登记、变更登记、注销登记的，应当由质押双方当事人共同提出申请。申请股权质押撤销登记的，可以由出质人或者质权人一方提出申请。股权出质登记事项包括：出质人和质权人名称（姓名）；出质股权所在公司名称；出质股权数额。

以外商投资的公司的股权出质的，应当经原公司设立审批机关批准后方可办理出质登记。根据《外商投资企业投资者股权变更的若干规定》规定，经企业其他投资者同意，缴付出资的投资者可以依据《担保法》的有关规定，通过签订质押合同并经审批机关批准将其已缴付出资部分形成的股权质押给质权人；投资者不得质押未缴付出资部分的股权；投资不得将股权质押给本企业。在质押期间，出质投资者作为企业的投资者身份不变，未经出质投资者和企业其他投资者同意，质权人不得转让出质股权；未经质权人同意，出质投资者不得将已出质的股权转让或者再出质。企业投资者与质权人签订股权质押合同后，应当将（1）企业董事会及其他投资者关于同意出质投资者将其股权质押的决议；（2）出质投资者与质权人签署的质押合同；（3）出质投资者的出资证明书；（4）中国注册会计师及其所在的事务所为企业出具的验资报告提交给审批机关。企业应在获得审批机关同意其投资者出质股权的批复后30日内，持有关批复文件向原登记机关备案，未经审批和备案的质押行为无效。

（二）质押设立登记申请

质押双方当事人申请股权出质登记应当提交的材料如下：

1. 申请人签字或盖章的《股权出质设立登记申请书》；

2. 记载有出质人姓名或名称及其出资额的有限责任公司股东名册复印件或者出质人持有的股份有限公司股票复印件，并应加盖公司印章；

3. 质押合同；

4. 出质人、质权人的主体资格证明或者自然人的身份证明复印件，自然人需本人签字，法人需加盖印章；

5. 申请人指定代表或者共同委托代理人的证明；

6. 国家工商行政管理总局要求提交的其他材料。

（三）股权质押的变更、撤销与注销

如果出现出质股权数额变更、质押双方当事人姓名（名称）或者出质股权所在公司名称变更的，质押双方当事人应当向登记机关提交如下资料申请变更登记：

1. 申请人签字或者盖章的《股权出质变更登记申请书》；

2. 有关登记事项变更的证明文件，出质股权数额变更的，提交质押合同修正案或者补充合同，出质人、质权人或者出质股权所在公司名称（姓名）变更的，提交名称（姓名）变更的证明文件和变更后的主体资格证明或者自然人身份证明复印件；

3. 申请人指定代表或者共同委托代理人的证明；

4. 国家工商行政管理总局要求提交的其他材料。

如果质押合同被依法确认无效或者被撤销的，应当提交如下材料申请办理撤销登记：

1. 申请人签字或者盖章的《股权出质撤销登记申请书》；

2. 质押合同被依法确认无效或者被撤销的法律文件；

3. 申请人指定代表或者委托代理人的证明。

如果主债权消灭、质权实现、质权人放弃质权或者法律规定的其他导致质权消灭的情形，应当提交如下材料申请办理注销登记：

1. 申请人签字或者盖章的《股权出质注销登记申请书》；

2. 申请人指定代表或者委托代理人的证明。

五、知识产权质权

根据《物权法》的规定，债务人或者第三人有权处分的可以转让的注册商标专用权、专利权、著作权等知识产权中的财产权可以出质。

（一）《著作权质权登记办法》

著作权质押登记申请：出质人和质权人可以自行向国家版权局申请办理著作权质押登记手续，也可以委托代理人办理。申请办理著作权质押登记的，应当向国家版权局提交的资料包括：（1）著作权质押登记申请表；（2）出质人和质权人的身份证明；（3）主债权合同及质押合同；（4）委托代理人办理的，应提交委托书和受托人的身份证明；（5）以共有的著作权出质的，应提交共有人同意出质的书面文件；（6）出质前授权他人使用的，提交授权合同；（7）出质的著作权经过价值评估的，质权人要求价值评估的或者相关法律法规要求价值评估的，提交有效的价值评估报告；（8）其他需要提供的材料。如果提交的文件是外文的，需要时附送中文译本。

著作权质押登记：对于符合质押登记要求的质押登记申请，国家版权局向出质人和质权人发放《著作权质押登记证书》。国家版权局设立《著作权质权登记簿》，记载著作权质权登记信息供社会公众查询，如果《著作权质权登记证书》的内容与《著作权质权登记簿》的内容不一致的，以《著作权质权登记簿》为准，但是有证据证明《著作权质权登记簿》的记载确有错误的除外。

如果出现：（1）出质人不是著作权人；或（2）合同违反法律法规强制性规定；或（3）出质著作权的保护期届满；或（4）债务人履行债务的期限超过著作权保护期；或（5）出质著作权存在权属争议的；或（6）其他不符合出质条件的情形。

著作权出质期间，未经质权人同意，出质人不得转让或者许可他人使用已经出质的权利。出质人转让或者许可他人使用出质的权利所得的价款，应当向质权人提前清偿债务或者提存。

著作权质权的撤销与注销：如果出现：（1）登记后发现有登记机关不予登记的情形；或者（2）根据司法机关、仲裁机关或者行政管理机关作出的影响质权效力的生效裁决或者行政处罚决定书应当撤销的；或者（3）著作权质权合同无效或者被撤销；或者（4）申请人提供虚假文件或者以其他手段骗取著作权质权登记的；或者（5）其他应当撤销的情形，国家版权局应当撤销质权登记。

如果出现：（1）出质人和质权人协商一致同意注销的；或者（2）主合同履行完毕的；或者（3）质权实现的；或者（4）质权人放弃质权的；或者（5）其他导

致质权消灭的情形，申请人应当向国家版权局申请注销质权登记。

（二）《专利权质押登记办法》

专利权质押登记申请：专利权质押双方当事人应当到国家知识产权局申请办理专利权质押登记手续。如果以共有的专利权出质的，除全体共有人另有约定的以外，出质人应当取得其他共有人的同意。在中国没有经常居所或者营业所的外国人、外国企业或者外国其他组织办理专利权质押登记手续的，应当委托依法设立的专利代理机构办理；中国单位或者个人办理专利权质押登记手续的，可以委托依法设立的专利代理机构办理。

申请专利权质押登记手续应当提交的材料包括：（1）出质人和质权人共同签字或者盖章的专利权质押登记申请表；（2）专利权质押合同，质押合同可以是单独订立的合同，也可以是主合同中的担保条款；（3）质押双方当事人的身份证明；（4）委托代理的，注明委托权限的委托书；（5）如果专利权经过价值评估的，应当提交价值评估报告。

当事人提交的身份证明材料是外文的，如果没有附送中文译文的，视为未提交。当事人提交的除身份证明以外的其他各种材料应当使用中文。

专利权质押登记：对于经审查合格的专利权质押登记申请，国家知识产权局向当事人发送《专利权质押登记通知书》，并在专利登记簿上予以登记，质权自登记时设立。

在专利权质押登记期间，未经质权人同意，出质人不得放弃该专利权、转让或者许可他人使用该专利权。除非出质人提供质权人同意的证明材料，否则国家知识产权局不予办理专利权放弃手续、专利权转让登记手续、或者专利权实施合同备案手续。如果出质人经质权人同意转让或者许可他人实施出质的专利权的，出质人应当将转让费、许可费向质权人提前清偿债务或者提存。

如果出现：（1）出质人与专利登记簿记载的专利权人不一致的；或者（2）专利权已终止或者已被宣告无效的；或者（3）专利申请尚未被授予专利权的；或者（4）专利权处于年费缴纳滞纳期的；或者（5）专利权已被启动无效宣告程序的；或者（6）因专利权的归属发生纠纷或者人民法院裁定对专利权采取保全措施，专利权的质押手续被暂停办理的；或者（7）债务人履行债务的期限超过专利权有效期的；或者（8）质押合同约定在债务履行期届满质权人未受清偿时，专利权归质权人所有的；或者（9）质押合同不符合《专利权质押登记办法》规定的质押合同应当具备的内容；或者（10）以共有专利权出质但未获得全体共有人同意的；或者（11）专利权已被申请质押登记且处于质押期间；或者（12）其他应当不予登记的情形等情形时，国家知识产权局对专利权质押登记申请作出不予登记的决定，并发送《专利权质押不予登记通知书》。

专利权质权的撤销与注销：在专利权质押期间，国家知识产权局发现存在对于专利权质押登记申请应当不予登记的情形且该种情形尚未解除的，或者发现其他应当撤销专利权质押登记情形的，应当向质押双方当事人发送《专利权质押登记撤销通知书》，撤销专利权质押登记，质押登记的效力因此而自始无效。

如果出现：(1) 债务人按期履行债务或者出质人提前清偿所担保的债务的；或者 (2) 质权已经实现的；或者 (3) 质权人放弃质权的；或者 (4) 因主合同无效、被撤销致使质押合同无效、被撤销的；或者 (5) 法律规定质权消灭的其他情形的，当事人应当持《专利权质押登记通知书》及相关证明文件，向国家知识产权局办理质权注销手续。

(三)《注册商标专用权质权登记程序规定》

注册商标专用权质押登记申请：注册商标专用权质押登记的法定机关为国家工商行政管理总局商标局。注册商标专用权质押登记申请由出质人和质权人共同办理，在中国没有经常居所或者营业所的外国人或者外国企业应当委托代理机构办理，而中国企业或个人可以直接向商标局申请，也可委托商标代理机构代理。出质人应当将在相同或者类似商品或者服务上注册的相同或者近似商标一并办理质押登记。

申请办理注册商标专用权质押登记申请应当提供的材料包括：(1) 经签字或者盖章的《商标专用权质权登记申请书》，质押登记申请书应当载明出质的商标注册号；(2) 出质人、质权人的主体资格证明或者自然人身份证明复印件；(3) 主债权合同和质权合同，质权合同应当载明出质的商标注册号；(4) 授权委托书以及被委托人的身份证明，如果委托商标代理机构办理的，应当提交商标代理委托书；(5) 注册商标的注册证复印件；(6) 商标专用权的价值评估报告，如果质押双方当事人就商标专用权价值协商一致并提交书面认可文件的，可以不用提交价值评估报告。(7) 其他材料。如果提交的是外文材料的，应当同时提交中文译本，并由翻译人签章。

注册商标专用权质押登记：对于符合要求的质押登记申请，商标局予以登记并发送《商标专用权质权登记证》。如果出现：(1) 出质人名称与商标局档案记载的名称不一致，且不能提供证明其为实际权利人的；或者 (2) 合同的签订违反法律法规强制性规定的；或者 (3) 商标专用权已经被撤销、被注销或者有效期满为续期的；或者 (4) 商标专用权已被人民法院查封、冻结的；或者 (5) 其他不符合出质条件的，商标局不予办理质押登记手续。

注册商标专用权质权的撤销或者注销：质权存续期间，如果出现：(1) 应当不予办理质押登记手续情形的；或者 (2) 质权合同无效或者被撤销；或者 (3) 出质的注册商标因法定程序丧失使用权的；或者 (4) 提交虚假证明文件或者以其他欺骗手段取得商标专用权质权登记的，商标局应当撤销质押登记。

办理注销商标专用权质权申请应当提交的材料包括：（1）经签字或者盖章的《注销申请书》；（2）质押双方的主体资格或自然人身份证明的复印件；（3）质押双方签署的解除质权登记协议或者合同履行完毕的凭证；（4）《商标专用权质权登记证》；（5）授权委托书、被委托人的身份证明或者商标代理委托书；（6）其他文件。质权登记期限届满后，质权登记自动失效。

第五节 其他信用增级措施

一、结构化信托

（一）概述

所谓结构化信托是指信托公司根据投资者不同的风险偏好对信托受益权进行分层配置，按照分层配置中的优先与劣后安排进行收益分配，使具有不同风险承担能力和意愿的投资者通过投资不同层级的受益权来获取不同的收益并承担相应风险的集合资金信托业务。

结构化信托是一种信托产品设计类型，同时也是一种信用增级措施。信托公司可以将信托受益权划分为优先信托受益权和劣后信托受益权，在信托计划期限届满清算时，如果信托财产不足以向信托受益人分配信托资金本金和信托收益时，则以全部信托财产优先向优先信托受益人分配信托资金本金，然后依次分配的是优先信托受益人的信托收益，如信托财产还有剩余，才可以依次向劣后受益人分配信托资金本金和信托收益，劣后受益人以其所持有的信托受益权份额保证优先受益人的信托资金本金和信托收益的如期兑付。

一般情况下，劣后信托受益权人的预期信托收益率明显高于优先信托受益权人的预期信托收益率，但前者承担的风险也较后者高很多，投资者可以根据自己的风险偏好和风险承受能力选择认购不同层级的信托受益权份额。但是还有一种情况，信托公司为了给信托计划进行信用增级，要求交易对手（项目公司或其关联方）认购劣后信托受益权份额，以此来保证信托资金的安全性和吸引力。

（二）监管政策（银监通〔2010〕2号）

信托公司开展结构化信托业务应遵循的原则：依法合规原则；风险与收益相匹配原则；充分信息披露原则；公平公正，注重保护优先受益人合法利益原则。

合格投资者：信托公司应对结构化信托业务的投资者进行风险适应性评估，了解其风险偏好和承受能力，并对本金损失风险等各项投资风险予以充分揭示，以此做到结构化信托产品的投资者都具有风险识别和承担能力。

结构化信托业务的劣后受益人首先必须是信托计划的合格投资者，其次参与单个结构化信托业务的金额不得低于 100 万元人民币。信托公司应对劣后受益人就强制平仓、本金发生重大损失等风险进行特别揭示。

产品设计：

1. 结构化信托产品的优先受益人与劣后受益人投资资金配置比例大小应与信托产品基础资产的风险高低相匹配，但劣后受益权比重不宜过低。

2. 信托公司进行结构化信托业务产品设计时，应对每一只信托产品撰写可行性研究报告。报告应对受益权的结构化分层、风险控制措施、劣后受益人的尽职调查过程和结论、信托计划推介方案等进行详细说明。

3. 信托公司应当合理安排结构化信托业务各参与主体在投资管理中的地位与职责，明确委托人、受益人、受托人、投资顾问等参与主体的权限、责任与风险。

4. 结构化信托业务运行过程中，信托公司可以允许劣后受益人在信托文件约定的情形出现时追加资金。

禁止行为：

1. 利用受托人的专业优势为自身谋取不当利益，损害其他信托当事人的利益。

2. 利用受托人地位从事不当关联交易或进行不当利益输送。

3. 信托公司股东或实际控制人利用信托业务的结构化设计牟取不当利益。

4. 信托公司及其全体员工、信托公司股东等利益相关人作为劣后受益人。

5. 以商业银行个人理财资金投资劣后受益权。

劣后受益人禁止行为：

1. 为他人代持劣后受益权。

2. 通过内幕信息交易、不当关联交易等违法违规行为牟取利益。

3. 将享有的信托受益权在风险或收益确定后向第三方转让。

结构化证券投资信托业务：

1. 明确证券投资的品种范围和投资比例：信托公司可以根据各类证券投资品种的流动性差异设置不同的投资比例限制，但单个信托产品持有一家公司发行的股票最高不得超过该信托产品资产净值的 20%。

2. 科学合理地设置止损线：止损线的设置应当参考受益权分层结构的资金配比，经过严格的压力测试，能够在一定程度上防范优先受益权受到损失的风险。

3. 配备足够的证券交易操作人员并逐日盯市：当结构化证券投资信托产品净值跌至止损线或以下时，应按照信托合同的约定进行平仓处理。

报告制度：

信托公司按季将上季度开展的结构化信托产品情况向属地银监局报送，内容包括但不限于每个结构化信托产品的规模、分层设计情况、投资范围、投资策略和比例限制、劣后信托受益人的名称和认购金额。

二、专业保险公司保险

《中华人民共和国保险法》第95条第1款第（二）项规定，保险公司可以开展保证保险和信用保险业务。保证保险是指被保证人根据权利人的要求，要求保险人承担自己信用风险的保险；信用保险是指权利人要求保险人担保被保证人信用风险的保险。

目前在信托行业开展的信托业务中，保险介入的程度比较低。中信信托推出的“国宾世贸中心（B座）项目集合资金信托计划”是国内首个引入保险公司信誉作为信用增级措施之一，平安保险为本项目提供不少于5000万元的“预期利润损失险”，是信托产品风险缓释措施的一种创新。

三、让与担保

让与担保是指债务人或第三人将其所有的财产或财产权转让给债权人，以此为债务人履行债务提供担保，如果债务人到期不履行债务，则债权人就该财产或者财产权得以优先受偿的权利，如果债务人按期清偿债务，则债权人应当将该财产或财产权返还给债务人或第三人。让与担保是一种非典型的担保制度，是在信托行为理论基础上发展而成的以当事人所有权转移为特征的信用增级方式。目前我国并没有立法确认这种担保制度，在《物权法》立法过程中，也曾有过相应的争论，但我国最终立法并没有采纳让与担保制度。

目前我国《物权法》及《担保法》规定的抵押权、质权和留置权属于担保物权，是一种定限物权，其为定限物权人基于对所有权人所有的物为一定目的而行使某些权能的权利，是对所有权占用、使用、收益和处分权能的一种限制；让与担保则是直接以所有权移转为要件，在担保期间，担保权利人拥有担保标的物的所有权，而非对担保标的物所有权权能的限制。我国法上诸如抵押、质押等典型的担保形式是禁止流质条款，而让与担保则可以约定在债务人不能或不愿按期履行债务时，债权人得就担保标的物变价受偿，也可直接取得担保标的物。

买入返售类信托业务其实就是镶嵌着让与担保作为信用增级，交易对手方将其某项资产或资产权益出售给信托公司，从信托公司融通资金，信托公司取得该项资产或资产权益的所有权，交易对手应于约定日期回购该资产或资产权益。在该类业务中，交易对手方将标的资产或资产权益让渡给信托公司，标的资产或者资产权益的权属归属于信托公司，从而为其按期履行回购义务提供信用增级。

信托公司为了对其开展的某项信托业务提供信用增级支持，可以要求交易对手方将其某项资产或资产权益信托给信托公司以设立财产（权）信托，由信托公司管理、运用和处分该项资产或资产权益，如果交易对手方按期履行信托业务项下的义务，则信托公司将该项财产或财产权益向交易对手进行原状分配，如果交易对手不能按期履行信托业务项下义务，则信托公司可以将该财产或者财产权益变价抵偿交易对手方应当履行的义务。

四、专业担保公司担保

（一）市场准入

1. 设立条件

融资担保公司应当经监督管理部门批准后方可设立，其名称中应当标明融资担保字样，且应当符合如下条件：

（1）股东信誉良好，最近3年无重大违法违规记录；

（2）注册资本不低于人民币2000万元，且未实缴货币资本；

（3）拟任董事、监事、高级管理人员熟悉与融资担保业务相关的法律法规，具有履行职责所需的从业经验和管理能力；

（4）有健全的业务规范和风险控制等内部管理制度。

2. 分支机构

融资担保公司跨省设立分支机构，应当具备下列条件，并经拟设分支机构所在地监督管理部门批准：

（1）注册资本不低于人民币10亿元；

（2）经营融资担保业务3年以上，且最近2个会计年度连续盈利；

（3）最近2年无重大违法违规记录。

（二）经营规则

1. 经营范围

融资担保公司主要经营借款担保、发行债券担保等融资担保业务；经营稳健、财务状况良好的融资担保公司还可以经营投标担保、工程履约担保、诉讼保全担保等非融资担保业务以及与担保业务有关的咨询等服务业务。融资担保公司不得从事如下业务：①吸收存款或者变相吸收存款；②自营贷款或者受托贷款；③受托投资。

2. 风险管理

（1）融资担保公司应当按照国家规定的风险权重，计量担保责任余额，且该担保责任余额不得超过其净资产的10倍；对主要为小微企业和农业、农村、农民服务的融资担保公司，担保责任余额不得超过其净资产的15倍。

（2）融资担保公司对同一被担保人的担保责任余额与融资担保公司净资产的比例不得超过10%，对同一被担保人及其关联方的担保责任余额与融资担保公司净资产的比例不得超过15%。

（3）融资担保公司不得为其控股股东、实际控制人提供融资担保，为其他关联方提供融资担保的条件不得优于为非关联方提供同类担保的条件。融资担保公司为关联方提供融资担保的，应当自提供担保之日起 30 日内向监督管理部门报告，并在会计报表附注中予以披露。

（4）融资担保公司应当按照国家有关规定提取相应的准备金。

五、信用评级机构与资信评级

（一）资信评级概述

信用评级是由具有相应资质的独立第三方信用评级中介机构对债务人债务偿还能力和偿还意愿的一种评价。信用评级的主要作用在于向债权人揭示债务人可能存在的违约风险的大小，是债权人可以采用的一种非常重要的信用增级措施。信用评级可以分为对企业的主体信用评级、对证券的信用评级以及对国家主权信用评级。

（二）全国银行间债券市场资信评级

根据《中国人民银行信用评级管理指导意见》（银发〔2006〕95 号）规定，银行间债券市场长期债券信用等级划分为三等九级：AAA、AA、A、BBB、BB、B、CCC、CC、C；银行间债券市场短期债券信用等级划分为四等六级：A－1、A－2、A－3、B、C、D；借款企业信用等级分为三等九级：AAA、AA、A、BBB、BB、B、CCC、CC、C；担保机构信用等级划分为三等九级：AAA、AA、A、BBB、BB、B、CCC、CC、C。

（三）交易所市场资信评级

1. 市场准入

根据《证券市场资信评级业务管理暂行办法》的规定，资信评级机构从事证券市场资信评级业务（包括：中国证监会核准发行的债券、资产支持证券以及其他固定收益或者债务型结构性融资证券；在证券交易所上市交易的，除国债之外的债券、资产支持证券以及其他固定收益或者债务型结构性融资债券；上述证券的发行人、上市公司、非上市公众公司、证券公司、证券投资基金管理公司），应当向证监会申请证券评级业务许可。

《证券市场资信评级业务管理暂行办法》规定了申请证券评级业务许可的资信评级机构的市场准入条件，具体包括：

（1）具有中国法人资格，实收资本与净资产均不得少于 2000 万元；

（2）具有符合规定的高级管理人员①不少于3人；具有证券从业资格的评级从业人员不少于20人，其中包括具有3年以上资信评级业务经验的评级从业人员不少于10人，具有中国注册会计师资格的评级从业人员不少于3人；

（3）具有健全且运行良好的内部控制机制和管理制度；

（4）完善的业务制度，包括信用等级划分及定义、评级标准、评级程序、评级委员会制度、评级结果公布制度、跟踪评级制度、信用保密制度、证券评级业务档案管理制度等；

（5）最近5年未受到刑事处罚，最近3年未因违法经营受到行政处罚，不存在因涉嫌违法经营、犯罪正在被调查的情形；

（6）最近3年在税务、工商、金融等行政管理机关，以及自律组织、商业银行等机构无不良诚信记录；

（7）中国证监会基于保护投资者、维护社会公众利益规定的其他条件。

（二）利益关联回避制度

《证券市场资信评级业务管理暂行办法》规定了评级机构与评级对象存在利益关联关系的回避制度以及评级从业人员利益关联关系的回避制度。

对于评级机构与评级对象之间存在利害关系的，不得接受该项评级业务，具体利益关系包括：（1）评级机构与被评级机构或者被评级证券发行人被同一实际控制人控制的；（2）同一股东持有评级机构、被评级机构或者被评级证券发行人的股份均达到5%以上的；（3）被评级机构或者被评级证券发行人及其实际控制人直接或者间接持有评级机构股份达到5%以上的；（4）评级机构及其实际控制人直接或者间接持有被评级证券发行人或者被评级机构股份达到5%以上的；（5）评级机构及其实际控制人在接受评级业务前6个月买卖被评级证券的；（6）证监会基于保护投资、维护社会公共利益认定的其他情形的。

评级机构评级委员会及评级从业人员在开展评级业务时应当回避的情形包括：（1）本人、直系亲属持有受评级机构或者受评级证券发行人的股份达到5%以上，或者是受评级机构、受评级证券发行人的实际控制人；（2）本人、直系亲属担任受评级机构或者受评级证券发行人的董事、监事和高级管理人员；（3）本人、直系亲

① 高级管理人员应当具备的资质条件包括：（1）取得证券从业资格；（2）熟悉资信评级业务有关的专业知识、法律知识，具备履行职责所需要的经营管理能力和组织协调能力，且通过证券评级业务高级管理人员资质测试；（3）无《公司法》和《证券法》规定的禁止任职情形；（4）未被金融监管机构采取市场禁入措施，或者禁入期已满；（5）最近3年未因违法经营受到行政处罚，不存在因涉嫌违法经营、犯罪正在被调查的情形；（6）正直诚信，品行良好，最近3年在税务、工商、金融等行政管理机关，以及自律组织、商业银行等机构无不良诚信记录；（7）境外人士还应当在境内或中国香港、中国澳门地区工作不少于3年。

属担任受评级机构或者受评级证券发行人聘任的会计师事务所、律师事务所、财务顾问等证券服务机构的负责人或者项目签字人；（4）本人、直系亲属持有受评级证券或者受评级机构发行的证券金额超过50万元，或者与受评级机构、受评级证券发行人发生累计超过50万元的交易；（5）中国证监会认定的足以影响独立、客观、公正原则的其他情形。

六、对赌协议

对赌协议是指投资者与被投资者达成协议，对于未来不确定性情况进行约定，如果约定的条件成就时，投资方可以获得并行使相应的权利，如果条件不成就时，被投资者可以获得并行使相应的权利。对赌协议一般在私募股权投资中被较多地运用，投资者会与被投资者约定相应的业绩指标，如果被投资者达到该业绩指标，则投资者向被投资者支付相应对价或被投资者行使相应权利，如果被投资者未能完成该业绩指标，则该被投资者应向投资者支付相应对价或投资者行使相应权利。对赌协议其实质乃是期权的一种形式，投资者可以通过对赌协议保护自己的投资利益。

需要值得注意的问题就在于对赌协议的效力问题。根据《中外合资经营企业法》第4条的规定，合营各方应当按照注册资本比例分享利润和分担风险及亏损。《最高人民法院关于审理联营合同纠纷案件若干问题的解答》规定，联营合同中的保底条款①无效；联营投资者一方不参加共同经营，也不承担联营风险，无论联营企业盈亏，均要求收取固定利润回报的，应当认定为借贷关系，对于联营投资者的投资本金可予以返还，但是所取得的利息应予以收缴。但是信托公司作为联营投资者可以在联营合同中约定固定利润回报，但是应当承担联营亏损的责任。在司法实践中就出现过对赌协议因违反上述条款而被判无效的案例②。

---

① 该处所谓的保底条款是指，联营一方向联营企业投资，参与共同经营，分享经营利润，但是不承担亏损责任，在联营企业亏损时仍要收回出资，或者收取固定利润回报的条款。

② 根据报道，2007年10月，海富投资以2000万元入股甘肃世恒，并取得3.85%股权，其中114万元为认缴注册资本，1885万元计入资本公积。双方在对赌协议中约定，甘肃世恒2008年的净利润应当不低于3000万元人民币，否则海富投资要求甘肃世恒或香港迪亚及甘肃世恒法定代表人予以赔偿；如果2010年10月20日前，甘肃世恒因自身原因无法上市，则海富投资可以要求香港迪亚回购其所持甘肃世恒全部股权。甘肃世恒2008年度净利润指标没有达到对赌协议约定的要求，并且甘肃世恒没有按照对赌协议约定向海富投资进行补偿，于是双方付诸诉讼。法院依据《中外合资经营企业法》和《最高人民法院关于审理联营合同纠纷案件若干问题的解答》的规定，判决对赌协议无效。

第四章 房地产业务法律实务

第一节 概 述

一、房地产开发概述

房地产项目开发是指房地产开发企业在依法取得的国有建设用地使用权的土地上进行基础设施、房屋建设、销售或出租的行为。《城市房地产管理办法》规定：房地产开发是指在依法取得的国有土地使用权的土地上进行基础设施、房屋建设行为。该法同时规定了设立房地产开发企业所必须具备的条件：（1）有自己的名称和组织机构；（2）有固定的经营场所；（3）有符合国务院规定的注册资金；（4）有足够的专业技术人员；（5）法律、行政法规规定的其他条件。

房地产开发的基本流程：

1. 项目开发前期调研程序；
2. 项目立项程序；
3. 土地使用权取得程序；
4. 征地拆迁程序；
5. 项目规划程序、工程建设程序；
6. 项目经营程序（销售、出租）。

二、房地产开发相关主体资质

（一）房地产开发资质证书

《房地产开发企业资质管理规定》规定：房地产开发企业应当按照本规定申请核定企业资质等级。未取得房地产开发资质等级证书的企业，不得从事房地产开发经营业务。

房地产开发资质分为四个等级，一级资质的房地产开发企业的房地产开发项目的建设规模不受限制，可以开发全国各地的房地产项目，其资质由省级建设部门初审后报国务院住房与城乡建设部审批。二级及二级以下的开发企业的业务范围由省级建设部门确定，但承担开发建设项目的建筑面积不得超过25万平方米，其审批办法由省级建设部门制定。

1. 一级资质：（1）从事房地产开发经营5年以上；（2）近3年房屋建筑面积累计竣工30万平方米以上，或者累计完成与此相当的房地产开发投资额；（3）连续5年建筑工程质量合格率达100%；（4）上一年房屋建筑施工面积15万平方米以上，或完成与此相当的房地产开发投资额；（5）有职称的建筑、结构、财务、房地产及有关经济类的专业管理人员不少于40人，其中具有中级以上职称的管理人员不少于20人，持有资格证书的专职会计人员不少于4人；（6）工程技术、财务、统计等业务负责人具有相应专业中级以上职称；（7）具有完善的质量保证体系，商品住宅销售中实行了《住宅质量保证书》和《住宅使用说明书》制度；（8）未发生过重大工程质量事故。

2. 二级资质：（1）从事房地产开发经营3年以上；（2）近三年房屋建筑面积累计竣工15万平方米以上，或者累计完成与此相当的房地产开发投资额；（3）连续3年建筑工程质量合格率达100%；（4）上一年房屋建筑施工面积10万平方米以上，或完成与此相当的房地产开发投资额；（5）有职称的建筑、结构、财务、房地产及有关经济类的专业管理人员不少于20人，其中具有中级以上职称的管理人员不少于10人，持有资格证书的专职会计人员不少于3人；（6）工程技术、财务、统计等业务负责人具有相应专业中级以上职称；（7）具有完善的质量保证体系，商品住宅销售中实行了《住宅质量保证书》和《住宅使用说明书》制度；（8）未发生过重大工程质量事故。

3. 三级资质：（1）从事房地产开发经营2年以上；（2）近三年房屋建筑面积累计竣工5万平方米以上，或者累计完成与此相当的房地产开发投资额；（3）连续2年建筑工程质量合格率达100%；（4）有职称的建筑、结构、财务、房地产及有关经济类的专业管理人员不少于10人，其中具有中级以上职称的管理人员不少于5人，持有资格证书的专职会计人员不少于2人；（5）工程技术、财务等业务负责人具有相应专业中级以上职称，统计等其他业务负责人具有相应专业初级以上职称；（6）具有完善的质量保证体系，商品住宅销售中实行了《住宅质量保证书》和《住宅使用说明书》制度；（7）未发生过重大工程质量事故。

4. 四级资质：（1）从事房地产开发经营1年以上；（2）已竣工建筑工程质量合格率达100%；（3）有职称的建筑、结构、财务、房地产及有关经济类的专业管理人员不少于5人，持有资格证书的专职会计人员不少于2人；（4）工程技术具有相应专业中级以上职称，财务等业务负责人具有相应专业初级以上职称，配有专业统计人员；（5）商品住宅销售中实行了《住宅质量保证书》和《住宅使用说明书》制度；（6）未发生过重大工程质量事故。

5. 暂定资质：《暂定资质证书》的申领条件不得低于四级资质企业的条件，有效期1年，延长期限不得超过2年。如果1年内无开发项目的，有效期不得延长。

（二）建筑业企业资质

1. 资质序列

建筑业企业资质分为三个序列，分别为施工总承包资质、专业承包资质、施工劳务资质。施工总承包资质、专业承包资质按照工程性质和技术特点分别划分为若干资质类别，各资质类别按照规定的条件划分为若干资质等级。施工劳务资质不分类别与等级。

2. 资质等级许可

（1）国务院住房城乡建设主管部门负责许可：①施工总承包资质序列特级资质、一级资质及铁路工程施工总承包二级资质；②专业承包资质序列公路、水运、水利、铁路、民航方面的专业承包一级资质及铁路、民航方面的专业承包二级资质；涉及多个专业的专业承包一级资质。

（2）企业注册地省级住房城乡建设主管部门负责许可：①施工总承包资质序列二级资质及铁路、通信工程施工总承包三级资质；②专业承包资质序列一级资质（不含公路、水运、水利、铁路、民航方面的专业承包一级资质及涉及多个专业的专业承包一级资质）；③专业承包资质序列二级资质（不含铁路、民航方面的专业承包二级资质）；铁路方面专业承包三级资质；特种工程专业承包资质。

（3）企业注册地设区的市级住房城乡建设主管部门负责许可：①施工总承包资质序列三级资质（不含铁路、通信工程施工总承包三级资质）；②专业承包资质序列三级资质（不含铁路方面专业承包资质）及预拌混凝土、模板脚手架专业承包资质；③施工劳务资质；④燃气燃烧器具安装、维修企业资质。

（三）其他相关资质

1. 建设工程勘察设计资质

工程勘察资质为工程勘察综合资质、工程勘察专业资质和工程勘察劳务资质。其中工程勘察综合资质只设甲级；工程勘察专业资质设甲级和乙级，部分专业可以根据工程性质和技术特点设丙级；工程勘察劳务资质不分等级。

工程设计资质分为工程设计综合资质、工程设计行业资质、工程设计专业资质和工程设计专项资质。其中工程设计综合资质只设甲级，工程设计行业资质、工程设计专业资质和工程设计专项资质设甲级和乙级，个别行业、专业和专项资质可以根据工程性质和技术特点设丙级，建筑工程专业资质可以设丁级。

工程勘察和工程设计甲级资质，以及涉及铁路交通水利、信息产业、民航等方面的工程设计乙级资质的申请向省级建设主管部门提出，并由省级建设主管部门进行初审，然后由国务院建设主管部门依据省级初审意见进行审批，其中涉及铁路、交通、水利、通信、民航等专业工程资质申请的，由国务院建设主管部门送国务院相关主管部门审核。工程勘察乙级及以下资质、劳务资质、工程设计乙级（由国务院建设主管部门审批的除外）及以下资质由省级建设主管部门进行审批，并上报国务院建设主管部门备案。国务院国资委管理的企业以及其下属一级企业的资质由国务院国资委管理的企业向国务院建设主管部门提出申请。

2. 工程监理企业资质

工程监理企业资质可分为综合资质、专业资质和事务所资质，其中综合资质和事务所资质不分级别，专业资质分为甲级和乙级，房屋建筑、水利水电、公路和市政公用专业资质可设立丙级。工程监理企业资质证书的有效期为5年。

综合资质和专业甲级资质的申请应当向省级建设主管部门提出，并由省级建设主管部门进行初审，然后由国务院建设主管部门根据省级初审意见进行审批，其中涉及铁路、交通、水利、通信、民航等专业工程资质申请的，由国务院建设主管部门送国务院相关主管部门审核。专业乙级、丙级资质和事务所资质由省级建设主管部门进行审批，并上报国务院建设主管部门备案。

三、房地产开发“五证”

（一）《国有土地使用权证》

《土地管理法实施条例》第3条规定“国家依法实行土地登记发证制度。依法登记的土地所有权和土地使用权受法律保护，任何单位和个人不得侵犯”。《城市房地产管理法》第60条规定“国家实行土地使用权和房屋所有权登记发证制度。”《物权法》规定设立建设用地使用权的方式可以采用出让或者划拨等方式。对于采用划拨方式取得的建设用地使用权要严格限制，《土地管理法》规定：国家机关用地和军事用地、城市基础设施用地和公益事业用地、国家重点扶持的能源、交通、水利等基础设施用地及法律和行政法规规定的其他用地，可以经县级以上人民政府批准以划拨方式取得，其他用地应当以出让等有偿方式取得。对于工业、商业、旅游、娱乐和商品住宅等经营性用地以及同一土地有两个以上意向用地者的，应当采取招标、拍卖等公开竞价的方式出让。

（二）《建设用地规划许可证》

《建设用地规划许可证》是城市规划行政主管部门确认建设项目位置和范围符合城市规划的法定凭证。《城乡规划法》第38条规定：“在城市、镇规划区内以出让方式提供国有土地使用权的，在国有土地使用权出让前，城市、县人民政府城乡规划主管部门应当依据控制性详细规划，提出出让地块的位置、适用性质、开发强度等规划条件，作为国有土地使用权出让合同的组成部分。未确定规划条件的地块，不得出让国有土地使用权。以出让方式取得国有土地使用权的建设项目，在签订国有土地使用权出让合同后，建设单位应当持建设项目的批准、核准、备案文件和国有土地使用权出让合同，向城市、县人民政府城乡规划主管部门领取建设用地规划许可证……”同时应当注意的是没有规划条件的土地出让合同是无效的，城乡规划主管部门也不得在建设用地规划许可证中擅自改变土地出让合同的规划条件。《城乡规划法》第37条对以划拨方式取得土地的建设用地规划许可证的取得进行了相关规定。

（三）《建设工程规划许可证》

《城乡规划法》第40条规定：“在城市、镇规划区内进行建筑物、构筑物、道路、管线和其他工程建设的，建设单位或者个人应当向城市、县人民政府城乡规划主管部门或者省、自治区、直辖市人民政府确定的镇人民政府申请办理建设工程规划许可证。申请办理建设工程规划许可证，应当提交使用土地的有关证明文件、建设工程设计方案等材料。需要建设单位编制修建性详细规划的建设项目，还应当提交修建性详细规划。对符合控制性详细规划和规划条件的，由城市、县人民政府城乡规划主管部门或者省、自治区、直辖市人民政府确定的镇人民政府核发建设工程规划许可证。城市、县人民政府城乡规划主管部门或者省、自治区、直辖市人民政府确定的镇人民政府应当依法将经审定的修建性详细规划、建设工程设计方案的总平面图予以公布。”如果建设单位未取得建设工程规划许可证或者未按照建设工程规划许可证的规定进行建设的，属于违章建筑，由县以上城乡规划部门责令停止建设、限期改正、限期拆除、罚款、没收等处罚。

（四）《建设工程施工许可证》

《建筑法》规定了建设单位在建筑工程开工前应当向建设行政主管部门领取施工许可证，领取施工许可证的条件为：（1）已经办理该建筑工程用地批准手续；（2）在城市规划区的建筑工程，已经取得规划许可证；（3）需要拆迁的，其拆迁进度符合施工要求；（4）已经确定建筑施工企业；（5）有满足施工需要的施工图纸及技术资料；（6）有保证工程质量和安全的具体措施；（7）建设资金已经落实；（8）法律、行政法规规定的其他条件。国务院建设行政主管部门确定的限额以下的小型工程和按照国务院规定的权限和程序批准开工报告的建筑工程不再领取施工许可证。施工许可证的有效期为3个月，建设单位如果因故未能按期开工的，可以有两次申请延期的机会，每次延期不超过3个月。如果建设单位领取了施工许可证后既不开工也不申请延期或者超过延期时限的，施工许可证自行废止。在建的工程因故中止施工的，建设单位应当一个月内向发证机关报告，同时做好工程的维护管理工作。恢复施工也应当向发证机关报告，中止施工满一年的工程如果要恢复施工的，应事先报发证机关核验施工许可证。如果是按照国务院有关规定批准开工报告的建筑工程不能按期开工或中止施工的，应当及时向批准机关报告。不能按期开工超过6个月的，应当重新办理开工报告的批准手续。

（五）《预售许可证》

《城市商品房预售管理办法》规定房地产开发商进行商品房预售应当取得预售许可证。商品房预售应当符合以下条件：（1）已交付全部土地使用权出让金，取得土地使用权证；（2）持有建设工程规划许可证和施工许可证；（3）按提供预售的商品房计算，投入开发建设的资金达到工程建设总投资的25%以上，并已确定施工进度和竣工交付日期。

四、房地产开发融资途径

（一）银行开发贷款

银行开发贷款是房地产开发企业的主要资金来源之一，其融资成本在房地产开发项目的各种融资方式中也是最低方式之一。但是国家宏观调控政策会对银行信贷产生很大影响，为防止信贷资金大量流入房地产行业，从而助长房地产市场的泡沫，国家相应地提高了房地产项目开发贷款的条件，因此很多房地产项目无法达到银行贷款条件。因此开发商在前期会借助其他融资方式注入资金，待项目满足贷款条件后，再向银行贷款。

（二）建筑承包商垫资

在房地产行业，建筑承包商垫资是房地产开发商首选的融资方式，该种方式对于开发商来说成本是诸多融资方式中最低的。但是对于建筑承包商来说承担了很大风险，如果工程出现问题或销售情况不理想，开发商将无力支付工程款，项目开发风险将转嫁给了建筑承包商，最后只能由建筑承包商收购该开发项目。

《最高人民法院关于建设工程价款优先受偿权问题的批复》（法释〔2002〕16号）规定：1. 人民法院在审理房地产纠纷案件和办理执行案件中，应当依照《中华人民共和国合同法》第286条的规定，认定建筑工程的承包人的优先受偿权优于抵押权和其他债权；2. 建设工程承包人行使优先权的期限为6个月，自建设工程竣工之日或者建设工程合同约定的竣工之日起计算。由此可见，建筑承包商的垫资款和工程款可以优先于抵押权受偿。

（三）证券市场融资

房地产开发企业在证券市场融资包括上市股权融资和上市债券融资。但是企业IPO上市和发行债券的条件要求较高，因此对于一般中小开发商来说是很难从证券市场融资的。为了防止房地产泡沫，国家严格控制房地产企业A股直接上市，因此很多企业通过借壳上市和境外上市来实现。就融资成本来说，上市融资的成本高于银行贷款。

《中华人民共和国证券法》规定公司首次公开发行股票应当符合：（1）具备健

全且运行良好的组织机构；（2）具有持续盈利能力，财务状况良好；（3）最近三年财务会计文件无虚假记载，无其他重大违法行为；（4）证监会规定的其他条件。企业公开发行公司债券应当符合：（1）股份有限公司的净资产不低于人民币3000万元，有限责任公司的净资产不低于6000万元；（2）累计债券余额不超过公司净资产的40%；（3）最近三年平均可分配利润足以支付公司债券一年的利息；（4）筹集的资金投向符合国家产业政策；（5）债券的利率不超过国务院限定的利率水平；（6）国务院规定的其他条件。

（四）信托融资/房地产投资信托基金

目前信托公司在房地产领域提供金融服务的方式主要有两种：房地产信托融资和房地产股权投资。房地产投资信托基金也是信托公司可以开发的一种金融工具，但目前在国内尚不成熟。在银行信贷受到国家宏观政策控制的情况下，通过信托方式融通资金是房地产企业的一个很好的选择。在实践中，开发商往往借助信托资金作为前期投入并办理各种审批手续后，再向银行申请开发贷款。

信托资金成本要高于银行贷款。并且现在监管部门对信托公司向房地产企业发放信托贷款规定了严格的条件，这使得信托公司通过股权投资的方式对开发商注入资金，这在一定程度上也加大了信托资金的风险。

（五）其他方式

民间借款：这实在是房地产企业没有其他融资渠道而不得不采取的一种融资方式。民间借款的成本非常高，这给开发商带来很大的财务风险。

联合开发：房地产企业可以通过和其他房地产企业或其他行业合作，引入其他企业或行业的资金，这样在一定程度上也可以达到各方共赢的效果。

并购融资：一些中小型公司拿到了土地但是缺乏资金，而一些实力较强的开发商则是有资金而无项目。这样对于中小型公司来说，可以通过被实力较强的公司收购，从而使各方都能够获得相应的利益。

境外基金：现在很多国外顶级投行看好中国国内房地产行业，将大量资金投入中国房地产行业，境外基金主要通过股权投资附加回购和直接购买物业的方式进军中国房地产行业。

第二节　房地产业务合规操作规范

一、交易对手资质审核

信托公司开展房地产信托业务时，应对交易对手的资质进行尽职调查，尽职调查的内容包括但不限于：历史沿革和股权结构、企业主体资格和性质、开发资质、银行资信评级和授信额度、业内排名和开发业绩、关联企业和关联交易、对外担保和重大诉讼等。

（一）交易对手的历史沿革和股权结构

在审核交易对手的历史沿革时应注意了解其设立时和现行有效的公司章程及公司章程的修正情况、设立时的发起人协议和创立大会文件、资产评估报告、验资报告和审计报告。要重点关注设立批准手续是否符合法律法规和相关政策、股东出资是否到位、股东出资资产的产权过户情况及其价值是否以市场公允价值进行评估。

了解交易对手的历次股权变更和重大重组，可以通过收集其股权变更和资产充足的股东会和董事会的相关决议、股权转让手续、增资协议、资产转让协议和工商变更登记文件，尤其要注意的是股东会和董事会在股权变更以及资产重组方面的权限从而判断股东会或董事会相关决议的效力。重点核查重大股权变更、资产重组、股本总额、股东结构和实际控制人重大变动情况，历次增资、减资、股东变动的合法性以及历史沿革等其他合规风险因素。

（二）交易对手的主体资格和性质

要核实交易对手的经营范围是否包含房地产开发、房地产销售、房地产物业出租等项目以及营业执照的年检情况。要核查交易对手是否按照《房地产开发企业资质管理规定》的规定取得相应的房地产开发资质等级证书，未取得房地产开发资质等级证书的，不得从事房地产开发经营业务。

交易对手如果是外商投资企业，还应审核商务主管部门颁发的《外商投资企业批准证书》。

（三）银行资信评级和授信额度

在审核交易对手银行资信评级及其授信额度过程中，应该要求交易对手提供相关证明文件，并了解交易对手在相关银行的授信额度，核实其向相关银行申请授信额度的基础资料。

（四）行业地位及开发业绩

审核交易对手及其主要股东在行业或所在区域的地位和影响以及以往的开发经验和开发项目情况。信托公司可以根据交易对手或主要股东的资质、信誉、行业和区域地位、经营效益和开发经验等因素，对该房地产业务进行风险差别化管理。对于那些资质和信誉良好、行业和区域地位靠前、经营效益突出、开发经验丰富的企业可优先支持，否则可根据具体情况予以审慎、限制、甚至禁止与该类交易对手进行业务合作。

（五）关联关系与关联交易、对外担保和未决诉讼

要全面了解交易对手的关联关系和关联交易情况，交易对手与其关联关系人进行业务往来时，应该要求其提供相关事项的正式文件。重点审核关联交易是否有违

规事项，是否按照公允市场价格进行，是否履行内部控制手续。

了解交易对手的高级管理人员的基本情况、经历、行为操守、胜任能力和兼职情况，核实交易对手的相关专业技术人员的基本构成。

要核查交易对手的对外担保和未决诉讼情况，要防范交易对手因为对外担保和未决诉讼可能给交易对手带来的不可预知的风险，并对该项风险进行相应的评估。

二、开发项目审核

信托公司开展房地产信托业务时，应深入调查房地产开发项目或者不动产物业的基本情况，信托业务部门应将相关调查情况在可行性研究报告和尽职调查报告中进行充分披露。可以根据具体情况，重点关注开发项目的证照的取得情况，项目总投资、项目资本金和交易对手已投入资金情况，项目规划设计及相关设计指标是否符合相关要求，项目出租、出售的合规性情况，等等。就合规风险角度分析，应重点关注以下几个方面：

第一，审核开发项目国有土地使用权证、建设用地规划许可证、建设工程规划许可证、建筑工程施工许可证、预售许可证等证照的取得情况，环境影响评价，发改委关于立项、项目建议书或可行性研究报告的批复情况，涉及土地征用、城市建筑、电信运营、供水供电供气、高速公路经营及城市设施特许经营等有权机关的批文的取得情况。

要审核开发项目的国有土地使用权的取得情况，如果是通过招拍挂等出让方式取得，要关注取得程序的合法性，防范地方政府违规批地所产生的风险；要审核《国有土地使用权出让合同》，关注土地出让金的缴纳情况、土地规划情况及其他特别约定事项；如果土地是以划拨方式取得，从事经营性用地建设或转让用于经营性用地建设，应当报请政府主管部门办理土地用途变更、土地使用权出让手续，并依照国家规定缴纳土地出让金。

第二，审核项目总投资预算、自有资金投入和项目资本金情况。应重点关注项目资本金比例和使用情况：项目资本金是否是用债权性方式取得，是否存在滚动投入情况。对于分期开发的项目，如果是对某一期进行融资的，应按当期开发项目对其资本金投入作出要求，如果是对整个项目进行融资的，应按整个项目的资本金比例进行要求。

第三，审核融资款项用途的合法性，要重点关注信托资金是否真正用于项目建设；项目开发是否符合国家和当地政府的法律法规和相关政策；对涉及农用地转为建设用地的，是否办理了农用地专用审批手续，是否属于改变农业用地用途进行房地产开发或利用建设项目、规划许可和红线图转让等形式变相“炒卖”土地等违法行为；对利用城市规划区内的集体所有的土地进行房地产开发的，应核实其是否依

付土地保证金，应当在外汇管理局申请开立临时土地保证金账户，用于保存外国投资者汇入的外汇资金。账户期限为6个月，期满可以向外汇管理局申请延期。临时土地保证金账户有最高限额限制，具体由外汇管理局根据外国投资者收购土地使用权的实际需要核定。

第二，外国投资者缴纳的土地保证金从临时土地保证金账户结汇支付，结汇用途仅限于购买土地使用权及地表附着不动产；对于设立外商投资企业而发生的前期费用支出由临时资本金账户支出。

第三，在成立外商投资企业前，外国投资者不得以其收购的土地使用权在境内从事出租、转售、抵押贷款等经营活动。临时土地保证金账户的外汇资金可以作为外商投资企业设立后的外方出资。

第四，如果临时土地保证金账户存在违规使用情况，或者外商投资企业未设立，外国投资者应当申请关闭该账户，并可经外汇管理局批准将账户资金汇出境外。

五、地下空间开发与人防工程

（一）地下空间的规划与开发

地下空间的开发建设是城市开发建设的组成部分，将地下空间应用于城市地下交通、商业仓储、人民防空等领域，不但能够高效合理地利用有限的土地与空间资源，同时也能产生可观的经济效益。为了加强对城市地下空间开发利用的管理，合理开发城市地下空间资源，建设部颁发了《城市地下空间开发利用管理规定》。各级政府编制城市总体规划时，应当根据城市发展的需要编制城市地下空间规划，从而合理高效的对城市规划区范围内的地下空间进行开发利用。

附着于地面建筑进行的地下工程建设，建设单位应当随地面建筑一并向城市规划主管部门申办选址意见书、建设用地规划许可证和建设工程规划许可证；独立开发的地下交通、商业、仓储、能源、通信、管线和人防工程等设施，建设主体持有关批准文件和技术资料向城市规划主管部门申办选址意见书、建设用地规划许可证和建设工程规划许可证。建设单位只有在取得建设工程规划许可证和其他相关批准文件后，才可以申办建设工程施工许可证。地下工程的勘察设计、施工、监理和竣工验收等应当符合国家相关规定、标准和规范。

《城市地下空间开发利用管理规定》规定了地下工程开发建设应当遵循“谁投资、谁所有、谁受益、谁维护”的原则，并且建设单位可以对其投资开发建设的地下工程自营、转让或租赁。建设或使用单位不得擅自改变地下工程的结构设计，如需改变原有的结构设计，应当按照规定重新办理审批手续，并且由具备相应资质的设计单位设计。平战结合的地下工程应当能够保证战时能迅速提供给有关部门使用。

（二）人防工程与地下空间开发

《人民防空法》第5条规定："国家对人民防空设施建设按照有关规定给予优惠。国家鼓励、支持企业事业组织、社会团体和个人，通过多种途径，投资进行人民防空工程建设；人民防空工程平时由投资者使用管理，收益归投资者所有。"

根据中共中央、国务院、中央军委《关于加强人民防空工作的决定》以及国务院、中央军委《关于进一步推进人民防空事业发展的若干意见》的规定，县级以上政府要把人民防空工程建设纳入城市总体建设规划。市政公用基础设施和房屋建筑等工程的规划和建设，要注重开发利用城市地下空间，兼顾人民防空要求，逐步形成由城市地下交通干线、地下商业娱乐设施、地下停车场、地下街道、共同沟等组成的城市地下防空体系；城市及城市规划区内的新建民用建筑应当配套同步建设防空地下室。

地下防空建设要实现投资主体多元化和投资来源多渠道，可以通过合资、合作、股份制、独资、发行债券等方式募集资金开发建设防空工程。人民防空设备设施要实行产权与使用权和经营权的分离，使用权和经营权可以有偿出租和转让等方式推向市场。要鼓励各社会组织积极投资开发人民防空设备设施，鼓励外商投资建设人防工程，国家给予相应的政策优惠。根据财政部、国家税务局《关于外商投资企业投资人防工程有关税收问题的通知》（财税字〔1997〕121号）规定，各级人防部门与外商共同投资建设改造人防工程，经营期在十年以上的，从开始获利的年度起，第一年和第二年免征企业所得税，第三年至第五年减半征收企业所得税。

第三节　融资类房地产业务法律实务

一、概述

按照《信托公司净资本管理办法》及其他相关监管文件，基本上可以将信托业务分为融资类信托业务和投资类信托业务，融资类信托业务包括但不限于信托贷款、受让信贷或票据资产、附加回购或回购选择权的投资、股票质押融资等类资产证券化业务。在房地产信托业务的合规性审查过程中，应按照实质重于形式的原则，对融资类房地产信托业务比照房地产信托贷款的监管要求进行审批。

二、商业银行房地产贷款

（一）类型

1. 土地储备贷款：向借款人发放的用于土地收购及土地前期开发、整理的贷款。借款人仅限于负责土地一级开发机构。市县级国土资源主管部门应将符合规定的土地储备机构信息逐级上报至省级国土资源主管部门，经省级国土资源主管部门审核后报国土资源部，列入全国土地储备机构名录，并定期更新。

2. 房地产开发贷款：向借款人发放的用于开发、建造向市场销售、出租等用途的房地产项目的贷款。

3. 个人住房贷款：向借款人发放的用于购买、建造和大修理各类型住房的贷款。

4. 商业用房贷款：向借款人发放的用于购置、建造和大修理以商业为用途的各类型房地产的贷款。

（二）土地储备贷款

根据《土地储备管理办法》的规定，土地储备是指市、县人民政府国土资源管理部门为实现调控土地市场、促进土地资源合理利用目标，依法取得土地，进行前期开发、储存以备供应土地的行为。土地储备工作的具体实施，由土地储备机构承担。

可以纳入土地储备范围的土地包括：①依法收回的国有土地；②收购的土地；③行使优先购买权取得的土地；④已办理农用地转用、土地征收批准手续的土地；⑤依法取得的其他土地。

储备土地入库前，土地储备机构应向不动产登记机构申请办理登记手续。储备土地登记的使用权类型统一确定为“其他（政府储备）”，登记的用途应符合相关法律法规的规定。

根据《商业银行房地产贷款风险管理指引》《中国人民银行、中国银行业监督管理委员会关于加强商业性房地产信贷管理的通知》（银发〔2007〕359 号）的规定：

1. 严禁向资本金没有到位或严重不足、经营管理不规范的借款人发放土地储备贷款。

2. 商业银行应对发放的土地储备贷款设立土地储备机构资金专户，加强对土地经营收益的监控。

3. 银行应对土地的整体情况进行调查分析（土地的性质、权属关系、测绘情况、土地契约限制、在城市整体综合规划中的用途与预计开发计划是否相符等）。

4. 银行应密切关注政府有关部门及相关机构对土地经济环境、土地市场发育状况、土地的未来用途及有关规划、计划等方面的政策和研究，实时掌握土地价值状况，避免由于土地价值虚增或其他情况而导致的贷款风险。

5. 不得向房地产开发企业发放专门用于缴交土地出让金的贷款；对政府土地储备机构的贷款应当以抵押贷款方式发放，且贷款额度不得超过所收购土地评估价值的 70%，贷款期限最长不得超过 2 年。

《土地储备管理办法》（国土资发〔2007〕227 号）规定：

1. 土地储备机构向金融机构申请土地储备贷款必须为担保贷款，抵押贷款必须具有合法的土地使用权证；土地储备贷款规模应当与年度土地储备计划、土地储备资金项目预算相衔接，并报经同级财政部门批准，土地储备机构不得超计划、超规模贷款。土地储备机构申请贷款，应当向金融机构提供财政部门的贷款规模批准文件及同级人民政府批准的项目实施方案等书面材料。

2. 金融机构应当准确、完整、及时地向人民银行建立的全国统一的企业信用信息基础数据库报送土地储备机构的土地储备贷款相关信息。在贷款发放前，金融机构应当查询土地储备机构的信息，对有不良记录的土地储备机构审慎发放贷款。

3. 土地储备贷款实行专款专用原则。政府储备土地设定抵押权，其价值按照市场评估价值扣除应当上缴政府的土地出让收益确定。各类财政性资金依法不得用于土地储备贷款担保，土地储备机构不得以任何形式为第三方提供担保。

但是财政部、国土资源部、中国人民银行、银监会《关于规范土地储备和资金管理等相关问题的通知》（财综〔2016〕4 号）规定：自 2016 年 1 月 1 日起，各地不得再向银行业金融机构举借土地储备贷款。土地储备机构新增土地储备项目所需资金，应当严格按照规定纳入政府性基金预算，从国有土地收益基金、土地出让收入和其他财政资金中统筹安排，不足部分在国家核定的债务限额内通过省级政府代发地方政府债券筹集资金解决。对清理甄别后认定为地方政府债务的截至 2014 年 12 月 31 日的存量土地储备贷款，应纳入政府性基金预算管理，偿债资金通过政府性基金预算统筹安排，并逐步发行地方政府债券予以置换。另外《土地储备管理办法》（国土资规〔2017〕17 号）删除了《土地储备管理办法》（国土资发〔2007〕277 号）关于土地储备贷款的相关规定。

（三）房地产开发贷款

根据《商业银行房地产贷款风险管理指引》《中国人民银行、中国银行业监督管理委员会关于加强商业性房地产信贷管理的通知》（银发〔2007〕359 号）的规定：

1. 禁止向未取得四证（国有土地使用权证、建设用地规划许可证、建设工程规划许可证、建设工程施工许可证）的房地产企业发放开发贷款。

2. 申请房地产开发贷款的房地产企业，开发项目资本金比例应不低于总投资的 35%。

《城市房地产开发经营管理条例》规定房地产开发项目应当建立资本金制度，资本金占项目总投资的比例不得低于 20%，监管部门对于申请房地产开发贷款的项目资本金比例要求为不低于总投资的 35%。《国务院关于调整固定资产投资项目资本金比例的通知》（国发〔2009〕27 号）对固定资产投资项目的最低资本金比例进行了调整，保障性住房和普通商品住房项目的最低资本金比例为 20%，其他房地产开发项目的最低资本金比例为30%。

3. 建立严格的贷款项目审批机制，对贷款项目进行尽职调查（是否符合国家房地产发展总体方向、有效满足当地城市规划和房地产市场的需求，确认该项目的合法性、合规性、可行性）。

4. 严格落实房地产开发企业贷款的信用增级措施，确保担保真实、合法、有效；密切关注建筑工程款优于抵押权受偿等潜在的法律风险。

5. 商业银行应严密监控贷款用途和还款来源；严密监控建筑施工企业流动资金贷款使用情况，防止用流动资金贷款为房地产开发项目垫资；对有逾期未还款或欠息现象的房地产开发企业销售款进行监控，在收回贷款本息之前，防止其将销售款挪用。

6. 建立完善的贷款发放、使用监控机制和风险防范机制；密切关注项目开发情况，确保开发项目能够在合理期限内正式交付使用。

7. 只能通过房地产开发贷款科目发放，严禁以房地产开发流动资金贷款或其他贷款科目发放。对空置3年以上的商品房不得接受作为贷款抵押物。对囤积土地和房源行为的开发商，商业银行不得对其发放贷款。

三、房地产信托融资

（一）房地产信托贷款条件①

1. 取得国有土地使用权证、建设用地规划许可证、建设工程规划许可证和建筑工程施工许可证；

2. 房地产开发企业资质不低于国家建设行政主管部门核发的二级房地产开发资质；

3. 开发项目资本金比例不低于国家最低要求。加强对项目资本金来源及到位真实性的审查认定。

（二）房地产信托贷款禁止性条件

1. 对不符合房地产贷款条件的房地产项目，严禁以投资附加回购承诺、商品房预售回购等方式间接发放房地产贷款；

2. 严禁向房地产开发企业发放流动资金贷款，严禁以购买房地产开发企业资

---

① 为了应对国际金融危机对国内经济的冲击，银监会于2009年颁发的《关于支持信托公司创新发展有关问题的通知》（银监发〔2009〕25号）规定：对于最近一年的监管评级为2C级及以上，且经营稳健、风险管理水平良好的信托公司可以向已经取得国有土地使用权、建设工程规划许可证的房地产开发企业发放项目开发贷款；对于最近一年的监管评级为2C级及以上，且经营稳健、风险管理水平良好的信托公司也可以向不具备二级资质的房地产开发企业发放项目开发贷款。银监会于2010年颁发的《关于加强信托公司房地产信托业务监管有关问题的通知》（银监发〔2010〕54号）停止执行上述对于监管评级2C级及以上，且经营稳健、风险管理水平良好的信托公司关于“三证”和二级资质的例外规定。

产附加回购承诺等方式变相发放流动资金贷款；

3. 严禁向房地产开发企业发放用于缴交土地出让价款的贷款；

4. 要严格防范建筑施工企业、集团公司等的流动资金贷款等用于房地产开发；

5. 股东借款、银行贷款等债务性资金和银行个人理财资金不得充作项目资本金，但是股东承诺在项目公司偿还银行或信托公司贷款前放弃对该股东借款受偿权的情况下的股东借款可以充作项目资本金，商业银行私人银行业务中的银行个人理财资金可以充作项目资本金；

6. 信托公司不得将债务性集合信托计划资金（包括股权投资附加回购承诺、投资附加关联方受让或投资附加其他第三方受让的情形）用于补充项目资本金，以达到国家规定的最低资本金要求；

7. 信托公司以结构化方式设计房地产集合资金信托计划的，其优先和劣后受益权配比不得高于3:1；

8. 商业银行个人理财资金投资于房地产信托产品，理财客户应符合《信托公司集合资金信托计划管理办法》中的有关合格投资者的规定。

（三）土地储备信托贷款的特殊规定

1. 对政府土地储备机构的贷款应以抵押贷款方式发放；

2. 所购土地应具有合法的土地使用权证；

3. 贷款额度不得超过所收购土地评估值的70%；

4. 贷款期限最长不得超过2年

但是根据《中国银监会办公厅关于加强信托公司房地产信托业务监管有关问题的通知》（银监办发〔2010〕54号）的规定，信托公司不得以信托资金发放土地储备贷款。土地储备贷款是指向借款人发放的用于土地收购及土地前期开发、整理的贷款。

四、保障性安居工程建设融资

（一）经济适用住房开发融资

经济适用住房是指政府提供政策优惠，限定套型面积和销售价格，按照合理标准建设，面向城市低收入住房困难家庭供应，具有保障性质的政策性住房。经济适用住房单套的建筑面积控制在60平方米左右，当地政府应当根据当地实际情况合理确定经济适用住房建设规模和各种套型的比例。经济适用住房的销售价格以保本微利为原则，房地产开发企业开发的经济适用住房的项目利润率应当控制在3%以内，地方政府直接组织建设的经济适用住房应按成本价销售。经济适用住房实行有限产权制度，购买经济适用住房不满5年的，不得直接上市交易，购房人因特殊原因需要转让经济适用住房的，由政府按照原价格并考虑折旧和物价水平等因素进行回购；购买经济适用住房满5年，购房人上市交易的，应当按照交易当时同地段普通商品住房与经济适用住房的差价的一定比例向政府交纳土地收益等相关价款，政府可以优先回购；购房人可以按照政府所定的标准向政府交纳土地收益等相关价款后，取得完全产权。在取得完全产权前，购房人不得将所购买的经济适用住房用于出租经营。

国家对经济适用住房建设有相应的优惠政策支持：经济适用住房的建设用地以划拨方式供应，但是不得以经济适用住房名义取得划拨土地后，以补交土地出让金等方式，变相进行商品房开发；经济适用住房项目免收城市基础设施配套费等各种行政事业性收费和政府性基金，经济适用住房项目外基础设施建设费用由政府承担。

中国人民银行与银监会于2008年1月18日联合颁发了《经济适用住房开发贷款管理办法》。该办法规定，在中国境内依法设立的商业银行和其他银行业金融机构可以向具有法人资格、并取得房地产开发资质的房地产开发企业发放专项用于经济适用房项目建设的开发贷款。各政策性银行未经批准，不得发放经济适用房开发贷款。

该办法对经济适用住房开发贷款的用途进行了严格规定，即只能专项用于经济适用住房项目建设，并且严格禁止商业银行或者其他银行业金融机构以流动资金贷款形式发放经济适用住房开发贷款。经济适用住房开发贷款期限最长不得超过5年，一般为3年。贷款利率可以在央行基准利率基础上适当下浮，但下浮比例不得超过10%。

经济适用住房取得开发贷款应具备如下条件：（1）借款人已经取得贷款卡，并在贷款银行开立基本存款账户或一般存款账户；（2）借款人产权清晰，法人治理结构健全，经营管理规范，财务状况良好，核心管理人员素质较高；（3）借款人实收资本不低于人民币1000万元，信用良好，具有按期偿还贷款本息的能力；（4）建设项目已列入当地经济适用住房年度建设投资计划和土地供应计划，能够进行实质性开发建设；（5）借款人已取得建设项目所需的《国有土地使用权证》《建设用地规划许可证》《建设工程规划许可证》和《建设工程施工许可证》；（6）建设项目资本金（所有者权益）不低于项目总投资的30%，并在贷款使用前已投入项目建设；（7）建设项目规划设计符合国家相关规定。

（二）廉租住房建设融资

为了解决城市低收入家庭的住房困难，国家推行廉租住房保障制度。廉租住房保障制度实行货币补贴和实物配租两种方式相结合。货币补贴是指由申请廉租住房保障的家庭自行承租住房，地方政府向其发放租赁补贴；实物配租是指地方政府按照较低的租金标准向申请廉租住房保障的家庭提供租赁住房。

国家通过多种渠道筹措廉租住房保障资金：政府年度财政预算应当安排专项的廉租住房保障资金；住房公积金增值收益扣除提取的贷款风险准备金和管理费用后

的余额应当全部用于廉租房建设；土地出让净收益中安排用于廉租住房保障资金的比例不得低于10%；政府的廉租住房租金收入、社会捐赠或其他方式筹集的资金。地方政府可以新建收购的廉租租房、腾退的公有住房、社会捐赠的住房、其他渠道筹集的住房向申请廉租住房家庭进行实物配租。对于新建的廉租住房，应当将单套建筑面积控制在50平方米以内，并且免征行政事业性收费和政府基金。

为了促进廉租住房建设，中国人民银行和银监会于2008年12月3日联合颁发了《廉租住房建设贷款管理办法》，办法规定在中国境内依法设立的、经银监会及其派驻机构批准的银行业金融机构可以向依法设立的、具有房地产开发资质的，从事廉租住房建设的房地产开发企业发放廉租住房建设贷款。廉租住房建设贷款期限为5年及5年以下，利率按照央行基准利率下浮10%执行。

房地产开发企业申请廉租住房建设贷款，应当具备的条件包括：（1）廉租住房项目已纳入政府廉租住房建设计划，并按照规定取得政府部门的批准文件；（2）已与政府签订廉租住房回购协议，贷款申请额度不得高于回购协议确定的回购价款；（3）在贷款银行开立专用存款账户；（4）提供贷款人认可的有效担保；（5）新建廉租住房项目已取得所需要的《国有土地使用权证》《建设用地规划许可证》《建设工程规划许可证》《建设工程施工许可证》，改建廉租住房已取得相关部门颁发的许可文件；（6）新建廉租住房项目资本金不低于项目总投资20%的比例，改建廉住租房项目资本金不低于项目总投资30%的比例；（7）借款人信用状况良好，无不良记录。

（三）棚户区改造建设融资

为了改造城镇危旧住房、改善困难家庭住房条件，国家推出大规模的棚户区改造工程。

住房和城乡建设部、发改委、财政部、国土资源部、中国人民银行于2009年12月24日联合颁发《关于推进城市和国有工矿棚户区改造工作的指导意见》（建保〔2009〕295号）。指导意见要求各级政府应当采取适当方式对城市和国有工矿棚户区改造项目予以资金支持；省级政府可以采取以奖代补方式对棚户区改造项目予以资金支持；县、市政府可以从城市维护建设税、城镇公用事业附加、城市基础设施配套费、土地出让收益中安排资金用于棚户区改造项目；有条件的地方可以对棚户区改造项目给予贷款贴息支持；棚户区改造项目资本金按照廉租房建设的20%项目资本金比例执行。

对于棚户区改造项目应当免征城市基础设施配套费等各种行政事业性收费和政府基金；棚户区改造安置住房建设和通过收购筹集房源的，执行经济适用房的税收优惠政策；电力、通信、市政公用事业等企业及市政公用设施等要对棚户区改造项目给予支持。

鼓励金融机构创新金融产品、改善金融服务，向符合条件的城市和国有工矿棚户区改造项目提供融资支持，对符合条件的项目要在信贷规模上予以保障。积极建立贷款担保机制，引导信贷资金投入城市和国有工矿棚户区改造项目。

中国人民银行与银监会于2010年2月3日联合颁发了《中国人民银行、中国银行业监督管理委员会关于做好城市和国有工矿棚户区改造金融服务工作的通知》（银发〔2010〕37号），通知要求银行业金融机构应根据城市和国有工矿棚户区改造具有的综合性特点，依据商业性开发、经济适用房和廉租房建设贷款管理规定，创新金融服务措施，为符合贷款条件的城市和国有工矿棚户区改造项目提供贷款支持。银行业金融机构应积极主动地掌握当地城市和国有工矿棚户区改造工作的进展，参与项目设计与论证，全面细致地介绍信贷条件，为相关部门科学地制定项目方案提供金融咨询服务。

（四）公租房建设融资

为了支持公共租赁住房建设，中国人民银行、银监会于2011年8月4日颁发了《关于认真做好公共租赁住房等保障性安居工程金融服务工作的通知》，通知要求对于政府投资建设的公共租赁住房项目，凡是实行公司化运营、商业化运作、项目资本金到位，项目自身现金流能够满足贷款本息偿还要求的，银行业金融机构按照风险管理的要求，予以贷款支持。对于政府以外的其他机构投资建设并持有且纳入政府总体规划的公共租赁住房项目，各银行业金融机构可以按照商业化原则提供贷款支持。

政府投资建设的公共租赁住房项目应当符合国家关于最低资本金比例的政策规定，贷款利率下浮比例不得超过基准利率的0.9倍；贷款期限一般不应超过15年；项目达产后，贷款应当一年两次还本，利随本清。

对于不符合“实行公司化运营、商业化运作、项目资本金到位，项目自身现金流能够满足贷款本息偿还”等要求的，直辖市、计划单列市、省会城市政府投资建设的公共租赁住房项目，银行业金融机构在符合《国务院关于加强地方政府融资平台公司管理有关问题的通知》（国发〔2010〕19号）规定的前提下，向资本金充足、治理结构完善、运作规范、自身经营性收入能够覆盖贷款本息的政府融资平台公司发放贷款，融资平台公司公共租赁住房贷款偿付能力不足的，由本级政府统筹安排还款，并且同一个城市只能有一家融资平台公司承贷公共租赁住房贷款；地级市政府投资建设的公共租赁住房项目应当符合上述省级项目的条件，经过银行业金融机构总部评估认可、自身能够确保偿还公共租赁住房项目贷款的，银行业金融机构可以向该类融资平台公司发放贷款。其他县市政府投资建设的公共租赁住房项目，可在省级政府对还款来源做出统筹安排后，由省级政府指定一家省级融资平台公司统一借款。

第四节　权益类房地产业务法律实务

一、房地产投资信托基金

房地产投资信托基金是房地产金融市场的创新产品，是房地产行业的一种长期融资工具。房地产投资信托基金可以采取收益权凭证和基金份额两种方式。信托收益权凭证属于债券性质，其可以在证券交易所上市交易，也可以在全国银行间债券市场发行交易；基金份额可以像证券投资基金一样在证券交易所交易。目前在国内还没有成熟的房地产投资信托基金的运作模式和监管政策，部分地区也只是处在试点阶段，信托公司各自设计的房地产基金不能在公开交易市场进行交易（包括证券交易所和全国银行间债券市场）。

1. 房地产投资信托基金可以采取受益权凭证的方式设计基金结构，即房地产开发企业可以将其持有的经营性物业信托给受托人进行管理和处分，受托人通过在证券市场发行信托受益权凭证的方式，向投资人转让房地产开发企业所持有的信托收益权，信托受益权凭证到期时由房地产开发企业或第三方回购该受益权凭证。房地产开发企业通过这种方式获得信托受益权出让价款，从而实现融资目的。

受托人在信托设立时根据信托财产评估价值将信托受益权划分为等额份额，并可以根据信托收益分配顺序将信托受益权划分为优先级受益权和次级受益权。次级受益权由委托人全部持有，优先级受益权由受托人以信托受益券的方式向社会投资者发放。

2. 房地产投资信托基金也可以采取基金份额的方式设计基金结构，即信托公司发起设立房地产投资信托基金，通过向投资人发售基金份额以募集资金，信托公司将所募集的信托资金以股权、债权、买入返售等方式参与房地产的开发经营，以获取基金投资收益。该种房地产投资信托基金不同于普通的房地产信托之处在于：（1）基金可以采取封闭式结构，也可以采取开放式结构；（2）信托期限相对较长，一般应当在3年以上（至少需要涵盖一个完整的房地产开发周期），甚至可以长达15～30年；（3）基金资金募集后，再在市场上选择并参与房地产项目的开发经营；（4）基金可以综合运用股权、债权、买入返售等多样化投资方式。

二、房地产股权投资信托

（一）概述

房地产股权投资信托是投资类房地产信托的主要形式。目前融资类房地产信托的监管政策非常严格，要求房地产开发企业或其控股股东必须具备房地产开发二级资质，建设项目必须取得“四证”，项目资本金符合国家相关规定。而在业务实践中，房地产信托融资往往属于夹层融资，开发商通过信托融通资金并办理相关开发手续，符合银行贷款条件后再向银行申请开发贷款。符合融资类房地产信托监管政策的开发商往往会首先选择银行贷款，并且融资类房地产信托业务的风险资本计提系数较高，因此在同等条件下，信托公司往往会选择房地产股权投资模式。

信托公司投资入股房地产开发企业，房地产开发企业需要到工商行政部门办理企业股东变更登记，信托公司成为房地产开发企业的股东。根据《信托公司管理办法》的规定，信托公司不能以自有资金进行实业投资，因此信托公司只能以信托（计划）向房地产开发企业进行投资，信托公司为信托（计划）代持房地产开发企业的股权，从而成为房地产开发企业名义上的股东。但是由于目前我国信托行业缺乏有效的信托登记机构去实现信托登记制度，从而无法确认信托公司的代持关系。

（二）交易模式

信托公司直接以信托资金入股房地产开发企业，信托公司成为房地产开发企业的股东，信托公司通过对开发企业的控制以保障信托资金的安全，信托计划到期时，通过减资分红、对外转让股权、对外转让信托受益权以及其他方式实现信托资金的退出。

房地产股权投资信托有两种运作模式：一种是信托公司直接对房地产开发企业进行增资扩股；另一种是信托公司受让房地产开发企业原股东所持有的房地产开发企业的股权。这两种模式的最终结果都是信托公司成为房地产开发企业的股东，以股东身份参与房地产项目开发建设。但是信托公司以信托资金受让房地产开发企业原股东所持有的房地产开发企业股权后，房地产开发企业原股东取得的股权转让款（信托资金）以何种方式用于房地产项目的开发建设是一个值得注意的法律问题。实际业务的一般做法是房地产开发企业原股东以股东借款方式将股权转让款用于房地产项目的开发建设。在我国，非金融企业之间是不能进行资金拆借的，但是可以通过金融机构进行委托贷款，因此股东借款也就存在着是否合法的问题。

房地产上市企业也可以直接向信托公司定向增发，由信托公司设立单一资金信托或集合资金信托计划募集信托资金输送给房地产上市企业。《上市公司证券发行管理办法》规定：上市公司非公开发行股票的特定对象应当符合股东大会决议规定的条件，并且发行对象不得超过10名，发行对象为境外战略投资者的，应当经国务院相关部门事先批准。上市公司非公开发行股票应当符合的规定包括：（1）发行价格不低于定价基准日前20个交易日公司股票均价的90%；（2）本次发行的股份自发行结束之日起，12个月内不得转让；控股股东、实际控制人及其控制的企业认购的股份，36个月内不得转让；（3）募集资金使用符合《上市公司证券发行管理办法》第10条的规定[①]；（4）本次发行将导致上市公司控制权发生变化的，应当符合中国证监会的其他规定。

（三）风险控制机制

房地产股权投资信托可以运用于土地一级开发、四证取得前的房地产开发、四证取得后的房地产开发，但房地产股权信托一般是为四证取得前开发项目提供资金，相对四证取得后的开发项目来说，四证取得前的开发项目的风险更大。融资类房地产信托属于债权投资，不会承担房地产开发企业的经营风险，信托贷款到期时，开发商无论经营业绩如何，均需按约偿还贷款本息。房地产股权投资信托则需要承担开发商的经营风险，如果开发业绩不佳甚至亏损，则信托公司难以保障信托收益。因此信托公司必须加强房地产股权投资信托的风险控制。

开发企业监管：信托公司通过向开发企业董事会派驻董事，向开发企业的重要岗位派驻人员，修改开发企业公司章程，实现对开发企业的重大事项的决定权。

资金监管：信托公司通过设立信托监管账户、销售监管账户以实现对信托资金和销售收入的监管。所有信托资金必须进入信托监管账户，信托公司根据开发企业的用款申请，指令监管银行向开发企业划付资金。项目销售收入必须全部进入销售监管账户，防止开发企业挪用销售收入。

担保措施：在实际业务操作过程中，信托公司会要求开发企业及其股东、关联企业或实力雄厚的第三方提供保证、质押、抵押等担保措施，以此控制信托风险，保障信托受益人的收益。但是由于《物权法》和《担保法》中所设定的担保措施是为了保障债权的安全，是以主债权的存在为前提。在房地产股权投资信托中，信托公司一般是开发企业的股东，信托公司持有的是开发企业的股权，因此信托公司以开发企业及其股东、关联企业或实力雄厚的第三方提供保证、质押、抵押等措施担保其投资的无效。

信托公司可以通过信托受益权的结构化设计来有效控制信托计划的风险，信托受益优先向优先信托受益人进行分配，在信托财产足额向优先信托受益人分配信托本金和收益前，劣后信托受益人不得进行分配。银监会《关于加强信托公司房地产信托业务监管有关问题的通知》规定，信托公司以结构化方式设计房地产集合资金信托计划的，其优先和劣后受益权配比不得高于3:1。

---

① 《上市公司证券发行管理办法》第10条规定：上市公司募集资金的数额和使用应当符合下列规定：（1）募集资金数额不超过项目需要量；（2）募集资金用途符合国家产业政策和有关环境保护、土地管理等法律和行政法规的规定；（3）除金融类企业外，本次募集资金使用项目不得为持有交易性金融资产和可供出售的金融资产、借予他人、委托理财等财务性投资，不得直接或间接投资于以买卖有价证券为主要业务的公司；（4）投资项目实施后，不会与控股股东或实际控制人产生竞争或影响公司生产经营的独立性；（5）建立募集资金专项存储制度，募集资金必须存放于公司董事会决定的专项账户。

（四）信托资金退出机制

合法有效的信托资金退出机制将会大大增强信托资金的安全性，从而增大信托产品的吸引力，进而保障信托资金的顺利募集。信托资金的退出渠道一般有以下几种：

1. 转让信托受益权。信托受益人可以向开发商及其关联方、第三人转让信托受益权，从而实现信托资金的退出。目前信托业的一大制约因素就是信托产品缺乏流动性，信托受益人在信托计划期间要想退出信托，只有通过转让信托受益权的形式实现信托资金的退出。在信托计划期限届满时，也可以通过转让信托受益权的方式向外转让信托受益权，然后再以股权或其他资产的形式向受让人分配，以此结束信托计划。《信托公司集合资金信托计划管理办法》对信托受益权转让进行了规范，信托计划存续期间，受益人可以向合格投资者转让其持有的信托单位，受益人转让信托单位应当到受托人处办理转让登记手续。信托受益权进行拆分转让的，受让人不得为自然人。机构所持有的信托受益权，不得向自然人转让或者拆分转让。

2. 转让股权。信托公司可以向开发商及其关联方、第三人转让其所持有的开发企业的股权的方式终止信托计划。一般情况下该类股权转让应为溢价转让，溢价部分作为投资收益，用于支付信托受益人的信托预期收益、信托报酬及信托其他费用。但是在实际业务中，信托受益人的信托预期收益、信托报酬及信托其他费用是由开发企业以分红或支付费用的方式支付。需要注意的是，在该种退出方式下，不得设计股权投资附加回购条款，否则将视为债务性集合信托计划，要比照融资类房地产信托业务进行监管。《中国银监会关于信托公司开展项目融资业务涉及项目资本金有关问题的通知》（银监发〔2009〕84 号）规定投资附加关联方受让或投资附加其他第三方受让的情形视为股权投资附加回购承诺，该项规定是值得商榷的，对外转让是股权投资实现股权退出的主要方式，也是现行法律框架下股权投资实现股权退出的应有之义。

3. 分红、减资。作为开发企业股东的信托公司，可以获取开发企业的分红，并以分红所得向信托受益人进行分配，这是没有什么法律障碍的，不过开发企业的盈利情况直接决定了受托人对信托受益人的分配。《公司法》对公司的利润分配进行了规定，开发企业分配红利必须符合该条规定。通过减资的方式实现信托资金的退出在法律上是允许的，但是根据资本不变的公司法原则，一般情况下公司的资本是不允许减少的。如果原有公司资本过多，形成资本过剩，公司严重亏损资本总额与其实有资产差距过大，我国法律是允许减少资本的。《公司法》规定公司成立后，股东不得抽逃出资，在没有合法原因的情况下，公司是不得减资的。因此在实际业务中，通过减资方式实现信托资金的退出不太现实。开发企业如果减资，必须编制资产负债表和财产清单。开发企业应当自作出减少注册资本决议之日起 10 日内通知债权人，并于 30 日内在报纸上公告。债权人自接到通知书之日起 30 日内，未接到通知书的自公告之日起 45 日内，有权要求公司清偿债务或者提供相应的担保。并且减资后注册资本不得低于法定的最低限额。

第五章

股权投资业务法律实务

第一节　私募股权投资基本理论问题

一、私募股权投资概念的界定与区分

私募股权投资是指针对机构投资人或富有的个人以私募（定向）方式募集资金、有一定存续年限、投资未上市企业股权的股权投资业务。私募股权投资主要是对非上市公司进行股权投资，是一种国际主流的直接投资工具。按照投资阶段对相关资本可划分为：创业投资、发展资本、并购基金、重振资本、Pre－IPO资本、上市后私募投资、不良债权和不动产投资。广义的私募股权投资为涵盖企业首次公开发行股票（IPO）前各阶段的权益性投资，即对IPO前，从种子期到成熟期的企业所进行的权益性投资；狭义的私募股权投资主要指对已经形成一定规模的，并产生稳定现金流的成熟企业的私募股权投资部分，主要是指创业投资后期的私募股权投资部分。

种子期——初创期——发展期——扩展期——成熟期——Pre-IPO——IPO

私募股权投资基金主要有以下一些特点：

第一，私募股权投资的资金募集对象主要是少数的特定投资者，它们一般资产雄厚，抗风险能力比较强，主要面对的是一些高净值客户和机构投资者，其一般是通过非公开的方式进行私下募集，不能像公募基金一样进行公开销售。

第二，由于其是通过非公开的方式进行募集，并且主要面对的是一些抗风险能力和风险鉴别能力都比较强的特定的投资者，因此信息披露义务比较少。而公募基金要求信息公开，并且要定期公开其相关的投资信息，国家对此的监管和规制也比较严格。

第三，主要是对一些非上市的公司进行股权投资，由于股权投资的流动性比较差，可以说是一种长期投资，所以其投资回报也有比较高的要求。其中还有一个重

要的问题，那就是股权投资的退出渠道和投资回报，在国外资本市场比较发达的国家，一般都有比较完善的退出渠道，形成了IPO、柜台交易、产权交易、并购市场、资产证券化和内部市场等比较健全的资本市场。

第四，私募股权投资有一套完善的激励机制，基金发起人和基金管理人与整个基金的利益是紧密相连的，他们需要以自有资金投入基金中去，持有整个基金的少量股份（一般占到2%～5%），如果发生亏损，他们的股份将被优先用来支付。但是如果基金的经营业绩非常好的话，他们将会得到高额回报。因此基金管理人便会积极谨慎地去经营运作整个基金。

与私募股权投资相关的另一个概念是风险投资，大家也比较容易混淆。风险投资通常是指对具有高成长潜力的初创期中小型企业和高新技术企业的私募交易的早期股权投资。其投资阶段一般包括种子期和初创期。作为对提供融资的交换，投资者将获得企业相当大的所有权和一些管理控制权。风险投资可以说是私募股权投资的组成部分，其为企业的创立、早期发展或成长提供资金。

二、私募股权投资基金的组织形式

私募股权投资基金的有效运行，必须要有合理的治理结构。私募股权投资基金的治理结构没有统一的模式，也没有什么绝对的优劣之分，关键在于如何最大限度地保护投资者和相关利益主体的利益，在投资人、管理人和相关利益主体之间建立一种制衡关系。私募股权投资基金的组织形式就是合理的治理结构选择的必然结果。

目前私募股权投资基金主要采取三种形式：公司制私募股权投资基金、有限合伙制私募股权基金和信托制私募股权基金。相对来说，有限合伙制的组织形式最适宜私募股权投资基金，公司制私募股权投资基金在我国是主要的表现形式，但随着《合伙企业法》的颁布，有限合伙制私募股权投资基金纷纷出现。

（一）公司制私募股权投资基金

私募股权投资基金可以按照《公司法》的相关规定，以有限责任公司或股份有限公司的形式组建投资基金。投资者可以出资购买公司的股份，从而成为公司的股东，通过出席股东（大）会、选举董事等方式来参与公司决策；基金管理人是公司的经营者，对外以公司的名义经营和管理基金资产。整个基金公司是拥有独立法律地位的法人实体，投资者只需以自己的出资承担有限责任，这样就避免了投资失利给投资人造成的更大损失。

《公司法》第24条规定："有限责任公司由五十个以下股东出资设立。"第78条规定："设立股份有限公司，应当有二人以上二百人以下为发起人……。"因此投资基金的设立不能超过公司法规定的人数限制；一般来说，私募股权投资基金的投资人的数目不是很多，但是其投资额很大。

《公司法》第77条规定："股份有限公司的设立，可以采取发起设立或者募集设立的方式。发起设立，是指由发起人认购公司应发行的全部股份而设立公司。募集设立，是指由发起人认购公司应发行股份的一部分，其余股份向社会公开募集或者向特定对象募集而设立公司。"第84条规定："以募集设立方式设立股份有限公司的，发起人认购的股份不得少于公司股份总数的百分之三十五；但是，法律、行政法规另有规定的，从其规定。"由于私募股权投资基金的基本特征是"私募"，其不能在公开市场上向社会公开募集，因此私募基金不能通过募集设立方式设立股份有限公司，但是可以通过发起设立的方式设立股份有限公司。

《公司法》第26条规定："有限责任公司的注册资本为在公司登记机关登记的全体股东认缴的出资额。法律、行政法规以及国务院决定对有限责任公司注册资本实缴、注册资本最低限额另有规定的，从其规定。"第80条规定："股份有限公司采取发起设立方式设立的，注册资本为在公司登记机关登记的全体发起人认购的股本总额。在发起人认购的股份缴足前，不得向他人募集股份。股份有限公司采取募集方式设立的，注册资本为在公司登记机关登记的实收股本总额。法律、行政法规以及国务院决定对股份有限公司注册资本实缴、注册资本最低限额另有规定的，从其规定。"私募股权基金的设立采取出资承诺制，基金成立初期，投资人注入部分资金，等到基金管理人确定投资项目时，根据基金管理人的要求注入资金。

（二）有限合伙制私募股权投资基金

2006年8月27日全国人大常委会对《合伙企业法》进行了修订，并于2007年6月1日正式实施。新的《合伙企业法》的一大创新就是引进了有限合伙法律制度，这无疑为私募股权投资基金的发展提供了有力的制度保障。

《合伙企业法》第2条第3款规定："有限合伙企业由普通合伙人和有限合伙人组成，普通合伙人对合伙企业债务承担无限连带责任，有限合伙人以其认缴的出资额为限对合伙企业债务承担责任。"在私募股权投资基金的法律架构中，投资人以资金入伙成为有限合伙人，承担有限责任、放弃投资决策和管理权；管理人以其专业管理能力和1%的资金入伙成为普通合伙人，承担无限连带责任、享有投资决策和管理权，获得20%的项目增值收益和每年2%的管理费。这样就在投资人和管理人之间形成了清晰的权利义务关系和有效的激励约束机制，有效地配置了资金和专业管理能力这两种资源。

《公司法》第15条规定："公司可以向其他企业投资；但是，除法律另有规定外，不得成为对所投资企业的债务承担连带责任的出资人。"根据这条规定，公司法人是不能成为对所出资企业的债务承担连带责任的出资人的。而修订后的《合伙企业法》由于引进了有限合伙制度，从而使法人可以成为有限合伙人，基金、商业银行等就可以有限合伙人的身份向私募股权投资基金出资从而进行股权投资。

《合伙企业法》第67条规定："有限合伙企业由普通合伙人执行合伙事务。执行事务合伙人可以要求在合伙协议中确定执行事务的报酬及报酬提取方式。”第68条规定：“有限合伙人不执行合伙事务，不得对外代表有限合伙企业。”在有限合伙企业中，有限合伙人的出资人是不参与企业的经营管理和投资决策的，而基金经理人则以普通合伙人的身份运用其专业技能执行合伙事务、进行投资决策。这就真正实现了私募基金的外部专业化管理，提高了管理的效率。

（三）信托制私募股权投资

信托制私募股权投资是中国银监会鼓励信托公司发展的业务，并且颁发了《信托公司私人股权投资信托业务操作指引》对信托公司开展该类业务进行规范，本章第三节将对私募股权投资信托业务进行详细研究和探讨。

三、项目选择与退出

（一）被投资企业的选择

开展私募股权投资业务，首要的是被投资企业（目标企业）的选择，优质目标企业的选择是私募股权投资业务能否取得可观的投资回报率的关键。一般而言优质目标企业的选择应当具备如下条件：

1. 被投资企业具有健全的内部管理制度。健全的内部管理是一个企业能否成长的关键，私募股权投资的目标企业一般为成长中的企业，如果这些企业的内部管理不健全，很可能直接影响该企业的未来成长和发展。而私募股权投资提供的不仅是资金，而且还要参与被投资企业的管理，帮助被投资企业健全内部管理，明确企业发展战略，推动企业健康高速成长。

2. 被投资企业所处行业的性质和企业规模。私募股权投资所选择的目标行业应为高成长性的行业。具有高成长性的企业股权具有巨大的潜在投资价值，也是私募股权投资能够取得丰厚回报的基础。广义上的私募股权投资（包含风险投资）所选目标企业一般应为创业期的中小企业和高新技术企业；狭义上的私募股权投资所针对的是已经形成一定规模的，并产生稳定现金流的成熟企业。

3. 被投资企业的成长性与投资回报。被投资企业应至少具有2～3年的经营记录以及稳定的增长业绩，所在行业具有巨大的潜在市场和成长性；被投资企业股东和管理层具有开阔的视野和长远的战略眼光，并且为被投资企业制定符合企业自身发展的战略规划。

私募股权投资的最终目的在于通过退出被投资企业而获取高额的投资回报，因此能否通过企业的成长而获得丰厚的投资回报也成为私募股权投资重点考量的要素。在中国私募股权投资市场，投资回报率能够达到25%～30%，有的甚至高达100%～300%；中国私募股权投资市场的高额投资回报也被称为中国风险溢价，但是其中也蕴含巨大的投资风险。

4. 健全的退出渠道。私募股权投资首先需要关注的是投资资金的退出渠道。私募股权投资的退出渠道一般包括：公开上市（IPO）、股权转让、管理层回购、清算及其他方式。公开上市退出是诸多退出渠道中的最佳选择，也是回报率最高的退出方式。一般来说，私募股权投资的投资期在 3～7 年，投资者在做出投资决策时首先关注的是在投资期内被投资企业上市的可能性。如果被投资企业未能顺利实现上市，通过其他渠道退出及其溢价回报就成为私募股权投资考量的重点。

（二）退出渠道

1. 公开上市。通过被投资企业上市实现退出是私募股权投资的最佳退出方式。我国证券交易市场主要分为上海证券交易所和深圳证券交易所的主板市场、深证证券交易所的中小企业板市场以及创业板市场。

创业板市场①是于 2009 年正式在深圳证券交易所推出，主要面向自主创业企业以及具有高成长性的创业企业。创业板市场的设立，主要是为具有高成长性的、创新性企业提供一种融资渠道，同时也为风险投资提供一条有效的投资退出渠道。

由于证监会要求 IPO 的企业不能有信托公司持股，被投资企业上市前必须清退信托公司对该企业的权益性投资，因此信托公司的私募股权投资信托业务受到很大的限制。证监会限制信托持股 IPO 企业的原因可以归纳为三个方面：（1）目前信托缺乏有效的登记制度，证监会也就无法确认信托公司的股权代持关系；（2）信托背后是众多投资者，有可能涉嫌变相突破《公司法》关于股份有限公司发起人的人数限制；（3）由于信托的私募性质，受托人负有为投资者保密的义务，这与资本市场的公开信息披露要求不相符合。

2. 对外股权转让。如果被投资企业达不到上市条件或者在近期内完成不了申请公开发行并上市的工作，私募投资基金可以通过对外股权转让的方式退出被投资企业。如果被投资企业未完成股份制改组，企业组织形式为有限责任公司的，则股权转让应当符合《公司法》第 71 条②的规定；被投资企业为股份有限公司的，股

---

① 《首次公开发行股票并在创业板上市管理暂行办法》规定了准备在创业板市场上市的发行人首次公开发行股票的条件：（1）发行人是依法设立且持续经营 3 年以上的股份有限公司。（2）最近 2 年连续盈利，最近两年净利润累计不少于 1000 万元，且持续增长；或者最近 1 年盈利，且净利润不少于 500 万元，最近 1 年营业收入不少于 5000 万元，最近 2 年营业收入增长率均不低于 30%。净利润以扣除非经常性损益前后孰低者为计算依据。（3）最近 1 期末净资产不少于 2000 万元，且不存在未弥补亏损。（4）发行后股本总额不少于 3000 万元。

② 《公司法》第 71 条："有限责任公司的股东之间可以相互转让其全部或者部分股权。股东向股东以外的人转让股权，应当经其他股东过半数同意。股东应就其股权转让事项书面通知其他股东征求同意，其他股东自接到书面通知之日起满三十日未答复的，视为同意转让。其他股东半数以上不同意转让的，不同意的股东应当购买该转让的股权；不购买的，视为同意转让。经股东同意转让的股权，在同等条件下，其他股东有优先购买权。两个以上股东主张行使优先购买权的，协商确定各自的购买比例；协商不成的，按照转让时各自的出资比例行使优先购买权。公司章程对股权转让另有规定的，从其规定。"

份转让应当符合《公司法》第141条[①]的规定。

3. 管理层/股东收购。私募股权基金可以通过被投资企业管理层/股东收购的方式实现投资退出。根据我国现行法律规定，公司能够收购本公司股份的情形包括：(1) 减少注册资本；(2) 与持有本公司股份的其他公司合并；(3) 将股份奖励给本公司职工；(4) 股东因对股东大会作出的公司合并、分立决议持异议，要求公司收购其股份的。除上述四种情形之外，公司不得收购本公司股份。因此私募股份基金在设计退出渠道时，不得约定由被投资企业回购其所持有的被投资企业股份，但是可以约定由被投资企业管理层或其他股东收购其所持有的被投资公司股份。

《企业国有产权向管理层转让暂行规定》规定了管理层不得受让企业的国有产权的情形：(1) 经审计认定对企业经营业绩下降负有直接责任的；(2) 故意转移、隐匿资产或者在转让过程中通过关联交易影响企业净资产的；(3) 向中介机构提供虚假材料，导致审计、评估结果失真，或者与有关方面串通，压低资产评估结果以及国有产权转让价格的；(4) 违反有关规定，参与国有产权转让方案的制定以及与此相关的清产核资、财务审计、资产评估、底价确定、中介机构委托等重大事项的；(5) 无法提供受让资金来源相关证明的。《企业国有产权向管理层转让暂行规定》同时规定，管理层不得采取信托或委托等方式间接受让企业国有产权；管理层受让企业国有产权时，应当提供其受让资金来源的相关证明，不得向包括标的企业在内的国有及国有控股企业融资，不得以这些企业的国有产权或资产为管理层融资提供保证、抵押、质押、贴现等。

4. 清算。如果由于经营管理不善，内外部环境产生重大变化，导致被投资企业经营产生重大困难，或者通过其他渠道无法实现顺利退出，则私募股权基金选择清算被投资企业作为最后的退出方式。

四、私募股权基金监管与自律

(一) 监管部门与行业自律

私募股权基金是我国多层次资本市场的重要组成部分，但长期以来一直没有明确的监管部门对其进行监督管理。根据《关于促进股权投资企业规范发展的通知》的规定，对于资本规模达到5亿元的股权投资企业，需要在国家发改委备案；对于资本规模不足5亿元的，由省级人民政府确定的备案管理部门进行备案。

根据中央机构编制委员会办公室颁发的《关于私募股权基金管理职责分工的通

---

① 《公司法》第141条第1款："发起人持有的本公司股份，自公司成立之日起一年内不得转让。公司公开发行股份前已发行的股份，自公司股票在证券交易所上市交易之日起一年内不得转让。"

知》要求，私募股权基金由中国证监会负责监督管理。中国证监会对私募股权基金实行适度监管，以此保护投资者的权益；国家发展与改革委员会的职责是负责组织拟订促进私募股权基金发展的政策措施，并会同相关部门研究制定政府对私募股权基金出资的标准和规范。

根据中国证监会的规定，对各类私募基金及其管理人不设准入门槛，私募基金管理人的登记、私募基金备案及行业自律工作由中国证券投资基金业协会负责。中国证券投资基金业协会颁发了《私募投资基金管理人登记和基金备案办法（试行）》，在基金管理人登记、基金备案、人员管理、信息报送、自律管理等方面对私募基金管理及私募基金登记备案等作出规范。

（二）登记、备案与信息披露

管理人登记：私募基金管理人应当向中国证券投资基金业协会进行登记，并申请成为协会会员。

基金备案：私募基金管理人发起设立私募基金需要在基金业协会备案，备案时间为私募基金募集完毕后20个工作日内，经备案的私募基金可以申请开立证券相关账户。

从业资格认定：私募基金从业人员应当具有私募基金从业资格，从业资格的认定需要符合如下条件之一即可：（1）通过基金业协会组织的私募基金从业资格考试；或（2）最近3年从事投资管理相关业务；或（3）基金业协会认定的其他情形。

信息报送：私募基金管理人需要在每月结束之日起5个工作日内、每季度结束之日起10个工作日内、每年度结束之日起20个工作日内进行相关信息的报送，并于每年度4月底前在登记备案系统填报经审计的财务报告；基金管理人发生相应的重大事项及私募基金在起运行期间发生相应重大事项的，应当分别在10个工作日和5个工作日内向基金业协会报告。

第二节　创业投资法律实务

一、概念

创业投资实际上就是我们经常所说的风险投资，创业投资基金主要定位于投资成长性中小企业，尤其是中小高新技术企业。为了扶持中小高新技术企业的发展，引导社会资金通过设立创业投资企业，以对具有高成长性的中小企业（尤其是高新技术企业）进行直接股权投资，国家发改委等十部委联合发布了《创业投资企业管理暂行办法》。

《创业投资企业管理暂行办法》第2条规定："创业投资系指向创业企业进行

股权投资，以期所投资创业企业发育成熟或相对成熟后主要通过股权转让获得资本增值收益的投资方式。”创业企业特指处于创建或重建过程中的成长性企业，并不包含已经在公开市场上市的企业。

创业投资企业可享受国家政策扶持，但须符合相关规定。如果创业投资企业没有向国家发展与改革委员会或省级人民政府确定的管理部门完成备案程序并接受相应的监管，则不享有相应的扶持政策。

二、设立与经营范围

《创业投资企业管理暂行办法》规定，创业投资企业可以以有限责任公司、股份有限公司或者法律规定的其他企业组织形式设立。对于法律规定的其他企业组织形式来说，目前最为流行的就是有限合伙企业。新修订的《合伙企业法》引进了有限合伙制度，顺应了风险投资在我国的发展形势。

目前信托公司开展私人股权投资信托业务存在着政策上的障碍，证监会不允许信托计划持股拟上市公司，直接导致信托计划不能直接通过被投资企业上市的途径退出。业务实践中，信托公司通过成立有限合作企业，以信托计划成为有限合伙人的方式开展该类业务。

（一）设立条件

向管理部门备案的创业投资企业应当符合的条件包括：

（1）已经在工商部门办理完成注册登记手续。

（2）经营范围符合相关规定。

（3）实收资本不低于3000万元人民币，或者首期实收资本不低于1000万元人民币且全体投资者承诺在注册后的5年内补足不低于3000万元人民币实收资本。

（4）投资者不得超过200人。其中，以有限责任公司形式设立的创业投资企业，投资者人数不得超过50人。单个投资者对创业投资企业的投资不得低于100万元人民币。所有投资者应当以货币形式出资。

（5）有至少3名具备2年以上创业投资或相关业务经验的高级管理人员承担投资管理责任。委托其他创业投资企业、创业投资管理顾问企业作为管理顾问机构负责其投资管理业务的，管理顾问机构必须至少有3名具备2年以上创业投资或相关业务经验的高级管理人员对其承担投资管理责任。

（二）经营范围

创业投资企业的经营范围包括：创业投资业务；代理其他创业投资企业等机构或者个人的创业投资业务；创业投资咨询业务；为创业企业提供创业管理服务业务；参与设立创业投资企业与创业投资管理顾问机构。创业投资企业不得从事担保业务和房地产业务，但是购买自用房地产的业务除外。

三、投资运作与政策扶持

（一）投资运作

创业投资企业可以以全部资产对外投资，但对单个企业的投资不得超过创业投资企业总资产的20%。创业投资企业对企业的投资，仅限于对未上市企业的投资，但是被投资企业上市后，创业投资企业所持有股份的未转让部分及其配售部分排除在该处限制之外。创业投资企业的存续期间不得低于7年，可以通过债权融资方式增强资本实力和投资能力。

创业投资企业对未上市企业进行股权投资，具体可以采用股权和优先股、可转换优先股等方式。创业投资可以通过股权上市转让、股权协议转让、被投资企业回购等方式，实现投资退出并获取投资回报。

（二）税收优惠扶持

1. 税收优惠政策。《创业投资企业管理暂行办法》第23条规定："国家运用税收优惠政策扶持创业投资企业发展并引导其增加对中小企业特别是中小高新技术企业的投资。具体办法由国务院财税部门会同有关部门另行制定。"《企业所得税法》第31条规定："创业投资企业从事国家需要重点扶持和鼓励的创业投资，可以按投资额的一定比例抵扣应纳税所得额。"根据《企业所得税法实施条例》的规定，创业投资企业采取股权投资方式投资未上市的中小高新技术企业2年以上的，可以按照其投资额的70%在股权持有满2年的当年抵扣该创业投资企业的应纳税所得额；当年不足抵扣的，可以在以后纳税年度结转抵扣。

《财政部、国家税务总局关于促进创业投资企业发展有关税收政策的通知》（财税〔2007〕31号）和《国家税务总局关于实施创业投资企业所得税优惠问题的通知》（国税发〔2009〕87号）对创业投资企业的税收优惠的条件进行了规定：

（1）经营范围符合《创业投资企业管理暂行办法》的规定，且工商登记为"创业投资有限责任公司"劫难逃"创业投资股份有限公司"等的专业性法人创业投资企业。

（2）按照《创业投资企业管理暂行办法》规定的条件和程序完成备案，经备案管理部门年度检查核实，投资运作符合《创业投资企业管理暂行办法》的相关规定。

（3）被投资中小高新技术企业应通过国家高新技术企业认定，并且职工人数不超过500人，年销售额不超过20000万元，资产总额不超过20000万元。

（4）被投资中小高新技术企业当年用于高新技术及其产品研究开发经费须占本企业销售额的5%（含）以上，技术性收入与高新技术产品销售收入的合计须占本企业当年总收入的60%（含）以上。

中小企业接受创业投资后，经认定符合高新技术企业标准的，应当从其被认定为高新技术企业的年度起，计算创业投资企业的投资期限。该期限内中小企业接受创业投资后，企业规模超过中小企业标准，但仍然符合高新技术企业标准的，不影响创业投资企业享受的税收优惠。

2. 根据《关于创业投资企业和天使投资个人有关税收试点政策的通知》（财税〔2017〕38 号）的规定：

（1）公司制创业投资企业采取股权投资方式直接投资于种子期、初创期科技型企业满 2 年的，可以按照投资额的 70% 在股权持有满 2 年的当年抵扣该公司制创业投资企业的应纳税所得额；当年不足抵扣的，可以在以后纳税年度结转抵扣。

（2）有限合伙制创业投资企业采取股权投资方式直接投资于初创科技型企业满 2 年的，该合伙创业企业的合伙人分别按以下方式处理：

①法人合伙人可以按照对初创科技型企业投资额的 70% 抵扣法人合伙人从合伙创投企业分得的所得；当年不足抵扣的，可以在以后纳税年度结转抵扣。

②个人投资人可以按照对初创科技型企业投资额的 70% 抵扣个人合伙人从合伙创投企业分得的经营所得；当年不足抵扣的，可以在以后纳税年度结转抵扣。

（三）投资退出

中国证监会发布并于 2018 年 6 月 2 日施行的《上市公司创业投资基金股东减持股份的特别规定》（以下简称《特别规定》），对于专注长期投资和价值投资的创业投资基金减持其持有的上市公司首次公开发行前的股份给予政策支持。

1. 政策支持范围

享受减持股份政策支持的创业投资基金须在中国证券投资基金业协会备案，且应当符合如下（1）～（3）项条件：

（1）投资范围限于未上市企业，但是所投资企业上市后所持股份的未转让部分及通过上市公司分派或者配售新股取得的部分除外；

（2）投资方式限于股权投资或者依法可转换为股权的权益投资；

（3）对外投资金额中，对早期中小企业和高新技术企业的合计投资金额占比 50% 以上；

以及：

（4）《特别规定》发布前已在基金业协会备案但是不符合上述（1）～（3）项规定但是符合如下条件的创业投资基金：

①《特别规定》发布前的对外投资金额中，对未上市企业进行股权或者可转换为股权的投资金额占比 50% 以上；

②《特别规定》发布后的对外投资金额中，对早期中小企业和高新技术企业的合计投资金额占比 50% 以上，且投资范围和投资方式符合上述（1）和（2）项的规定。

《特别规定》发布前已在基金业协会备案的私募证券投资基金、私募股权投资基金或者其他投资基金符合上述（4）项规定条件的，可以在变更备案为创业投资基金后适用本规定。

2. 减持比例规定

（1）集中竞价交易减持

符合上述规定条件的创业投资基金，在所投资的早期中小企业或者高新技术企业上市后，通过证券交易所集中竞价交易减持其持有的公司首次公开发行前发行的股份，适用如下比例限制：

①截至发行申请材料受理日，投资期限不满 36 个月的，在 3 个月内减持股份的总数不得超过公司股份总数的 1%；

②截至发行申请材料受理日，投资期限在 36 个月以上但不满 48 个月的，在 2 个月内减持股份的总数不得超过公司股份总数的 1%；

③截至发行申请材料受理日，投资期限在 48 个月以上的，在 1 个月内减持股份的总数不得超过公司股份总数的 1%。

其中，投资期限为自创业投资基金投资该首次公开发行企业金额累计达到 300 万元之日或者投资金额累计达到投资该首次公开发行企业总投资额 50% 之日开始计算。

（2）大宗交易员减持

符合条件的创业投资基金通过大宗交易方式减持其持有的公司首次公开发行前发行的股份，股份出让方、受让方应当遵守证券交易所关于减持数量、减持时间等规定。

3. 中小、高新技术企业

（1）中小企业

上述早期中小企业指创业投资基金首次投资该企业时，该企业符合下列条件：

①成立不满 60 个月；

②经企业所在地县级以上劳动和社会保障部门或社会保险基金管理单位核定，职工人数不超过 500 人；

③经审计的年度合并会计报表，年销售额不超过 2 亿元、资产总额不超过 2 亿元。

（2）高新技术企业

上述高新技术企业是指截至发行申请材料受理日，该企业依据《高新技术企业认定管理办法》（国科发火〔2016〕32 号）已取得高新技术企业证书①。

（四）创业投资引导基金

《创业投资企业管理暂行办法》第 22 条规定："国家与地方政府可以设立创业投资引导基金，通过参股和提供融资担保等方式扶持创业投资企业的设立与发展。

① 该通知试点范围包括京津冀、上海、广东、安徽、四川、武汉、西安、沈阳 8 个全面创新改革试验区和苏州工业园区。

具体管理办法另行制定。”为了促进创业投资引导基金的规范设立与运行，扶持创业投资企业发展，国家发展与改革委员会、财政部、商务部联合发布《关于创业投资引导基金规范设立与运作的指导意见》。

创业投资引导基金的宗旨是通过财政资金的引导示范作用和杠杆放大效应，引导社会资本进入创业投资领域，尤其是鼓励创业投资企业投资处于种子期、起步期等创业早期的企业，以此弥补目前创业投资企业倾向于投资成长期、成熟期和重建企业的不足。

创业投资引导基金以独立事业法人形式设立，引导基金不用于市场已经充分竞争的领域，不与市场争利。资金来源主要包括：（1）支持创业投资企业发展的财政性专项资金；（2）引导基金的投资收益与担保收益；（3）闲置资金存放银行或购买国债所得的利息收益；（4）个人、企业、社会机构的无偿捐赠。

创业投资引导基金的运作方式包括：

1. 参股。引导基金主要通过参股方式，吸引社会资本共同发起设立创业投资企业。在坚持合规性的前提下，在创业投资企业的公司章程或合伙协议中约定引导基金的优先分配权和优先清偿权，以最大限度防范引导基金的资产风险。

2. 融资担保。对历史信用记录良好的创业投资企业债权融资提供融资担保，以此增强创业投资企业的财务实力和投资能力，引导基金应加强对所支持的创业投资企业的资金使用监管，防范财务风险。

3. 跟进投资。当创业投资企业投资创业早期企业或者需要政府重点扶持和鼓励的高新技术等产业领域时，引导基金可以按照适当股权比例向该被投资创业企业进行投资。引导基金应加强对所支持创业投资企业和被投资创业企业的资金使用监管，防范财务风险。

对于产业导向或区域导向较强的引导基金，可以通过跟进投资或其他方式，支持创业投资企业发展并引导其投资方向。引导基金本身不直接从事创业投资业务，也不得借“跟进投资”之名，直接从事创业投资业务，应该由商业性创业投资企业发现、评估投资项目并实施投资管理。只有在符合相应条件时，引导基金才可以按适当股权比例向被投资创业企业进行跟进投资。

受到引导基金扶持的创业投资企业，应当以一定比例的资金投资于创业早期企业或需要政府重点扶持和鼓励的高新技术等产业领域的创业企业。引导基金可以对所扶持的创业投资企业进行监督，但不得干预创业投资企业的正常经营活动及投资活动。

《关于创业投资引导基金规范设立与运作的指导意见》对于创业投资引导基金的资金运用范围进行了限制，即创业投资引导基金不得用于从事贷款或股票、期货、房地产、基金、企业债券、金融衍生品等投资以及用于赞助、捐赠等支出，闲置资金只能存放银行或购买国债。

四、新兴产业创投计划参股创业投资基金

2011年8月17日财政部和国家发改委颁发了《新兴产业创投计划参股创业投资基金管理暂行办法》（财建〔2011〕668号）（以下简称《暂行办法》），对中央财政资金通过直接投资创业企业或参股创业投资基金等方式以培育和促进新兴产业发展的新兴产业创投计划进行规范。

（一）相关主体资格

1. 中央财政资金受托管理机构

中央财政资金受托管理机构由财政部和国家发改委通过招标确定，受托管理机构的管理费按照上年12月底已批复累计尚未回收中央财政出资额的相应比例以超额累退方式核定：（1）中央财政出资额在20亿元（含）以下的按2%核定；（2）中央财政出资额在20亿~50亿元（含）之间的部分按1.5%核定；（3）中央财政出资额超过50亿元的部分按1%核定。

受托管理机构应符合相应的条件：（1）具有独立法人资格；（2）注册资本不低于10000万元；（3）从事创业投资管理业务5年以上；（4）有至少5名从事3年以上创业投资相关经历的从业人员；（5）有完善的创业投资管理制度；（6）有3个以上创业投资项目运作的成功经验；（7）有作为出资人参与设立并管理创业投资基金的成功经验；（8）最近3年以上保持良好的财务状况，没有受过行政主管机关或司法机关重大处罚的不良记录，严格按照委托管理协议管理中央财政出资资金。

2. 参股基金的管理架构

参股基金的管理架构包括：参股基金企业、参股基金管理机构、托管银行。参股基金企业的资金来源可包括三个方面：中央专项财政资金、地方政府资金和社会资金，参股基金企业负责确定基金投向、选择参股基金管理机构和托管银行、负责重大事项决策等事项。

参股基金管理机构由参股基金企业确定并负责参股基金的日常投资和管理，参股基金管理机构管理参股基金后，在完成对参股基金70%资金委托投资之前，不得募集或管理其他创业投资基金。参股基金企业应当按照参股基金注册资本或承诺出资额的1.5%~2.5%的比例向参股基金管理机构支付年度管理费，同时遵循“先回本后分利”的原则按照参股基金增值收益的20%的比例向参股基金管理机构分配业绩奖励。参股基金管理机构应符合如下条件：

（1）在中国大陆注册，且注册资本不低于500万元，有一定的资金募集能力，有固定的营业场所和与其业务相适应的软硬件设施，具备丰富的投资管理经验和良好的管理业绩，健全的创业投资管理和风险控制流程，规范的项目遴选机制和投资决策机制，能够为被投资企业提供创业辅导、管理咨询等增值服务；

（2）至少有 3 名具备 3 年以上创业投资或基金管理工作经验的高级管理人员，至少有对 3 个以上创业企业投资的成功案例；

（3）参股基金管理机构及其工作人员没有受到过主管机关或司法机关的处罚记录。

托管银行应当按照协议约定对参股基金托管专户进行管理。参股基金企业应选择符合如下条件的商业银行担任托管行：①成立时间 5 年以上的全国性股份制商业银行；②与参股基金主要出资人、参股基金管理机构无股权、债务和亲属等关联关系或利害关系；③具有创业投资基金托管经验；④无重大过失及主管机关或司法机关的处罚记录。

（二）申请出资条件

1. 新设创业投资基金申请中央财政资金出资的条件包括：

（1）主要发起人（合伙人，下同）、参股基金管理机构、托管银行已基本确定，并草签发起人协议、参股基金章程（合伙协议，下同）、委托管理协议、资金托管协议；其他出资人（合伙人，下同）已落实，并保证资金按约定及时足额到位；

（2）每支参股基金募集资金总额不低于 2.5 亿元人民币；主要发起人的注册资本或净资产不低于 5000 万元人民币；地方政府出资额不低于 5000 万元人民币；除中央财政和地方政府外的其他出资人出资额合计不低于 1.5 亿元人民币，其中除参股基金管理机构外的单个出资人出资额不低于 1000 万元人民币；除政府出资人外的其他出资人数量一般多于 3 个（含），不超过 15 个（含）；

（3）参股基金管理机构应对参股基金认缴出资，具体出资比例在参股基金章程中约定；

（4）创业投资基金应在设立 6 个月内按照《创业投资企业管理暂行办法》规定进行备案。

2. 存续创业投资基金申请中央财政资金增资的条件包括：

（1）新设创业投资基金申请中央财政资金出资应当具备的条件；

（2）创业投资基金已按有关法律法规设立，并开始投资运作，设立时间不超过 12 个月；

（3）创业投资基金全体出资人首期出资或首期认缴出资已经到位，且不低于注册资本或承诺出资额的 20%；

（4）创业投资基金全体出资人同意中央财政资金入股（入伙），且增资价格按不高于发行价格和中国人民银行公布的同期活期存款利息之和协商确定（存款利息按最后一个出资人的实际资金到位时间与中央财政资金增资到位时间差，以及同期存款利率计算）；

（5）创业投资基金已按照或在增资 6 个月内按照《创业投资企业管理暂行办法》的规定进行备案。

（三）投资领域

中央财政资金直接投资创业企业或参股创业投资基金，对于创业企业的领域或者创业投资基金的投资领域应当集中于以下领域：节能环保、信息、生物与新医药、新能源、新材料、航空航天、海洋、先进装备制造、新能源汽车、高新技术服务业（包括信息技术、生物技术、研发设计、检验检测、科技成果转化服务等）等战略性新兴产业和高新技术改造提升传统产业领域。

中央财政资金所参股的创业投资基金应重点投向具备原始创新、集成创新或消化吸收再创新属性且处于初创期、早中期的创新型企业，中央财政资金投资该类企业的资金比例不低于创业投资基金的注册资本或承诺出资额的 60%。国家鼓励对初创期创新型企业的资金支持，对于投资于初创期创新型企业的资金比例超过基金注册资本或者承诺出资额 70% 的参股基金，中央财政资金可以给予更大幅度的让利。

初创期创新型企业的条件包括：（1）成立时间不超过 5 年；（2）职工人数不超过 300 人；（3）直接从事研究开发的科技人员占职工总数的 20% 以上；（4）资产总额不超过 3000 万元；（5）年销售额或营业额不超过 3000 万元。早中期创新型企业的条件包括：（1）职工人数不超过 500 人；（2）资产总额不超过 20000 万元；（3）年销售额或营业额不超过 20000 万元。

《暂行办法》禁止中央财政资金参股的创业投资基金从事的业务包括：（1）投资于已上市企业，但是所投资的未上市企业上市后，基金所持有股份未转让及其配售部分除外；（2）从事担保、抵押、委托贷款、房地产（包括购买自用房地产）等业务；（3）投资于其他创业投资基金或投资性企业；（4）投资于股票、期货、企业债、信托产品、理财产品、保险计划及其他金融衍生品；（5）向任何第三人提供赞助或捐赠；（6）吸收或变相吸收存款，或向任何第三人提供贷款和资金拆借；（7）进行承担无限连带责任的对外投资；（8）发行信托或集合理财产品的形式募集资金；（9）存续期内，投资回收资金再用于对外投资；（10）其他国家法律法规禁止从事的业务。

（四）投资管理

中央财政对每支参股基金的出资，原则上不超过参股基金注册资本或承诺出资额的 20%，且与地方政府资金同进同出。对投资于初创期项目资金比例超过参股基金注册资本或承诺出资额 70% 的参股基金，可适当放宽中央财政出资资金参股比例限制。

参股基金的存续期限原则上不超过 10 年，一般通过到期清算、社会股东回购、股权转让等方式实现退出。

受托管理机构应与其他出资人在参股基金章程中约定，有下述情况之一的，中央财政出资资金可无须其他出资人同意，选择退出：

（1）参股基金方案确认后超过一年，参股基金未按规定程序和时间要求完成设立或增资手续的；

（2）中央财政出资资金拨付参股基金账户一年以上，参股基金未开展投资业务的；

（3）参股基金投资领域和阶段不符合政策目标的；

（4）参股基金未按参股基金章程约定投资的；

（5）参股基金管理机构发生实质性变化的。

受托管理机构应与其他出资人在参股基金章程中约定，中央财政出资资金以出资额为限对参股基金债务承担责任。除参股基金章程中约定外，不要求优于其他出资人的额外优惠条款。

受托管理机构应与其他出资人在参股基金章程中约定，当参股基金清算出现亏损时，首先由参股基金管理机构以其对参股基金的出资额承担亏损，剩余部分由中央财政、地方政府和其他出资人按出资比例承担。

五、外商投资创业投资企业

（一）外商投资创业投资企业的设立、出资及变更

创业投资企业可以采取非法人制组织形式，也可以采取公司制形式。非法人制创业投资企业的投资者对创投企业的债务承担连带责任，同时投资者也可以约定必备投资者在创投企业资产不足以清偿债务时承担连带责任，而其他投资者以其认缴的出资额为限承担责任。

1. 设立条件

（1）投资者人数在 2 人以上 50 人以下；且应至少拥有一个必备投资者①。

① 必备投资者条件：（1）以创业投资为主营业务；拥有 3 名以上具有 3 年以上创业投资从业经验的专业管理人员。（2）在申请前 3 年其管理的资本累计不低于 10000 万美元，且其中至少 5000 万美元已经用于进行创业投资。在必备投资者为中国投资者的情形下，则要求在申请前 3 年其管理的资本累计不低于 1 亿元人民币，且其中至少 5000 万元人民币已经用于进行创业投资。（3）如果某一投资者的关联实体满足上述条件，则该投资者可以申请成为必备投资者。关联实体具体是指该投资者控制的某一实体，或控制该投资者的某一实体，或与该投资者共同受控于某一实体的另一实体。所谓控制是指控制方拥有被控制方超过 50% 的表决权。（4）必备投资者及其上述关联实体均未被所在国司法机关和其他相关监管机构禁止从事创业投资或投资咨询业务或以欺诈等原因进行处罚。（5）非法人制创业投资企业的必备投资者，对创业投资企业的认缴出资和实际出资分别不低于投资者认缴出资总额及实际出资总额的 1%，且应对创业投资企业的债务承担连带责任；公司制创业投资企业的必备投资者，对创业投资企业的认缴出资和实际出资分别不低于投资者认缴出资总额和实际出资总额的 30%。

（2）非法人制创业投资企业投资者认缴出资总额的最低限额为1000万美元；公司制创业投资企业投资者认缴资本总额的最低限额为500万美元。除必备投资者外，其他每个投资者的最低认缴出资额不得低于100万美元。外国投资者以可自由兑换的货币出资，中国投资者以人民币出资。

（3）有明确的组织形式和合法的投资方向；外商投资创业投资企业应当在名称中加注“创业投资”字样，其他外商投资企业不得在名称中使用创业投资字样。

（4）除了将本企业经营活动授予一家创业投资管理公司进行管理的情形外，创业投资企业应有3名以上具备创业投资从业经验的专业人员。

2. 非法人制创业投资企业的投资者出资及变更

（1）投资者可以根据创业投资进度分期向创业投资企业注入认缴出资，最长不得超过5年。各期投入资本金由创业投资企业根据创业投资企业合同及其与所投资企业签订的协议自主制定。投资者应当在创业投资企业合同中约定投资者不如期出资的责任和相关措施。

（2）投资者在创业投资企业存续期内一般不得减少其认缴出资额。如果占出资额超过50%的投资者和必备投资者同意且创业投资企业不违反最低1000万美元认缴出资额的要求，经审批机构批准，投资者可以减少其认缴资本额。在此情形下，投资者应当在创业投资企业合同中规定减少认缴出资额的条件、程序和办法。

（3）必备投资者在创业投资企业存续期内不得从创业投资企业撤出。特殊情形下确需撤出的，应获得占总出资额超过50%的其他投资者同意，并应将其权益转让给符合必备投资者条件的新投资者，且应当相应修改创业投资企业的合同和章程，并报审批机构批准。其他投资者如转让其认缴资本额或已投入资本额，须按创业投资企业合同的约定进行，且受让人应符合创投企业设立的条件。投资各方应相应修改创投企业的合同和章程，并报审批机构备案。

（4）创投企业设立后，如果有新的投资者申请加入，须符合本规定和创投企业合同的约定，经必备投资者同意，相应修改创投企业合同和章程，并报审批机构备案。

（5）创投企业出售或以其他方式处置其在所投资企业的利益而获得的收入中相当于其原出资额的部分，可以直接分配给投资各方。此类分配构成投资者减少其已投资的资本额。创投企业应当在创投企业合同中约定此类分配的具体办法，并在向其投资者作出该等分配之前至少30天内向审批机构和所在地外汇局提交一份要求相应减少投资者已投入资本额的备案说明，同时证明创投企业投资者未到位的认缴出资额及创投企业当时拥有的其他资金至少相当于创投企业当时承担的投资义务的要求。但该分配不应成为创投企业对因其违反任何投资义务所产生的诉讼请求的抗辩理由。

（二）创业投资管理企业

创业投资管理企业可以采取公司制组织形式，也可以采取合伙制组织形式。同一创业投资管理企业可以受托管理不同的创投企业。外商投资创业投资管理企业名称应当加注“创业投资管理”字样，其他外商投资企业不得在名称中使用“创业投资管理”字样。

创业投资管理企业的设立应当符合相应的条件，具体包括：

（1）以受托管理创投企业的投资业务为主营业务；

（2）拥有3名以上具有3年以上创业投资从业经验的专业管理人员；

（3）注册资本或出资总额不低于100万元人民币或等值外汇；

（4）有完善的内部控制制度。

（三）经营范围与经营管理

1. 经营管理机构

公司制创业投资企业设董事会，非法人制创业投资企业设联合管理委员会，以此代表投资者管理创业投资企业。创业投资企业的联合管理委员会或董事会下设经营管理机构，经营管理机构负责创业投资企业的日常经营管理工作。如果联合管理委员会或董事会不设经营管理机构，则该创业投资企业可以将日常经营管理事务委托给一家创业投资管理企业或另一家创业投资企业进行管理。接受创业投资企业委托的创业投资管理企业可以是内资企业，也可以是外商投资企业，或者是境外企业。

2. 经营范围

创业投资企业资金主要用于向所投资企业进行股权投资；创业投资企业的经营期限一般不能超过12年，经营期满，经审批机构批准，可以延期。

创业投资企业的经营范围包括：（1）以全部自有资金进行股权投资，具体包括新设企业、向已设立企业投资、接受已设立企业投资者股权转让以及国家法律法规允许的其他方式；（2）提供创业投资咨询，为所投资企业提供管理咨询；（3）审批机构批准的其他业务。

创业投资企业禁止事宜包括：（1）在国家禁止外商投资的领域投资；（2）直接或间接投资于上市交易的股票和企业债券，但被投资企业上市后，创业投资企业所持有的股份除外；（3）直接或间接投资于非自用不动产；（4）贷款进行投资；（5）挪用非自有资金进行投资；（6）向他人提供贷款或担保，但创业投资企业对被投资企业1年以上的企业债券和可转换为被投资企业股权的债券性质的投资除外。

3. 退出方式

（1）将所持有的被投资企业的部分股权或全部股权转让给其他投资者；

（2）与被投资企业签订股权回购协议，由被投资企业在一定条件下回购所持有的股权；

（3）被投资企业在符合法律法规规定的上市条件时可以申请到境内外证券市场上市，创业投资企业可以依法通过证券市场转让其所拥有的被投资企业的股份。

外国投资者将其在创投企业中应得收益汇出境外的，应当凭相关证明文件从其外汇账户中支付或者到外汇指定银行购汇汇出，相关证明文件包括：管理委员会或董事会的分红决议、会计师事务所的审计报告、外国投资者投资资金流入证明和验资报告、完税证明和税务申报单。外国投资者回收的对创业投资企业的出资可以依法申购外汇汇出。公司制创业投资企业开立和使用外汇账户、资本变动及其他外汇收支事项，按照现行外汇管理规定办理；非法人制创业投资企业外汇管理规定由国家外汇管理局另行制定。

六、高新技术企业认定

根据《高新技术企业认定管理办法》，高新技术企业是指在《国家重点支持的高新技术领域》内，持续进行研究开发与技术成果转化，形成企业核心自主知识产权，并以此为基础开展经营活动，在中国境内注册 1 年以上的居民企业。

高新技术企业认定的条件包括：

（1）在中国境内注册的企业，近 3 年内通过自主研发、受让、受赠、并购等方式，或通过 5 年以上的独占许可方式，对其主要产品或服务的核心技术拥有自主知识产权。

（2）产品或服务属于《国家重点支持的高新技术领域》规定的范围：电子信息技术；生物与新医药技术；航空航天技术；新材料技术；高新技术服务业；新能源及节能技术；资源与环境技术；高新技术改造传统产业。

（3）具有大学专科以上学历的科技人员占企业当年职工总数的 30% 以上，其中研发人员占企业当年职工总数的 10% 以上。

（4）企业为获得科学技术新知识，创造性运用科学技术新知识，或实质性改进技术、产品或服务而持续进行了研究开发活动，且近三个会计年度的研究开发费用总额占销售收入总额的比例符合如下要求：最近 1 年销售收入小于 5000 万元的企业，比例不低于 6%；最近 1 年销售收入在 5000 万 ~ 20000 万元的企业，比例不低于 4%；最近 1 年销售收入在 20000 万元以上的企业，比例不低于 3%。

企业在中国境内发生的研究开发费用总额占全部研究开发费用总额的比例不低于 60%。企业注册成立时间不足 3 年的，按实际经营年限计算。

（5）高新技术产品或服务收入占企业当年总收入的 60% 以上。

（6）企业研究开发组织管理水平、科技成果转化能力、自主知识产权数量、销售与总资产成长性等指标符合《高新技术企业认定管理工作指引》的要求。

第三节　股权投资业务法律实务

一、私募股权投资信托业务

（一）私募股权投资信托业务概述

私募股权投资信托是指信托公司将信托计划项下资金投资于未上市企业股权、上市公司限售流通股或中国银监会批准可以投资的其他股权的信托业务。信托公司发起设立私募股权投资信托用于投资境外未上市企业股权，应当经过监管部门的批准。信托公司如果以信托资金投资于金融机构和拟上市公司股权，应遵守监管部门的相关规定。

上述未上市企业应当符合以下条件：

1. 依法设立；

2. 主营业务和发展战略符合产业和环境保护政策；

3. 拥有核心技术或者创新型经营模式，具有高成长性；

4. 实际控制人、股东、董事及高级管理人员具有良好的诚信记录，没有受到相关监管部门的处罚和处理；

5. 管理团队有与其履行职责相适应的知识、行业经验和管理能力；

6. 与信托公司及其关联人不存在直接或者间接的关联关系，但按照中国银监会的规定进行事前报告并按照规定进行信息披露的除外。

（二）市场主体准入

1. 信托公司资质

信托公司开展私募股权投资信托业务应当具备以下条件：

（1）具有完善的公司治理制度；

（2）具有完善的内部控制制度和风险管理制度；

（3）负责股权投资信托的人员达到 5 人以上，其中至少有 3 名具有 2 年以上股权投资或相关业务经验；

（4）固有资产状况的流动性良好，符合监管要求；

（5）银监会规定的其他条件。

信托公司应当建立私募股权投资信托业务的风险管理制度。风险管理制度至少应当包括：目标企业的投资立项；目标企业的实地尽职调查；投资决策流程和限额管理；目标企业的投资实施；目标企业的管理；目标企业股权的退出机制。

2. 投资顾问资质

私募股权投资信托业务应当是信托未来重点发展的业务方向，但是目前就信托行业的实践来说，信托公司缺乏相应的人力资源、社会资源、投资管理经验等，缺乏有效的开展该类业务的能力，因此信托公司开展该类业务需要聘请投资顾问，而信托公司实质上仅仅是作为通道和平台而已。银监会《私人股权投资信托业务操作指引》对信托公司聘请投资顾问进行了相应的规范：

（1）投资顾问应当持有不低于该信托计划10%的信托单位；

（2）投资顾问的实收资本不低于2000万元人民币；

（3）投资顾问有固定的营业场所和与业务相适应的软硬件设施；

（4）投资顾问具有健全的内部管理制度和投资立项、尽职调查及决策流程；

（5）投资顾问无不良从业记录；

（6）银监会规定的其他条件。

（三）投资操作管理和信息披露

1. 投资操作

信托公司应亲自处理信托事务，独立自主地进行投资决策和风险控制；信托文件事先约定，可以聘请第三方投资顾问，但投资顾问不得代为实施投资决策，应对投资顾问的管理团队的基本情况和过往业绩等开展尽职调查，并在信托文件中载明。

未进行股权投资的资金只能投资于债券、货币性基金和央行票据等低风险高流动性的金融产品。

以固有资金参与设立私募股权投资信托的，所占份额不得超过该信托计划财产的20%，不得超过信托公司净资产的20%，同时应在信托文件中明确出资金额和承担的责任。

2. 投资管理

对信托计划投资理念及策略、项目选取标准、行业价值、备选企业及风险因素分析方法等制作报告书，报信托委员会审查通过。

对被投资对象的发展前景、公司治理、股权结构、管理团队、资产情况、经营情况、财务状况、法律风险等的尽职调查。

信托公司以自己的名义行使股东权利，推进被投资企业治理结构的完善，提高业务体系、企业管理能力，提升企业价值。

信托公司可以提取管理费和业绩报酬，但应当在信托文件中明确约定信托公司提取管理费和业绩报酬的金额或提取方法。

3. 信息披露

及时、准确、完整地披露私募股权投资信托计划相关信息，符合有关信息披露内容与格式准则的规定。

被投资对象的股权或者所发行的债券在证券市场、产权市场等活跃市场上报价或者交易，信托公司应遵守活跃市场监管机构的法律法规，依法向受益人和监管机构披露私募股权投资相关信息。

私募股权投资信托计划成立后 10 个工作日内应向中国银监会或者派出机构报告。报告的内容应包括可行性研究报告、信托文件、风险说明书、信托财产运用范围和方案、信托计划面临主要风险及风险管理说明、信托资金管理报告主要内容及格式、推介方案及推介内容、股权投资信托团队简介及人员简历。

二、信托公司固有资产股权投资业务

根据银监发〔2009〕25 号文的规定，固有资产股权投资业务是指信托公司以固有资产从事股权投资业务。具体是指信托公司以其固有财产投资于未上市企业股权、上市公司限售流通股或者中国银监会批准的可以投资的其他股权投资业务（不包括以固有资产参与私人股权投资信托、固有资产投资于金融类公司股权和上市公司流通股）。

信托公司开展固有资产股权投资业务应当具备以下条件：

1. 具备良好的公司治理、内部控制及审计、合规和风险管理机制。

2. 具备良好的社会信誉、业绩和及时、规范的信息披露。

3. 最近 3 年内没有重大违法、违规行为。

4. 最近 1 年监管评级 3C（含）以上。

5. 货币性资产充足，能够承担潜在的赔偿责任。

6. 具备从事股权投资业务所需的专业团队和相应的约束与激励机制。负责股权投资业务的人员应达到 3 人以上，其中至少 2 名具备 2 年以上股权投资或相关业务经验。

7. 具备能支持股权投资业务的业务处理系统、会计核算系统、风险管理系统及管理信息系统。

8. 银监会规定的其他条件。

信托公司开展固有资产股权投资业务，不得投资于关联关系人，但按照规定事前报告并进行信息披露的除外；不得控制、共同控制或重大影响被投资企业，不得参与被投资企业的日常经营；信托公司持有被投资企业股权不得超过 5 年；以固有资产从事股权投资业务和以固有资产参与私募股权投资信托等的投资总额不得超过其上年末净资产的 20%，但经中国银监会特别批准的除外。

三、保险资金参与股权投资业务

根据《保险资金投资股权暂行办法》的规定，保险公司可以保险资金直接或者间接投资未在中国境内证券交易所公开上市的股份有限公司和有限公司的股权。其中直接投资股权是指保险公司或者保险集团（控股）公司以出资人名义投资并持有企业股权的行为；间接投资股权是指保险公司或保险集团（控股）公司投资股权投资管理机构发起设立的股权投资基金等相关金融产品的行为。本章关于保险资金的股权投资业务仅限于间接投资股权行为。

（一）相关主体资质

1. 保险公司

保险公司从事间接投资股权业务应当符合的条件包括：（1）具有完善的公司治理、管理制度、决策流程和内控机制；（2）建立资产托管机制，资产运作规范透明；（3）上一会计年度未偿付能力充足率不低于150%，且投资时上季度未偿付能力充足率不低于150%；（4）最近3年未发现重大违法违规行为；（5）资产管理部门应当配备不少于2名具有3年以上股权投资和相关经验的专业人员；（6）保监会规定的其他审慎性条件。

2. 股权投资基金的投资机构

保险公司投资股权投资基金，发起设立并管理该股权投资基金的投资机构应当具备的资质条件包括：（1）具有完善的公司治理、管理制度、决策流程和内控机制；（2）注册资本不低于1亿元，已建立风险准备金制度；（3）投资管理使用中国法律法规及有关政策规定；（4）具有稳定的管理团队，拥有不少于10名具有股权投资和相关经验的专业人员，已完成退出项目不少于3个，其中具有5年以上相关工作经验的不少于2名，具有3年以上相关经验的不少于3名，且高级管理人员中，具有8年以上相关经验的不少于1名，拥有不少于3名熟悉企业运营、财务管理、项目融资的专业人员；（5）具有丰富的股权投资经验，管理资产余额不低于30亿元，且历史业绩优秀，商业信誉良好；（6）具有健全的项目储备制度、资产托管和风险隔离机制；建立科学的激励约束和跟进投资机制，并得到有效执行；（7）接受中国保监会涉及保险资金投资的质询，并报告有关情况；（8）最近3年未发现投资机构及主要人员存在重大违法违规行为；（9）中国保监会规定的其他审慎性条件。

3. 被投资企业

保险资金直接或间接投资企业股权，该被投资企业应当具备的条件包括：（1）依法登记设立，具备法人资格，符合国家产业政策，具备国家有关部门规定的资质条件；（2）股东及高级管理人员诚信记录和商业信誉良好；（3）产业处于成长期、成熟期或者是战略新型产业，或者具有明确的上市意向及较高的并购价值；（4）具有市场、技术、资源、竞争优势和价值提升空间，预期能够产生良好的现金回报，并有确定的分红制度；（5）管理团队的专业知识、行业经验和管理能力与其履行的职责相适应；（6）未涉及重大法律纠纷，资产产权完整清晰，股权或者所有权不存在法律瑕疵；（7）与保险公司、投资机构和专业机构不存在关联关系，监管规定允许且事先报告和披露的除外；（8）中国保监会规定的其他审慎性条件。

4. 投资基金

保险资金所投资的股权投资基金应当符合如下条件：（1）发起设立并管理该股权投资基金的投资机构应当符合《保险资金投资股权暂行办法》的规定的资质条件；（2）股权投资基金财产所投资的被投资企业应当符合《保险资金投资股权暂行办法》规定的资质条件以及其他金融监管机构规定的条件；（3）具有确定的投资目标、投资方案、投资策略、投资标准、投资流程、后续管理、收益分配及基金清算安排；（4）交易结构清晰，风险提示充分，信息披露真实完整；（5）已经实行投资基金托管机制，募集或者认缴资金规模不低于5亿元，具有预期可行的退出安排和健全有效的风控措施，且在监管机构规定的市场交易；（6）中国保监会规定的其他审慎性条件。

根据《保险资金投资股权暂行办法》规定，保险资金投资股权投资基金形成的财产，应当独立于投资机构、托管机构和其他相关机构的固有财产及其管理的其他财产。投资机构因投资、管理或者处分投资基金取得的财产和收益，应当归入投资基金财产。

（二）业务规范

《保险资金投资股权暂行办法》规定，保险资金不得投资不符合国家产业政策、不具有稳定现金流回报预期或者资产增值价值，高污染、高耗能、未能达到国家节能环保标准、技术附加值较低等企业的股权。不得投资创业投资基金和风险投资基金，以及不得投资设立或者参股股权投资基金的投资机构。

保险公司以投资股权投资基金等方式间接投资企业股权的，可以运用资本金和保险产品的责任准备金。人寿保险公司运用万能、分红和投资连接保险产品的资金，财产保险公司运用非寿险非预定收益投资型保险产品的资金，应当满足产品特性和投资方案的要求。除保监会对发债另有规定以外，保险公司不得以借贷、发债、回购、拆借等方式筹措的资金进行股权投资业务。

保险公司投资股权投资基金等未上市企业股权相关金融产品的账面余额不高于该保险公司上季度末总资产的4%，投资股权投资基金等未上市企业股权相关金融产品（间接股权投资业务）以及投资未上市企业股权（直接股权投资业务）两项业务的合计账面余额不得高于该保险公司上季度末总资产的5%；保险公司投资同一个股权投资基金的账面余额不得超过该股权投资基金发行规模的20%。

四、证券公司参与股权投资业务

（一）直投子公司及业务范围

根据《证券公司直接投资业务监管指引》的规定，证券公司并不能直接从事直接投资业务，而应由其设立的直投子公司开展。证券公司设立直投子公司应当符合《证券公司直接投资业务监管指引》规定的条件，证券公司控股其他证券公司的，只能由母公司设立一家直投子公司，被控股的证券公司不得设立直投子公司。证券公司对直投子公司、直投基金、产业基金及基金管理机构的投资金额合计不得超过其净资本的15%。直投子公司不得对外提供担保，不得成为对所投资企业的债务承担连带责任的出资人。

证券公司设立的直投子公司可以从事的业务范围包括：（1）使用自有资金对境内企业进行股权投资；（2）为客户提供股权投资的财务顾问服务；（3）设立直投基金，筹集并管理客户资金进行股权投资；（4）在有效控制风险，保持流动性的前提下，以现金管理为目的，将闲置资金投资于依法公开发行的国债、投资级公司债、货币市场基金、央行票据等风险较低、流动性较强的证券，以及证券投资基金、集合资产管理计划或者转向资产管理计划；（5）证监会同意的其他业务。

（二）直投基金

证券公司设立的直投子公司可以设立直投基金以及直投基金管理机构，首只直投基金需要于运行满1年后进行评估。对于首只直投基金经评估后符合各项要求的，直投子公司可以根据自身和市场情况，决定是否设立多只投资基金。对于由直投子公司下设的基金管理机构管理直投基金的，直投公司应当持有该基金管理机构的股份比例不少于51%，并且对其有管理控制权。由直投子公司设立的直投资金管理机构的组织形式为有限责任公司或有限合伙企业。

直投基金的资金主要通过私募方式进行募集，基金出资人应为机构投资者，且出资人数不得超过50人。直投基金不得负债经营，也不得成为对所投资企业的债务承担连带责任的出资人；证券公司以及其直投子公司不得对直投基金或者基金出资人提供担保或者承担无限连带责任。直投子公司可以建立其管理团队的跟投机制，作为直投公司母公司的证券公司的管理人员和从业人员则被禁止进行跟投。证券公司、直投子公司、直投基金管理机构不得以任何方式对直投基金或者基金出资人的投资收益或赔偿投资损失做出承诺。

五、《关于促进股权投资企业规范发展的通知》

国家发改委于2011年11月23日发布了《国家发展改革委办公厅关于促进股权投资企业规范发展的通知》（以下简称《通知》）（发改办财金〔2011〕2864号），从股权投资企业的设立与资本募集及投资领域、风险控制机制、管理机构的职责、信息披露制度、备案管理与行业自律五个方面对于股权投资企业进行规范。

根据《通知》要求，以有限责任公司或者股份有限公司形式设立的股权投资企业可以自行组建内部管理团队进行管理，也可以将资产委托给其他股权投资企业或者股权投资管理企业进行管理。对于股权投资企业的资本募集方式，《通知》明确规定只能通过向合格投资者以私募方式进行，投资者必须具有相应的风险鉴别能力和风险承受能力；股权投资企业不得向投资者承诺保本或者固定收益汇报，资本募集人必须向投资者充分揭示风险以及因投资可能产生的损失。

股权投资企业的投资者的资本缴付可以实行承诺缴付的形式，但是只能以合法的自有货币资金认缴出资。如果投资者为集合资金信托或者合伙企业等非法人机构的，最终的自然人和法人机构应当为合格投资者，但是投资者为股权投资母基金的除外。

根据《通知》要求，股权投资企业的投资领域限于非公开交易的股权，闲置资金只能存放银行或者用于购买国债等固定收益类投资产品。股权投资企业不得为被投资企业以外的企业提供担保；对关联方的投资，股权投资企业的投资决策应当实行关联方回避制度；股权投资企业资产应当委托独立的托管机构托管，但是全体投资者也可以一致同意不用委托独立的托管机构进行托管；股权投资企业及其受托管理机构的公司章程或者合伙企业中应当明确业绩激励和风险约束机制，股权投资企业可以根据委托管理协议对受托管理机构的受托管理情况进行检查和评估。

《通知》还对受托管理机构的职责以及受托管理机构的退任进行规定，股权投资企业的受托管理机构应当公平对待其所管理的不同股权投资企业的财产，不得利用股权投资企业财产为股权投资企业以外的第三人牟取利益；对不同的股权投资企业应当设置不同的账户，实行分账管理。

《通知》还规定了股权投资企业详细的信息披露制度，要求股权投资企业建立年度报告制度和重大事件的及时报告制度。对于发生：(1) 修改股权投资企业或者其受托管理机构的公司章程、合伙协议和委托管理协议等文件；(2) 股权投资企业或者其受托管理机构增减资本或者对外进行债务性融资；(3) 股权投资企业或者其受托管理机构分立与合并；(4) 受托管理机构或者托管机构变更，包括受托管理机构的高级管理人员变更及其他重大变更事项；(5) 股权投资企业的解散、破产或者由接管人接管其资产等重大事件，股权投资企业应当在10个工作日内向备案管理部门报告。

对于资本规模在5亿元及以上的股权投资企业，在国家发改委备案，资本规模不足5亿元的股权投资企业在省级政府确定的备案管理部门备案。《通知》最后对备案的范围、受托管理机构的附带备案、备案申请的主体、向国家和省级备案管理部门申请备案的程序、申请备案的材料和文件、高级管理人员的界定与要求、行业自律与监管处罚等方面进行了规范。

第四节　政府投资基金法律实务

一、政府投资基金

（一）概述

财政部于2015年11月12日印发《政府投资基金暂行管理办法》，该《办法》规定，政府投资基金是指由各级政府通过预算安排，以单独出资或与社会资本共同出资设立，采用股权投资等市场化方式，引导社会各类资本投资经济社会发展的重点领域和薄弱环节，支持相关产业和领域发展的资金。其中，政府出资具体是指财政部门通过一般公共预算、政府性基金预算、国有资本经营预算等安排的资金。

政府出资部分可以向其他出资人适当让利，但是不得向其他出资人承诺投资本金不受损失，不得承诺最低收益。政府投资基金应选择在中国境内设立的商业银行进行托管，托管银行依据托管协议负责账户管理、资金清算、资产保管等事务，对投资活动实施动态监管。

（二）投资领域

各级财政部门不得在同一行业或领域重复设立基金，可以就如下领域设立政府投资基金，以支持该领域相关企业的发展：①处于种子期、起步期的创业早期企业领域；②中型、小型、微型企业领域；③产业转型升级和发展领域；④基础设施和公共服务领域。

（三）投资限制

政府投资基金禁止从事如下业务：①从事融资担保以外的担保、抵押、委托贷款等业务；②投资二级市场股票、期货、房地产、证券投资基金、评级AAA以下的企业债、信托产品、非保本型理财产品、保险计划及其他金融衍生品；③向任何第三方提供赞助、捐赠（经批准的公益性捐赠除外）；④吸收或变相吸收存款，或向第三方提供贷款和资金拆借；⑤进行承担无限连带责任的对外投资；⑥发行信托或集合理财产品募集资金；⑦其他国家法律法规禁止从事的业务。

（四）投资退出

财政部门应当与其他出资人在相关章程、协议中约定，政府在出现下列情况之一时，可以不经其他出资人同意，选择提前退出：①投资基金方案确认后超过一年，未按规定程序和时间要求完成设立手续；②政府出资拨付投资基金账户一年以上，基金未开展投资业务的；③基金投资领域和方向不符合政策目标的；④基金未按章程约定投资的；⑤其他不符合章程约定情形的。

二、政府出资产业投资基金

（一）概述

国家发改委于2016年12月30日印发《政府出资产业投资基金管理暂行办法》，根据该《办法》，政府出资产业投资基金是指由政府出资，主要投资于非公开交易企业股权的股权投资基金和创业投资基金。政府向产业投资基金出资，可以采取全部由政府出资、与社会资本共同出资或向符合条件的已有产业投资基金投资等形式；政府出资资金来源包括财政预算内投资、中央和地方各类专项建设基金及其他财政性资金。

（二）基金管理人与托管人

1. 基金管理人

基金管理人应当符合以下条件：

（1）在中国大陆依法设立的公司或合伙企业，实收资本不低于1000万元人民币；

（2）至少有3名具备3年以上资产管理工作经验的高级管理人员；

（3）产业投资基金管理人及其董事、监事、高级管理人员及其他从业人员在最近三年无重大违法行为；

（4）有符合要求的营业场所、安全防范设施和与基金管理业务有关的其他设施；

（5）有良好的内部治理结构和风险控制制度。

2. 基金托管人

基金托管人应当为中国境内设立的商业银行，托管人应当履行的职责包括：

（1）安全保管所托管基金的全部资产；

（2）执行基金管理人发出的投资指令，负责基金名下的资金往来；

（3）依据托管协议，发现基金管理人违反国家法律法规、基金公司章程或基金董事会（持有人大会）决议的，不予执行；

（4）出具基金托管报告，向基金董事会（持有人大会）报告并向主管部门提交年度报告；

（5）基金公司章程、基金托管协议中规定的其他职责。

（三）投资策略

1. 投资领域

政府出资产业投资基金主要的投资领域包括：①非基本公共服务领域；②基础设施领域；③住房保障领域；④生态环境领域；⑤区域发展领域；⑥战略性新兴产业和先进制造业领域；⑦创业创新领域。投资于基金章程、合伙协议或基金协议约定的产业领域的比例不得低于基金募集规模或承诺出资额的60%。

2. 投资方式

政府出资产业投资基金应投资于：①未上市企业股权，包括以法人形式设立的基础设施项目、重大工程项目等未上市企业的股权；②参与上市公司定向增发、并购重组和私有化的股权交易形成的股份；③经基金章程、合伙协议或基金协议明确或约定的符合国家产业政策的其他投资形式。基金闲置资金只能投资于银行存款、国债、地方政府债、政策性金融债和政府支持债券等安全性和流动性较好的固定收益类资产。

3. 投资限制

政府出资产业投资基金对单个企业的投资额不得超过基金资产总值的20%，且不得从事下列业务：①明股实债等变相增加政府债务的行为；②公开交易类股票投资，但以并购重组为目的的除外；③直接或间接从事期货衍生品交易；④为企业提供担保，但为被投资企业提供担保的除外；⑤承担无限连带责任的投资。

（四）基金登记

中央各部门及直属机构政府出资设立的产业投资基金应在基金募集完毕后二十个工作日内在全国政府出资产业投资基金信用信息登记系统登记，由国家发改委负责基金材料完备性和产业政策符合性审查；地方政府或所属部门、直属机构出资设立的产业投资基金应在募集完毕后二十个工作日内在本区域政府出资产业投资基金信用信息登记子系统登记，由地方各级发展改革部门负责基金材料完备性和产业政策符合性审查。

各级地方政府或所属部门、直属机构出资额50亿元人民币及以上的，由国家发改委负责材料完备性和产业政策符合性审查；50亿元人民币以下超过一定规模的县、市地方政府或所属部门、直属机构出资，由省级发改部门负责材料完备性和产业政策符合性审查。

第六章
证券投资(基金)业务法律实务

第一节　证券投资基金概述

一、概述

广义上的证券投资基金可分为公募证券投资基金和私募证券投资基金。公募证券投资基金是指通过公开发售基金份额募集资金，用于证券市场投资的集合投资方式；私募证券投资基金是指通过非公开方式发售基金份额募集资金，用于证券市场投资的集合投资方式。两者主要区别在于资金募集方式的不同，公募证券投资基金受到监管部门的严格监管，而私募证券投资基金受到的监管相对较为宽松。

现在市场上的阳光私募一般是指私募信托证券投资基金。阳光私募基金是由信托公司发行集合资金信托计划募集资金进行证券二级市场投资，信托资金由第三方银行托管，并向监管部门备案。阳光私募基金与一般的私募证券基金相比主要在于其规范化和透明化，并接受监管部门的严格监管，这样更能保证资金认购人的资金安全。

公募证券投资基金一般是指狭义上的证券投资基金。我国于2003年颁发、2004年实施的《证券投资基金法》主要规范的是公募证券投资基金，本章所称证券投资基金即是广义上的证券投资基金，包括《证券投资基金法》规范的狭义（公募）证券投资基金和私募证券投资基金。2015年4月24日修正的《证券投资基金法》正式增加了私募证券投资基金相关内容，即非公开募集基金；非公开募集基金是指向合格投资者募集且累计不超过200人的基金。

二、证券投资基金的特点与作用

证券投资基金作为一种集合信托投资工具，在我国发展很快，受到广泛的欢迎，其本身具有集合投资、分散风险、专业理财的特点。

1. 集合投资。证券投资基金主要通过向社会公开与非公开的方式募集资金，并由专业机构管理运用，进行证券市场投资，以获取投资收益。公募证券投资基金对认购基金的最低限额要求并不高，私募证券投资基金尤其是阳光私募，主要针对机构投资者和富有人群。

2. 分散风险。“不能把鸡蛋放到同一个篮子里”是证券投资的一条基本原则。在证券投资活动中，风险和收益同时存在，并基本成正相关关系。以科学的投资组合降低投资风险、提高投资收益就成为证券投资活动必须遵守的准则。组合投资是防范证券市场非系统性风险的一种非常重要的方法，但是组合投资不能有效防范证券市场的系统性风险。投资者在进行证券市场投资时，为了防范系统性风险，需要一种能够对冲证券市场系统性风险的对冲工具。我国最新推出的股指期货品种就是一种非常重要的对冲工具。

3. 专业理财。证券投资基金的基金管理人实行的是专业化理财。相对于普通的投资者而言，基金经理都是受过专门训练的，具有非常丰富的证券投资经验的专业人员。基金经理们通过对金融市场的分析研究，制定合理有效的投资决策和投资组合方案，以提高投资收益和防范投资风险。

我国证券市场的投资人包括机构投资者和个人投资者，机构投资者主要有政府机构、金融机构、企事业法人和各类基金。证券投资基金是证券市场的重要参与者，是重要的机构投资人。证券投资基金拓宽了投资者的投资渠道，成为大众化的投资工具。基金作为证券市场重要的金融工具，是推动证券市场的重要力量。

三、证券投资基金的类型

（一）开放式基金和封闭式基金

按照运作方式的不同，证券投资基金可分为开放式基金和封闭式基金。具体可以将两者的区别归纳为以下几点：

1. 封闭式基金有固定的存续期，期间基金规模固定，而开放式基金无固定存续期，规模因投资者的申购和赎回可以随时变动；

2. 封闭式基金在证券交易场所上市交易，而开放式基金在销售机构营业场所销售及赎回，不上市交易；

3. 开放式基金的申购、赎回价格以每日公布的基金份额资产净值加减一定的手续费计算，因此从赎回价格上可以反映出该基金的投资价值，而封闭式基金的交易价格主要受证券市场供求关系影响；

4. 开放式基金由于随时面临着投资者的赎回压力，因此应当更加注重流动性等风险管理，这对基金管理人提出更高的要求。

（二）股票基金、债券基金、货币市场基金、混合基金

按照所投资的领域或者所投资的金融工具的不同，可以将证券投资基金划分为股票型证券投资基金、债券型证券投资基金、货币市场型证券投资基金、混合型证

券投资基金。

股票型证券投资基金。股票型证券投资基金是指以上市交易的股票为主要投资方向的证券投资基金。目前我国股票市场分为主板市场、中小企业板市场、创业板市场，以及A股市场、B股市场等。

债券型证券投资基金。债券型证券投资基金主要是以债券为投资方向的证券投资基金。相对于股票基金来说，债券基金的投资风险相对较小，属于固定收益性基金产品，比较适合追求稳定收入的投资者。目前我国的债券品种包括：国债、金融债、公司债与企业债、短期融资券、中期票据、中小企业集合票据等。

货币市场型证券投资基金。货币市场型证券投资基金是指投资于货币市场工具的证券投资基金。货币市场工具一般是指到期日不足1年的短期金融工具。货币市场基金的特点是风险低、流动性好，比较适合风险厌恶型投资者。

根据《货币市场基金监督管理办法》规定，货币市场基金应当投资于以下金融工具：①现金；②期限在1年及以内的银行存款、债券回购、中央银行票据、同业存单；③剩余期限在397天及以内的债券、非金融企业债务融资工具、资产支持证券；④中国证监会、中国人民银行认可的其他具有良好流动性的货币市场工具。

货币市场基金不得投资于以下金融工具：①股票；②可转换债券、可交换债券；③以定期存款利率为基准利率的浮动利率债券，已经入最后一个利率调整期的除外；④信用等级在AA+以下的债券与非金融企业债务融资工具；⑤中国证监会、中国人民银行禁止投资的其他金融工具。

混合型证券投资基金。混合型证券投资基金可以组合投资于股票、债券、货币市场工具等金融工具。混合型基金可以根据资产配置的不同划分为：偏股型基金、偏债型基金、股债平衡型基金、灵活配置型基金等。

第二节　证券投资业务类型

一、概念

证券投资信托业务是指信托公司将集合信托计划或者单一信托产品项下信托资金投资于依法公开发行并在符合法律规定的交易场所公开交易的证券的经营行为。信托项下资金的投资方向为在中华人民共和国境内依法发行的股票、债券、金融衍生产品以及国务院依法认定的其他证券。

信托公司作为我国资本市场重要的机构投资者，证券投资信托业务是信托公司重要的信托业务类型，按照中国信托业协会的统计，截至2017年第三季度，证券投资信托业务管理总规模为34403.47亿元，具体如下：

一级市场	余额	14062406.31
	占比	4.09%
二级市场	余额	115660060.00
	占比	33.62%
基金	余额	6413934.88
	占比	1.86%
组合投资	余额	207898330.39
	占比	60.43%

二、证券投资信托业务类型

（一）新股申购

1. 定价与配售

定价：根据《证券发行与承销管理办法》（2017 年修订），首次公开发行股票的定价方式包括两种：网下投资者询价以及发行人与主承销商自主协商直接定价，其中：

①公开发行股票数量在 2000 万股及以下且无老股转让计划的，应当通过直接定价方式确定发行价格。

②网下投资者参与报价时，应当持有一定金额的非限售股份。公开发行股票数量在 4 亿股及以下的，有效报价投资者的数量不少于 10 家；公开发行股票数量在 4 亿股以上的，有效报价投资者的数量不少于 20 家。

配售：首次公开发行股票采用直接定价方式的，全部向网上投资者发行，不进行网下询价和配售。

首次公开发行股票采用询价方式的，公开发行股票后总股本 4 亿股及以下的，网下初始发行比例不低于本次公开发行股票数量的 60%；发行后总股本超过 4 亿股的，网下初始发行比例不低于本次公开发行股票数量的 70%。其中，应当安排不低于本次网下发行股票数量的 40% 优先向公募金、社保基金、养老基金配售，安排一定比例的股票向且年金及保险资金配售。

首次公开发行股票数量在 4 亿股以上的，可以向战略投资者配售股票；战略投资者不参与网下询价，且承诺限售期为 12 个月。

2. 信托公司参与网下询价与配售

《证券发行与承销管理办法》（2012 年修订）规定：首次公开发行股票的询价对象包括信托公司，股票配售的对象包括信托公司证券自营账户和已向监管部门履行报告程序的集合信托计划；但是机构投资者管理的证券投资产品在招募说明书、投资协议等文件中以直接或间接方式载明以博取一二级市场价差为目的的申购新股的，相关证券投资账户不得作为股票配售对象。

为了规范以博取一二级市场价差为目的的新股申购行为，中国证券业协会《关于首次公开发行股票询价对象及配售对象备案工作有关事项的通知》（中证协发〔2012〕150 号）规定，停止受理一级债券型证券投资基金和集合信托计划成为新股配售对象的备案申请，停止已完成备案的一级债券型证券投资基金和集合信托计划的新股配售对象资格。《证券发行与承销管理办法》（2013 年修订）取消了信托公司及其管理的集合信托计划作为询价和配售对象的相关条款。

中国证券业协会《首次公开发行股票网下投资者管理细则》（2017 年修订）规定，网下投资者指定的股票配售对象不得为债券型证券投资基金或信托计划，不得为在招募说明书、投资协议等文件中以直接或间接方式载明以博取一二级市场价差为目的申购首发股票的理财产品等证券投资产品。至此，信托产品作为配售对象参与新股申购的资格被正式取消，但信托公司自营证券账户还是可以参与首次公开发行股票新股配售；为了规避集合信托计划不能参与网下新股申购，信托公司通过发行合集信托计划认购公募基金或基金专户，参与新股网下申购。

（二）定向增发

1. 定向增发概述

定向增发是指上市公司向特定对象非公开发行股票的一种再融资活动。《上市公司证券发行管理办法》第 3 条规定："上市公司发行证券，可以向不特定对象公开发行，也可以向特定对象非公开发行。"

上市公司向特定对象非公开发行股票，该特定对象须符合股东大会决议规定的条件，发行对象不得超过 10 名，如果发行对象为境外战略投资者，应经过国务院相关部门事先批准。

上市公司非公开发行股票，发行价格不低于定价基准日前 20 个交易日公司股票均价的 90%；本次发行的股份自发行结束之日起，12 个月内不得转让，控股股东、实际控制人及其控制的企业认购的股份，36 个月内不得转让；如果本次发行导致上市公司控制权发生变化的，还应当符合中国证监会的其他规定。

上市公司非公开发行募集资金的用途应当符合相关规定。第一，募集资金数额不得超过项目需求量；第二，募集资金用途符合国家产业政策和有关环境保护、土地管理等法律和行政法规的规定；第三，除金融类企业外，本次募集资金使用项目不得为持有交易性金融资产和可供出售的金融资产、借予他人、委托理财等财务性投资，不得直接或者间接投资于以买卖有价证券为主要业务的公司；第四，投资项目实施后，不会与控股股东或实际控制人产生同业竞争或影响公司生产经营的独立性；第五，建立募集资金专项存储制度，募集资金必须存放于公司董事会决定的专项账户。

2. 信托公司参与定向增发

根据《上市公司非公开发行股票实施细则》（2017 年修订）规定，信托公司作为发行对象，只能以自有资金认购。因此，信托产品不能作为定向增发的发行对象，不能直接参与上市公司定向增发业务。定向增发是信托公司重要的资本市场业务之一，信托公司主要以两种方式间接参与上市公司定向增发业务：①为私募投资基金等机构参与定向增发业务提供配资、估值清算等服务；②通过股票质押融资方式，为上市公司大股东及其关联方参与定向增发提供场外配资。

（三）二级市场交易

1. 基本交易规则

证券二级市场交易是指在证券交易所买卖上市交易的证券产品的交易行为，投资者通过证券产品的买卖差价来获利。已经发行的股票及其他证券产品经申请在交易所上市，就进入证券二级市场。投资者根据对证券市场行情的分析判断进行证券买卖，交易价格由市场供需关系来决定。根据我国相关法律法规和监管政策的规定，对于公司上市发行股票，其股东及关联方转让或交易本公司股份（股票）的行为进行了相应的锁定 。

根据《上海证券交易所交易规则》规定，股票、基金、债券、债券回购、权证以及证监会批准的其他交易品种可以在上海证券交易所挂牌交易。在证券交易所进行证券买卖的投资者需要开立证券账户和资金账户，并且需要通过具有交易所会员资格的证券经纪商进行证券买卖。上海证券交易所证券竞价交易采用集合竞价和连续竞价两种方式，并且按照价格优先和时间优先的原则进行撮合成交。如果上市交易的证券发生权益分派、公积金转增股本、配股等情形的，交易所对该证券进行除权除息处理；除权除息的时间为权益登记日（B 股为最后交易日）的次一交易日，除权除息参考价格公式为：［（前收盘价 - 现金红利）+配（新）股价格 × 流通股份变动比例］÷（1 + 流通股份变动比例）。

2. 交易价格涨跌幅制度

上海证券交易所对于股票和基金交易实行价格涨跌幅限制，具体涨跌幅比例为：一般为 10%，其中 ST 股票和 * ST 股票为 5%；对于首次公开发行上市的股票和封闭式基金、增发上市的股票、暂停上市后恢复上市的股票以及交易所认定的其他情形的，首个交易日无价格涨跌幅限制。对于没有涨跌幅限制的证券，集合竞价和连续竞价阶段的有效申报价格应当符合相应的规定。没有涨跌幅限制的证券的有效申报价格的具体规则为：（1）集合竞价阶段的股票交易的有效申报价格不高于前收盘价的 200%，并且不低于前收盘价的 50%；基金和债券交易有效申报价格不高于前收盘价的150%，并且不低于前收盘价的70%。（2）连续竞价阶段的有效申报价格不高于即时揭示的最低卖出价格的110%且不低于即时揭示的最高买入价格的90%，同时不高于上述最高申报价与最低申报价平均数的130%且不低于该平均数的70%；即时揭示中无买入申报价格的，即时揭示的最低卖出价格、最新成交价格中较低者视为上述最高买入价；即时揭示中无卖出申报价格的，即时揭示的最高买入价格、最新成交价格中较高者视为上述最低卖出价。

3. 大宗交易

大宗交易是指证券市场参与者基于其出售或购买证券的需求，由具有交易所会员资格的证券经纪商向交易所提出申请，并由证券交易所组织专场通过大宗交易系统采取协商、询价和投标等方式确定成交的证券交易方式。

根据《上海证券交易所交易规则》（2015 年修订），在本所进行的证券买卖符合以下条件的，可以采用大宗交易方式：（1）A 股单笔买卖申报数量应当不低于30 万股，或者交易金额不低于200 万元人民币；（2）B 股单笔买卖申报数量应当不低于30 万股，或者交易金额不低于20 万美元；（3）基金大宗交易的单笔买卖申报数量应当不低于200 万份，或者交易金额不低于200 万元；（4）债券及债券回购大宗交易的单笔买卖申报数量应当不低于1000 手，或者交易金额不低于100 万元。

（四）股指期货与衍生金融产品交易

股指期货全称为“股票价格指数期货”，是指以某种股票指数为基础资产的标准化期货合约。买卖双方交易的是一定时期后的股票指数价格水平。在合约到期后，股指期货通过现金结算差价的方式进行交割。股指期货是一种有效的资本市场对冲工具，中国金融期货交易所于2010 年4 月16 日推出的沪深300 指数期货，对于防范资本市场系统性风险，保障资本市场稳健运行发挥了重要作用。

证监会于2010 年4 月颁发了《证券投资基金参与股指期货交易指引》（证监会公告〔2010〕13 号），于2011 年5 月颁发《合格境外机构投资者参与股指期货交易指引》（证监会公告〔2011〕12 号）。至此，证券公司、基金管理公司、QFII 作为机构投资者正式被监管部门放行参与股指期货的交易。

信托公司作为专业的理财机构，需要通过股指期货交易业务来管理证券投资风险，提高资产配置效率，丰富自身的产品线，提升资产管理水平。为了鼓励信托公司积极尝试创新发展，银监会出台了《信托公司参与股指期货交易指引》，监管部门在准入资质、交易细则、信息披露、客户适应性调查等方面对信托公司参与股指期货交易作出详细规定。

（五）TOT 与伞型信托

1. TOT（信托之信托）

信托证券账户开户被禁之后，信托公司发行证券投资信托产品面临着制度约束，信托公司随之推出TOT创新产品。基本的模式设计为：信托公司设立集合资金信托计划募集信托资金，用于组合投资于已存续的证券投资信托产品。这样就间接介入证券市场投资，在一定程度上解决了证券账户被禁给信托公司证券信托业务所带来的制度瓶颈，同时也实现了信托业务的创新。

《信托公司集合资金信托计划管理办法》第26条第（五）项规定信托公司管理信托计划，不得将不同信托财产进行相互交易。如果信托公司开发TOT产品，用来购买本公司发行的证券信托产品，是否触及“不得将不同信托财产进行相互交易”的监管规定是一个值得讨论的问题，笔者认为TOT产品购买本公司发行的证券信托产品即是将本公司管理的不同信托计划的信托财产进行相互交易，应为监管法规所禁止。

TOT产品是信托公司应对证券账户开户被禁所造成的对证券投资信托业务的影响而创设的产品新类型，当然该种模式也可推广到其他业务领域，即TOT产品所募集的信托资金不仅投向证券信托产品，也可组合投向诸如房地产、基础设施等其他信托业务领域。

2. 伞形信托

伞形证券投资信托也是信托公司为了应对证券账户开户被禁后所产生的账户短缺问题而开发的创新性证券投资产品。具体操作模式为：在信托计划下设不同的投资组合，每个投资组合均为独立交易、单独核算。由于每个投资组合的独立交易和核算，从而使得在交易指令的发送、净值核算、费用分摊与分割等方面的操作都更加复杂化，因此信托公司在内部操作指引中会对单个投资组合的规模和数量、合作券商的资质和数量、投资范围等都做出相应的规范。鉴于该类业务的上述特点，信托公司一般都是禁止各投资组合进行新股申购、新债申购、国债回购等需要单一证券账户的各类投资。

信托公司需要对各投资组合在估值系统中单独建立分组单元账套，设置有关费率参数，进行单独估值，并且需要与保管银行的日常估值对账工作。由于存在多个投资组合共用一个证券账户的情况，因此在股票分红派息时，会出现不同单元购买同一只股票而导致分配偏差的问题。这些问题如果发生，并且交易系统无法自动正确分配，则信托公司应当安排专人根据上市公司分红派息数据，按照各个投资组合之间的持股比例计算各投资组合应分配的红利股息，并通过手工在估值系统中进行记账。

第三节 证券投资业务操作规范

一、信托公司证券投资业务市场准入

信托公司证券投资类业务涉及的交易主体包括：受托人（信托公司）、第三方投资顾问、保管人，如果是通过券商集合资产管理计划（或定向资产管理业务）或基金公司的专户理财进行证券市场投资的，则涉及的主体还包括证券公司或基金管理公司。在结构化证券投资业务中，第三方投资顾问一般作为劣后信托受益人，以其所持有的劣后信托受益权项下的信托资金为优先级信托受益人提供信用增级。

（一）信托公司资质

1. 完善的公司治理结构、内部控制和风险管理机制；

2. 为证券投资信托业务配备相适应的专业人员，直接从事证券投资信托的人员5人以上，其中至少3名具备3年以上从事证券投资业务经历；

3. 建立前中后台分开的业务操作流程；

4. 具有满足证券投资信托业务需要的IT系统；

5. 固有资产状况和流动性良好，符合监管要求；

6. 最近1年没有因违法违规行为受到行政处罚。

（二）信托财产保管人资质

1. 具有独立的资产托管业务部门，配备熟悉证券投资信托业务的专业人员；

2. 有保管信托财产的条件；

3. 有安全高效的清算、交割和估值系统；

4. 有满足保管业务需要的场所、配备独立的监控系统。

证券投资信托财产保管人应当履行的职责包括：（1）安全保管信托财产；（2）监督和检查信托财产管理运用是否符合法律法规规定和合同约定；（3）复核信托公司核算的信托单费用净值和信托财产清算报告；（4）监督和核实信托公司报酬和费用的计提和支付；（5）核实信托利益分配方案；（6）对信托资金管理定期报告和信托资金运用及收益情况表出具意见；（7）定期向信托公司出具保管报告，由信托公司提供给委托人。

（三）第三方顾问资质

1. 依法设立的公司或合伙企业，没有重大违规违法记录；

2. 实收资本不低于人民币1000万元 ；

3. 有合格的证券投资管理和研究团队，团队主要成员通过证券业从业资格考试，从业经验不少于3年，且在业内具有良好的声誉，无不良从业记录，并有可追

溯的证券投资管理业绩证明；

4. 有健全的业务管理制度、风险控制体系，有规范的后台管理制度和业务流程；

5. 有固定的营业场所和所从事业务相适应的软硬件设施；

6. 与信托公司没有关联关系。

信托公司应当就第三方顾问的管理团队基本情况、从业记录和过往业绩等开展尽职调查，并在信托文件中载明有关内容。信托公司应当制定第三方顾问选聘规程，并向中国银监会或其派出机构报告。

二、投资与风险管理制度

（一）健全的风险管理制度

信托公司应当根据自身的特点为证券投资信托业务的开展制定发展战略、业务流程和风险管理制度，并报董事会批准。

风险管理制度：包括但不限于投资管理、授权管理、营销推介管理、委托人风险适应性调查、证券交易经纪商的选择、合规审查管理、市场风险管理、操作风险管理、IT 系统和信息安全、估值与核算、信息披露管理等。

防火墙：信托公司应当将证券投资信托业务与固有财产证券投资业务建立严格的防火墙制度，实施人员、操作和信息的独立运作，严格禁止各种形式的利益输送。

（二）投资管理制度

1. 产品推介与风险披露

信托公司应当对委托人进行证券投资信托业务的风险适应性调查，了解委托人的需求和风险偏好，向其推介适宜的证券投资信托产品，并保存相关记录。信托公司应当制作详尽的证券投资产品推介计划书，并制定统一的推介流程，对推介人员进行上岗前培训。推介人员应当充分揭示证券投资信托产品的风险，并保留推介人员的相关推介记录。

信托公司开发证券投资信托产品，应当具备明确的风险收益特征。为了便于委托人甄别风险，信托公司应当对证券投资信托产品的风险收益特征进行详尽易懂的描述。同时申明：信托公司、证券投资信托业务人员等相关机构和人员的过往业绩不代表该信托产品未来运作的实际效果。

2. 投资操作

信托公司对信托经理的投资权限进行书面授权，并监督信托经理严格按照信托合同约定的投资方向、投资策略和相应的投资权限运作证券投资信托产品。信托公司应当亲自处理证券投资信托实务，自主决策，并亲自履行向证券交易经纪机构下达交易指令的义务，不得将投资管理职责委托他人行使。如果信托公司聘请投资顾问，投资顾问不得代为实施投资决策。

信托文件中应当明确约定信托资金投资方向、投资策略、投资比例限制等内容，明确约定是否设置止损线和设置原则。约定设置止损线的，应当明确止损的具体条件和操作方式等事项。信托公司应当根据市场情况以及不同业务的特点，确定适当的预警线，并逐日盯市。如果设置止损线的，应当根据盯市结果和信托文件约定及时采取应对措施。具体的预警线价格和止损线价格根据信托公司内部的相关操作指引进行设置。

3. 相关费用

信托公司的业务佣金可以采取收取管理费和业绩报酬的收费模式，具体收取比例应当在信托文件中约定，信托公司不得收取除管理费和业绩报酬之外的任何其他费用。基本管理费可以在信托成立时收取，但是业绩报酬只有在信托计划终止且盈利时才能提取。信托公司聘请第三方顾问的费用从管理费和业绩报酬中支取。

（三）信息披露

1. 证券投资信托成立后 10 个工作日内，信托公司应当向监管部门报告，报告的内容包括但不限于：可行性研究报告、信托文件、风险申明数、信托资金运用方向和投资策略、主要风险及风险管理措施说明、信托资金管理报告主要内容及格式、推介方案及主要推介内容、证券投资信托团队简介及人员简历等内容。

2. 披露信托单位净值：（1）至少每周一次在公司网站公布信托单位净值；（2）至少每 30 日一次向委托人、受益人寄送信托单位净值书面材料；（3）随时应对委托人、受益人要求披露上一个交易日信托单位净值。

3. 发生《信托公司证券投资信托业务操作指引》第 17 条情形时，信托公司应当在 2 个工作日内编制临时报告向委托人、受益人披露，并向监管机关报告。

禁止性规定：（1）以任何方式承诺信托资金不受损失，或者以任何方式承诺信托资金的最低收益；（2）为证券投资信托产品设定预期收益率；（3）不公平地对待其管理的不同证券投资信托；（4）利用所管理的信托财产为信托公司或者委托人、受益人之外的第三方牟取不正当利益或利益输送；（5）从事内幕交易、操纵证券交易价格及其他违法违规证券活动。

（四）结构化证券投资信托业务

1. 明确证券投资的品种范围和投资比例：信托公司可以根据各类证券投资品种的流动性差异设置不同的投资比例限制，但单个信托产品持有一家公司发行的股票最高不得超过该信托产品资产净值的 20%。

2. 科学合理地设置止损线：止损线的设置应当参考受益权分层结构的资金配比，经过严格的压力测试，能够在一定程度上防范优先受益权受到损失的风险。

3. 配备足够的证券交易操作人员并逐日盯市：当结构化证券投资信托产品净值跌至止损线或以下时，应按照信托合同的约定进行平仓处理。

三、证券投资信托业务专用账户管理

银监会和证监会于2004年9月10日颁发了《关于信托投资公司开设信托专用证券账户和信托专用资金账户有关问题的通知》（银监发〔2004〕61号）。信托公司开展证券投资信托业务时，应当单独开设信托专用证券账户和信托专用资金账户。信托公司应当按照《中国证券登记结算有限责任公司证券账户管理规则》的规定，以信托公司的名义申请开设信托专用证券账户，证券账户名称为“信托公司全称+信托产品名称”，同一个信托公司开设的证券账户之间遵守《证券法》第71条的规定。信托公司申请在证券公司开设信托专用资金账户，信托专用资金账户名称为“信托公司全称+信托产品名称”。

信托终止时，信托公司应当及时将信托专用证券账户中的证券资产予以变现，并及时到中国证券登记结算有限责任公司和证券公司办理信托专用证券账户和信托专用资金账户注销手续，并妥善保存账户的全部会计资料。

信托公司开立信托专用证券账户时，应当提供设立信托的证明文件及复印件和《中国证券登记结算有限责任公司证券账户管理规则》要求提交必要的开户资料；信托公司在证券公司开设信托专用资金账户时，应当提供设立信托的证明文件及复印件。中国证券登记结算有限责任公司和证券公司受理开设信托专用证券账户和信托专用资金账户后，应当为信托当事人保密，并配合信托公司接受委托人和受益人对其信托资金的检查、查询，配合监管部门对专用账户的检查和查询。

由于信托公司没有以审慎的态度开设信托专用证券账户，从而对新股发行制度改革造成损害，证监会和中国证券登记结算公司暂停了信托产品开设证券投资股东账户，中国银监会为此发布了《关于信托公司信托产品专用证券账户有关事项风险提示的通知》。该《通知》要求信托公司应当对现有信托产品证券投资账户进行筛查，对已经清算结束信托产品证券投资账户按照有关规定及时销户，存在应销未销账户的信托公司不得再申请新开信托产品证券投资账户；信托公司不得将一个信托产品拆分后申请开立多个证券账户，不得利用其他信托产品开立证券投资账户进行证券投资，不得将已清算但未销户信托产品证券账户重新启用。

四、其他相关监管政策

（一）银监办通〔2004〕265号

银监会办公厅《关于规范信托投资公司证券业务经营与管理有关问题的通知》规定：

1. 委托人约定信托公司单独管理和运用信托资金的，信托公司应当按照一个信托文件设置一个账户的原则，为该信托资金开立单独账户；委托人约定信托公司按照某一集合信托计划管理运用信托资金的，信托公司应当按照一个计划设置一个账户的原则为该信托计划开立单独账户。信托公司应当将开立账户的情况及时向委托人、受益人进行披露，并将开立信托专用证券账户和信托专用资金账户的情况向监管部门报告。对原证券业务逾期未开立专户的，应当报告未开立的原因和事由。

2. 信托公司应当建立和完善公司治理和内控机制，增强内审部门的独立性和有效性，切实防止控股股东和实际控制人的干预，提高证券投资业务人员的管理水平，形成证券投资的科学决策机制和长效机制；信托公司应当遵循组合投资和分散风险的原则，必须事前制定投资比例和投资策略，确立风险止损点。

3. 信托公司运用固有资金从事证券投资时，其投资于上市流通的股票、企业债和证券投资基金的日均市值总余额之和不得超过净资产的50%（含）。

（二）银监办发〔2008〕265号

中国银监会办公厅《关于加强信托公司房地产、证券业务监管有关问题的通知》规定：

1. 信托公司要继续严格执行银监通〔2007〕1号和银监办通〔2004〕265号文等规定，合规审慎开展证券投资业务。在开展证券投资信托业务时，应遵循组合投资、分散风险的原则，必须事前在信托文件中制订投资范围、投资比例、投资策略、投资程序及相应的投资权限，确立风险止损点，并在信托文件中约定信托管理期间如改变投资策略及相关内容时，是否需征得委托人、受益人同意及向委托人、受益人的报告方式。

2. 信托公司要严格控制仓位，实时监控净值及敞口风险，密切关注经济形式和证券市场的具体变化情况，及时调整投资策略，保持投资的灵活性。要认真制定业务应急预案，并保证各项处理方案在紧急情况下的顺利实施，以防范各种可能的风险。

（三）银监办发〔2016〕58号

中国银监会办公厅《关于进一步加强信托公司风险监管工作的意见》对股票投资信托产品的杠杆比例进行限制，明确规定优先级受益人与劣后级受益人投资资金配置比例原则上不超过1∶1，最高不超过2∶1，不得变相放大劣后级受益人的杠杆比例。

第四节　股指期货交易操作规范

一、期货市场

（一）期货概述

期货是由期货交易所统一制定的，规定在未来特定时间和地点交割一定数量和质量标的物的标准化远期合约。期货是与现货相对应的，现货交易也就是我们所说的“一手交钱、一手交货”型交易，而期货交易则是即时买卖、远期交割型交易。期货交易的标的物既可以是诸如钢材、粮食等大宗商品，也可以是股票、利率、汇率、金融指数等虚拟化金融产品。

我国现在的期货交易市场主要有上海期货交易所、中国金融期货交易所、郑州商品交易所、大连商品交易所。目前在上海期货交易所上市交易的有黄金、白银、铜、铝、锌、铅、镍、锡、螺纹钢、线材、燃料油、天然橡胶、热轧卷板、沥青14种期货合约；在中国金融期货交易所上市交易的主要有沪深300股指期货、中证500股指期货、上证50股指期货、5年期国债期货、10年期国债期货5个品种；在郑州商品交易所上市交易的有动力煤、PTA、甲醇、玻璃、钛合金、白糖、棉花及面纱、水稻（早籼稻、晚籼稻、粳稻）、苹果、菜籽粕及油菜籽、菜籽油等品种；在大连商品交易所上市交易的有玉米、玉米淀粉、黄大豆1号、大豆2号、豆粕、豆油、棕榈油、纤维板、胶合板、鸡蛋、豆粕期权、聚乙烯、聚氯乙烯、聚丙烯、焦炭、焦煤、铁矿石等品种。

（二）股指期货

股指期货是以股价指数为交易标的物的标准化期货合约。我国目前股指期货交易品种就是于2010年2月推出，并于2010年4月正式上市交易的沪深300股指期货合约。沪深300指数是中证指数有限公司在上海证券交易所和深圳证券交易所中选取的300只A股作为样本编制而成的成分股指数。沪深300指数样本覆盖了沪深市场6成左右的市直，具有很好的市场代表性。目前中国金融期货交易所的上市品种除了沪深300股指期货之外，还有中证500股指期货、上证50股指期货、5年期国债期货、10年期国债期货。

中国金融期货交易所是期货合约和期权合约的公开交易场所，是由上海期货交易所、郑州商品交易所、大连商品交易所、上海证券交易所和深圳证券交易所共同发起设立。中国金融期货交易所我国首家金融衍生品交易所，目前已经推出沪深300指数期货，并在积极深入研究和筹划股指期权、国债外汇期货及外汇期权等金融衍生产品。

沪深300指数期货合约表

合约标的	沪深300指数
合约乘数	每点300元
报价单位	指数点
最小变动价位	0.2点
合约月份	当月、下月及随后两个季月（季月指3、6、9、12月）
交易时间	上午：9:30-11:30，下午：13:00-15:00
每日价格最大波动限制	上一个交易日结算价的±10%
最低交易保证金	合约价值的8%
最后交易日	合约到期月份的第三个周五，遇国家法定假日顺延
交割日期	同最后交易日
交割方式	现金交割
交易代码	IF
上市交易所	中国金融期货交易所

二、中国金融期货交易所交易规则

（一）会员管理制度

中国金融期货交易所实行会员管理制度，交易所会员是有权在交易所从事交易或者结算业务的企业法人或者其他经济组织。中国金融期货交易所的会员分为交易结算会员、全面结算会员、特别结算会员和交易会员。

中国金融期货交易所实行会员分级结算制度。交易会员、交易结算会员、全面结算会员具有在交易所进行交易的资格；交易结算会员、全面结算会员和特别结算会员具有与交易所进行结算的资格；交易会员可以从事经纪或者自营业务，不具有与交易所进行结算的资格。

1. 交易会员

交易会员可以在交易所进行期货交易，不具有与交易所进行结算的资格。申请中国金融期货交易所交易会员资格应当符合《中国金融期货交易所会员管理办法》（2013年修订）第7条规定的条件，期货公司申请交易会员资格，还应取得金融期货经纪业务资格并且最近一次的期货公司分类评价结果达到C类及以上，非期货公司申请交易会员资格，应当为依法核准登记的金融机构。在交易所发出会员资格批准通知之日起30个工作日内，申请单位应当与交易所签署《中国金融期货交易所交易会员协议》，并办理相关手续，逾期未办理的，视为放弃申请会员资格。申请单位办理完毕相关手续后，即取得交易会员资格，以及交易所制发的会员证书。

2. 结算会员

结算会员可以从事结算业务，具有与中国金融期货交易所进行结算的资格，具体可以分为：交易结算会员、全面结算会员、特别结算会员。

交易结算会员只能为其受托客户办理结算、交割业务，全面结算会员既可以为其受托客户也可以为与其签订结算协议的交易会员办理结算、交割业务，特别结算会员只能为与其签订结算协议的交易会员办理结算、交割业务。

在交易所发出会员资格批准通知之日起 30 个工作日内，申请单位应当：（1）签署《中国金融期货交易所结算会员协议》；（2）按照交易所规定开设专用资金账户和结算担保金专用账户；（3）缴纳结算担保金；（4）办理有关人员的授权手续；（5）交易所规定应当办理的其他事项。申请单位逾期未办理的，视为放弃申请会员资格。申请单位办理完毕相关手续后，即取得结算会员资格，以及交易所制发的会员证书。

（二）风险控制制度

1. 保证金制度

中国金融期货交易所实行保证金制度。保证金分为结算准备金和交易保证金。交易所在出现下列情形之一时可以根据市场风险状况调整交易保证金标准，并向中国证监会报告：①期货交易出现涨跌停板单边无连续报价；②遇国家法定长假；③交易所认为市场风险明显变化；④交易所认为必要的其他情形。

2. 价格限制制度

中国金融期货交易所实行熔断制度和涨跌停板制度。沪深 300 股指期货、中证 500 股指期货、上证 50 股指期货等 3 只股指期货合约每日价格最大波动限制为上一交易日结算价的 ±10%，5 年期国债期货每日价格最大波动限制为上一交易日结算价的 ±1.2%，10 期国债期货每日价格最大波动限制为上一交易日结算价的 ±2%。

3. 持仓限额制度

交易所实行持仓限额制度。持仓限额是指交易所规定的会员或者客户持仓的最大数量。会员或者客户的套期保值、套利交易的持仓按照交易所有关规定执行。

4. 大户持仓报告制度

交易所实行大户持仓报告制度。会员或者客户持仓达到交易所规定的持仓报告标准或者被交易所指定必须报告的，会员或者客户应当向交易所报告。客户未报告的，会员应当向交易所报告。交易所可以根据市场风险状况，指定并调整持仓报告标准。

5. 强行平仓制度

强行平仓是指交易所按照有关规定对会员、客户持仓实行平仓的一种强制措施。强行平仓的情形包括：①结算会员结算准备金余额小于零，且未能在第一节结束前补足；②客户、从事自营业务的会员持仓超出持仓限额标准，且未能在第一节结束前平仓；③因违规、违约受到交易所强行平仓处理；④根据交易所的紧急措施应当予以强行平仓；⑤交易所规定应当予以强行平仓的其他情形。

6. 强行减仓制度

强制减仓是指交易所将当日以涨跌停板价格申报的未成交平仓保单，以当日涨跌停板价格与该合约净持仓盈利客户按照持仓比例自动撮合成交。

7. 结算担保金制度

结算担保金是指由结算会员依照交易所规定缴存的，用于应对结算会员违约风险的共同担保资金，分为基础结算担保金和变动结算担保金。

（1）基础结算担保金

基础结算担保金是指结算会员参与交易所结算交割业务必须缴纳的最低结算担保金数额，其中交易结算会员为1000万元，全面结算会员为2000万元，特别结算会员为3000万元。

（2）变动结算担保金

变动结算担保金是指结算会员结算担保金中超出基础结算担保金的部分，随结算会员业务量的变化而调整。

交易所每季度首个交易日确定本季度全市场的结算担保金基数，作为计算各结算会员应当分担的结算担保金的依据。结算会员本季度应当分担的结算担保金＝结算担保金基数×（20%×该会员上一季度日均成交金额/全市场上一季度日均成交金额＋80%×该会员上一季度日均交易保证金/全市场上一季度日均交易保证金）。

结算会员应当分担的结算担保金数额与其基础结算担保金数额取大者，作为结算会员本季度应当缴纳的结算担保金额。

8. 风险警示制度

风险警示措施包括单独或同时采取要求会员和客户报告情况、谈话提醒、书面警示、发布风险警示公告等。

出现如下情形之一的，交易所有权约见会员或客户谈话提醒风险或者要求会员或者客户报告情况：①期货价格出现异常；②会员或者客户交易异常；③会员或者客户持仓异常；④会员资金异常；⑤会员或者客户涉嫌违规、违约；⑥交易所接到涉及会员或者客户的投诉；⑦会员涉及司法调查；⑧交易所认定的其他情况。

交易所通过情况报告和谈话，发现会员或者客户有违规嫌疑、交易头寸有较大风险的，有权对会员或者客户发出《风险警示函》。

出现下列情形之一的，交易所有权发出风险警示公告，向全体会员和客户警示风险：①期货价格出现异常；②期货价格和现货价格出现较大差距；③会员或者客户涉嫌违规、违约；④会员或者客户交易存在较大风险；⑤交易所认定的其他情形。

（三）套期保值与套利交易

1. 交易管理

套期保值包括买入套期保值和卖出套期保值。买入套期保值或者卖出套期保值；套利交易包括期现套利、跨期套利、跨品种套利。

2. 额度管理

交易所实行套期保值、套利保值额度管理制度，套期保值、套利保值额度分为产品额度和临近交割月份合约额度：

（1）产品额度是指同一产品各合约同一方向的套期保值或者套利最大持仓数量；需要进行套期保值、套利交易的，应当申请产品额度；产品额度自获批之日起12个月内有效。

（2）临近交割月份合约额度是指采用实物交割方式产品的某一合约在临近交割月份某一方向的套期保值或者套利最大持仓数量；采取实物交割方式的产品，需要在临近交割月份的合约上进行套期保值、套利交易的，应当另行申请临近交割月份合约额度；临近交割月份合约额度自该合约交割月前一个月下旬的第一个交易日至该合约最后交易日期间有效。

（四）股指期货投资者适当性制度

根据《金融期货投资者适当性制度实施办法》（2017年修订）的规定，向期货公司会员申请开立交易编码的自然人投资者应当符合适当性标准的要求，具体包括：①申请开户前连续5个交易日保证金账户可用资金余额不低于人民币50万元；②具备金融期货基础知识，并通过相关测试；③具有累计10个交易日、20笔以上（含）金融期货仿真交易成交记录，或者最近3年内具有10笔以上（含）的期货交易成交记录；④不存在严重不良诚信记录，不存在法律、行政法规、规章和交易所业务规则禁止或者限制从事金融期货交易的情形。

向期货公司会员申请开立交易编码的一般单位客户应当符合适当性标准的要求，具体包括：①申请开户前连续5个交易日保证金账户可用资金余额不低于人民币50万元；②相关业务人员具备金融期货基础知识，并通过相关测试；③具有累计10个交易日、20笔以上（含）金融期货仿真交易成交记录，或者最近3年内具有10笔以上（含）的期货交易成交记录；④不存在严重不良诚信记录，不存在法律、行政法规、规章和交易所业务规则禁止或者限制从事金融期货交易的情形；⑤具有参与金融期货交易的内部控制、风险管理等相关制度。期货公司会员为其他经济组织申请开立交易编码的，参照本标准执行。

期货公司会员可以为如下特殊单位客户申请开立交易编码：证券公司、基金管理公司、信托公司、银行和其他金融机构以及社会保障类公司、合格境外机构投资者等法律、行政法规和规章规定的需要资产分户管理的单位客户，以及交易所认定的其他单位客户。

《金融期货投资者适当性制度操作指引》（2017 年修订）从可用资金、知识测试、交易经历、一般单位客户的特殊要求、其他要求等方面对金融期货投资者适当性标准提出了具体的操作要求。

三、信托公司股指期货交易市场准入

（一）信托公司资质

信托公司直接或者间接参与股指期货交易，应当经银监会批准并取得股指期货交易业务资格。信托公司申请开展股指期货交易业务资格应当具备如下条件：

1. 最近年度监管评级达到 3C 级及以上。如果申请开展以投机为目的的股指期货交易，最近年度的监管评级应为 2C 级及以上，并且已开展套期保值或套利业务 1 年以上。

2. 具有完善有效的股指期货交易内部控制制度和风险管理制度。

3. 具有接受相关期货交易技能专门培训半年以上，通过期货从业资格考试、从事相关期货交易 1 年以上的交易人员至少 2 名，相关风险分析和管理人员至少 1 名，熟悉套期会计操作程序和制度规范的人员至少 1 名，以上人员相互之间不得兼任，且无不良记录。期货交易业务主管人员应具备 2 年以上直接参与期货交易活动或风险管理的资历，且无不良记录。

4. IT 系统的要求：具备可靠、稳定、高效的股指期货交易管理系统及股指期货估值系统，能够满足股指期货交易及估值的需要；具备风险控制系统和风险控制模块，能够实现对股指期货交易的实时监控；将股指期货交易系统纳入风险控制指标动态监控系统，确保各项风险控制指标符合规定标准；信托公司与其合作的期货公司 IT 系统至少铺设一条专线连接，并建立备份通道。

5. 具有从事交易所需要的营业场所、安全防范设施和其他相关设施。

6. 具有严格的业务分离制度，确保套期保值类业务与非套期保值类业务的市场信息、风险管理、损益核算有效隔离。

7. 银监会规定的其他条件。

（二）期货公司的资质

信托公司开展股指期货交易业务，可以选择期货公司进行合作，但该期货公司应当具备如下条件：

1. 按照中国金融期货交易所会员分级制度，具备全面结算会员或者交易结算会员资格。

2. 最近年度监管评级达到 B 级（含）以上。

3. 具备二类及以上的技术资格。

4. 有与业务规模相匹配的风险准备金余额。

（三）投资顾问

信托公司开展股指期货交易应当遵循自主管理原则，亲自处理信托事务，自主进行投资决策。信托公司也可以在信托文件中约定聘请投资顾问，但投资顾问应当具备以下条件：

1. 依法设立，没有重大违法违规记录。

2. 实收资本金不低于1000万元人民币。

3. 有合格的股指期货投资管理和研究团队，团队主要成员通过证券、期货从业资格考试，在业内具有良好的声誉，无不良从业记录，并有可追溯的证券或期货投资管理业绩证明。

4. 有健全的业务管理制度、风险控制体系、规范的后台管理制度和业务流程。有固定的营业场所和与所从事业务相适应的软硬件设施。

5. 其他条件。

四、信托公司股指期货交易业务规则

根据《信托公司参与股指期货交易业务指引》的规定，信托公司固有业务不得参与股指期货交易，集合信托业务可以以套期保值和套利为目的参与股指期货交易，单一信托业务可以以套期保值、套利和投机为目的开展股指期货交易。如果信托公司已经开展的信托业务未明确约定可以参与股指期货交易的，不得投资股指期货，但可以通过召开受益人大会或取得委托人（受益人）的同意，变更信托合同约定投资股指期货，并对后续事项做出合理安排。

信托公司以套期保值、套利为目的的参与股指期货交易，应当制定详细的套期保值、套利方案。套期保值方案中应当明确套期保值工具、对象、规模、期限以及有效性等内容；套利方案中应当明确套利工具、对象、规模、套利方法、风险控制方法等内容。风险管理部门应当对套期保值或套利交易的可行性、有效性进行充分研究、及时评估、实时监控并督促信托业务部门及时调整风险敞口，确保套期保值或套利交易的可行性与有效性。

（一）集合信托计划参与股指期货交易规则

1. 参与套期保值交易时，在任何交易日日终持有的卖出股指期货合约价值总额不得超过集合信托计划持有的权益类证券总市值的20%；在任何交易日日终持有的买入股指期货合约价值总额不得超过信托资产净值的10%。

2. 参与股指期货交易须符合交易所相关规则。

3. 参与股指期货交易时，在任何交易日日终所持有的权益类证券市值和买入股指期货合约价值总额的合计价值，应当符合信托文件关于权益类证券投资比例的有关约定。

4. 银信合作业务应当作为集合信托计划管理。

5. 结构化集合信托计划不得参与股指期货交易。

（二）单一信托参与股指期货交易规则

信托公司单一信托参与股指期货交易，在任何交易日日终持有股指期货的风险敞口不得超过信托资产净值的80%，并符合交易所相关规则。

信托公司以集合信托计划或单一信托业务进行股指期货交易，如果因为证券市场波动、信托规模变动等信托公司之外的原因致使股指期货投资比例不符合规定的，在该情形发生之日起2个工作日内，信托公司应当向银监局或属地银监局报告，并应当在10个工作日内调整完毕，调整完毕后2个工作日内应当再次向银监会或属地银监局报告。

（三）禁止行为

1. 以任何方式承诺信托资金不受损失，或者以任何方式承诺信托资金的最低收益；

2. 为股指期货信托产品设定预期收益率；

3. 利用所管理的信托财产为信托公司，或者为委托人、受益人之外的第三方谋取不正当利益或进行利益输送；

4. 从事内幕交易、操纵股指期货价格及其他违法违规活动；

5. 法律法规和中国银监会、中国金融期货交易所及其他监管机构禁止的其他行为。

（四）信息披露

信托公司参与股指期货交易，应当履行及时、准确、完整的信息披露义务，按期公布信托资产管理报告。信托公司在信托资产管理报告中应详细披露投资目的、持仓情况、损益情况等，并应当说明投资股指期货对信托资产总体风险影响情况及是否符合既定的投资目的。

第七章

受托境外理财业务法律实务

第一节　概　述

一、概述

受托境外理财业务（QDII：Qualified Domestic Institutional Investors）是指在我国境内设立，经国内相关主管部门批准，有控制地允许境内机构投资境外资本市场的股票、债券等有价证券投资的一种理财业务。投资者将其持有的人民币或外币资产直接交付受托人，由受托人代为进行国外资本市场投资。总之，受托境外理财业务拓宽了国内投资者的投资渠道，使得国内的合格投资者能够实现金融资产在全球范围内的配置。

受托境外理财产品与其他金融产品一样，是收益与风险并存的理财产品，因此投资者应当具有相应的风险识别能力和风险承受能力。受托境外理财产品主要存在市场风险、汇率风险、流动性风险、信用风险、合规性风险，尤其需要注意的是其中的市场风险和汇率风险。受托境外理财产品投资于境外资本市场，境外资本市场的表现直接决定了受托境外理财产品的投资收益。为了最大限度地降低市场风险，取得投资收益的最大化，受托人和投资管理人应当加强境外资本市场的研究，合理配置投资资产。受托境外理财产品需要进行外汇结算，由于人民币在近年的持续升值，在一定程度上加大了受托境外理财业务的汇率风险。人民币的升值直接影响投资人的投资收益，并且可能因为人民币升值幅度过大而使得受托境外理财出现亏损。

二、受托境外理财市场

受托境外理财市场目前主要由商业银行、保险公司、证券与基金公司、信托公司四类金融机构组成，但是该四类金融机构运作受托境外理财的特点各不相同，具体如下：

1. 保险公司受托境外理财业务

主要投资运作于全球资本市场的是自己的海外资产，一般情况下不对个人投资者开放，其委托人包括在中国境内依法设立的保险公司、保险集团公司、保险控股公司等保险机构。保监会于2007年颁发《保险资金境外投资管理暂行办法》，对保险公司运用自有外汇或购汇进行境外投资进行规范。

2. 商业银行受托境外理财业务

商业银行受托境外理财业务的投资范围相对较窄，业务风险也相对较为适中；在2007年银监会颁发《关于调整商业银行代客境外理财业务境外投资范围的通知》之前，只能投资境外固定收益类产品，但是该《通知》的发布拓宽了投资范围，QDII理财产品可以投资境外股票，在放大风险的同时，也大幅提高了收益。目前商业银行该类业务的主要规范依据为《商业银行开办代客境外理财业务管理暂行办法》（银发〔2006〕121号）和《中国银行业监督管理委员会办公厅关于商业银行开展代客境外理财业务有关问题的通知》（银监办发〔2006〕164号）。

3. 证券与基金公司受托境外理财业务

证券公司与基金公司的合格境内投资者境外证券投资的投资范围很广，基本上不受什么限制，甚至可以将全部资金投资于境外股票，其风险相对来说较银行系统QDII高得多。证监会于2007年颁发《合格境内机构投资者境外证券投资管理办法》，对境内机构投资者资格条件和审批程序、境外投资顾问、资产托管、资金募集、投资运作、信息披露、额度和资金管理等方面进行规范；《关于实施〈合格境内机构投资者境外证券投资管理试行办法〉有关问题的通知》（证监发〔2007〕81号）则进一步明确了合格境内机构投资者境外证券投资的方式和范围。

4. 信托公司受托境外理财业务

监管部门支持并鼓励信托公司审慎开展的创新类信托业务。境内机构或居民个人（委托人）将合法所有资金委托给信托公司设立信托，信托公司以自己的名义按照信托文件约定的方式在境外进行规定的金融产品投资和资产管理的经营活动。根据《信托公司受托境外理财业务管理暂行办法》《关于调整信托公司受托境外理财业务境外投资范围的通知》规定，信托公司受托境外理财业务的投资范围相对较广。

三、QDII外汇管理制度

（一）合格境内机构投资者

根据国家外汇管理局《合格境内机构投资者境外证券投资外汇管理规定》，商业银行、证券公司、基金管理公司、保险机构、信托公司等经相关部门批准或许可开展境外证券等投资的境内机构为合格境内机构投资者。除银行自有资金境外运用外，合格境内机构投资者可以自有资金或募集境内机构和个人资金，投资于法规及相关部门允许的境外市场及产品。

（二）投资额度

合格境内机构投资者开展境外投资，应当取得国家外汇管理局批准的投资额度；国家外汇管理局对投资额度实行余额管理，合格境内机构投资者境外投资净汇出额（含外汇及人民币资金）不得超过经批准的投资额度。已经取得投资额度的合格境内机构投资者，如果两年内未能有效使用投资额度，国家外汇管理局有权对其投资额度进行调减。合格境内机构投资者不得转让或转卖投资额度。

（三）账户管理

1. 境内托管账户

合格境内机构投资者进行境外投资的，应当委托境内具有相关业务资格的商业银行或其他金融机构作为境内托管人；合格境内机构投资者可以凭国家外汇管理局投资额度批准文件，根据募集及汇出入资金币种等需要，选择开立境内外汇托管账户及境内人民币托管账户。

2. 境外托管账户

境内托管人应在境外托管人处为合格境内机构投资者相关产品开立境外托管账户，该境外托管账户收支范围仅限与境内托管账户之间的资金划转以及合格境内机构投资者境外投资项下的相关收支。

3. 其他账户

合格境内机构投资者募集境内机构和个人资金进行投资的，可以为其产品开立募集资金专用账户和清算账户；通过直销和代销方式募集境内机构和个人资金的，合格境内机构投资者可以开立产品的直销和代销账户。上述账户如果涉及外汇收支的，合格境内机构投资者可持国家外汇管理局投资额度批准文件开立相应的外汇账户：募集资金专用外汇账户、外汇清算账户、直销和代销外汇账户。

（四）汇兑管理

合格境内机构投资者可以分别通过境内外汇托管账户和境内人民币托管账户以外汇或人民币形式汇出入境外投资资金；涉及购汇及境内外汇划转的，合格境内机构投资者可凭国家外汇管理局投资额度批准文件到境内商业银行办理。

合格境内机构投资者的境外投资本金及收益，可以外汇或人民币形式汇回；以外汇形式汇回的投资本金和收益，可以外汇形式保留或划转至境内机构和个人外汇账户，也可以结汇划转至其境内人民币托管账户。合格境内机构投资者可凭国家外汇管理局投资额度批准文件到银行办理相关资金结汇及划转手续。

第二节 金融机构受托境外理财（QDII）业务

一、保险资金境外投资业务

（一）业务主体

保险资金境外投资业务运作的是保险公司在海外的资产，即保险公司自有外汇资金、用人民币购买的外汇资金及上述资金境外投资形成的资产。保险资金境外投资当事人包括委托人、受托人和托管人。委托人是指在中国境内依法设立的保险公司、保险集团公司、保险控股公司等保险机构；受托人包括境内受托人和境外受托人，境内受托人是指在中国境内依法设立的保险资产管理公司以及符合保监会规定条件的境内其他专业投资管理机构，境外受托人是指在中国境外依法设立的并经保监会认可的专业投资管理机构；托管人是指在中国境内依法设立的符合保监会规定条件的商业银行和其他金融机构。

（二）投资规范

1. 投资范围

根据《保险资金境外投资管理暂行办法实施细则》（保监发〔2012〕93 号）及《关于调整保险资金境外投资有关政策的通知》（保监发〔2015〕33 号），保险资金境外投资应当限制在《实施细则》附件 1 所列国家或地区金融市场的如下品种：

（1）货币市场类

期限不超过 1 年的商业票据、银行票据、大额可转让存单、逆回购协议、短期政府债券和隔夜拆出等货币市场工具或者产品。货币市场类工具（包括逆回购协议用于抵押的证券）的发行主体应当获得 A 级或者相当于 A 级以上的信用评级。

（2）固定收益类

银行存款、政府债券、政府支持性债券、国际金融组织债券、公司债券、可转换债券等固定收益产品。债券发行人及债项的信用评级应为国际公认评级机构 BBB－或者相当于 BBB－级及以上的评级。中国政府境外发行的债券不受信用级别限制。可转换债券应当为《实施细则》附件 1 所列国家或地区证券交易所主板市场挂牌交易。

（3）权益类

普通股、优先股、全球存托凭证、美国存托凭证、未上市企业股权等权益类工具或产品。股票应当为《实施细则》附件 1 所列国家或者地区证券交易所主板市场及香港创业板市场挂牌交易，存托凭证应当为《实施细则》附件 1 所列国家或者地区证券交易所主板市场挂牌交易；直接投资的未上市企业股权，限于金融、养老、医疗、能源、资源、汽车服务和现代农业等企业股权。

（4）不动产

直接投资的不动产限于《实施细则》附件 1 所列发达市场主要城市的核心地段，且具有稳定收益的成熟商业不动产或办公不动产。

（5）基金

符合《保险资金境外投资管理暂行办法实施细则》规定标准的证券投资基金、股权投资基金及房地产信托投资基金。

2. 投资限制

保险机构境外投资余额不超过上年末总资产的 15%，投资《实施细则》附件 1 所列新兴市场余额不超过上年末总资产的 10%。

保险资金境外投资应当控制短期资金融出或者融入：①逆回购交易及隔夜拆出融出的资金，不超过上年末总资产的 1%；②因交易清算目的拆入资金，不超过上年末总资产的 1%，且拆入资金期限不得超过 5 个工作日。

保险资金境外投资不得：①投资实物商品、贵重金属或者代表贵重金属的凭证和商品类衍生工具；②利用证券经营机构融资，购买证券及参与未持有基础资产的卖空交易；③除为交易清算目的拆入资金外，以其他任何形式借入资金。

二、商业银行代客境外理财业务

商业银行代客境外理财业务是指取得代客境外理财业务资格的商业银行，受境内机构和居民个人委托以投资者的资金在境外进行规定的金融产品投资的经营活动。为了规范商业银行开展代客境外理财业务，人民银行、银监会、国家外汇管理局颁发了《商业银行开办代客境外理财业务管理暂行办法》（银发〔2006〕121号），银监会颁发了《中国银行业监督管理委员会办公厅关于商业银行开展代客境外理财业务有关问题的通知》（银监办发〔2006〕164 号）。

商业银行开展的代客境外理财业务可以分为两类：一类是商业银行在境内发行外币理财产品，以客户的自有外汇进行境外理财投资；另一类是商业银行在境内发行人民币理财产品，以人民币购汇办理代客境外理财业务。

商业银行开展代客境外理财的方式，包括理财顾问服务和综合理财服务。商业银行提供理财顾问服务时，投资风险完全由客户承担。商业银行应核实理财顾问服务客户的投资资格，且其投资活动符合中国及投资所在地国家或地区的法律规定。商业银行不得向境内机构出租、出借或变相出租、出借其境外可利用的投资账户。

商业银行通过综合理财服务方式开展代客境外理财业务时，可以投资于包括具有固定收益性质的债券、票据和结构性产品。如果投资非固定收益及较高风险收益类产品，应该按照《商业银行个人理财业务管理暂行办法》的相关规定，并在发售理财产品的申请或报告时附设“投资特别说明”进行详细的信息披露。商业银行以综合理财服务方式开展代客境外理财业务时，不得直接投资于股票及其结构性产品、商品类衍生产品、BBB级以下证券。

银监会于2007年颁发《关于调整商业银行代客境外理财业务境外投资范围的通知》（以下简称《通知》），该《通知》将股票及其结构性产品纳入投资的范围，同时规定商品类衍生产品、对冲基金以及国际公认评级机构评级的BBB级以下的证券。该《通知》对商业银行代客境外理财产品投资于股票应当符合的相关条件进行了规范。

三、合格境内投资者境外证券投资业务

（一）市场准入资格

合格境内投资者境外证券投资业务是指经中国证监会批准的境内基金管理公司和证券公司等证券经营机构在中国境内募集资金，运用所募集的部分或者全部资金以资产组合方式进行境外证券投资管理的经营活动。

证券公司和基金管理公司开展受托境外理财业务时，应当选择资产托管人负责资产托管业务；资产托管人应当由具有证券投资基金托管资格的商业银行担任，资产托管人可以委托具有相应资质的境外资产托管人负责境外资产托管业务；证券公司和基金管理公司也可以委托符合相应资质条件的境外投资顾问为其境外证券投资提供证券买卖建议或者投资组合管理等服务。

申请境内机构投资者资格从事受托境外理财业务：基金管理公司的净资产不少于2亿元人民币，经营证券投资基金管理业务达2年以上，在最近1个季度末资产管理规模不少于200亿元人民币或等值外汇资产；证券公司净资本不少于8亿元，净资本与净资产比例不低于70%，经营集合资产管理计划业务达1年以上，在最近1个季度末资产管理规模不少于20亿元人民币或等值外汇资产，各项风险控制指标符合规定标准。

申请境内机构投资者资格从事受托境外理财业务的基金公司和证券公司需要拥有具有5年以上境外证券市场投资管理经验和相关专业资质的中级以上管理人员不少于1名，具有3年以上境外证券市场投资管理相关经验的人员不少于3名。

中国证监会《关于实施〈合格境内机构投资者境外证券投资管理试行办法〉有关问题的通知》（证监发〔2007〕81号）规定了基金管理公司和证券公司设立基金和集合资产管理计划首次募集的要求：（1）可以人民币、美元或其他主要外汇货币为计价货币募集；（2）基金募集金额不少于2亿元人民币或者等值货币，集合计划募集金额不少于1亿元人民币或者等值货币；（3）开放式基金份额持有人不少于200人，封闭式基金份额持有人不少于1000人，集合计划持有人不少于2人；（4）以

面值进行募集，境内机构投资者可以根据产品特点确定面值金额的大小。

（二）投资操作规范

1. 投资范围

证券公司和基金管理公司开展境外证券投资业务可以投资的金融产品包括：

（1）银行存款、可转让存单、银行承兑汇票、银行票据、商业票据、回购协议、短期政府债券等货币市场工具。

（2）政府债券、公司债券、可转换债券、住房按揭支持证券、资产支持证券等及经中国证监会认可的国际金融组织发行的证券。

（3）已与中国证监会签署双边监管合作谅解备忘录的国家或地区证券市场挂牌交易的普通股、优先股、全球存托凭证和美国存托凭证、房地产信托凭证。

（4）在已与中国证监会签署双边监管合作谅解备忘录的国家或地区证券监管机构登记注册的公募基金。

（5）与固定收益、股权、信用、商品指数、基金等标的物挂钩的结构性投资产品。

（6）远期合约、互换及经中国证监会认可的境外交易所（附件4）上市交易的权证、期权、期货等金融衍生产品。

2. 投资比例限制

（1）单只基金、集合计划持有同一家银行的存款不得超过基金、集合计划净值的20%。在基金、集合计划托管账户的存款可以不受上述限制。

（2）单只基金、集合计划持有同一机构（政府、国际金融组织除外）发行的证券市值不得超过基金、集合计划净值的10%。指数基金可以不受上述限制。

（3）单只基金、集合计划持有与中国证监会签署双边监管合作谅解备忘录国家或地区以外的其他国家或地区证券市场挂牌交易的证券资产不得超过基金、集合计划资产净值的10%，其中持有任一国家或地区市场的证券资产不得超过基金、集合计划资产净值的3%。

（4）基金、集合计划不得购买证券用于控制或影响发行该证券的机构或其管理层。同一境内机构投资者管理的全部基金、集合计划不得持有同一机构10%以上具有投票权的证券发行总量。指数基金可以不受上述限制。

前项投资比例限制应当合并计算同一机构境内外上市的总股本，同时应当一并计算全球存托凭证和美国存托凭证所代表的基础证券，并假设对持有的股本权证行使转换。

（5）单只基金、集合计划持有非流动性资产市值不得超过基金、集合计划净值的10%。

前项非流动性资产是指法律或基金合同、集合计划合同规定的流通受限证券以及中国证监会认定的其他资产。

（6）单只基金、集合计划持有境外基金的市值合计不得超过基金、集合计划净值的10%。持有货币市场基金可以不受上述限制。

（7）同一境内机构投资者管理的全部基金、集合计划持有任何一只境外基金，不得超过该境外基金总份额的20%。

若基金、集合计划超过上述投资比例限制，应当在超过比例后30个工作日内采用合理的商业措施减仓以符合投资比例限制要求。

3. 基金中基金

（1）每只境外基金投资比例不超过基金中基金资产净值的20%。基金中基金投资境外伞型基金的，该伞型基金应当视为一只基金。

（2）基金中基金不得投资于以下基金：其他基金中基金；联接基金（A Feeder Fund）；投资于前述两项基金的伞型基金子基金。

（3）主要投资于基金的集合计划，参照上述规定执行。

4. 金融衍生产品

基金、集合计划投资衍生品应当仅限于投资组合避险或有效管理，不得用于投机或放大交易，同时应当严格遵守下列规定：

（1）单只基金、集合计划的金融衍生品全部敞口不得高于该基金、集合计划资产净值的100%。

（2）单只基金、集合计划投资期货支付的初始保证金、投资期权支付或收取的期权费、投资柜台交易衍生品支付的初始费用的总额不得高于基金、集合计划资产净值的10%。

（3）基金、集合计划投资于远期合约、互换等柜台交易金融衍生品，应当符合以下要求：所有参与交易的对手方（中资商业银行除外）应当具有不低于中国证监会认可的信用评级机构评级；交易对手方应当至少每个工作日对交易进行估值，并且基金、集合计划可在任何时候以公允价值终止交易；任一交易对手方的市值计价敞口不得超过基金、集合计划资产净值的20%。

（4）基金、集合计划拟投资衍生品，境内机构投资者在产品募集申请中应当向中国证监会提交基金、集合计划投资衍生品的风险管理流程、拟采用的组合避险、有效管理策略。

（5）境内机构投资者应当在每只基金、集合计划会计年度结束后60个工作日内向中国证监会提交包括衍生品头寸及风险分析年度报告。

（6）基金、集合计划不得直接投资与实物商品相关的衍生品。

5. 证券借贷交易

（1）所有参与交易的对手方（中资商业银行除外）应当具有中国证监会认可

的信用评级机构评级。

（2）应当采取市值计价制度进行调整以确保担保物市值不低于已借出证券市值的 102%。

（3）借方应当在交易期内及时向基金、集合计划支付已借出证券产生的所有股息、利息和分红。一旦借方违约，基金、集合计划根据协议和有关法律有权保留和处置担保物以满足索赔需要。

（4）除中国证监会另有规定外，担保物可以是以下金融工具或品种：现金；存款证明；商业票据；政府债券；中资商业银行或由不低于中国证监会认可的信用评级机构评级的境外金融机构（作为交易对手方或其关联方的除外）出具的不可撤销信用证。

（5）基金、集合计划有权在任何时候终止证券借贷交易并在正常市场惯例的合理期限内要求归还任一或所有已借出的证券。

（6）境内机构投资者应当对基金、集合计划参与证券借贷交易中发生的任何损失负相应责任。

6. 正回购交易、逆回购交易

（1）所有参与正回购交易的对手方（中资商业银行除外）应当具有中国证监会认可的信用评级机构信用评级。

（2）参与正回购交易，应当采取市值计价制度对卖出收益进行调整以确保现金不低于已售出证券市值的 102%。一旦买方违约，基金、集合计划根据协议和有关法律有权保留或处置卖出收益以满足索赔需要。

（3）买方应当在正回购交易期内及时向基金、集合计划支付售出证券产生的所有股息、利息和分红。

（4）参与逆回购交易，应当对购入证券采取市值计价制度进行调整以确保已购入证券市值不低于支付现金的 102%。一旦卖方违约，基金、集合计划根据协议和有关法律有权保留或处置已购入证券以满足索赔需要。

（5）境内机构投资者应当对基金、集合计划参与证券正回购交易、逆回购交易中发生的任何损失负相应责任。

基金、集合计划参与证券借贷交易、正回购交易，所有已借出而未归还证券总市值或所有已售出而未回购证券总市值均不得超过基金、集合计划总资产的 50%。

前项比例限制计算，基金、集合计划因参与证券借贷交易、正回购交易而持有的担保物、现金不得计入基金、集合计划总资产。

7. 禁止行为

购买不动产；购买房地产抵押按揭；购买贵重金属或代表贵重金属的凭证；购买实物商品；除应付赎回、交易清算等临时用途以外，借入现金。该临时用途借入现金的比例不得超过基金、集合计划资产净值的10%；利用融资购买证券，但投资金融衍生品除外；参与未持有基础资产的卖空交易；从事证券承销业务；中国证监会禁止的其他行为。

第三节　信托公司受托境外理财业务操作规范

一、交易主体资质

信托公司开展受托境外理财业务，涉及的交易主体主要包括：受托人（信托公司）、委托人（合格投资者）、境内托管人、境外托管代理人、境外投资管理人。相关的交易主体都应当符合相应的资质要求。其中境内托管人由境内商业银行担任，且其应当获得商业银行代客境外理财业务托管资格。信托公司应当确保境内托管人和境外托管代理人、境外托管代理人与境外投资管理人的职责相互分离。

（一）信托公司资质

信托公司开展受托境外理财信托业务应当具备以下条件：

1. 注册资本金不低于10亿元人民币或者等值可自由兑换货币。经批准具备经营外汇业务资格，且具有良好开展外汇业务经历。连续2年监管评级为良好以上。

2. 最近2年连续盈利，且提足各项损失准备金后的年末净资产不低于其注册资本；最近两年没有受到监管部门的行政处罚。

3. 健全的公司治理结构、内控制度、风险管理制度，且执行良好。

4. 配备能够满足受托境外理财业务需要且具有境外投资管理能力和经验的专业人才（2年以上从事外币有价证券买卖业务的专业管理人员不少于2人）；设有独立开展受托境外理财业务的部门，对受托境外理财业务集中受理、统一运作、分账管理。

5. 具备满足受托境外理财业务需要的风险分析技术和风险控制系统；具有满足受托境外理财业务需要的营业场所、计算机系统、安全防范设施和其他相关设施；在信托业务与固有业务之间建立了有效的隔离机制。

6. 其他条件。

信托公司取得受托境外理财业务资格后，开办受托境外理财业务适用报告制，应当向中国银监会及属地监管局报告；严禁信托公司向境内机构出租、出借或者变相出租、出借其境外可利用的投资账户。

信托公司开展受托境外理财信托业务，应当具备经营外汇业务资格。信托公司申请开办外汇业务应当具备的条件包括：（1）依法合规经营，内控制度健全有效，经营状况良好；（2）有健全的外汇业务操作规程和风险管理制度；（3）有与开办外汇业务相适应的合格的外汇业务从业人员；（4）银监会规定的其他审慎性条件。

（二）委托人资质及相关规定

1. 信托公司接受委托人资金的，应核实委托人确实具备相应的投资资格，且其投资活动符合中国及投资所在地国家或地区的法律规定；同时委托人应符合《信托公司集合资金信托计划管理办法》中关于合格投资人的规定。

2. 境内居民个人以自有外汇资金购买信托公司受托境外理财信托（计划）：

（1）不得直接使用外币现钞，不得使用个人外汇结算账户内资金。只能使用本人外汇储蓄账户和资本项目账户内资金。

（2）本金和收益汇回后，应由境内托管账户经信托专用外汇账户划至受益人外汇储蓄账户，不得直接提取现钞或结汇。

3. 境内机构投资者投资信托公司受托境外理财信托（计划）：

（1）不得以债务性外汇资金购买信托公司受托境外理财信托（计划）。

（2）以自有外汇资金购买的，本金和收益应由境内托管账户经专用信托外汇账户汇回境内机构的原外汇账户。

（三）境外托管代理人的资质要求

境外托管代理人由境内托管人选择的境外金融机构担任，并且由境内托管人负责审核境外托管代理人的资质条件。境外托管代理人应当符合的具体条件包括：

1. 具有所在国家或者地区监管部门认定的托管资格，或者与境内托管人具有合作关系，具有近 3 年在所在国家或者地区无重大处罚记录。

2. 实收资本不低于 25 亿元美元或者等值的自有兑换货币。

3. 国际公认评级机构最近 3 年对其长期信用评级为 A 级或相当于 A 级以上。

4. 公司治理结构健全、内部管理制度和风险控制机制完善。具有安全、高效的清算交割系统及灾难应变机制。

5. 所在国家或者地区的金融监管制度完善，金融监管部门与中国金融监管机构已签订监管合作谅解备忘录，并保持着有效的监管合作关系。

6. 中国银监会和国家外汇管理局规定的其他审慎条件。

二、受托境外理财信托投资品种范围和投资比例

（一）集合资金信托计划的投资品种范围

1. 国际公认评级机构最近 3 年对其长期信用评级至少为投资级以上的外国银行存款。

2. 国际公认评级机构评级至少为投资级以上的外国政府债券、国际金融组织债券和外国公司债券。

3. 中国政府或者企业在境外发行的债券。

4. 国际公认评级机构评级至少为投资级以上的银行票据、大额可转让存单、货币市场基金等货币市场产品。

5. 监管部门规定的其他投资品种或者工具。包括为规避受托境外理财集合信托计划风险所涉及的金融衍生产品交易的品种或工具。信托公司应当按照《金融机构衍生产品交易业务管理暂行办法》的规定获得相应的经营资格；信托公司应当作为金融衍生产品的最终用户进行相关交易，不得作为金融衍生产品的交易商和做市商投资金融衍生产品和工具，严禁用于投机或放大交易。

根据《中国银监会办公厅关于调整信托公司受托境外投资范围的通知》的规定，中国银监会规定的其他投资品种或者工具包括：

（1）已与中国银监会签订代客境外理财业务监管合作备忘录的国家或地区相关监管机构所批准或登记注册的公募基金。投资对象全部为境外基金的，每只境外基金投资比例不得超过该信托产品所募集资金余额的20%，该类基金投资组合中包含境外伞型基金，该伞型基金应当视为一只基金。

（2）已与中国银监会签订代客境外理财业务监管合作备忘录的国家或地区证券市场挂牌交易的普通股、优先股、全球存托凭证和美国存托凭证、房地产信托凭证（股票等投资品种）。在任何时点上，单个信托产品的股票等投资产品的资金余额不得超过该产品所募集资金余额的50%，投资于单只股票等投资产品的资金余额不得超过该信托产品所募集资金余额的5%。在任何时点上，投资于任一国家或者地区市场的股票等投资产品的资金余额不得超过该信托产品所募集资金余额的20%。

（3）与固定收益、股权、信用、商品指数、基金等标的物挂钩的结构性投资产品，且该类产品应获得国际公认评级机构投资级或以上评级的金融机构发行的结构性产品。

（二）单一信托投资品种范围

1. 集合信托计划投资品种范围。

2. 为规避受托境外理财单一信托产品风险，涉及金融衍生产品交易的品种或者工具，信托公司应按照《金融机构衍生产品交易业务管理暂行办法》的规定获得相应的经营资格；信托公司应当作为金融衍生产品的最终用户进行相关交易，不得作为金融衍生产品的交易商和做市商投资金融衍生产品或者工具。

3. 监管部门规定的其他投资品种或者工具。适用于《中国银监会办公厅关于调整信托公司受托境外投资范围的通知》关于集合信托计划中“中国银监会规定的其他投资品种和工具”的投资范围。

（三）金融衍生产品交易的投资比例限制

信托公司境外受托理财信托产品投资金融衍生产品或工具的，应当符合相应的投资比例限制。

1. 单个受托境外理财信托产品中的金融衍生产品全部敞口不得高于信托产品资产净值的100%。

2. 单个受托境外理财信托产品中投资期货支付的初始保证金、投资期权支付或收取的期权费、投资柜台交易衍生品支付的初始费用的总额不得高于该信托产品资产净额的10%。

3. 受托境外理财信托产品投资于远期合约、互换等柜台交易金融衍生品的，应当符合的条件包括：（1）中资商业银行之外的所有参与交易的对手方应当具有不低于中国银监会认可的信用评级机构评级；（2）交易对手方应当至少每个工作日对交易进行估值，并且境外理财信托产品在任何时候以公允价值终止交易；（3）任一交易对手方的市值计价敞口不得超过该境外理财信托产品资产净值的20%；（4）境外理财信托产品不得直接投资于实物商品相关的衍生品。

三、外汇管理与外汇账户

（一）投资付汇额度申请

信托公司发起设立受托境外理财信托产品的，应当按照我国外汇管理制度的要求，向国家外汇管理局申请投资付汇额度。信托公司必须按照国家外汇管理局批准的额度进行外汇投资支付，并且累计净汇出额不得超过批准的投资付汇额度。具体的投资付汇额度申请流程如下图：

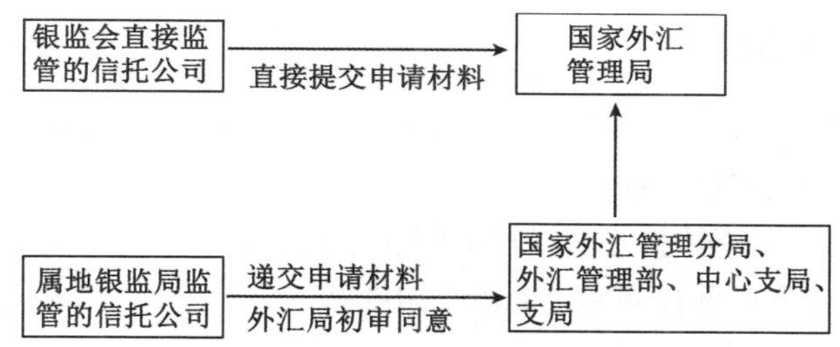

（二）境内外汇托管账户

信托公司在境内托管银行开立托管账户，而该境内托管账户可以同时包含人民币账户和外汇账户。根据《信托公司受托境外理财管理暂行办法》规定，境内外汇托管账户的收入范围包括：（1）依据受托境外理财信托项目从受托境外理财信托专用外汇账户划入的资金；（2）依据受托境外理财信托项目从境内人民币托管账户购汇划入的资金；（3）境外汇回的投资本金及收益，以及国家外汇管理局批准的其他收入。

境内外汇托管账户的支出范围包括：（1）汇往境外外汇资金运用结算账户的资金；（2）汇回受托境外理财信托专用外汇账户的资金；（3）依据受托境外理财信

托项目结汇的资金；（4）货币兑换费、托管费、资产管理费等各类手续费，以及外汇管理局批准的其他支出。

（三）信托专用外汇账户

委托人既可以人民币认购受托境外理财信托产品，也可以外汇认购受托境外理财信托产品。如果委托以外汇认购受托境外理财信托产品的，信托公司应当在资金收付代理银行开立信托专用外汇账户。根据《信托公司受托境外理财管理暂行办法》的规定，信托专用外汇账户的收入范围包括：（1）委托人划入的外汇信托资金；（2）从境内托管账户划回的资金；（3）经外汇管理局批准的其他收入。

信托专用外汇账户支出范围包括：（1）按照外汇信托产品中的指定用途向境内托管账户划出外汇信托资金；（2）信托产品终止后的外汇信托资金和收益的分配、相关税费的支出；（3）外汇管理局批准的其他支出。

（四）外汇资金运用结算账户和证券托管账户

信托公司在境内开展证券市场投资业务的，需要开立资金账户和证券账户。信托公司开展受托境外理财信托业务的，也需要开立外汇资金运用结算账户与证券托管账户，主要用于和境外证券登记结算机构之间的资金结算业务和证券托管业务。与境内证券市场投资业务不同的是，外汇资金运用结算账户和证券托管账户不是由信托公司直接开立，而是由境内托管人在境外托管代理人处为其所托管的受托境外理财信托产品开设。

四、业务风险控制

1. 建立相应的风险管理体系：投资决策流程、投资授权制度、研究报告制度、风险计量制度、绩效考核指标体系。

2. 明确受托境外理财业务的管理部门和管理规章制度，严格内部审核和稽核监督管理，建立健全内部控制和定期检查制度。

3. 进行严格的合规性审核，切实防范法律风险。

4. 制定受托境外理财信托项目或计划的研发设计工作流程，制定内部审批程序。

5. 信托公司应对受托境外理财信托计划的资金成本与收益进行独立测算，采用科学合理的测算方式预测理财投资组合的收益率。

6. 对受托境外理财信托计划设置市场风险监测指标，建立有效的市场风险识别、计量、监测和控制体系。

7. 在进行相关市场风险管理时，应对利率和汇率等主要金融政策的改革与调整进行充分的压力测试，评估可能对信托公司经营活动产生的影响，制定相应的风险处置和应急预案。

8. 制定受托境外理财业务应急方案，并纳入信托公司整体业务应急方案体系之中。

五、产品开发

1. 开展受托境外理财业务涉及其他金融机构的理财产品时：

（1）应对产品提供者的信用状况、经营管理能力、市场投资能力和风险处置能力等进行评估，并明确界定双方的权利义务，划分相关风险的承担责任和转移方式。

（2）信托公司应要求提供产品的金融机构提供详细的产品介绍、相关的市场分析报告和风险收益预测报告。

2. 信托公司提供的理财产品组合中如包括其他金融机构的理财产品：

（1）应对产品进行充分的分析，对相关产品的风险收益预测数据进行必要的验证。

（2）信托公司应根据产品提供者提供的有关材料和对产品的分析情况，按照审慎原则重新编写有关产品介绍材料和宣传材料。

3. 信托公司研发新的理财产品：

（1）应当制定产品开发审批程序，并就产品开发的背景、可行性、拟销售的潜在目标客户群等进行分析，报高级管理层批准。

（2）应当编制产品开发报告，详细说明新产品的定义、性质与特征，目标客户及销售方式，主要风险及其测算和控制方法，风险限额。

（3）应当明确风险控制部门对相关风险的管理权力与责任，会计核算与财务管理方法，后续服务，应急方案。

4. 信托公司应当建立新产品风险的跟踪评估制度，在新产品推出后，对新产品的风险状况进行定期评估。

第八章

企业年金与福利业务法律实务

第一节 社会保障基金

一、概述

全国社会保障基金是中央政府集中的国家战略储备基金。我国全国社会保障基金的管理运营机构为全国社保基金理事会，其主要由国有股减持划入资金及股权资产、中央财政拨入资金、经国务院批准以其他方式筹集的资金及其他投资收益组成，是由中央政府集中的社会保障基金。个人账户基金是社保基金理事会受托管理做实个人账户试点省份的个人账户资金及其投资收益。

二、相关主体

1. 全国社保基金理事会

全国社保基金理事会是负责全国社会保障基金管理运营的国务院直属正部级事业单位，是独立的法人机构。全国社保基金理事会的主要职责包括：

（1）受托管理全国社会保障基金、基本养老保险个人账户基金等；

（2）制定基金的投资经营策略并组织实施；

（3）选择并委托基金投资管理人、托管人对基金委托资产进行投资运作和托管，对投资运作和托管情况进行检查；在规定的范围内对基金资产进行直接投资运作；

（4）负责基金的财务管理与会计核算、定期编制会计报表，起草财务会计报告。定期向社会公布基金的资产、负债、权益和收益等财务情况；

（5）根据财政部、人力资源和社会保障部共同下达的指令和确定的方式拨出资金；

（6）承办国务院交办的其他事项。

社保基金理事会按照社保基金净收益的20%提取一般风险准备金，专项用于弥补社保基金投资发生重大亏损时社保基金投资管理人所提管理风险准备金不足以弥补的亏损，一般风险准备金余额达到社保基金资产净值的20%时可不再提取。

2. 投资管理人

社保基金投资管理人是取得社保基金投资管理业务资格，并根据合同受托管理运作社保基金的专业性投资管理机构，其应当具备以下条件：

（1）在中国注册并经证监会批准具有基金管理业务资格的基金管理公司及国务院规定的其他专业性投资管理机构。

（2）基金管理公司实收资本不少于5000万元人民币，在任何时候都维持不少于5000万元人民币的净资产。其他专业性投资管理机构需要具备的最低资本规模另行规定。

（3）具有2年以上的在中国境内从事证券投资管理业务经验，管理谨慎且信誉较高。具有规范的国际运作经验的机构，其经营时间不受2年时间的限制。

（4）最近3年没有重大违规行为。

（5）具有完善的法人治理结构。

（6）从事社保基金投资管理业务相适应的专业投资人员。

（7）具有完整有效的内部风险控制制度，内设独立的监察稽核部门，并配备足够数量的称职的专业人员。

社保基金投资管理人提取的委托资产管理手续费的年费率不得高于社保基金委托管理资产净值的1.5%，并且按照当年收取的手续费的20%，提取社保基金投资管理风险准备金，专项用于弥补社保基金投资的亏损，余额达到委托管理资产净值的10%时可不再提取。

对于单个投资管理人管理的社保基金资产投资于一家企业发行的证券或者单只证券投资基金，不得超过该企业所发行证券或该基金份额的5%，按成本计算，不得超过其管理的社保基金资产总值的10%。投资管理人管理的社保基金资产投资于自己管理的基金须经全国社保基金理事会的同意。委托单个社保基金投资管理人进行管理的资产不得超过年度社保基金委托资产总值的20%。

3. 基金托管人

全国社保基金托管人应有取得社保基金托管业务资格的商业银行担任。全国社保基金托管人应当具备的条件包括：设有专门的基金托管部；实收资本不少于80亿元；有足够的熟悉托管业务的专职人员；具备安全保管基金全部资产的条件；具备安全、高效的清算、交割能力。

基金托管人不得将其托管的社保基金资产与托管的其他资产混合管理；不得将托管的社保基金资产与其自有资产混合管理；不得挪用其托管的社保基金资产。

社保基金投资管理人按照不高于社保基金托管资产净值的0.25%年费率提取托管费。

三、投资运营管理

根据《全国社会保障基金投资管理暂行办法》的规定，社保基金投资的范围限于银行存款、买卖国债和其他具有良好流动性的金融工具，包括上市流通的证券投资基金、股票、信用等级在投资级以上的企业债、金融债等有价证券。全国社保基金理事会直接运作的社保基金的投资范围仅限于银行存款、在一级市场购买国债，其他投资需要委托社保基金投资管理人管理和运作并委托社保基金托管人托管。

对于划入社保基金的货币资产的投资，应符合的规定：（1）银行存款和国债投资的比例不得低于50%，其中银行存款的比例不得低于10%。在一家银行存款不得高于社保基金银行存款总额的50%；（2）企业债、金融债投资的比例不得高于10%；（3）证券投资基金、股票投资的比例不得高于40%。以上规定均按照成本计算。

根据全国社保基金理事会2012年度基金年度报告，全国社会保障基金境内投资范围主要有：银行存款、债券、信托投资、资产证券化产品、股票、证券投资基金、股权投资和股权投资基金；境外投资范围包括：银行存款、银行票据、大额可转让存单等货币市场产品，股票、债券、证券投资基金以及用于风险管理的掉期、远期等衍生金融工具。

四、信托贷款项目

根据《全国社会保障基金信托贷款投资管理暂行办法》的规定，社保基金信托贷款项目是指社保基金基于安全性、收益性、合规性的原则，按照监管部门批准的政策，通过信托公司向符合条件的借款人发放信托贷款的项目。

1. 社保基金信托贷款项目

（1）信托贷款投资要符合国家产业政策，主要用于国家重点支持的城乡基础设施建设、保障房建设以及国家鼓励发展的重点行业和领域；

（2）符合国家有关部门关于信托贷款的有关规定，已经按照相关法律法规完成审批或核准程序；

（3）由符合条件的银行或大型企业对借款人还本付息提供连带责任担保；

（4）由符合条件的信托公司对项目进行受托管理。

2. 社保基金信托贷款项目借款人

（1）原则上为资产规模较大、实力较强、发展前景较好的大中型企业；

（2）主体资格合法有效，具有符合法律规定的法人治理结构，内部管理规范；

（3）主体资产清晰，财务状况稳健，不存在重大债务纠纷；

（4）依法获得信托贷款项目的主体经营或建设资格；

（5）借款人合法合规经营，公司在近三年内未发生因违法违规行为而受到监管机构行政处罚的情形。

3. 受托管理社保基金信托资产的信托公司

（1）实收资本不低于12亿元，上年末经审计的净资产不低于30亿元；

（2）具有比较完善的公司治理结构、良好的市场信誉和稳定的投资业绩，并具有良好的内部控制制度和风险管理能力；

（3）主要股东实力较强，资信状况良好；

（4）公司在近三年内未发生因违法违规行为而受到监管机构行政处罚的情形。

4. 为社保基金信托贷款项目提供担保的银行

（1）实收资本不低于80亿元；

（2）资本充足率符合国家银行业监督管理部门的基本要求；

（3）近三年内未发生因违法违规行为而受到监管机构行政处罚的情形。

5. 为社保基金信托贷款项目提供担保的大型企业

（1）净资产不低于150亿元；

（2）大型企业作为社保基金信托贷款项目担保人，其信用评级不得低于偿债主体信用评级；

（3）同一大型企业全部担保金额占其净资产的比例不得超过50%；

（4）偿债主体母公司或实际控制人提供担保的，大型企业净资产不得低于偿债主体净资产的1.5倍。

第二节　我国企业年金的管理与运作

一、中国企业年金的发展

我国的企业年金制度产生于20世纪80年代末90年代初，国务院于1991年颁发《国务院关于企业职工养老保险制度改革的决定》，国务院要求，随着经济的发展，我国要逐步建立起基本养老保险、企业补充养老保险和职工个人储蓄性养老保险相结合的制度。改变养老保险完全由国家、企业包下来的办法，实行国家、企业、个人三方共同负担的原则。

2000年《国务院关于完善城镇社会保障体系试点方案的通知》第2条第（十）项规定：“有条件的企业可为职工建立企业年金，并实行市场化运营和管理。企业年金实行基金完全积累，采用个人账户方式进行管理，费用由企业和职工个人缴纳，企业缴费在工资总额4%以内的部分，可以从成本中列支。同时，鼓励开展个人储蓄性养老保险。”这是我国首次提出“企业年金”概念。

2004年《企业年金试行办法》、《企业年金基金管理试行办法》（该《办法》

已被2011年颁发的《企业年金基金管理办法》宣布废止）首次对企业年金投资管理运营和基金保值增值进行了明确的规范。

2007年国资委颁发《关于中央企业实行企业年金制度有关问题的通知》，中央企业试行企业年金制度进行规范。对于财务合并报表亏损及未能实现国有资本保值增值的中央企业，企业总部暂时不能实行企业年金制度。企业年金缴费水平应遵循人工成本增长低于经济效益增长、人均人工成本增长低于按增加值计算的劳动生产率增长的原则；企业缴费部分控制在本企业上年度工资总额的1/12以内，职工个人缴纳部分不低于企业为其缴纳部分的1/4，并且应逐年提高至与企业缴费相匹配。对于实行企业年金制度前后离退休人员养老金相关问题要做好平稳衔接和过渡。

2011年人力资源和社会保障部、银监会、证监会、保监会联合颁发《企业年金基金管理办法》，对企业年金基金的参与主体（受托人、托管人、账户管理人、投资管理人）的准入资格和职责、基金资产的投资运营、投资收益及相关费用的分配、基金管理和信息披露、监督检查等方面进行了规范。

二、企业年金计划

（一）企业年金概述

2017年12与18日，人力资源和社会保障部、财政部印发《企业年金办法》，并于2018年2月1日起施行，原劳动和社会保障部2004年16日发布的《企业年金试行办法》被同时废止。根据该办法规定，企业年金相关制度安排适用于《信托法》。

企业年金是指企业及其职工在依法参加基本养老保险的基础上，自主建立的补充养老保险制度。企业年金基金由企业缴费、职工个人缴费以及企业年金基金投资运营收益组成，其中企业缴费每年不超过本企业职工工资总额的8%，企业和职工个人缴费合计不超过本企业职工工资总额的12%。

（二）企业年金受托人

企业和职工建立企业年金，应当确定企业年金受托人，由企业代表委托人与受托人签订受托管理合同。受托人可以是符合国家规定的法人受托机构，也可以是企业按照国家有关规定成立的企业年金理事会。受托人应当委托具有企业年金管理资格的账户管理人、投资管理人和托管人，负责企业年金基金的账户管理、投资运营和托管。

企业年金理事会应当由企业和职工代表组成，也可以聘请外部专业人员参加，但是其中职工代表不得少于1/3。企业年金理事会除管理本企业的企业年金事务之外，不得从事其他任何形式的营业性活动。

（三）企业年金的所得税相关问题

企业年金所涉及的所得税问题涉及两个部门，一个是企业的所得税问题，另一个是个人所得税问题。企业所得税问题主要是企业年金企业缴费部门能否作为企业所得税的税前抵扣项；个人所得税问题主要是企业年金个人缴费部分能否作为个人所得税的税前抵扣项，以及企业缴费计入个人账户部分是否作为个人所得计提个人所得税。

根据《财政部、国家税务总局关于补充养老保险费、补充医疗保险费有关企业所得税政策问题的通知》（财税〔2009〕27 号）规定，自 2008 年 1 月 1 日起，企业根据国家有关政策规定，为在本企业任职或者受雇的全体员工支付的补充养老保险费、补充医疗保险费，分别在不超过职工工资总额 5% 标准内的部分，在计算应纳税所得额时准予扣除；超过的部分不得予以扣除。

根据企业年金的个人缴费部分不得在个人当月的工资薪金计算个人所得税时扣除，也即企业年金的个人缴费部分不得像法定社保缴费一样进行税前扣除；企业年金的企业缴费计算入个人账户的部分在计入个人账户时，作为个人一个月的工资薪金所得且不扣除任何费用以计提个人所得税，该项应纳税所得额不与正常工资薪金合并。如果因为年金设置条件导致的已经计入个人账户的企业缴费不能归属于个人的部分，其已缴纳的个人所得税可以予以退还。

财政部、人力资源社会保障部、国家税务总局于 2013 年 12 月 6 日联合颁发了《关于企业年金、职业年金个人所得税有关问题的通知》（财税〔2013〕103 号），将企业年金的个人所得税延迟至个人退休时计征。根据该通知规定：企业年金单位缴费部分计入个人账户时，个人暂不缴纳个人所得税；企业年金个人缴费部分，在不超过本人缴费工资计税基数的 4% 标准内的部分，暂从个人当期的应纳税所得额中扣除；企业年金投资运营收益分配计入个人账户时，个人暂不缴纳个人所得税。企业年金的所得税由个人退休后领取年金时，按照“工资、薪金所得”项目适用的税率进行计征。

三、企业年金基金

（一）概念

企业年金基金是根据依法制定的企业年金计划筹集的资金及其投资运营收益形成的企业补充养老保险基金。企业年金基金涉及的主体包括：企业及职工（委托人）、企业年金理事会或法人受托机构（受托人）、企业年金基金托管机构（托管人）、企业年金基金投资管理机构（投资管理人）。委托人与受托人之间，受托人分别与账户管理人、托管人和投资管理人之间，应当按照法律法规和相关规定签订合同并报人力资源和社会保障部备案。

单个企业年金计划的受托人、账户管理人、托管人各一个，但可以根据管理资产的规模选择适量的投资管理人，每个投资组合的企业年金基金财产应当由一个投资管理人管理。

（二）基金财产的独立性

企业年金基金缴费必须归集到受托财产托管账户，并在45日内划入投资资产托管账户。企业年金基金财产独立于委托人、受托人、账户管理人、托管人、投资管理人、为企业年金基金管理提供服务的其他主体的自有财产及其管理的其他财产。这种独立性主要体现在以下3个方面：

1. 委托人、受托人、账户管理人、托管人、投资管理人、为企业年金基金管理提供服务的其他主体依法因被解散、撤销、宣告破产而进行清算，企业年金基金财产不属于其清算财产。

2. 企业年金基金财产的债权不得与委托人、受托人、账户管理人、托管人、投资管理人、为企业年金基金管理提供服务的其他主体自有财产的债务相抵销。不同企业的企业年金基金的债权债务不得相互抵销。

3. 非因企业年金基金财产本身承担的债务，不得对基金财产强制执行。

四、企业年金基金参与主体

（一）企业年金基金受托人

根据《企业年金基金管理办法》的规定，受托人指受托管理企业年金基金的企业年金理事会或符合国家规定的养老金管理公司等法人受托机构，符合相关条件的信托公司可以向银监会申请开办企业年金信托业务资格。

1. 企业年金理事会：（1）企业代表和职工代表等人组成，可以聘请企业以外的专业人员参加，其中职工代表不少于1/3；（2）依法独立管理本企业的企业年金事务；（3）不得从事任何形式的营业性活动；（4）不得以任何形式收取费用。

企业年金理事会的职工代表和企业以外的专业人员由职工大会或职工代表大会或其他民主形式选举产生，企业代表由企业聘任。理事会应当配备一定数量的专职工作人员。企业年金理事会理事的任职条件包括：（1）具有完全民事行为能力；（2）诚实守信，无犯罪记录；（3）具有从事法律、金融、会计、社会保障或者其他履行企业年金理事会理事职责所必需的专业能力；（4）具有决策能力；（5）无个人所负数额较大的债务到期未偿还情形。

2. 法人受托机构：

法人受托机构应当具备的资格条件包括：（1）经国家金融监管部门批准，在中国境内注册的独立法人；（2）注册资本不少于5亿元人民币，净资产在任何时候不得少于5亿元人民币；（3）具有完善的法人治理结构；（4）取得企业年金基金从业资格的专职人员达到规定人数；（5）具有符合要求的营业场所、安全防范设施和与企业年金基金受托管理业务有关的其他设施；（6）具有完善的内部稽核监控制度和风险控制制度；（7）近3年没有重大违法违规行为。

根据《非银行金融机构行政许可事项实施办法》的规定，信托公司申请开办企业年金基金管理业务，应当具备的条件包括：（1）具有良好的公司治理和组织架构，并有效发挥作用；（2）有与开办企业年金基金业务相适应的内部控制制度及风险管理制度；（3）无挪用信托财产、发生存款性负债、以信托等名义变相负债以及违反信托业务分别管理、分别记账的规定等行为，且最近3年内无其他重大违法违规经营记录；（4）有与开办企业年金基金管理业务相适应的合格的专业人员；（5）有开办企业年金基金管理业务所需的管理信息系统和其他设施；（6）银监会规定的其他审慎性条件。

法人受托机构的受托管理职责：（1）选择、监督、更换账户管理人、托管人、投资管理人和中介服务机构。法人受托机构具备账户管理或投资管理业务资格，可以兼任账户管理人或投资管理人，但应当保证各项管理之间的独立性。（2）制定企业年金基金战略资产配置策略。（3）根据合同约定对企业年金基金管理进行监督。（4）根据合同约定收取企业和职工缴费，并向受益人（指参加企业年金计划并享有受益权的企业职工）支付企业年金待遇。（5）接受委托人查询，定期向委托人提供企业年金基金管理和财务会计报告。发生重大事件时，及时向委托人和监管部门报告。定期向监管部门提交开展企业年金基金受托管理业务情况的报告。（6）按照国家规定保存与企业年金基金管理有关的记录自合同终止之日起至少15年。

（二）企业年金基金的账户管理人

1. 账户管理人的准入与职责

企业年金基金的账户管理人应当具备的资格条件包括：（1）经国家有关部门批准，在中国境内注册的独立法人；（2）注册资本不少于5亿元人民币，净资产在任何时候不得少于5亿元人民币；（3）具有完善的法人治理结构；（4）取得企业年金基金从业资格的专职人员达到规定人数；（5）具有相应的企业年金基金账户的信息管理系统；（6）具有符合要求的营业场所、安全防范设施和与企业年金基金账户管理业务有关的其他设施；（7）具有完善的内部稽核监控制度和风险控制制度；（8）近3年没有重大违法违规行为。

管理职责：（1）建立企业年金基金企业账户和个人账户；（2）记录企业、职工缴费及企业年金基金投资收益；（3）定期与托管人核对缴费数据以及企业年金基金账户财产变化状况，及时将核对结果提交受托人；（4）计算企业年金待遇；（5）向企业和受益人提供企业年金基金企业账户和个人账户信息查询服务。向受益人提供年度权益报告；（6）定期向受托人提交账户管理数据等信息以及企业年金基金账户管理报告，定期向监管部门提交开展企业年金基金账户管理业务情况的报告；（7）按照国家规定保存企业年金基金账户管理档案自合同终止之日起至少15年。

2. 企业年金基金银行账户管理

企业年金基金受托人委托托管人负责受托财产托管账户和投资资产托管账户的管理工作，并保管和代为使用企业年金基金银行账户的预留签章。受托人应要求投资管理人在托管人处开设投资管理风险准备金账户。

受托财产托管账户是专门用于归集企业年金缴费、向投资资产托管账户划拨资金、向受益人支付年金待遇或转移年金基金财产，并且一个企业年金计划只能开立一个受托财产托管账户；账户名称为“托管人××公司企业年金计划受托财产”，账户预留印鉴为“托管人××公司企业年金计划受托财产”专用章和托管人的授权人名章。

投资资产托管账户专门用于所托管的企业年金基金因为投资运作而发生的资金的清算和交收；投资资产托管账户按照不同企业年金计划开设，并且可以根据投资管理人管理的不同投资组合建立子账户。账户名称为“托管人××公司企业年金计划投资资产”；预留印鉴为“托管人××公司企业年金计划投资资产”专用章和托管人的授权人名章。

投资管理风险准备金账户专门用于存放从投资管理人投资管理费中提取的投资管理风险准备金。单个投资管理人在一个托管人处只能开立一个账户，但是托管人可以根据投资管理人管理的不同企业年金计划的不同投资组合建立子账户。账户名称为“投资管理人企业年金基金投资管理风险准备金”；预留印鉴为“投资管理人企业年金基金投资管理风险准备金”专用章和投资管理人的授权人名章。

（三）企业年金基金托管人

企业年金托管人由商业银行担任，商业银行担任托管人，应当设有专门的资产托管部门。托管人发现投资管理人违反法律法规和合同约定，应当立即通知投资管理人，并及时向受托人和监管部门报告。

资格条件：（1）经国家金融监管部门批准，在中国境内注册的独立法人；（2）净资产不少于50亿元人民币；（3）取得企业年金基金从业资格的专职人员达到规定人数；（4）具有保管企业年金基金财产的条件；（5）具有安全高效的清算和交割系统；（6）具有符合要求的营业场所、安全防范设施和与企业年金基金托管业务有关的其他设施；（7）具有完善的内部稽核监控制度和风险控制制度；（8）近3年内没有重大违法违规行为。

托管职责：（1）安全保管企业年金基金财产；（2）以企业年金基金名义开设基金财产的资金账户和证券账户；（3）对所托管的不同企业年金基金财产分别设置账户，确保基金财产的完整和独立；（4）根据受托人指令，向投资管理人分配企业年金基金财产；（5）根据投资管理人投资指令，及时办理清算和交割事宜；（6）负责企业年金基金会计核算和估值，复核审查投资管理人计算的基金财产净值；

(7) 根据受托人指令，向受益人发放企业年金待遇；(8) 及时与账户管理人、投资管理人核对有关数据，按照规定监督投资管理人的投资运作，并定期向受托人报告投资监督情况；(9) 定期向受托人提交企业年金基金托管和财务会计报告；(10) 定期向有关监管部门提交企业年金基金托管业务情况的报告；(11) 按照国家规定保存企业年金基金托管业务活动记录、账册、报表和其他资料自合同终止之日至少 15 年。

禁止行为：(1) 托管的企业年金基金财产与其固有财产混合管理；(2) 托管的企业年金基金财产与托管的其他财产混合管理；(3) 托管的不同企业年金计划、不同企业年金投资组合的企业年金基金财产混合管理；(4) 侵占、挪用托管的企业年金基金财产。

(四) 企业年金基金投资管理人

资格条件：(1) 经国家金融监管部门批准，在中国境内注册，具有受托投资管理、基金管理或资产管理资格的独立法人。(2) 具有证券资产管理业务的证券公司注册资本不少于 10 亿元人民币，且在任何时候净资产都不得低于 10 亿元人民币；养老金管理公司注册资本不少于 5 亿元人民币，且在任何时候净资产都不得低于 5 亿元人民币；信托公司注册资本不少于 3 亿元人民币，且在任何时候净资产都不得低于 3 亿元人民币；基金管理公司、保险资产管理公司、证券资产管理公司或者其他专业投资机构注册资本不少于 1 亿元人民币，且在任何时候净资产都不得低于 1 亿元人民币。(3) 具有完善的法人治理结构。(4) 取得企业年金基金从业资格的专职人员达到规定人数。(5) 具有符合要求的营业场所、安全防范设施和与企业年金投资管理业务有关的其他设施。(6) 具有完善的内部稽核监控制度和风险控制制度。(7) 近 3 年没有重大违法违规行为。

投资管理职责：(1) 对企业年金基金财产进行投资；(2) 及时与托管人核对企业年金基金会计核算和估值结果；(3) 建立企业年金基金投资管理风险准备金；(4) 定期向受托人和有关监管部门提交投资管理报告；(5) 根据国家规定保存企业年金基金财产会计凭证、会计账簿、年度财务会计报告和投资记录至少 15 年。

禁止行为：(1) 将其固有财产或他人财产混同于企业年金基金财产；(2) 不公平对待其管理的不同企业年金基金财产；(3) 挪用企业年金基金财产。

(五) 中介服务机构

企业年金基金的中介服务机构包括信用评估公司、精算咨询公司、律师事务所、会计师事务所、为企业年金管理提供服务的投资顾问公司。中介服务机构接受委托从事的业务包括：(1) 为企业设计企业年金计划；(2) 为企业年金管理提供咨询；(3) 为受托人选择账户管理人、托管人、投资管理人提供咨询；(4) 对企业年金管理绩效进行评估；(5) 对企业年金基金财务报告进行审计。

五、企业年金基金投资运营管理

（一）基本原则与防火墙

企业年金基金的投资管理要在保证基金财产安全性、收益性、流动性的前提下，遵循谨慎投资、分散风险的原则，实行专业化运作管理。

企业年金基金的投资管理要建立风险隔离机制。同一企业年金计划中，受托人与托管人不得为同一人，托管人与投资管理人不得为同一人。但是如果法人受托机构具备账户管理或者投资管理业务资格，则可以兼任账户管理人或者投资管理人。如果建立企业年金计划的企业成立企业年金理事会作为受托人，该企业与托管人不得为同一人。受托人与托管人、托管人与投资管理人、投资管理人与其他投资管理人的总经理和其他企业年金从业人员不得相互兼任。

法人受托机构兼任投资管理人时，应当建立风险控制制度，受托业务部门和投资业务部门应相互独立，办公区域、运营管理流程和业务制度应当严格分离，直接负责的高管、受托业务和投资业务人员不得相互兼任。

投资管理人管理的企业年金基金财产投资于自己管理的金融产品须经受托人同意。企业年金基金证券交易以现货和国务院规定的其他方式进行，不得用于向他人贷款和提供担保。投资管理人不得从事使企业年金基金财产承担无限责任的投资。

（二）投资运营流程

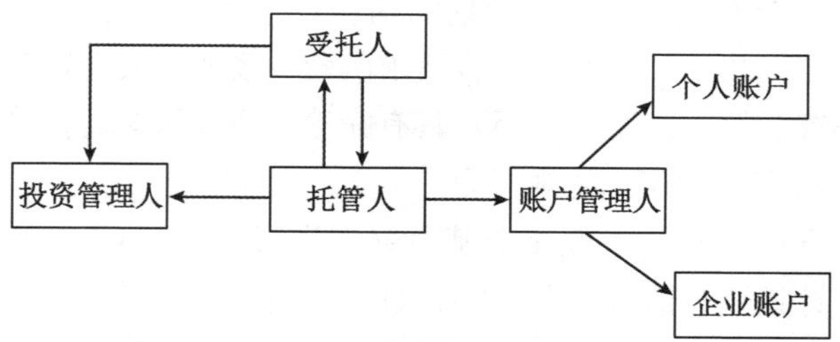

1. 受托人向投资管理人发送投资额度分配指令；
2. 受托人向托管人发送划账通知，划账成功后，托管人向受托人发送通知；
3. 托管人向账户管理人报送每日估值情况表；
4. 账户管理人向个人账户和企业账户分配收益。

（三）企业年金基金投资范围与渠道

1. 投资范围

企业年金基金财产可投资的领域包括：银行存款、国债、中央银行票据、债券回购、万能保险产品、投资连结保险产品、证券投资基金、股票、信用等级在投资级以上的金融债、企业债、可转换债券（含分离交易可转换债）、短期融资券和中期票据等金融产品。

企业年金基金财产以投资组合为单位按照公允价值计算应当符合的规定：

（1）投资银行活期存款、中央银行票据、债券回购等流动性产品及货币市场基金的比例不得低于投资组合企业年金基金财产净值的5%；清算备付金、证券清算款以及一级市场证券申购资金视为流动性资产；投资债券正回购的比例不得高于投资组合企业年金基金财产净值的40%。

（2）投资银行定期存款、协议存款、国债、金融债、企业债、短期融资券、中期票据、万能保险产品等固定收益类产品以及可转换债（含分离交易可转换债）、债券基金、投资连结保险产品（股票投资比例不高于30%）的比例，不得高于投资组合企业年金基金财产净值的95%。

（3）投资股票等权益类产品以及股票基金、混合基金、投资连结保险产品（股票投资比例高于或者等于30%）的比例，不得高于投资组合企业年金基金财产净值的30%。其中，企业年金基金不得直接投资于权证，但因投资股票、分离交易可转换债等投资品种而衍生获得的权证，应当在权证上市交易之日起10个交易日内卖出。

（4）单个投资组合的企业年金基金财产，投资于一家企业所发行的股票、单期发行的同一品种短期融资券、中期票据、金融债、企业债、可转换债（含分离交易可转换债），单只证券投资基金、单个万能保险产品或者投资连结保险产品，分别不超过该企业上述证券发行量，该基金份额或者该保险产品资产管理规模的5%；按照公允价值计算，也不得超过该投资组合企业年金基金财产净值的10%。

单个投资组合的企业年金基金财产，投资与经备案的符合上述（1）~（3）项投资比例规定的单只养老金产品，不得超过该投资组合企业年金基金财产净值的30%，不受上述10%规定的限制。

如果因为投资管理人之外的因素导致企业年金基金投资不符合规定比例或者合同约定的投资比例的，投资管理人应当在可上市交易之日起10个交易日内调整完毕。

2. 投资渠道

企业年金基金可以在证券交易所和全国银行间债券市场进行年金资金的投资运作。根据《关于企业年金基金进入全国银行间债券市场有关事项的通知》（银发〔2007〕56号）规定，企业年金基金作为全国银行间债券市场重要的投资者，可以直接进行债券的交易和结算（债券直接交易和结算），也可以通过结算代理人进行债券的交易和结算（债权代理交易和结算）。企业年金基金进行银行间债券市场交易时，同一投资管理人管理的不同企业年金基金及其他资产之间不得相互进行债券交易；同一企业年金基金的不同投资组合之间不得相互进行债券交易。

债券直接交易和结算：企业年金基金受托人委托投资管理人和托管人作为企业

年金代理人，分别向全国银行间同业拆借中心和中央国债登记结算有限责任公司申请债券交易联网手续和债券托管账户开立手续。

债券代理交易和结算：企业年金基金受托人委托投资管理人与结算代理人签署债券结算代理协议，结算代理人代理企业年金基金向中央国债登记结算有限责任公司申请开立债券托管账户。

债券托管账户的名称为“托管人××公司企业年金计划××组合”。债券托管账户按照企业年金基金投资管理人所管理的每个投资组合开立，且单个企业年金计划开立的债券托管账户不得超过10个。

（四）管理费用与风险准备金

受托人按不高于受托管理企业年金基金财产净值的0.2%/年的比例提取管理费；托管人按不高于所托管的企业年金基金财产净值的0.2%/年的比例提取托管费；投资管理人按不高于投资管理的企业年金基金财产净值的1.2%/年的比例提取管理费；账户管理人的管理费由设立企业年金计划的企业另行支付，管理费限额为每户每月不超过5元人民币，保留账户和退休人员账户的账户管理费可以按照合同约定由受益人自行承担，从受益人个人账户中扣除。

投资管理人应当提取企业年金基金投资管理风险准备金，专项用于弥补合同终止时所管理投资组合的企业年金基金当期委托投资资产的投资亏损，提取比例为当期管理费的20%。投资管理风险准备金余额达到投资管理人所管理投资组合基金财产净值的10%时可不再提取。企业年金基金投资管理风险准备金应存放于投资管理人在托管人处开立的专用存款账户，托管人不得对投资管理风险准备金账户收取费用。

投资管理人可以将风险准备金投资于银行存款、国债等高流动性、低风险性金融产品，产生的投资收益纳入风险准备金。风险准备金在委托投资资产没有发生亏损或弥补亏损后的余额归投资管理人所有。

第三节　员工持股与股权激励

一、概述

股权代持信托有两种操作模式：一种是由委托人将其合法所有的资金委托信托公司设立股权代持信托，以信托资金投资入股标的企业，由受托人代为信托受益权人持有标的企业的股权；另一种是由委托人直接将其所持有的标的企业股权委托给信托公司，由受托人代为委托人持有标的企业股权。股权代持信托属于事务性信托，其是基于以下情况而发起设立的：一种情况是由于企业内部股权激励机制而发起的员工持股计划；另外一种情况是委托人基于各种原因而不愿意直接出面持有标的企业股权，由信托公司代为持有标的企业股权，信托受益权人为标的企业的实际控制人。由于股权代持信托更多的是涉及企业内部的股权激励或员工福利，因此在本章对该类业务进行简单探讨。

员工内部持股是企业通过本企业员工持有企业股权或股票期权的一种长期绩效奖励计划。企业可以采用股权或股权期权的形式对员工进行奖励，以此保持管理层和核心业务骨干的稳定性；在国有企业进行改制过程中，以由员工持股的形式可以实现国有股的退出，以及调动员工参与企业改制的积极性。

二、国有企业员工持股

在我国国有企业改制过程中，很多企业引入职工持股以及职工投资新设公司的模式，该种模式对于推进国有企业改制、增强企业活力起到了重要作用。但是由于在实际操作中存在着很多不规范的现象，甚至导致国有资产的流失，为此国务院国有资产管理委员会于2008年颁发了《关于规范国有企业职工持股、投资的意见》。根据《关于规范国有企业职工持股、投资的意见》的规定：

（1）国有大中型企业主辅分离辅业改制，鼓励辅业企业的职工持有改制企业股权，但是国有企业主业企业的职工不得持有辅业企业股权；

（2）国有大型企业改制应择优选择投资者，职工持股不得处于控股地位；

（3）原则上职工持股仅限于于本企业股权，经国资委或集团公司批准，职工在确有必要的情况下可以持有上一级改制企业股权，但是不得直接或间接持有本企业的所出资或参股的企业股权以及本集团所出资的其他企业股权；科研设计、高新技术企业科技人员由于特殊需要并经国资委批准可以持有本企业的子企业的股权，但是不得为该子企业的国有股东代表。已经持有上述不得持有的企业股权的中层以上管理人员，应按照《意见》要求进行整改。

（4）职工入股资金不得为国有企业提供借款或垫付款，国有企业也不得以国有产权或资产为职工融资提供担保，也不得要求与本企业有业务往来的其他企业为职工入股提供借款或融资担保。

（5）职工不得持有为本企业提供燃料、原材料、辅料、设备及配件和提供设计、施工、维修、产品销售、中介服务或与本企业有其他业务关联的企业以及与本企业经营同类业务的企业的股权。已经持有上述不得持有的企业股权的中层以上管理人员，应按照《意见》要求进行整改。

（6）对于实行职工持股的由国有企业剥离部分业务、资产而改制设立的新公司，不得经营与该国有企业相同类业务，且从该国有企业取得的关联交易收入或利润不得超过新公司业务总收入或利润的1/3。

三、上市公司员工持股计划

关于上市公司员工持股计划，中国证监会于2014年6月30日发布《关于上市公司实施员工持股计划试点的指导意见》(〔2014〕33号)，以此建立和完善劳动者和所有者的利益共享机制，改善公司治理水平，提高员工凝聚力和公司的竞争力。

1. 受托机构范围

员工持股计划的受托管理机构可以包括如下具有资产管理资质的机构：(1) 信托公司；(2) 保险资产管理公司；(3) 证券公司、(4) 基金管理公司；(5) 其他符合条件的资产管理机构。当然，上市公司也可以自行管理本公司的员工持股计划。

2. 持股期限和规模限制

(1) 持股期限

每期员工持股计划的限售期为12个月，以非公开发行方式实施的员工持股计划的限售期为36个月，具体起算日期为上市公司公告标的股票过户至本期持股计划名下之日；上市公司应当在员工持股计划届满前6个月公告到期计划持有的股票数量。

(2) 持股规模

上市公司全部有效的员工持股计划所持有的股票总数累计不得超过本公司股本总额的10%，单个员工所获股份权益对应的股票总数累计不得超过公司股本总额的1%。员工持股计划持有的股票总数不包括员工在公司首次公开发行股票上市前获得股份、通过二级市场自行购买的股份及通过股份激励获得的股份。

(3) 股票来源

员工持股计划的股票来源可以包括：①上市公司回购本公司股票；②二级市场购买；③认购非公开发行股票；④股东自愿赠与；⑤法律、行政法规允许的其他方式。

第九章
金融机构同业合作业务法律实务

第一节　商业银行理财业务

一、理财业务概述

(一) 理财业务的性质

对于商业银行理财业务的法律性质，无论在学术界和实务界都存在不同的观点，主要可以分为“委托关系说”“信托关系说”。“委托关系说”认为，商业银行在开展理财业务中，银行与客户通过理财协议确立起了委托代理的法律关系，银行接受客户的委托，代理客户按照事先约定的投资管理方式管理运作客户资金。“信托关系说”认为，商业银行在开展理财业务中，银行与客户之间形成的是一种信托关系，客户将财产信托给银行，由银行以自己的名义投资管理客户交付的财产，银行充当的是信托关系的受托人的角色。除了“委托关系说”和“信托关系说”外，还有一种“中间说”。“中间说”则认为不能简单笼统地将商业银行的理财业务归为委托代理性质或信托性质，而应当根据不同的理财业务的结构特点确定其法律性质。

《商业银行个人理财业务管理暂行办法》规定商业银行的理财业务分为理财顾问服务和综合理财服务。理财顾问服务是指商业银行向客户提供的财务分析与规划、投资建议、个人投资产品推介等专业化服务；综合理财服务是指商业银行在向客户提供理财顾问服务的基础上，接受客户的委托和授权，按照与客户事先约定的投资计划和方式进行投资和资产管理的业务活动，客户授权银行代表客户按照合同约定的投资方向和方式进行投资和管理，投资收益与风险由客户或客户与银行按照约定方式承担。从《商业银行个人理财业务管理暂行办法》对理财业务的定义分析，监管机构已经将商业银行理财业务定性为一种委托关系而不是信托关系。

笔者认为商业银行的理财业务的实质就是一种信托业务。根据《商业银行法》第 43 条的规定：“商业银行在中华人民共和国境内不得从事信托投资和证券经营业务，不得向非自用不动产投资或者向非银行金融机构和企业投资，但国家另有规定的除外。”因此在中国金融分业经营的现状下，商业银行是不能从事信托业务的。商业银行的理财业务实质就是一种信托业务，这与《商业银行法》关于商业银行不得从事信托业务的规定相冲突，因此在《商业银行个人理财业务管理暂行办法》中，监管部门就将理财业务的法律性质定义为委托代理的关系。目前国内对于“信托”的定义也是模棱两可的，根据《信托法》的定义，“信托”关系也是采用“委托”定义说。

（二）理财业务类型

商业银行个人理财业务是指商业银行为个人客户提供的财务分析、财务规划、投资顾问资产管理等专业化服务活动。商业银行个人理财业务按照管理运作方式的不同，分为理财顾问服务和综合理财服务。在银行与客户的风险和收益的承担方面，理财顾问服务和综合理财服务是不同的。在理财顾问服务活动中客户承担相应的风险和收益，但是在综合理财服务活动中，风险与收益由客户或客户与银行按照协议约定的方式承担。商业银行提供的综合理财服务简单地说就是我们商业银行狭义上的理财业务，自己开发理财产品向投资者出售；理财顾问服务更多的是为客户推介理财产品，提供财富管理的规划和建议等。理财业务类型可详见下图：

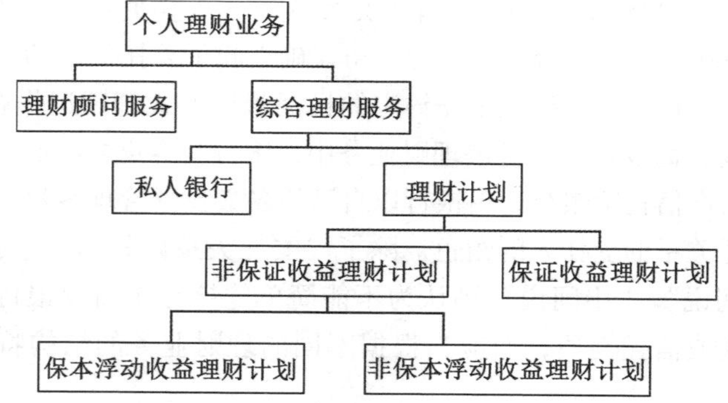

1. 理财顾问服务

即商业银行向客户提供的财务分析与规划、投资建议、个人投资产品推介等专业化服务。但是商业银行为销售储蓄存款产品、信贷产品等进行的产品宣传推介等一般性业务咨询活动不属于该处的理财顾问服务。在理财顾问业务中，商业银行根据客户的需求提供咨询和建议，由客户独立管理和运用其资金进行投资，由此所产生的风险和收益由客户自行承担。

2. 综合理财服务

商业银行在向客户提供理财顾问服务的基础上，接受客户的委托和授权，按照与客户事先约定的投资计划和方式进行投资和资产管理的业务活动。综合理财服务的表现形式就是商业银行开发设计并发售理财产品。客户购买理财产品，就是授权商业银行对理财资金进行投资和管理，并与商业银行按照约定的方式承担投资管理活动所产生的风险和收益。

商业银行的综合理财服务可以分为私人银行服务和理财计划服务。(1) 所谓理财计划就是指商业银行在对潜在的目标客户群分析研究的基础上，针对特定目标客户群开发设计并销售的资金投资和管理计划。理财计划分为非保证收益理财计划和保证收益理财计划，非保证收益理财计划又可分为保本浮动收益理财计划和非保本浮动收益理财计划。(2) 私人银行服务主要是面对高净值客户，为高净值客户提供财富管理等金融服务及非金融服务。随着中国经济的发展，中国高净值客户数量亦呈现快速增长态势，中国拥有巨大的财富管理市场。各家银行为了争夺高净值客户，纷纷开展私人银行业务。

二、理财业务风险管理

(一) 个人理财顾问服务的风险管理

商业银行为了防范个人理财顾问服务可能带来的法律风险、声誉风险、操作风险、合规性风险，应建立相应的风险管理控制制度，而各种管理制度和风险控制措施应该体现两大原则：了解你的客户和符合客户最大利益原则。

1. 监督和审计：为了降低个人理财顾问服务的法律风险、操作风险、声誉风险及其他风险，商业银行应建立内部监督审核机制，这种内部监督机制至少应从部门内部调查和审计部门独立审计两个层面进行，定期对相关风险状况进行评估，并要求内审部门提供独立的风险评估报告。

(1) 对于个人理财顾问服务的从业人员操守和专业胜任能力、操作的合规性和规范性、服务品质等，应当配备专门人员予以内部检查和监督。内部调查和监督人员应采用多样化的方式对个人理财顾问服务的质量进行调查，同时应当重点检查错误销售和不当销售的情况。销售每类理财计划时，内部监督检查人员应亲自或委托适当人员以客户身份进行调查。

(2) 内审部门应制定审计规范，保证审计活动的独立性，对与内部风险状况相关事项定期提供独立的风险评估报告。

2. 客户分层：商业银行应根据不同客户的特点、经济状况、风险认识能力和承受能力对客户进行分层。商业银行应制定相应的业务管理制度、工作规范和流程，以应对和防范不同层级的客户、不同类型的个人理财顾问服务、个人理财顾问服务的不同渠道三个方面所带来的风险。商业银行应根据不同类型的个人理财服务的特点，确定其所适用的不同层级的客户群体。

3. 个人理财业务人员：个人理财业务人员应具备必要的专业知识、行业经验、管理能力，充分了解相关法律法规、监管政策、规章制度，充分了解所推介产品的风险特性、收益状况和市场发展状况，遵守相应的职业道德。商业银行为此应当建立个人理财业务人员资格考核与认定、继续培训和跟踪评价制度。

个人理财业务人员与一般产品销售和服务人员应当相互分离，商业银行应明确相互之间的工作界限。一般产品销售和服务人员遇到办理一般产品业务的客户需要个人理财顾问服务时，应当将客户移交给个人理财业务人员。但是商业银行可以在需要时，通过制定业务管理办法和授权管理规则，以明确一般产品销售和服务人员协助理财业务人员向客户提供个人理财顾问服务。

4. 了解和评估你的客户：商业银行提供个人理财顾问服务时，首先需要了解客户的财务状况、投资经验、投资目的以及风险认知和承受能力，评估客户是否适合购买所推介的产品，并将评估意见告之客户并由双方签字。对客户的评估报告应由个人理财业务部门负责人或经授权的业务主管人员审核，对于投资金额较大的客户，评估报告尚需经主管理财业务的负责人审核。

商业银行不得主动向无相关交易经验或经评估不适合购买相应产品的客户推介市场风险较大的投资产品。如果客户主动要求了解和购买该类市场风险较大的产品时，商业银行应当制定专门的文件，列明商业银行的意见、客户的意见和相关说明，并由双方签字以确定是客户主动要求了解和购买该产品，同时应当向客户介绍相关产品的投资风险和风险管理的基本知识。

（二）综合理财服务风险管理

1. 内控制度：商业银行应建立健全综合理财服务的内部管理与监督体系、客户授权检查与管理体系、风险评估与报告体系，商业银行应及时对相关体系进行运行情况的检查；

商业银行应定期对内部风险监控和审计程序的独立性、充分性、有效性进行审核与测试，商业银行内部监督部门应向董事会和高级管理层提供独立的综合理财业务风险管理评估报告；

商业银行应当建立必要的委托投资跟踪审计制度，未经客户书面许可，不得擅自变更客户资金的投资方向、范围和方式，从而保证商业银行代理客户的投资活动符合与客户的事先约定；商业银行建立内部独立审计监督机制，确保理财计划的风险管理能够按照规定的程序和方法实施，并明确划分相关部门或人员在理财计划风险方面的权限与责任。

商业银行应确定本行理财计划所能承受的总体风险程度以及具体信托计划的风险承受程度，同时应建立风险承受程度的量化指标。

2. 产品销售：保证收益理财计划的销售起点金额为 5 万元人民币（外币应为 5000 美元或等值其他外币），其他理财计划和投资产品的销售起点金额应不低于 5 万元人民币（外币应为 5000 美元或等值其他外币）；

商业银行对于是否销售以及销售哪些类型的理财计划应根据银行本身的经营战略、风险管理能力和人力资源状况决定。商业银行应对理财计划的销售进行事前的风险评估、采取风险控制措施、建立分级审核批准制度。

3. 风险限额管理：商业银行应建立清晰全面的风险限额管理制度和相应的管理体系。

（1）市场风险限额：可以采用交易限额、止损限额、错配限额、期权限额、风险价值限额，但在所采用的风险限额指标中，至少应包括风险价值限额。

（2）信用风险限额：包括结算前信用风险限额和结算信用风险限额。

（3）流动性风险限额：至少应当包括期限错配限额。

商业银行除制定总体可承受的市场风险限额外，还应当按照风险管理权限，制定不同的交易部门和交易人员的风险限额，并确定每一理财计划或产品的风险限额。商业银行各相关部门的突破限额的交易应按照内部管理规定进行事先审批。

4. 风险隔离措施：理财计划风险分析部门、研究部门应当与理财计划的销售部门、交易部门分开；负责理财计划或产品相关交易工具的交易人员与负责银行自营交易的交易人员相分离，并定期检查和比较两类交易人员的交易状况；理财计划的内部监督部门和审计部门应当独立于理财计划的运营部门。

5. 风险提示：保本收益理财计划和保本浮动收益理财计划应向客户提示："本理财计划有投资风险，您只能获得合同明确承诺的收益，您应充分认识投资风险，谨慎投资。"

非保本浮动收益理财计划应向客户提示："本理财计划是高风险投资产品，您的本金可能会因市场变动而蒙受重大损失，您应充分认识投资风险，谨慎投资。"

（三）其他规定

为了促进商业银行理财业务的健康发展，禁止商业银行通过理财业务变相调节资本充足率、存贷比、拨备覆盖等监管指标以规避审慎监管政策，进行监管套利，银监会于 2011 年 9 月 30 日发布了《关于进一步加强商业银行理财业务风险管理有关问题的通知》（以下简称《通知》）（银监发〔2011〕91 号）。根据通知要求，商业银行开展理财业务，应当遵守"成本可算、风险可控、信息充分披露"的原则，按照"实质重于形式"的原则，依法合规地开展金融创新。

《通知》对理财产品募集资金进行投资的真实性与合法性进行规范，要求商业银行不得发行和销售无真实投资、无测算依据、无充分信息披露的理财产品。对于期限在一个月以内的理财产品加强信息披露和合规管理，禁止通过发行短期和超短期、高收益的理财产品进行变相揽储，防止商业银行通过这种方法在月末和季末变相调节存贷比等监管指标。

商业银行应当对理财产品进行充分的信息披露，坚持事前、事中、事后的持续性披露原则。商业银行对于各类投资资产的具体种类和类别的比例区间应进行明确，不得以0~100%等笼统数据规定各类资产的投资比例。

商业银行在销售文件中应当告知客户的产品募集期、起始期和产品结束时的清算期，不得故意拖延理财产品的清算期，以侵占客户资金的时间价值。

商业银行对于每个理财计划所汇集的资金进行规范的会计核算；为每个理财计划制作明细记录，并覆盖资金募集、投资过程、各类标的资产的明细、到期清算的全过程；为每个理财计划建立托管明细账；为每个理财计划对应的投资资产组合实现单独管理；理财计划终止时，应当准确计算每个理财计划单独兑现的收益。

商业银行对于本行资金所投资的理财产品中包含的信贷资产纳入表内核算，并按照自有信贷资产的会计核算制度进行管理，计算相应的存贷比等监管指标，按照相应的权重计算风险资产和必要的风险拨备。

三、理财业务投资管理制度

（一）投资管理原则

客户分级原则：商业银行在开展个人理财业务时，应坚持审慎、稳健的原则对理财资金进行投资管理，不得投资于可能造成本金重大损失的高风险金融产品，以及结构过于复杂的金融产品。商业银行实行理财客户分级制度，将客户划分为有投资经验客户和无投资经验客户，并在理财产品销售文件中标明所适合的客户类别。对于无投资经验客户，商业银行应根据其风险承受能力向其提供风险较低的低端理财产品；对于有投资经验客户，商业银行理财产品的起点金额不得低于10万元人民币，且不得向无投资经验客户销售。

信息披露原则：商业银行向客户销售其开发的理财产品时，应当向客户充分披露理财产品的相关信息，披露信息的内容包括但不限于：理财资金的投资方向、具体投资品种、投资比例等有关投资管理信息；对投资者权益或者投资收益等产生重大影响的突发事件。

（二）投资管理方式

资产管理人：商业银行应将理财业务的投资管理纳入总行的统一管理体系之中，实行前、中、后台分离，加强日常风险指标检测和内控管理，理财产品应由商业银行统一设计开发。商业银行可以独立对理财资金进行投资管理，也可以委托其他金融机构对理财资金进行投资管理，但受托金融机构应当经监管机构批准或认可，同时商业银行应对受托金融机构的资质和信用状况等做出尽职调查并经高级管理层核准。

根据《银行与信托公司业务合作指引》，商业银行可以将理财资金委托信托公司设立单一资金信托，并由信托公司作为受托人对信托资金（理财资金）进行投资管理。随着我国资产管理行业的发展及监管部门的监管创新，证券公司、基金公司、保险公司、期货公司的资产管理业务亦蓬勃发展，商业银行理财资金与上述各类金融机构开展了大量业务合作。

资产托管人：商业银行发售理财产品，应委托具有证券投资基金托管业务资格的商业银行托管理财资金及其所投资的资产。商业银行发售理财产品时，在保证公平尽职的前提下，可以委托自身的托管部门托管理财资金及其所投资的资产。对于不具备证券投资基金托管业务资格的城市商业银行等中小商业银行在《中国银监会关于进一步规范商业银行个人理财业务投资管理有关问题的通知》（银监发〔2009〕65 号）发布后必须委托其他具备托管资格的商业银行托管理财资金及其所投资的资产。结构性存款不需要进行托管，但是商业银行承诺保本的理财产品需要托管，信托公司对信托财产进行的保管不能代替托管。

（三）资产投资范围

1. 投资范围

（1）固定收益类金融产品

理财资金投资固定收益类金融产品，投资标的市场公开评级应在投资级以上。固定收益类金融产品包括但不限于银行定期存款、协议存款、国债、金融债、企业债、可转换债券、债券型基金等可以获得稳定但不高的利息并且风险不大的金融产品。投资级债券是指按照标准普尔的债券评级标准来界定的。①

（2）信贷资产类产品

理财资金投资于银行信贷资产应符合以下两个条件：

①所投资的银行信贷资产为正常类。商业银行贷款质量按照风险程度可分为正常类、关注类、次级类、可疑类、损失类，其中次级类、可疑类和损失类为不良贷款，正常类贷款的标准为：借款人能够履行合同，没有足够理由怀疑贷款本息不能按时足额偿还。

② 商业银行应独立或委托其他商业银行担任所投资银行信贷资产的管理人，并确保不低于管理人自营同类资产的管理标准。

理财资金用于发放信托贷款应符合以下条件：

① 遵守国家相关法律法规和产业政策的要求；

② 商业银行应对理财资金投资的信托贷款项目进行尽职调查，比照自营贷款业务的管理标准对信托贷款项目作出评审。

---

① 标准普尔公司把债券的评级定为四等十二级：AAA、AA、A、BBB、BB、B、CCC、CC、C、DDD、DD、D。其中 AAA、AA、A、BBB 属于投资级，BB、B、CCC、CC、C、DDD、DD、D 属于投机级，BBB 是在正常情况下投资者所能接受的最低信用度等级。

③ 理财资金用于投资单一借款人及其关联企业银行贷款，或者用于向单一借款人及其关联企业发放信托贷款的总额不得超过发售银行资本净额的10%。

（3）金融衍生产品及权益类金融产品

理财资金用于投资金融衍生产品或结构性产品，商业银行或其委托的境内投资管理人应具备金融机构衍生产品交易资格，以及相适应的风险管理能力，金融机构衍生产品交易的相关规定参照《金融机构衍生产品交易业务管理暂行办法》。

根据《金融机构衍生产品交易业务管理暂行办法》的规定，金融衍生产品是一种金融合约。合约的基本种类包括远期、期货、掉期（互换）、期权，以及内嵌远期、期货、掉期（互换）、期权中的一种或者多种特征的结构化金融工具。金融机构衍生产品交易业务按照交易目的可分为套期保值类衍生产品交易和非套期保值类衍生产品交易。金融机构衍生产品交易业务的资格条件包括如下列项：

①有健全的衍生产品交易风险管理制度和内部控制制度。

②具备完善的衍生产品交易前、中、后台自动连接的业务处理系统和实时的风险管理系统。

③衍生产品交易业务主管人员应当具备5年以上直接参与衍生交易活动和风险管理的资历，且无不良记录。

④应具有从事衍生产品或相关交易2年以上，接受相关衍生产品交易技能专门培训半年以上的交易人员至少2名，相关风险管理人员至少1名，风险模型研究人员或风险分析人员至少1名；上述均需专人专岗，不得相互兼任，不得有任何不良记录。

⑤有适当的交易场所和设备。

⑥外国银行分行申请开办衍生产品交易业务，必须获得其总行或地区总部的正式授权，且其母国应具备对衍生产品交易业务进行监管的法律框架，其母国监管当局应具备相应的监管能力。

⑦银监会规定的其他条件。

如果外国银行分行不具备上述①~⑤项条件，其总行或地区总部应当具备上述条件，该外国银行分行还应具备如下条件：总行或地区总部对该分行从事衍生产品交易等方面的正式授权应对交易品种和限额做出明确规定；除总行另有规定外，该分行的全部衍生产品交易统一通过给其授权的总行或地区总部系统进行实时交易，并由总行或地区总部统一进行平盘、敞口管理和风险控制。

2. 投资限制

理财资金不得投资于境内二级市场公开交易的股票或与其相关的证券投资基金，理财资金可以参与新股申购，但应符合国家法律法规和监管规定；理财资金不得投资于未上市企业股权和上市公司非公开发行或交易的股份。商业银行可以通过私人银行服务满足那些具有相关投资经验和风险承受能力较强的高净值客户的投资需求，可以投资于境内二级市场公开交易的股票或与其相关的证券投资基金、未上市企业股权和上市公司非公开发行或交易的股份。

理财资金用于投资公开或非公开市场交易的资产组合，商业银行应具有明确的投资标的、投资比例、募集资金规模计划，应对资产组合及其项下各项资产进行独立的尽职调查与风险评估，并由高级管理层核准评估结果后，在理财产品发行文件中进行披露。

理财资金投资信托公司发行的集合资金信托计划的，商业银行应按照《信托公司集合资金信托计划管理办法》关于合格投资者的规定进行目标客户的选择，银行和信托公司不得变相规避信托计划的合格投资者的规定。

严禁商业银行利用代客境外理财业务变相代理销售在境内不具备开展相关金融业务资格的境外金融机构所发行的金融产品，以及变相代理不具备开展相关金融业务资格的境外金融机构在境内拓展客户或从事相类似的活动。

四、非标资产投资与理财资金直接投资工具

（一）非标资产投资的规范

非标准化债权资产是指未在银行间市场及证券交易所交易的债权性资产，主要包括信贷资产、信托贷款、委托贷款、承兑汇票、信用证、应收账款、各类受（收）益权、带回购条款的股权性融资等。《中国银监会关于规范商业银行理财业务投资运作有关问题的通知》（银监发〔2013〕8 号）对商业银行理财资金投资非标资产进行严格的规范，主要包括如下方面：

1. 取消资金池：直接叫停银行的资金池业务，要求商业银行每个理财产品与所投资资产相对应，并且每个产品应单独管理、建账和核算。叫停资金池业务，主要是为了防范银行理财业务通过资金池进行期限错配、短期资金长期投资的风险。

2. 额度控制：8 号文对理财资金投资非标债权资产的总额实现额度管理，即理财资金投资非标债权资产的余额以理财产品余额的35%与商业银行上一年度审计报告总资产的4%之间孰低者为上限。商业银行只有通过扩张总资产规模和投资标准化资产理财产品规模，以此增加投资非标债权资产的理财产品的额度空间。

中国人民银行于 2014 年 2 月 13 日发布《关于商业银行理财产品进入银行间债券市场有关事项的通知》允许 16 家银行的理财资金通过乙类账户进入银行间债券市场进行标准化债权资产投资。

3. 其他规定：商业银行对非标准化债权资产投资需要按照自营贷款要求进行尽职调查、风险审查和投资管理；商业银行代销其他机构发行的产品投资于非标准化债权资产或股权性资产的审批权限全部收回至总行；商业银行不得为非标准化债权资产或股权性资产融资提供任何直接或间接、显性或隐性担保或回购承诺。

（二）商业银行理财资金直接融资工具

银监会〔2013〕8号文对商业银行理财资金投资非标准化债权资产进行了严格限制，为了进一步支持商业银行理财资金的规范发展，一方面银监会允许部分商业银行试点债权直接融资工具（银行理财的资产管理计划），另一方面银监会允许商业理财资金直接进入债券市场进行固定收益类产品的二级市场交易。

债券市场投资：

（1）交易所债券市场

中国证券登记结算有限责任公司于2013年12月23日发布《关于商业银行理财产品开立证券账户有关事项的通知》，每一只商业银行理财产品可以由资产托管人在沪、深市场各开立一个证券账户用于参与证券交易所标准化债券、信贷资产支持证券、优先股等固定收益类产品的投资。

（2）银行间债券市场

《关于商业银行理财产品进入银行间债券市场有关事项的通知》，对商业银行理财产品进入银行间债券市场相关事宜进行规范。该通知仅下发至16家商业银行：五大国有商业银行、中信、兴业、浦发、招行、民生、华夏、光大、平安、北京银行、南京银行、宁波银行。在通知下发之前的理财产品的债券账户多为通过银行自营账户进行结算交易的丙类账户，2013年银行间债券市场的整顿使得理财产品的债券账户开立一度暂停，该通知的下发将会促使理财产品的丙类账户全面升级为乙类账户。

根据通知要求，由本行作为托管人的理财产品只能以单只理财产品的名义在银行间债券市场申请开立债券账户；由非本行的第三方作为托管人的理财产品可以理财产品系列或理财产品组合的名义在银行间债券市场申请开立债券账户。拟以理财产品系列或理财产品组合名义开立账户的，可以按照理财系列或理财产品组合提交备案材料，并在每月结束后10个工作日内，向央行上海总部提交上月已完成向银行业监督管理部门备案、新进入理财产品系列或组合的单只理财产品基本情况清单。

根据通知要求，理财产品应直接进行债券交易和结算，并应在备案通知书发放后3个月内，由管理人凭备案通知书等相关材料向同业拆解中心申请办理债券交易联网手续，并由托管人向中央结算公司和上海清算所申请开立债券账户。资产管理人的自营债券账户与理财产品债券账户之间，以及同一管理人管理的不同债券账户之间不得进行交易。

根据通知要求，理财产品管理人应按照成本可算、风险可控、信息充分披露的原则开展理财投资管理业务，实现每只理财产品与所投资资产的对应；每只理财产品单独管理、建账和核算。具有与自营投资管理业务在资产、人员、系统、制度等方面完全相分离的专门理财投资管理部门；与理财投资管理业务相对应的交易前台、风险控制、清算结算后台的岗位设置应完全分离，每一岗位至少配备2名熟悉银行间债券市场的专职人员。

五、理财产品销售

（一）概述

中国银监会自2005年以来颁布实施了《商业银行个人理财业务管理暂行办法》以及系列配套规章文件，商业银行理财业务得到了快速发展，但是商业银行在理财产品的开发和销售过程中存在不规范现象，使得客户合法权益和商业银行声誉受到很大影响。为了对商业银行理财产品销售行为进行规范，银监会于2011年8月28日颁发《商业银行理财产品销售管理办法》。

《商业银行理财产品销售管理办法》规定了如下内容：（1）管理办法的立法原则、监管范围和职责；（2）商业银行理财产品销售应当遵循的基本原则；（3）宣传与销售文本的规范管理；（4）理财产品的风险评级和客户风险承受力评估；（5）理财产品销售与销售人员管理；（6）销售环节的内控制度和风险管理制度；（7）监督管理、法律责任、其他问题的附属性规定。

商业银行销售理财产品应当遵循如下原则：（1）诚实守信、勤勉尽责、如实告知原则；（2）公平、公开和公正原则；（3）合规性原则；（4）成本可算、风险可控、信息披露充分性原则；（5）风险匹配性原则。

（二）理财产品风险评级与客户风险承受能力评估

商业银行应当对其所销售的理财产品进行风险评级，并且应当评估理财产品的风险等级与客户风险承受能力之间的关系，在销售文件中明确不同风险等级的理财产品适合不同风险承受能力的客户范围。对于风险评级1～2级的理财产品的单一客户销售起点金额不低于5万元人民币，风险评级3～4级的理财产品的单一客户销售起点金额不低于10万元人民币，风险评级5级的理财产品的单一客户销售起点金额不低于20万元人民币。

根据《商业银行理财产品销售管理办法》规定，理财产品的风险评级依据应当包括但不限于：（1）理财产品的投资范围、投资资产、投资比例；（2）理财产品期限、成本、收益测算；（3）本行同业理财产品的过往业绩；（4）理财产品运营过程中存在的各类风险。

对于首次购买理财产品的客户、超过1年未进行风险承受能力评估或发生可能影响自身风险承受能力情况而再次购买理财产品的客户，商业银行应当对其进行风险承受能力评估，并由客户对评估结果签字确认。《商业银行理财产品销售管理办法》同时规定了私人银行客户和高净值客户的范围：

（1）私人银行客户的金融净资产不低于600万元人民币；

（2）高净值客户应当不低于如下标准：单笔认购理财产品不少于100万元人民币的自然人；个人或家庭金融净资产超过100万元人民币且能提供证明的自然人；个人最近3年年收入超过20万元或家庭最近3年年收入超过30万元人民币且能提供证明的自然人。

（三）理财产品的宣传及销售的规范性要求

《商业银行理财产品销售管理办法》对理财产品的宣传材料和销售文件的内容提出了具体详细的规范要求，要求向客户进行充分的信息披露和风险揭示，向客户提示“理财非存款、产品有风险、投资需谨慎”，不得对客户进行误导性销售。《商业银行理财产品销售管理办法》同时对理财产品销售管理及禁止性事项进行了规范。

《商业银行理财产品销售管理办法》对理财产品的销售人员提出了一系列具体详细的规范要求：理财销售人员应当具备相应的销售资格、专业知识、经验技能、职业道德；理财销售人员在销售活动中应当遵循勤勉尽职、诚实守信、公平对待客户、专业胜任等原则；销售人员办理理财产品认购前的特别注意事项、销售人员销售活动中的注意事项、销售人员的培训评价管理。

《商业银行理财产品销售管理办法》规定商业银行的董事会及高级管理层需要充分了解其中可能存在的合规性风险、操作性风险、法律风险和声誉风险；商业银行应当建立健全理财产品风险评级、客户风险承受能力评估、销售活动风险评估等内控制度；商业银行应当建立健全理财产品销售授权控制体系、销售业务账户管理制度、销售业务基本规程、客户投诉处理体系、信息管理和保密制度、文档保存制度、技术支持系统和后台保障能力、销售质量控制制度。

第二节　银信合作信托业务

一、银信理财合作业务概述

我国目前实行分业经营、分业监管的金融管理体制，按照《商业银行法》的规定，商业银行在中国境内不能从事信托投资和证券经营业务，也不得进行非自用不动产投资或者非银行金融机构和企业投资。商业银行理财业务中理财资金的投资运用受到很大限制，因此商业银行需要引入信托机制实现理财资金在不同市场和领域的投资运作。信托公司具有横跨货币市场、资本市场和实业市场投资的制度优越性。但是由于监管法规和政策的限制以及销售渠道的缺乏，使得信托公司客观上需要通过商业银行来开拓客户资源。

根据监管法规和政策，银信理财合作业务包括：（1）银行将客户理财资金委托信托公司设立单一资金信托；（2）银行将客户理财资金运用于认购信托公司发行的信托计划的信托单位；（3）银行将客户理财资金运用于受让信托受益权。

二、银信理财合作信托业务监管政策

（一）概述

银信理财合作是指银行将理财计划项下的资金交付信托，由信托公司担任受托人并按照信托文件的约定进行管理、运用和处分的行为。开展银信理财合作信托业务，银行和信托公司应当各自独立核算，并建立有效的风险隔离机制；信托公司应当独立处理信托事务，银行不得干预信托公司的管理行为；依法、及时、披露银信理财的相关信息。

银行开展银信理财合作业务，应做到：

1. 严格遵守《商业银行个人理财业务管理暂行办法》等监管规定；

2. 充分揭示理财计划风险，并对客户进行风险承受度测试；

3. 理财计划推介中，应明示理财资金运用方式和信托财产的管理方式；

4. 未经严格测算并提供测算依据和测算方式，理财计划推介中不得使用“预期收益率”“最高收益率”或意思相近的表述；

5. 书面告知客户信托公司的基本情况，并在理财协议中载明其名称、住所等信息；

6. 银行理财计划的产品风险和信托投资风险相适应；

7. 每一支理财计划至少配备一名理财经理，负责该理财计划的管理、协调工作，并于理财计划结束时制作运行效果评价书；

8. 依据监管规定编制相关理财报告并向客户披露。

信托公司开展银信理财合作业务，应遵守以下规定：

1. 严格遵守《信托公司管理办法》《信托公司集合资金信托计划管理办法》等监管规定；

2. 认真履行受托职责，严格管理信托财产；

3. 为信托财产开立信托财产专户，并将信托财产与固有财产分别管理、分别记账；

4. 每一支银信理财合作产品至少配备一名信托经理；

5. 按照信托文件约定向银行披露信托事务处理情况。

（二）自主管理原则

为了引导信托公司在银信合作中发展自主管理类的信托业务，以履行“受人之托、代人理财”的职责，信托公司在银信合作中应该坚持自主管理、提高核心资产管理能力、打造专属产品品牌的原则。对于“自主管理”，银监会也进行了界定：自主管理是指信托公司作为受托人，在信托资产管理中拥有主导地位，承担产品设计、项目筛选、投资决策及实施等实质管理和决策职责。

信托公司开展银信合作业务，应独立进行尽职调查，不得将尽职调查的职责委托给其他机构；信托公司开展银信合作融资类业务（包括但不限于受让银行信贷资产、票据资产、发放信托贷款），不得将资产管理职能委托给资产出让方或理财产品发行银行，但信托公司可以将资产管理职能委托给其他第三方机构，不过需要提前10个工作日向监管部门报告。

（三）投资管理

银行募集的理财资金作为信托资金用于受让银行信贷资产，标的债权评级应为正常；银信合作理财产品不得投资于理财产品发行银行自身的信贷资产或票据资产。

银信合作理财产品投资于权益类金融产品或者具备权益类特征的金融产品，商业银行理财产品的投资者满足集合资金信托计划的合格投资者的条件；如果需要聘请第三方投资顾问的，应提前10个工作日向监管部门报告。

银信合作产品投资于政府项目，信托公司尽职调查应包括但不限于以下内容：地方财政收支状况、对外负债或有负债情况；信托公司应建立并完善地方财力评估、授信制度，科学评判地方财政综合还款能力；禁止同出资不实、无实际经营业务和存在不良记录的公司开展投融资业务。

对于银信合作业务中存在两个及两个以上信托产品间发生交易的复杂结构产品，信托公司应向监管部门事前报告。

信托公司开展银信理财合作业务，信托产品期限不得低于1年。

商业银行和信托公司开展投资类银信理财合作业务，其资金原则上不得投资于非上市公司股权；商业银行和信托公司开展融资类银信理财合作业务，信托公司信托产品不得设计为开放式，信托公司融资类银信理财合作业务余额和银信理财合作业务余额之比不得高于30%；信托资金同时用于融资类和投资类业务，应参照融资类业务余额的30%比例管理。

《中国银监会关于规范银信理财合作业务有关事项的通知》（银监发〔2010〕72号）发布以前开展的银信理财合作业务，商业银行应按照要求将表外资产在2010年和2011年内转入表内，并按照150%的拨备覆盖率要求计提拨备，同时大型银行应按照11.5%、中小银行按照10%的资本充足率要求计提资本。对设计为开放式的非上市公司股权投资类、融资类或含融资类业务的银行理财产品和信托产品，商业银行和信托公司在本通知发布后停止接受新的资金申购，并妥善处理后续事宜。

《中国银监会关于进一步规范银信理财合作业务通知》（银监发〔2011〕7号）

规定对银监发〔2010〕72号文做了进一步的补充。各商业银行应当在2011年底前将银信理财合作业务表外资产转入表内，并应于2011年1月31号前向银监会或省级派出机构报送资产转表计划，原则上银信合作贷款余额应当按照每季至少25%的比例予以压缩；对于商业银行未转入表内的银信合作信托贷款，信托公司应按照10.5%的比例计提风险资本；信托公司信托赔偿准备金低于银信合作不良信托贷款余额150%或低于银信合作信托贷款余额2.5%的，信托公司不得分红，直至达到该标准。

针对近年来银信类业务增长过快，尤其银信通道业务的占比较高所存在的风险隐患，中国银监会于2017年11月22日印发《关于规范银信类业务的通知》（银监发〔2017〕55号）对商业银行和信托公司的银信类业务的规范健康发展提出宏观审慎的监管要求；同时要求中国信托登记有限责任公司通过信托产品登记平台，促使合同条款阳光化、交易结构清晰化，提高信托业务的透明度和规范化水平。信托公司在银信类业务中不得接受委托方银行直接或间接提供的担保，不得与委托方银行签订抽屉协议，不得为委托方银行规避监管规定或第三方机构违法违规提供通道服务，不得将信托资金违规投向房地产、地方政府融资平台、股票市场、产能过剩等限制或禁止领域。

三、银信合作的创新

由于监管部门对于银信合作业务有较为严格的监管规定，信托公司和商业银行便通过各种创新模式以规避监管政策。目前主要有如下几种模式：

（一）受益权受让模式

信托公司以过桥资金设立信托，然后由商业银行以理财资金或自有资金受让过桥方所持有的信托受益权。银监会于2011年1月27日颁发的《关于印发信托公司净资本计算标准有关事项的通知》规定：银行理财资金成为受益权人的信托业务视为银信合作，按照集合资金信托业务计算风险资本。根据监管口径，监管部门将商业银行以理财资金认购信托和以理财资金受让信托受益权两种模式纳入同一监管标准，以此防范商业银行理财资金通过受让信托受益权方式来规避银行理财合作业务的监管政策。

（二）银信证/银信基合作模式

商业银行以理财资金或自有资金投资证券公司发起的定向资产管理产品，然后由证券公司以定向资产管理产品项下资金或自有资金委托信托公司设立信托。银行理财资金或自有资金通过该种模式间接地投资于信托产品，以此规避监管部门关于银信理财合作业务的政策限制。为了规避监管政策对于信托资金的投资限制，银行将理财资金委托信托公司设立信托，信托公司将该信托项下资金委托证券公司设立定向资产管理产品，再由定向资产管理计划投资于诸如土地储备贷款等政策限制信托资金投资的领域。商业银行和信托公司除了和证券公司开展业务合作外，还可以通过基金公司子公司的专项资产管理计划来规避银信理财合作业务的政策限制。

（三）三方买入返售模式

过桥方（甲方）以其合法所有资金（商业银行的自有资金或理财资金、信托公司的信托资金或自有资金以及其他机构的合法所有资金）作为过桥资金设立信托，然后由一家银行（乙方）以自有资金或理财资金受让过桥方（甲方）所持有的信托受益权，另外一家银行（丙方）承诺承担远期受让信托受益权的义务。该种业务模式一方面可以规避银行信贷规模的额度控制，也可以规避银信理财合作的监管政策限制，同时也可以将该类业务在资产负债表中的买入返售科目列示以规避存贷比的监管指标限制。上述甲方、乙方、丙方根据不同的产品结构设计及金融资产分类原则，可以在持有至到期投资、可供出售的金融资产、买入返售金融资产等金融资产科目进行计量。

四、金融机构同业业务规范

根据中国人民银行、银监会、证监会、保监会及外汇管理局联合发布的《关于规范金融机构同业业务的通知》（银发〔2014〕127 号），同业业务是指金融机构之间开展同业融资和同业投资业务，主要包括同业拆解、同业存款、同业借款、同业代付、买入返售（卖出回购）及同业投资等业务。

（一）同业拆借和同业存借款业务

同业拆借和同业存借款的区别在于交易场所及产品标准化的不同。同业拆借业务是指在全国银行间市场进行的金融机构之间无担保的资金融通行为，银行间同业拆借市场是金融同业之间的一种短期资金拆借市场，主要是解决金融机构短期的资金头寸不足或盈余的问题；同业存借款没有统一的交易市场，其中同业存款是金融机构之间开展的同业资金存入和存出业务，同业借款是指金融机构之间开展的同业资金借出和借入业务。

根据 127 号文的规范：同业拆借相关款项在拆出和拆入资金会计科目核算，并在上述会计科目下单独设立二级科目进行核算；同业借款相关款项在拆出和拆入资金会计科目核算；同业存款分为结算性同业存款和非结算性同业存款，相关款项放在同业存放和存放同业科目进行核算。

（二）同业代付业务

根据 127 号文的规范，同业代付业务仅适用于办理跨境贸易结算，对于境内信用证或保理等业务应通过支付系统汇划款项或通过本行分支机构支付。委托人不得在同一县市有分支机构的情况下委托当地其他金融机构进行代付，也不得通过同业代付进行变相融资。同业代付的受托方的同业代付款项在拆出资金科目核算，委托方在贷款科目核算。

（三）买入返售（卖出回购）和同业投资业务

127 号文对信托公司影响最大的就是对于买入返售（卖出回购）和同业投资业务。根据 127 号文的规范，对于三方或以上交易对手之间的类似交易不得纳入买入返售或卖出回购业务进行管理；买入返售或卖出回购业务项下的金融资产必须为银行承兑汇票、债券、央票等在银行间市场、交易所市场具有合理公允价值和较高流动性的金融资产；卖出回购方不得将该业务项下的金融资产从资产负债表转出。对于买入返售（卖出回购）和同业投资业务，金融机构不得接受和提供任何直接或间接、显性或隐性的第三方金融机构信用担保。

总体来说，127 号文对信托公司影响最大的就是对买入返售（卖出回购）和同业投资业务的规范。比如说：信托受益权作为标的资产的买入返售业务占整个买入返售业务的比例很高，127 号直接禁止了信托受益权作为标的资产的买入返售业务。再比如：商业银行委托其他金融机构投资信托，并由信托项下资金投资商业银行指定的非标资产，该商业银行为信托所投资的非标资产提供信用兜底，而该种信用兜底行为被 127 号文明确予以禁止。

第三节　信贷资产转让业务

一、信贷资产转让业务概述

（一）概述

信贷资产转让业务是指金融机构之间根据协议约定转让在其经营范围内的、自主、合规发放尚未到期信贷资产的金融业务。信贷资产转让业务涉及的金融机构主要为银行、信托公司、资产管理公司、财务公司、金融租赁公司以及其他金融机构。

根据银监会办公厅《关于银行业信贷资产流转集中登记的通知》（银监办发〔2015〕108 号），银行业金融机构开展信贷资产流转业务，即将所持有的信贷资产及对应的受益权进行转让，应实施集中登记。银行业信贷资产登记流转中心承担信贷资产集中登记职能，具体负责信贷资产及银行业其他金融资产的登记、托管、流转、结算服务，代理本息兑付服务，交易管理和市场监测服务。

（二）业务类型及意义

信贷资产转让业务可分为信贷资产出让业务和信贷资产受让业务两种类型：信贷资产出让业务：金融机构将其持有的信贷资产出售给其他金融机构并一次融入资金的业务。信贷资产受让业务：金融机构受让其他金融机构出售的信贷资产并融出资金的业务。信贷资产转让业务的开展受到转让对象的限制，一般只能在商业银行、政策性银行、财务公司、信托公司、资产管理公司、金融租赁公司之间进行该类业务，不允许将信贷资产转让给非金融企业。

信贷资产转让业务有卖断型（买断型）和回购型两种业务类型，这两种业务类型关键区别点在于信贷资产转移的真实性。卖断型（买断型）业务中，债权人由出让方转移到受让方；回购型业务中，出让方有回购信贷资产的义务，债权人不发生转移，回购义务主要通过回购协议、即期买断附加远期回购协议来完成的。

需要特别说明的是信贷资产证券化本质上是一种卖断型信贷资产转让业务，因此将资产证券化业务放入到本节进行研究。

信贷资产转让的意义：

1. 改善资产的流动性：金融机构可以将较长期限的贷款，比如住房抵押贷款和银团贷款等，通过转让给其他金融机构从而融通资金。

2. 提高资本充足率：资本充足率 =（资本 - 扣除项）/（风险加权资产 + 12.5% 倍的市场风险资本）。

3. 化解不良贷款：20 世纪 90 年代末，国家为了化解商业银行巨额不良贷款所带来的系统性风险，国务院成立了四大资产管理公司（华融资产管理公司、信达资产管理公司、东方资产管理公司和长城资产管理公司）分别对口四大国有商业银行，受让其不良贷款，然后再由四大资产管理公司通过各种方式处置不良贷款。

4. 增加盈利途径（中间业务收入）：开展信贷资产转让业务可以获得加速资金周转收益、合理的贷款转让定价的业务收益、利率变动收益。

5. 信贷资产出表：信贷资产的真实转让可以实现银行的出表要求，优化商业银行的存贷比指标，可以释放信贷额度。

二、风险管理原则

（一）信贷资产转让的真实性原则

银行业金融机构开展信贷资产转让业务时，应坚持资产转让真实性原则，所转让的信贷资产应是确定的、可转让的。禁止资产的非真实转移转让，转受让双方不得通过签订回购协议、即期买断加远期回购协议等任何显性或隐性的回购条件规避监管。

坚持资产转移的真实性原则，转出方只有将信用风险、市场风险和流动性风险完全转移给转入方后，方可将信贷资产移出资产负债表，而转入方应同时将信贷资产作为自己的表内资产进行管理，转入方应按相应权重计算风险资产和计提必要的风险拨备。

（二）信贷资产转让的整体性原则

银行业金融机构开展信贷资产转让业务时，应当坚持整体性原则，所转让的信贷资产应当包括全部未偿还本金及应收利息，同时禁止下列情形：

（1）将未偿还本金与应收利息分开；

（2）按一定比例分割未偿还本金或应收利息；

（3）将未偿还本金及应收利息整体按比例进行分割；

（4）将未偿还本金或应收利息进行期限分割。

银行业金融机构转让银团贷款的，转出方应优先整体转让给其他银团贷款成员，如果转让方整体转让给银团贷款成员之外的银行业金融机构应符合两个条件：一是其他银团贷款成员都不愿受让，二是其他银团贷款成员对受让方银行业金融机构无异议。

银行将理财资金委托给信托公司，用于受让信贷资产的，单一、有明确到期日的信贷资产类理财产品的期限应与该信贷资产的剩余期限一致；信贷资产类理财产品通过资产组合管理的方式投资于多项信贷资产，理财产品的期限与信贷资产的剩余期限存在不一致时，应将不少于30%的理财资金投资于高流动性、本金安全程度高的存款和债券等产品。

（三）信贷资产转让的洁净性原则

洁净性原则指实现资产和风险的真实完全转移。洁净性原则的基本要求：

（1）信贷资产转入方应与信贷资产的借款方重新签订协议，确认变更后的债权债务关系。

（2）信贷资产转出方在信贷资产转出前征求保证人的意见（如有），保证人同意后方可进行转让。如果保证人不同意，转出方应和借款人协商，更换保证人或者提供新的抵押物。

（3）拟转让的信贷资产有抵质押物的，应当完成抵质押物变更登记手续或将质物移交占有、交付，确保担保物权有效转移。

（4）转出方应向转入方提供全套原始权利证明文件。信贷资产转出方应提供加盖有效印章的全套信贷资产证明文件的复印件（确保复印件与原始文件的一致性、真实性和完整性），如信托公司要求提供原件，银行应提供原件。

三、信贷资产收益权转让业务

信贷资产收益权是指获取信贷资产所对应的本金、利息和其他约定款项的权利。根据银监会办公厅《关于规范银行业金融机构信贷资产收益权转让业务的通知》（银监办发〔2016〕82号），信贷资产收益权转让应当遵守“报备办法、报告产品和登记交易”三项要求。根据上述82号文，信托公司开展信贷资产收益权转让业务时，应当注意如下监管规范：

（1）出让方银行不得通过本行理财资金直接或间接投资本行信贷资产收益权，不得以任何方式承担显性或者隐形回购义务。

（2）信贷资产收益权的投资者应当持续满足监管部门关于合格投资者的相关要求。不良资产收益权的投资者限于合格投资者，个人投资者参与认购的银行理财产品、信托计划和资产管理计划不得投资；对机构投资者资金来源应当实行穿透原则，不得通过嵌套等方式直接或变相引入个人投资者资金。

（3）按照82号文规定的合格投资者认购的银行理财产品投资信贷资产收益权，并在银登中心完成转让和集中登记的，相关资产不计入非标准化债权资产统计，在全国银行业理财信息登记系统中单独列示。

第四节　信贷资产证券化业务

一、信贷资产证券化业务概述

（一）信贷资产证券化业务概述

信贷资产证券化是指银行业金融机构作为发起机构，将信贷资产信托给受托机构，由受托机构以资产支持证券的形式向投资机构发行受益证券，以该财产所产生的现金流支持证券收益的结构性融资活动。受托机构以信托财产为限向投资机构承担支付资产支持证券收益的义务，负责委托贷款服务机构、资金保管机构、证券登记托管机构及其他为证券化交易提供服务的机构履行相应的职责。资产支持证券在全国银行间债券市场上发行和交易。

（二）信贷资产证券化业务审批与备案

根据《关于信贷资产证券化备案登记工作流程的通知》（印监办便函〔2014〕1092号）规定，银监会将信贷资产证券化业务由审批制改为业务备案制，不再针对证券化产品发行进行主笔审批，银行业金融机构应在申请取得信贷资产证券化业务资格后方可开展业务。

银行业金融机构开展信贷资产证券化业务应当向银监会提出申请相关业务资格。对于已发行过信贷资产支持证券的银行业金融机构豁免资格审批，但是需要履行相应的手续。

银行业金融机构发行证券化产品前需进行备案登记。已备案产品需在三个月内完成发行，否则须重新备案。

二、市场主体与市场准入

（一）信贷资产证券化发起机构

信贷资产证券化发起机构是指通过设立特定目的的信托转让信贷资产的金融机构。根据《金融机构信贷资产证券化试点监督管理办法》的规定，银行业金融机构如果要将其所有的信贷资产进行证券化以增强其流动性，应当符合如下条件：

1. 具有良好的社会信誉和经营业绩，最近 3 年内没有重大违法违规行为；

2. 具有良好的公司治理、风险管理体系和内部控制；

3. 对开办信贷资产证券化业务具有合理的目标定位和明确的战略规划，并且符合其总体经营目标和发展战略；

4. 具有适当的特定目的的信托机构选任标准和程序；

5. 具有开办信贷资产证券化业务所需要的专业人员、业务处理系统、会计核算系统、管理信息系统以及风险管理和内部控制制度；

6. 最近 3 年内没有从事信贷资产证券化业务的不良记录，以及银监会规定的其他审慎性条件。

风险自留原则：根据《中国人民银行、中国银行业监督管理委员会、财政部关于进一步扩大信贷资产证券化试点有关事项的通知》（银发〔2012〕127 号）规定：在扩大试点阶段，发起机构应当持有由其发起的每一单资产支持证券产品中的最低档次的资产支持证券的比例不得低于全部证券发行规模的 5%，且持有期限不得低于最低档次证券的存续期限。

中国人民银行和银监会〔2013〕21 号公告对银发〔2012〕127 号中关于信贷资产证券化发起机构的风险自留原则作了进一步的规定，即信贷资产证券化发起机构需要按照不低于 5% 的比例保留基础资产的信用风险。具体而言，基础资产信用风险的保留要求包括：（1）持有由其发起资产证券化产品的一定比例，该比例不得低于该单证券化产品全部发行规模的 5%；（2）持有最低档次资产支持证券的比例不得低于该档次资产支持证券发行规模的 5%；（3）若持有除最低档次之外的资产支持证券，各档次证券均应持有，且应以占各档次证券发行规模的相同比例持有；（4）持有期限不低于各档次资产支持证券存续期限。

（二）特定目的信托受托机构

特定目的信托受托机构是指在信贷资产证券化过程中，因承诺信托而负责管理特定目的信托财产并发行资产支持证券的机构。根据《信贷资产证券化试点管理办法》和《金融机构信贷资产证券化试点监督管理办法》的规定，特定目的信托受托机构由信托公司或者银监会批准的其他机构担任。在信贷资产证券化业务中，特定目的信托受托机构主要履行的职责包括：发行资产支持证券、管理信托财产、按照信托合同约定持续披露信托财产和资产支持证券信息、按照信托合同约定分配信托利益、信托合同约定的其他职责。如果受托机构被依法取消受托机构资格，或者被资产支持证券持有人大会解任，或者被解散、撤销或宣告破产，或者自行辞任，或者法律法规规定或信托合同约定情形出现的，受托机构职责终止。

信托公司担任特定目的的信托受托机构应当符合如下条件：

1. 根据国家有关规定完成重新登记3年以上；

2. 注册资本不低于5亿元人民币，并且最近3年年末的净资产不低于5亿元人民币；

3. 自营业务资产状况和流动性良好，符合有关监管要求；

4. 原有存款性负债业务全部清理完毕，没有发生新的存款性负债或者以信托等业务名义办理变相负债业务；

5. 具有良好的社会信誉和经营业绩，到期信托项目全部按合同约定顺利完成，没有挪用信托财产的不良记录，并且最近3年内没有重大违法、违规行为；

6. 具有良好的公司治理、信托业务操作流程、风险管理体系和内部控制，具有履行特定目的的信托受托机构职责所需要的专业人员、业务处理系统、会计核算系统、管理信息系统以及风险管理和内部控制制度；

7. 已按规定披露公司年度报告以及银监会规定的其他审慎性条件。

（三）贷款服务机构

贷款服务机构是指在信贷资产证券化业务中，接受受托机构的委托，负责管理贷款的机构。贷款服务机构应当具有贷款业务经营资格，原则上是由发起机构担任。贷款服务机构应当按照与受托机构签订的服务合同的约定，主要负责：（1）收取贷款本金和利息并将其及时足额地转入受托机构在资金保管机构开立的资金账户；（2）管理贷款以及保管信托财产法律文件，并使其独立于自身财产的法律文件；（3）定期向受托机构提供服务报告，报告信贷资产的相关信息；（4）服务合同约定的其他职责。

贷款服务机构应当设立专门的部分负责信贷资产证券化业务中的贷款管理职责，并制定完善的管理证券化资产的政策和程序。贷款服务机构应当将证券化资产与其自身的信贷资产分开管理和单独记账，不同证券化业务中的证券化资产也应当分别管理和记账。贷款服务机构和受托机构应当在资产支持证券发行说明书的显著位置提示投资者："贷款服务机构根据贷款服务合同履行贷款管理职责，并不表明其为信贷资产证券化业务活动中可能产生的损失承担义务和责任。"

（四）资金保管机构

信贷资产证券化业务中的资金保管机构由商业银行担任，信贷资产证券化业务的发起机构和贷款服务机构不得担任同一交易的资金保管机构。商业银行担任资金保管机构应当具备如下条件：

1. 有专门的业务部门负责履行信托资金保管职责，具备足够熟悉信托资金保管业务的专职人员；

2. 具有健全的资金保管制度和风险管理、内部控制制度，具有安全保管信托资金的条件和能力；

3. 具有符合要求的营业场所、安全防范设施和与保管信托资金有关的其他设施，具有安全高效的清算、交割系统；

4. 最近3年内没有重大违法违规行为。

资金保管机构应当将不同证券化业务信托资金分别单独设账管理，并将其与自有资产和管理的其他资产分开管理。在向投资机构支付信托财产收益的间隔期间，信托财产只能投资于流动性好、变现能力强的国债、政策性金融债以及中国人民银行允许投资的其他金融产品，资金管理机构只能按照合同约定的方式和受托机构的指令将信托财产投资于上述金融产品；如果资金管理机构发行投资指令违反上述规定的，应当及时向银监会报告。根据《信贷资产证券化试点管理办法》规定，资金保管机构应当履行如下职责：

1. 安全保管信托财产资金；

2. 以信贷资产证券化特定目的的信托名义开设信托财产的资金账户；

3. 依照资金保管合同约定方式和受托机构指令，管理特定目的的信托的账户资金；

4. 依照资金保管合同约定方式，向资产支持证券持有人支付投资收益；

5. 按照资金保管合同约定，定期向受托机构提供资金保管报告，报告资金管理情况和资产支持证券收益支付情况；

6. 资金保管合同约定的其他情形。

（五）资产支持证券的投资机构

根据《金融机构信贷资产证券化试点监督管理办法》规定，凡是能够买卖政府债券、金融债券的金融机构，也可以投资资产支持证券。信托公司所有者权益项下的资金可以投资资产支持证券，信托项下机构投资者的资金可以投资资产支持证券，但是信托项下自然人的资金不得投资资产支持证券。信托公司所有者权益项下投资资产支持证券的投资余额不得超过其净资产的50%，自用固定资产、股权投资和资产支持证券的投资总额不得超过其净资产的80%。根据中国人民银行、银监会、财政部联合发布的《关于进一步扩大信贷资产证券化试点有关事项的通知》（银发〔2012〕127号），国家鼓励保险公司、证券投资基金、企业年金、全国社保基金等非银行机构投资者投资资产支持证券。单个银行业金融机构购买持有单只资产支持证券的比例，原则上不得超过该单资产支持证券发行规模的40%。

信贷资产证券化的发起机构除持有最低档次资产支持证券外，不准投资由其发起的资产支持证券。特定目的的信托受托机构除按照合同及有关规定进行提前赎回外，不得用所有者权益项下的资金或者信托项下的资金投资由其发行的资产支持证券。

投资资产支持证券的投资者持有资产支持证券，成为资产支持证券持有人，除非信托合同另有约定，对于更换特定目的信托受托机构以及信托合同约定的其他事项应当通过召开资产支持证券持有人大会审议决定。资产支持证券持有人按照规定享有如下权利：

（1）分享信托利益；

（2）参与分配清算后的剩余信托财产；

（3）依法转让其持有的资产支持证券；

（4）按照规定要求召开资产支持证券持有人大会；

（5）对资产支持证券持有人大会审议事项行使表决权；

（6）查阅或者复制公开披露的信托财产和资产支持证券信息资料；

（7）信托合同和发行说明书约定的其他权利。

三、资产支持证券的发行、交易

（一）资产支持证券的发行与承销

1. 基础资产

按照《金融机构信贷资产证券化试点监督管理办法》规定，信贷资产证券化发起机构准备证券化的信贷资产应当符合的条件包括：（1）具有较高的同质性；（2）能够产生可预测的现金流入；（3）符合法律、行政法规以及银监会等监督管理机构的有关规定。

根据银监会于2008年2月4日颁发的《关于进一步加强信贷资产证券化业务管理工作的通知》的规定，银监会要求各商业银行从以下八个方面入手，切实保障信贷资产证券化业务的稳健发展：（1）加强资产质量、循序渐进推进证券化业务；（2）真实出售、控制信贷风险；（3）强调“经济实质”，严格资本计提；（4）加强风险管理和内部控制，防范操作风险；（5）科学合理制定贷款服务考核机制；（6）规范债权转移相关工作、防范法律风险；（7）严格信息披露，保护投资者利益；（8）加强投资者教育工作。

《中国人民银行、中国银行业监督管理委员会、财政部关于进一步扩大信贷资产证券化试点有关事项的通知》（以下简称《通知》）（银发〔2012〕127号）明确基础资产的选择应坚持收益性和政策导向性：首先基础资产应当具有稳定可预期的未来现金流；其次要符合国家的产业政策导向。诸如像国家重大基础设施项目、涉农项目、中小企业贷款、节能减排、战略性新型产业、文化创意产业、保障性安居工程、汽车贷款等信贷资产及经清理合规的地方融资平台贷款，应当鼓励成为基础资产池的选择对象。该《通知》禁止在扩大试点阶段进行再证券化和合成证券化产品的试点。

2. 承销机构

资产支持证券应当通过受托机构（发行人）组建的承销团进行发行，承销人可以在发行期间向其他投资者分销其所承担的资产支持证券。资产支持证券的承销方式包括协议承销和招标承销两种方式，但是承销机构必须为符合如下条件的金融机构：

1. 注册资本不低于2亿元人民币；
2. 具有较强的债券分销能力；
3. 具有合格的从事债券市场业务的专业人员和债券分销渠道；
4. 最近两年内没有重大违法、违规行为；
5. 中国人民银行要求的其他条件。

资产支持证券可以一次性足额发行或限额内分期发行。如果分期发行资产支持证券，则在每期资产支持证券发行前5个工作日，受托机构将最终的发行说明书、评级报告及所有最终相关法律文件向中国人民银行报备，并按照中国人民银行要求披露相关信息。

（二）资产支持证券流通交易

根据中国人民银行《关于就资产支持证券在银行间债券市场的登记、托管、交易和结算等有关事项的公告》（中国人民银行公告〔2005〕15号）规定，资产支持证券在全国银行间债券市场采取现券买卖的方式进行交易流通，每期资产支持证券的实际发行额不得少于5亿元，同期各档次资产支持证券的实际发行额不少于2亿元。

资产支持证券由受托机构在中央国债登记结算有限公司办理登记托管，同期各档次的资产支持证券作为独立券种分别注册。发起机构和受托机构不得认购、买卖其发起和发行的资产支持证券，但是受托机构可以依据合同或其他相关规定进行提前赎回其发行的资产支持证券。

为了规范资产支持证券在全国银行间债券市场的交易行为，中国人民银行批复同意全国银行间同业拆借中心发布《资产支持证券交易操作规则》。根据交易操作规则，全国银行间同业拆借中心为资产支持证券的交易提供报价、交易、行情和信息服务，并根据中国人民银行批复文件办理资产支持证券交易流通的具体手续。资产支持证券以现券买卖方式在银行间债券市场交易流通，报价交易方式采取询价交易和点击成交相结合。资产支持证券按照每百元面额对应的本金进行报价，交易数额最小为面额10万元，交易单位为面额1万元。

资产支持证券受托机构在资产支持证券获批交易流通后，应及时向全国银行间同业拆借中心提交交易流通公告。全国银行间在收到受托机构提交的公告后，应当于下一个工作日向投资者公布中国人民银行批准资产支持证券交易流通的文件和资产支持证券交易流通公告，并在收到中央国债登记结算有限责任公司传送的资产支持证券交易流通要素公告后的下一个工作日办理资产支持证券交易流通。资产支持证券的截止交易流通日为证券预期到期日前的第三个工作日。受托机构在本息兑付日前的第五个工作日向全国银行间同业拆借中心提供受托机构报告，全国银行间同业拆借中心于本息兑付日前的第四个工作日向投资者给予公布，并于本息兑付日前完成对资产支持证券交易流通要素的调整。

随着资产证券化业务的不断发展和投资者对资产支持证券逐步深入的认识，单纯的现券买卖一定程度上限制了资产支持证券流动性的提高，难以满足市场对资产支持证券交易的需求，中国人民银行于2007年9月30日发布了《资产支持证券在全国银行间债券市场进行质押式回购交易的有关事项公告》（中国人民银行公告〔2007〕21号）。公告允许在全国银行间债券市场交易流通的资产支持证券从事质押式回购交易。公告要求正回购方所出质的资产支持证券（质押券）应当足额，如果回购期间出现质押券不足额的情况，逆回购方可以要求正回购方追加或置换质押券。如果正回购方未能在本金兑付日前追加或置换质押券，逆回购方可要求代理兑付机构扣留质押券应兑付的本金。

（三）资产支持证券登记托管与清算

根据中国人民银行《关于就资产支持证券在银行间债券市场的登记、托管、交易和结算等有关事项的公告》（中国人民银行公告〔2005〕15号）规定，资产支持证券的登记托管机构为中央国债登记结算有限责任公司。根据《银行间市场清算所股份有限公司关于信贷资产支持证券登记托管、清算结算业务的公告》（清算所公告〔2012〕7号），银行间市场清算所股份有限公司根据中国人民银行批准，开办信贷资产支持证券的登记托管、清算结算业务。受托机构首次申办信贷资产支持证券登记时，应当与银行间市场清算所股份有限公司签订发行人服务协议，并申请开立发行人账户；发行人在发行前向银行间市场清算所股份有限公司提交发行登记所需材料（当期发行文件、发行登记申请书等材料），并由银行间市场清算所股份有限公司办理信贷资产支持证券的初始登记。银行间市场清算所股份有限公司为信贷资产支持证券交易提供清算和结算服务，为资产支持证券发行人提供代理付息兑付和信息披露服务。

四、信用增级措施

信用增级是指在资产证券化交易结构中通过合同安排所提供的信用保护。受托人应当在资产支持证券发行说明书的显要位置提示投资者：信用增级仅限于在信贷资产证券化相关法律文件所承诺的范围内提供，信用增级机构不对信贷资产证券化业务活动中可能产生的其他损失承担义务和责任。

信用增级可分为内部信用增级和外部信用增级。内部信用增级包括：超额抵押、资产支持证券分层结构、现金抵押账户和利差账户；外部信用增级包括备用信用证、担保和保险。

（一）内部信用增级

1. 超额抵押

在资产证券化交易中，将资产池价值超过资产支持证券票面价值的差额作为信用保护的一种内部信用增级方式，该差额用于弥补资产证券化业务中可能产生的损失。

2. 资产支持证券分层结构

在资产证券化交易中，将资产支持证券按照受偿顺序分为不同档次证券的一种内部信用增级措施。较高档次的证券比较低档次的证券在本息支付上享有优先权，因此具有较高的信用评级；较低档次的证券先于较高档次的证券承受损失，以此为较高档次的证券提供信用增级。

3. 现金抵押账户

现金抵押账户资金由发起机构提供或者来源于其他金融机构的贷款，用于弥补资产证券化业务中可能产生的损失。

4. 利差账户

利差账户资金来源于信贷资产利息收入和其他证券化交易收入减去资产支持证券利息支出和其他证券化交易费用之后所形成的超额利差，用于弥补资产证券化业务中可能产生的损失。

（二）外部信用增级

1. 备用信用证

备用信用证是特殊形式的信用证。开证行保证在开证申请人未能履行其应该履行的义务时，受益人只要凭备用信用证的规定向开证行开具汇票，并附有开证申请人未能履行义务的申明或相关证明文件，就可以从开证行得到偿付。

2. 保证与保险

资产支持证券可以采取专业保险公司承保以进行信用增级。资产支持证券的发起机构可以为基础资产购买信用保险，如果基础资产债务人发生违约，则由保险公司赔偿相应损失；资产支持证券的受托机构也可以为资产支持证券购买信用保险，如果受托机构不能按期向资产支持证券持有人兑付，则由保险公司进行赔付。

资产支持证券的发起机构或受托机构也可根据《物权法》《担保法》等法律法规，采取抵押、置业、保证等担保措施为资产支持证券提供信用增级。对于该部分内容就有专章讲述。

根据建设部于2005年5月16日颁发的《关于个人住房抵押贷款证券化涉及的抵押权变更登记有关问题的试行通知》，为了配合国家个人住房抵押贷款证券化试点工作，建设部对于个人住房抵押贷款证券化涉及的抵押权变更等有关问题进行了明确。

对于金融机构与信托公司以个人住房抵押贷款证券化为目的设立信托，需要将金融机构发放或持有的个人住房抵押贷款债权及相应的住房抵押权批量转让给受托机构的，或者在特定目的信托存续期间，金融机构根据合同约定进行债权回购，或者受托机构发生变更的，可以按照通知规定批量办理个人住房抵押权变更登记。批量办理个人住房抵押权变更登记的，由个人住房抵押权转让人和受让人共同申请。房地产管理部门办理批量个人住房抵押权变更登记时，只对抵押权人做变更处理，其他登记事项不作变更。

（三）外部信用评级

目前在国际市场上比较著名的评级机构有穆迪（Moody）、标准普尔（S&P）、惠誉国际（Fitch），而国内占有市场份额比较大的评级公司主要有大公国际、中诚信和联合信用，该三家信用评级公司共占有90%以上的资本市场份额。

根据《信贷资产证券化试点管理办法》的规定，对于在全国银行间债券市场发行交易的资产支持证券应当进行持续信用评级，信用评级机构应当具备相应的评级资质，并且应当保持信用评级客观公正。受托机构应当与信用评级机构约定对资产支持证券进行跟踪评级，并由受托机构于资产支持证券存续期内每年的7月31日前向投资者披露上年度的跟踪评级报告。根据《中国人民银行、中国银行业监督管理委员会、财政部关于进一步扩大信贷资产证券化试点有关事项的通知》（银发〔2012〕127号），在全国银行间债券市场发行和交易的资产支持证券应当由两家评级机构出具初始评级报告。该《通知》同时支持采用投资者付费模式进行信用评级，并且鼓励投资者建立自己内部信用评级体系。

第五节　票据资产投资业务

一、票据业务概述

（一）票据定义

广义上的票据是指包括股票、债券、发票、提单、汇票、本票、支票等在内的各种有价证券和凭证，是反映债权债务关系的，代表特定货币请求权的有价证券。狭义上的票据是指我国《票据法》所规范调整的汇票、本票和支票。

汇票：汇票是出票人签发的，委托付款人在见票时或者在指定日期无条件支付确定的金额给收款人或者持票人的票据。

本票：本票是出票人签发的，承诺自己在见票时无条件支付确定的金额给收款人或者持票人的票据。

支票：支票是出票人签发的，委托办理支票存款业务的银行或者其他金融机构在见票时无条件支付确定的金额给收款人或者持票人的票据。

（二）票据的相关制度

票据行为是以设立和变更票据权利义务为目的的法律行为。根据《票据法》的规定，就汇票而言，票据行为包括：出票、承兑、背书、保证、付款、追索六种行为。

1. 出票

出票是指出票人签发票据并将其交付给收款人的票据行为。汇票的出票人必须与付款人具有真实的委托付款关系，并且具有支付汇票金额的可靠资金来源，禁止签发无对价的汇票以套取银行或者其他票据当事人的资金。

汇票上应当记载并且具有汇票上的效力的事项包括：（1）表明“汇票”字样；（2）无条件支付的委托；（3）确定的金额；（4）付款人名称；（5）收款人名称；（6）出票日期；（7）出票人签章。如果汇票上没有记载上述事项之一的，该汇票无效；汇票上可以记载其他出票事项，但是该事项不具有汇票上的效力。

2. 背书

背书是指在票据背面或者粘单上记载有关事项并签章的票据行为。票据持有人（持票人）可以通过在票据上背书并交付汇票的形式将汇票权利转让给他人或者将一定的汇票权利授予他人行使。背书应当遵循背书连续原则，转让汇票的背书人与受让汇票的被背书人在汇票上的签章应当依次前后衔接。

如果出票人在汇票上记载“不得转让”字样的，该汇票不得转让；背书人在汇票上记载“不得转让”字样，其后手再背书转让的，原背书人对后手的被背书人不承担保证责任；背书记载“委托收款”字样的，被背书人有权代背书人行使被委托的汇票权利，但是被背书人不得再以背书转让汇票权利；在汇票上背书记载“质押”字样已设定质权，被背书人依法实现质权时，可以行使汇票权利。

3. 承兑

承兑是指汇票付款人承诺在汇票到期日支付汇票金额的票据行为。商业承兑汇票是由银行以外的付款人承兑的汇票。商业承兑汇票可以由付款人签发并承兑，也可以由收款人签发并交由付款人承兑。付款人承兑汇票的，应当在汇票正面记载“承兑”字样和承兑日期并签章。见票后定期付款的汇票，应当在承兑时记载付款日期。

根据《票据法》的规定，汇票的付款日期（汇票到期日）的记载形式包括四种：见票即付；定日付款；出票后定期付款；见票后定期付款。对于定日付款和出票后定期付款的汇票，持票人应当在汇票到期日前向付款人提示承兑；对于见票后定期付款的汇票，持票人应当自出票日起一个月内向付款人提示承兑；见票即付的汇票无须提示承兑。如果汇票未按照规定期限提示承兑的，持票人丧失对其前手的追索权。

4. 保证

汇票可以由保证人提供保证担保以提高该汇票的信用等级，保证人为汇票债务人以外的人。保证人应当在汇票或者粘单上记载如下事项：（1）表明“保证”的字样；（2）保证人名称和住所；（3）被保证人的名称；（4）保证日期；（5）保证人签章。如果保证人没有记载“被保证人的名称”事项的，已承兑汇票的承兑人为被保证人，未承兑汇票的出票人为被保证人；如果保证人未记载“保证日期”事项的，出票日期为保证日期。

5. 付款

见票即付的汇票，自出票日起一个月内向付款人提示付款；定日付款、出票后定期付款和见票后定期付款的汇票，自到期日起十日内向承兑人提示付款。持票人未按照上述期限提示付款的，在作出说明后，承兑人或者付款人仍然应当继续对持票人承担付款责任。

付款人及其代理付款人付款时，应当审查汇票背书的连续，并审查提示付款人的合法身份证明或者有效证件。对于定日付款、出票后定期付款或者见票后定期付款的汇票，如果付款人在到期日前付款的，应当由付款人承担相应的责任。持票人获得付款的，应当在汇票上签收，并将汇票交付给付款人；持票人委托银行收款的，受托银行将代收的汇票款项转账至持票人账户的，视同签收。

6. 追索

汇票到期被拒绝付款的，持票人可以对背书人、出票人以及汇票的其他债务人行使追索权。如果在汇票到期日前，发生如下情况之一的，持票人也可以行使追索权：（1）汇票被拒绝承兑的；（2）承兑人或者付款人死亡、逃匿的；（3）承兑人或者付款人被依法宣告破产的或者因违法被责令终止业务活动的。

二、商业银行票据业务

（一）商业银行票据业务品种

目前我国商业银行开展的票据业务品种主要有：银行承兑汇票承兑业务、商业汇票贴现业务、协议付息票据贴现与买方付息票据贴现业务、商业承兑汇票承兑人保贴业务、无追索权贴现业务、商业汇票转贴现与再贴现业务。与商业承兑汇票不同，银行承兑汇票是由出票人签发并由其开户行承兑的汇票。

1. 银行承兑汇票业务

银行承兑汇票承兑业务是指由出票人签发汇票并向银行提出承兑申请，经银行审核并承诺在汇票到期日无条件支付确定的金额给收款人或者持票人的一项业务。

申请办理银行承兑汇票的客户签发的汇票应当具有真实、合法的贸易关系和债权债务关系，必须在银行开立保证金账户和存款账户，与银行建立真实的委托付款关系，具有支付汇票金额的可靠资金来源，在开办银行无不良贷款以及其他不良信用记录。

商业银行应当将银行承兑汇票承兑业务纳入客户统一授信范畴，并向客户收取一定比例的承兑保证金，对于不符合信用授信条件的敞口部分必须提供有效的担保。根据我国《票据法》的规定，银行汇票的最长期限不得超过6个月。

对于收款人来说，其在汇票有效期内可以背书转让，用于贸易结算支付工具；可以在其持有到期后委托银行收款；也可以在资金短缺时向银行申请质押贷款或贴现。

2. 一般商业汇票贴现

商业汇票贴现是指商业汇票持票人将其持有的能够证明其合法取得且具有真实贸易背景、尚未到期的商业汇票出售给银行的行为，银行以汇票票面金额扣除贴现利息后的金额向持票人支付贴现款项。

商业汇票贴现业务对于贴现客户具有如下要求：

（1）贴现客户应是在中国境内注册并持有有效贷款卡的企业法人以及其他组织；

（2）贴现客户能够证明其持有的票据是合法取得的，并且与出票人或者直接前手之间具有真实贸易关系或者债权债务关系；

（3）贴现客户能够提供与其直接前手之间根据税收制度有关规定开具的增值税发票或普通发票和商品发运单据复印件；

（4）在银行开立存款账户，资金往来正常且信誉良好。

《票据法》第5条规定："票据当事人可以委托其代理人在票据上签章，并应当在票据上表明其代理关系。没有代理权而以代理人名义在票据上签章的，应当由签章人承担票据责任；代理人超越代理权限的，应当就其超越权限的部分承担票据责任。"商业汇票贴现申请人也可以通过与代理人、贴现银行签订三方协议，委托代理人在贴现银行代为办理票据贴现手续，经贴现银行审核后将贴现款项划付给贴现申请人。在实际业务中，一般是由收款人委托付款人或出票人直接办理贴现。

在大型企业集团里，有一种特殊的代理贴现——集团贴现。集团贴现业务是指企业集团成员单位将票据背书转让给企业集团的结算中心，由企业集团结算中心统一向银行申请贴现，再由银行将贴现款项划付给企业集团结算中心，以实现集团资金的集中管理。

3. 买方付息票据贴现与协议付息票据贴现

买方付息票据贴现业务是指由买方（付款方）或卖方（收款方）签发的商业汇票，经由买方或者买方开户银行承兑后，由买方承诺支付贴现利息，在卖方持未到期的汇票向银行办理贴现时，银行向买方扣收贴现利息后，将全额票款支付给卖方的一种票据业务。

对于该种票据业务，贴现银行为了确保买方能够按时足额支付贴现利息，应要求买方提供承诺函或者签订三方协议以明确由买方支付贴现利息。买方付息贴现的票据可以办理转贴现和再贴现。

协议付息票据贴现是指卖方（收款人）在销售商品后，持买方（付款人）交付的未到期商业汇票到银行办理贴现，由买方与卖方协商分担支付票据贴现利息的一种票据业务。该项业务的商业汇票可以背书转让，办理转贴现和再贴现。

4. 商业承兑汇票承兑人保贴

商业承兑汇票承兑人保贴业务是指在事先审定的贴现额度内，银行承诺对特定承兑人承兑的商业汇票办理贴现的业务。

由于商业承兑汇票的承兑人是付款人，因此商业承兑汇票主要依赖于付款人的信誉。由于收款人对于付款人的信誉不信任而担心付款人到期不付款，导致收款人不愿意接受商业承兑汇票。相对于一般企业或其他组织来说，银行的信誉是人们普遍接受的，其市场信誉比一般的市场主体要高很多，因而如果银行承诺对该商业承兑汇票进行贴现，就使得该商业承兑汇票更容易为大家所接受。

5. 无追索权贴现

无追索权贴现业务是指银行从贴现申请人处无追索权地买入已承兑的商业汇票的票据业务。该类业务可分为商业承兑汇票无追索权贴现和银行承兑汇票贴现业务。

在汇票到期被拒绝付款或者汇票到期日前出现《票据法》规定情形的，持票人可以对背书人、出票人以及其他债务人行使追索权。对于将票据贴现给银行的企业来讲，银行对贴现企业具有追索权，这样贴现企业就存在一项“或有负债”需要披露。如果贴现银行能够确信票据本身没有瑕疵、存在真实的贸易背景和债权债务关系，承兑行为本行或者在本行有授信，则开展无追索权贴现业务风险基本可控，并且可以改善贴现企业的财务报表。但是对于存在欺诈、贸易背景不真实等情况，贴现银行仍然可以向贴现企业进行追索。

6. 商业汇票的转贴现与再贴现

商业汇票转贴现是指银行将其持有的已贴现、尚未到期的商业汇票向其他银行贴现以融通资金的行为。商业汇票贴现是非金融企业向金融机构进行融资的行为，而商业汇票转贴现是金融机构同业间进行的一种资金拆借行为。商业汇票转贴现包括买断式与回购式两种交易方式。

商业汇票再贴现是指银行将其持有的已贴现或转贴现、尚未到期的商业汇票再以贴现的方式向中央银行融通资金的行为。商业汇票再贴现是商业银行流动性管理和头寸管理的一种重要工具，当商业银行流动性不足时，可以以其所持有的已贴现或转贴现的商业汇票向中央银行再贴现以获得最后的融资。对于中央银行来说，再贴现是调节货币供应量的重要工具，是实现货币政策的重要手段。中央银行可以通过调节再贴现利率以调节货币供应量，如果中央银行提高再贴现利率，将会加大商业银行向中央银行再融资的成本，从而减少货币投放量，收缩银行的流动性；如果中央银行降低再贴现利率，将会降低商业银行向中央银行再融资成本，从而扩大货币投放量，放松银行的流动性。

（二）商业银行票据业务的最新监管规则

为了切实规范商业银行依法合规开展票据贴现及转贴现业务，严格防范商业银行通过票据业务逃避信贷规模等问题，银监会于 2011 年 6 月 19 日发布了《中国银监会办公厅关于切实加强票据业务监管的通知》（以下简称《通知》）（银监办法〔2011〕197 号）。

根据该《通知》要求，对于未实施新企业会计准则，不能准确核算票据业务，票据业务严重违规的金融机构，应立即停办票据业务。违规金融机构只有经过彻底整改，达到监管要求并经监管部门审查合格后，方可申请恢复开展票据业务。

银行业金融机构对 2011 年度的票据业务开展情况展开自查，重点检查会计科目设置与执行的规范性、银行承兑汇票贸易背景的真实性、贴现资金流向的合规性、是否通过票据贴现逃避信贷规模等问题。各地银监局如果现场检查发现存在会计核算不规范、签发无真实贸易背景的银行承兑汇票、滚动签发银行承兑汇票融资、自开自贴套取保证金、贴现资金违规流入房市或股市、利用制度漏洞隐瞒票据业务规模等问题的，应对该违规金融机构进行严肃整改与问责。

各地监管部门应加强对票据业务的合规监管，严禁银行业金融机构从事或参与以规避信贷规模为目的的票据买卖行为，切实解决当前票据业务中的各类违规问题。严密检测银行业金融机构票据业务增减变化，对大额往来及异常波动要及时调查处理。

为了切实防范不法分子利用银行承兑汇票进行欺诈活动及伪造变造银行承兑汇票的案件发生，进一步加强对银行承兑汇票业务的管理，银监会于 2011 年 6 月 24 日发布了《中国银监会办公厅关于银行承兑汇票业务案件风险提示的通知》（银监办发〔2011〕206 号）。

银行业金融机构应加强对承兑申请人和贴现申请人的资信调查，切实遵循“了解你的客户”与“了解你客户的业务”原则，严格审核票据申请人资格、贸易背景真实性及背书流转过程合理性，严格防范持票人恶意串通套取银行信用。

银行业金融机构应当加强对保证金来源真实性、合规性的审核和管理。必须确保承兑保证金比例适当且及时足额到位，不得以贷款或贴现资金缴存保证金，不得挪用或提前支取保证金，不得将保证金账户与其他账户窜用；保证金未覆盖部分所要求的担保措施必须严格落实。

银行业金融机构应加强对贴现资金划拨和使用情况的管理。加强对贴现资金使用情况的追踪检查，对与企业经营范围或合同约定不符合的资金流转行为要采取严格的控制措施，严禁贴现资金直接转回出票人账户；杜绝随身携带票据和印章，凭传真和电话指挥划款，事后补办贴现资料和划款凭证的情况，严禁机构异地办理票据业务。

银行业金融机构应加强票据审验和查询查复环节管理。严禁以票据查询代替审验，避免出现单人验票情况；规范查询方式和程序，对大额银行承兑汇票必须坚持双人实地查询。

银行业金融机构应加强重要空白凭证和业务印章管理。严格执行出入库、领用、登记、交接、作废和销毁制度，坚持印、押、证分管原则，严禁出现“一人多岗”“审贴不分”等情况，严格防范内外勾结、伪造和变造票据、“假作废、真盗用”“大头小尾”等重大风险。

三、票据资产类信托业务

（一）业务模式

目前我国明确可以开展票据业务的金融机构主要包括各类银行、企业集团财务公司、信用合作社，这类金融机构可以开展票据承兑与贴现业务，以及与票据相关的衍生业务。根据《信托公司管理办法》所规定的营业范围，信托公司不能开展票据承兑与贴现业务。目前信托公司并未开展票据承兑业务，也并未直接开展票据贴现业务，主要的业务模式是票据质押融资和票据资产投资。由于信托公司不能开展票据贴现业务，且我国票据开立、背书转让等都必须具有真实的贸易背景，因此不能直接以背书方式受让商业汇票，而是采取购买商业汇票的收益权（票据资产），到期返售给商业汇票持有人或到期托收的模式，基础票据由票据资产转让方背书后（被背书人留空）转让给受让方委托的商业银行保管。具体而言票据资产可以定义为：①基于基础票据提示付款（承兑）后取得相关票款的权利；②基础票据被拒付后对出票人以及基础票据的其他债务人（如有）行使追索权后取得相关票款的权利；③取得基础票据产生的其他任何收入的权利。因此不能直接以背书方式受让商业汇票，而是采取购买商业汇票的收益权，到期返售给商业汇票持有人或到期托收的模式。

1. 票据质押融资：票据质押融资是指商业汇票持有人将其持有的商业汇票质押给金融机构以融通资金。票据质押融资与票据贴现业务的主要区别在于票据所有权是否转移，票据质押融资业务项下票据所有权未发生转移，而票据贴现业务项下的票据所有权转移给了金融机构。在办理票据质押融资业务时，需要在质押的商业汇票上背书记载“质押”字样，并且记载被背书人名称。

根据《中国人民银行关于完善票据业务制度有关问题的通知》（银发〔2005〕235 号）的规定：主债务履行完毕，票据解除质押时，被背书人应以单纯交付的方式将质押票据退还背书人。如果债务人未能按期履行还本付息等义务时，质权人不能直接将票据进行转让或者贴现以实现质权，被背书人在票据到期时按照支付结算制度的有关规定行使票据权利；如果被背书人为银行的，只能在票据到期时按照商业汇票贴现到期收回的处理手续，并在托收凭证备注栏注明“质押票据收款”字样。

2. 票据资产投资：信托公司目前开展票据资产投资业务，主要是以信托资金购买银行已贴现或转贴现、未到期银行承兑汇票和企业所持有的未贴现、未到期银行承兑汇票的收益权。信托公司可以采取买断票据收益权，票据到期时委托银行收款的方式，也可以采取先买入票据收益权，一定期限后由票据持票人按照一定的价格回购的方式。

（二）风险识别与管理

信托公司不是专门从事票据业务的金融机构，与银行等专业票据业务经营机构相比较，其风险识别和管理能力相对较弱。信托公司在开展该类业务时，应当借助于银行的专业力量，识别和防范票据业务可能出现的风险。

信托公司开展票据业务，应当注意如下风险：

第一，应当注意所投资的票据资产或者所质押的票据资产是否存在真实的贸易关系和债权债务关系。按照我国法律法规和监管政策规定，签发和转让的商业汇票必须具有真实的贸易关系和债权债务关系，不准签发流转融资性商业汇票。风险管理部门需要审核基础贸易合同或相关凭证、增值税发票或其他税务凭证、商品发运单据复印件等。

第二，应当注意信托资金的流向，明确信托资金的具体用途。无论是票据质押融资，还是票据资产收益权投资，都应该明确信托资金的具体用途，严禁信托资金流入楼市和股市。我国票据贴现资金按规定是不能流入股市和楼市，虽然信托公司不直接从事票据贴现业务，但是其所开展的票据业务也应当遵守相应的规定。

第三，应当注意鉴别票据的真实性和规范性。票据业务风险管理很重要的一个方面就是票据的审验与鉴别。首先需要鉴别票据的真伪，其次要审核诸如背书是否连续、签章是否清晰完整等票据要素。信托公司并没有专门的票据业务人员，因此并不具备票据真伪的鉴别能力，因此应当与银行合作，加强对票据的鉴别、保管与托收管理。

第四，出票人、背书人、承兑人等票据债务主体的偿债能力。信托公司在开展票据业务过程中，票据持有人的主体信用程度与偿债能力直接关系到信托资金的安全。在票据资产投资业务中，由于信托公司没有直接受让商业汇票，也没有在商业汇票上背书，如果持票人不能到期回购票据收益权，则信托公司很难处置该项票据资产。

第五，票据资产转让合同中约定：票据资产转让后，未经受让方同意，转让方不得以背书或任何其他方式将票据资产或基础票据再转让或变相再转让，也不得设置任何其他权利限制或优先权；明确出现基础票据因挂失止付、公示催告、被有权机关采取保全执行措施等原因被承兑人拒付情形时的应对措施。

（三）监管禁止

为了防范银行通过银信票据合作业务规避信贷规模控制，进行监管套利，以此规范银信合作业务，银监会于2012年2月21日下发了《中国银监会办公厅关于信托公司票据信托业务等有关事项的通知》（银监办发〔2012〕70号，以下简称《通知》），根据《通知》规定，信托公司自该《通知》下发之日起，信托公司不得再与商业银行开展各种形式的票据资产转受让业务，对于存续的票据信托业务，信托公司采取相应措施以加强风险管理；在已经发行的票据信托项目存续期间不得开展新的票据业务，到期后应当立即终止，不得展期。上述《通知》同时强调了信托公司在银信合作业务中应当始终坚持自主管理原则，融资类业务余额占银信合作业务余额的比例不得超过30%。

银监会禁止了商业银行和信托公司的票据合作业务，信托公司也基本停止了票据类业务。商业银行转而与基金子公司开展票据合作业务，由基金子公司专项资产管理计划项下资金投资票据资产。

第六节　保险资金投资信托业务

一、受托人资质

根据《关于保险资金投资集合资金信托计划有关事项的通知》（保监发〔2014〕38号）规定，保险资金投资集合资金信托计划，受托人应当符合如下准入条件：

1. 近三年公司及高级管理人员未发生重大刑事案件且未受监管机构行政处罚；
2. 承诺向保险业相关行业组织报送相关信息；
3. 上年末经审计的净资产不低于30亿元人民币。

二、投资运作规范

（一）投资限制

1. 保险资金不得投资单一信托。

2. 保险资金不得投资基础资产属于国家明令禁止行业或产业的信托计划。

3. 保险资金投资的集合资金信托计划，基础资产限于融资类资产和风险可控的非上市权益类资产。

4. 保险资金投资的固定收益类集合资金信托计划，信用等级不得低于国内信用评级评定的 A 级或者相当于 A 级的信用级别。

（二）监管报告

保险机构投资集合资金信托计划，存在以下情形之一的，应当于投资后 15 个工作日内向中国保监会报告：

1. 信托公司募集资金未直接投向具体基础资产，存在两层或多层嵌套；

2. 基础资产涉及的不动产等项目不在直辖市、省会城市、计划单列市等具有明显区位优势的地域，且融资主体或者担保主体信用等级低于 AAA 级；

3. 基础资产所属融资主体为县级政府融资平台，且融资主体或者担保主体信用等级低于 AAA 级；

4. 信托公司或基础资产所属融资主体与保险机构存在关联关系；

5. 信托公司或基础资产所属融资主体与保险机构存在关联关系；

6. 投资结构化集合资金信托计划的劣后级受益权；

7. 中国保监会认定的其他情形。

三、信托投资专业责任人

保险机构投资集合资金信托计划，应当配备独立的信托投资专业责任人，并比照专业责任人纳入风险责任人体系进行监管。

根据中国保监会《关于保险机构投资风险责任人有关事项的通知》规定，风险责任人包括行政责任人和专业责任人，风险责任人应当具有金融工作 5 年以上或者经济工作 10 年以上工作经历。无民事行为能力或者限制民事行为能力，或者最近 3 年受到金融监管机构以及工商和税务等部门行政处罚或撤销资格的，不得担任保险机构风险责任人。

1. 行政责任人

行政责任人由公司董事长或者授权总经理担任。

2. 专业责任人

（1）单一人员原则上不得担任两项以上投资业务专业责任人。

（2）专业责任人由符合专业条件、能够承担相关业务决策风险责任的高级管理人员或者授权相关资产管理部门负责人担任，并且还应符合如下条件之一：

①至少获得一项专业资质：包括注册金融分析师、金融风险管理师、注册会计师、注册资产评估师、房地产估价师、精算师、律师等资格或者中国保监会认可的其他专业资质；

②具备相关投资领域10年以上从业经历。

第十章

信政合作业务法律实务

第一节　信政合作信托业务概述

一、政府投融资平台公司

（一）融资平台界定

地方政府投融资平台公司是指地方政府通过划拨土地、股权、债权、税费返还等资产而设立的能够用于向社会融资以用于市政基础设施和公用事业等项目建设的公司，一般情况下地方政府对于投融资平台公司的融资会提供政府财政担保承诺。《中国银监会关于加强融资平台贷款风险管理的指导意见》（银监发〔2010〕110号）将地方政府融资定义为："地方政府及其部门或机构、所属事业单位等通过财政拨款或注入土地、股权等资产设立，具有政府公益性项目投融资功能，并拥有独立法人资格的经济实体。"地方政府投融资平台主要表现为城市建设投资公司、建设开发公司、投资开发公司、投资控股公司、投资集团公司、国有资产运营公司、国有资本经营管理中心等，以及诸如交通投资公司等行业性投资公司。

财政部、发改委、人民银行和银监会于2012年12月24日联合发布了《关于制止地方政府违法违规融资行为的通知》（财预〔2012〕463号）：地方政府不得以政府办公楼、学校、医院、公园等公益性资产作为资本注入融资平台公司，不得以储备土地注资融资平台公司，不得承诺将储备土地预期收入作为融资平台公司偿债资金来源；以土地使用权注资融资平台公司的，必须经过法定的出让或者划拨手续。以出让方式注资的，融资平台公司必须及时足额缴纳土地出让收入并取得国有土地使用权证；以划拨方式注资的，必须经过有关部门依法批准并严格用于指定用途。

（二）融资平台的职责

《中华人民共和国预算法》第28条规定："地方各级预算按照量入为出、收支平衡的原则编制，不列赤字。除法律和国务院另有规定外，地方政府不得发行地方政府债券。"根据该规定可知，我国法律不准地方政府发行地方政府债券。在中华人民共和国成立后，地方政府曾经发行过地方政府债券，但是后来国家叫停了地方政府债券的发行。1994 年的分税制改革加强了中央政府的财政实力，但是却削弱了地方政府的财政实力；由于地方政府需要承担大量的基础设施、公用事业建设等公共事务支出，地方政府财政收入往往不足以承担公共建设的资金需求，因此地方政府通过设立融资平台公司向社会融资用于政府项目建设。

地方政府投融资平台替政府承担向社会筹措资金的任务，所筹措的资金主要用于交通基础设施建设（具体包括：高速公路、一级公路、二级及以下公路、铁路、港口码头等水运设施、机场等航运设施、其他交通基础设施）、市政基础设施建设（具体包括：城市道路建设及改造、地铁及轻轨、水电气热等城市公用设施、城市片区改造、其他市政基础设施）、水利及农村基础设施建设、环境保护相关设施建设、工业园区建设、土地储备、保障性安居工程建设以及其他社会公共事业。地方政府融资平台的还款来源主要包括：自身经营性现金流、土地出让收入、专项费用返还收入、专项税收返还收入、地方财政兜底以及采取 BOT 或者类似模式所产生的直接或间接收入。

二、地方政府投融资模式

（一）直接融资

地方政府为筹集城市基础设施以及公用事业建设资金，可以以地方政府为融资主体通过直接融资的方式筹资。目前实践中政府直接融资的方式主要包括以下几种途径：

1. 财政资金投入而获得的投资收益；
2. 由财政资金投入基础设施以及公用事业建设项目而带动外资和民营资本的进入；
3. 中央政府代发的地方政府债券；
4. 世界银行、亚洲开发银行等国际和地区金融机构贷款；
5. 外国政府的援助赠款。

（二）间接融资

地方政府还可以通过间接融资的方式筹集建设资金，间接融资的途径主要包括银行、信托、上市债券等。

1. 银行融资模式：地方政府公共建设所需资金除了政府财政资金投入外，还可以向政策性银行申请政策性贷款和商业银行的商业贷款。商业银行的商业贷款一般是通过资产抵押贷款的模式进行的，即政府申请商业贷款需要提供土地使用权抵押等资产抵质押品作为担保。另外银行还可以直接发行集合理财产品募集理财资金，然后直接贷款给政府投融资平台公司。

2. 信托融资模式：信托公司设立集合资金信托计划或单一资金信托募集信托资金，通过股权、债权、买入返售等方式将信托资金注入政府投融资平台公司，用于平台公司项目开发建设。银行也可以通过发行理财产品募集理财资金，然后将理财资金委托给信托公司设立单一资金信托（或参与认购集合资金信托产品），信托公司再将资金注入政府投融资平台公司。根据463号文的规定，对于承担公共租赁住房、公路等公益性项目建设举借需要财政性资金偿还的债务，该融资平台不得通过信托公司、财务公司、基金公司、金融租赁公司、保险公司等金融机构进行直接或间接融资。

3. 公司债融资模式：政府投融资平台公司可以通过发行公司债的方式募集资金用于公共项目的开发建设。根据《证券法》和《企业债券管理条例》的规定，公开发行公司债券，应当符合的条件包括：（1）股份有限公司的净资产不低于人民币3000万元，有限责任公司的净资产不低于人民币6000万元；（2）累计债券余额不超过公司净资产的40%；（3）最近3年平均可分配利润足以支付公司债券1年的利息；（4）筹集的资金投向符合国家产业政策；（5）债券的利率不超过国务院限定的利率水平；（6）国务院规定的其他条件。

（三）项目融资

1. BOT融资模式：BOT是“building - operate - transfer”的简称，即“建设—经营—转让”，是指政府通过私营企业融资建设特定的公共基础设施，并授予该私营企业一定期限的特许经营权经营该公共基础设施以收回投资并赚取相应的利润，特许经营期限届满时，私营企业将该基础设施无偿移交给政府的一种项目融资模式。

2. TOT融资模式：TOT是“transfer - operate - transfer”的缩写，即“移交—经营—移交”，是指政府部门或国有企业将建设好的项目的一定期限的产权和经营权有偿转让给投资人经营管理，投资人在合约期内通过经营收回全部投资和合理回报，并在合约期满后移交给政府部门或原单位的一种融资方式。

3. BT融资模式：BT是“building - transfer”的缩写，即委托单位建设并承担逐年回购责任的融资模式。财政部、发改委、人民银行和银监会于2012年12月24日联合发布了根据463号文的规定：地方各级政府及所属机关事业单位、社会团体不得以BT方式举借政府性债务。对于符合法律或国务院规定可以举借政府性债务的公共租赁住房、公路等项目，确实需要代建制建设并由财政性资金逐年回购的，必须根据项目建设规划和偿债能力等，合理确定建设规模，落实分年资金偿还计划。

三、地方政府债券

我国在20世纪五六十年代地方政府曾被允许发行地方政府债券，比如1950年发行的“东北生产建设折实公债”以及“地方经济建设公债”。在此之后，国家便取消了地方政府债券的发行。根据1994年施行的《预算法》规定，除法律和国务院另有规定外，地方政府不得发行地方政府债券。

为了应对国际金融危机对我国宏观经济的冲击，国家实施了积极的财政政策，并推出了4万亿元的投资计划。为了增强地方政府安排配套资金和扩大政府投资能力，国务院同意并由财政部代理发行2000亿元地方政府债券。2009年地方政府债券以省级政府和计划单列市为发行和偿还主体，由财政部代理发行并代办还本付息和支付发行费的可流通记账式债券。债券期限为3年，利息按年支付，利率通过市场化招标确定；债券名称为“2009年××省（自治区、直辖市、计划单列市）政府债券（××期）”。此后2010年度、2011年度，财政部分别代理政府发行了多期地方政府债券。

财政部于2012年下发了《2012年地方政府自行发债试点办法》，上海、浙江、广东、深圳四省市经国务院批准可以开展地方政府债券自行发行的试点工作。试点省市发行的地方政府债券为记账式固定利率附息债券。2012年地方政府债券期限可分为3年、5年、7年，每种期限债券发行规模不得超过本地区发债规模限额的50%，试点省市最多可以发行三种期限债券。承销商应当为2012～2014年记账式国债承销团成员，且原则上不得超过20家。

第二节　信政合作业务操作规范

一、概述

信政合作信托业务是指信托公司将信托（计划）项下信托资金运用于地方政府投融资平台的基础设施建设、工业园区（开发园区）建设和土地储备整治等的信托业务。

信托公司开展信政合作信托业务必须合法合规，严禁将信托资金投入国家法律法规明确禁止的领域，审慎进入国家法律法规限制进入的领域，鼓励选择国家重点支持的领域。重点支持旧城与棚户区改造、公共租赁房和廉租房、经济适用房以及其他涉及民生领域和环境保护领域的项目建设。信托公司开展信政合作信托业务规模应当与当地经济社会发展水平和人均收入水平相适应；充分考虑当地投资人的资金实力、风险识别和承受能力、投资习惯等因素；信托业务规模要与建设项目实际资金需求相匹配，信托融资期限要与建设项目期限相匹配。

信托公司开展信政合作信托业务应当加强对地方财政实力和实际负债状况的评估分析，合理核定信用等级和财政负债率、债务率、偿债率等指标的风险上限，并与当地政府最近3年的平均财政收入水平相适应。其中财政负债率是指政府债务余额与当年地区生产总值的比例（财政负债率 = 政府债务余额/当年地区生产总值）；财政债务率是指政府债务余额与当年可支配财力的比例（财政债务率 = 政府债务余额/当年可支配财力的比例）；财政偿债率是指年度还本付息额与当年可支配财力的比例（财政偿债率 = 年度还本付息额/当年可支配财力）。

信托公司开展信政合作信托业务应当结合项目风险情况，审慎选择合作对象，进行详尽的尽职调查。尽职调查应关注对建设项目经营性现金流进行预测；对交易对手的经营性现金流、资金实力、信用等级、综合偿债能力等进行分析。按照《中国银监会办公厅关于地方政府融资平台贷款清查工作的通知》（银监办发〔2010〕244 号文）要求按照政府投融资平台的现金流占融资款额本息的比例将政府投融资平台贷款划分为全覆盖、基本覆盖、半覆盖和无覆盖平台类贷款。

二、信政合作信托业务风险揭示与防范

（一）风险揭示

在开展信政合作信托业务过程，需要关注政府融资平台的第一还款来源，以及其未来现金流量净额能否覆盖融资款项目及孳息。对于没有第一还款来源的政府融资平台，则其主要还款来源依赖于地方政府的财政收入和预算支出。如果地方经济出现较大波动，则导致财政收入大幅下降，信托资金的退出就得不到有效保障；如果地方政府负债水平过高，除非由中央政府代为偿付地方债务，否则地方政府就会发生违约风险。地方经济状况、地方政府财政收入及地方政府负债状况都会给信政合作信托业务带来系统性风险。

对于第一还款来源充足的政府融资平台，需要关注的是市场风险和经营风险。如果由于外部市场环境、宏观经济状况、交易对手内部治理结构与经营状况等出现较大波动，国家宏观经济政策的调整，地方政府融资平台的经营不善，地方政府的人事变动、机构调整、发展规划变化等因素，都会给信托资金带来相应的风险。

中国银监会办公厅于 2009 年 4 月颁发《关于信托公司信政合作业务风险提示的通知》（以下简称《通知》），《通知》指出部分信托公司在开展信政业务时，项目管理不够严谨、担保行为不规范、个别业务环节存在法律瑕疵等问题。《通知》要求信托公司开展信政合作业务要高度重视合规经营问题，积极探索创新，采取有效措施防范合规性风险和法律风险；信托公司进一步提高风险管理能力，尽职管理信托财产，确保信政业务既支持地方经济发展，又能保证信托资金的安全和受益人的合法权益。

信托公司应选择国家重点支持的行业领域进行合作，严禁向国家限制的行业、企业和项目提供融资或投资服务；信托公司严格按照《担保法》及信政合作的相关

监管规定，在合法合规的基础上开展业务。

信托公司在开展信政合作业务时，信托公司应加强对合作方资金实力、信用程度和综合偿债能力的跟踪分析，结合地方政府财政实力与实际负债状况，核定信用等级和风险限额，在符合融资条件、权衡风险与收益的前提下，审慎选择服务支持对象。在产品设计方面，应注意信托资金的成本收益分析，以及资金和项目之间的期限匹配安排。

（二）交易对手资质审查

信托公司开展信政合作信托业务时，首先需要对交易对手的资质进行审查。政府投融资平台的法律组织形式有企业法人和事业单位法人等。信托融资不同于银行融资的地方在于信托融资可以采取债权、股权、受益权买入返售等方式进行，而银行向政府投融资平台融出资金的方式只有债权方式，即向政府投融资平台发放贷款。金融机构向企业法人和事业单位法人发放贷款是没有主体资格方面的法律障碍的，但是如果采取股权模式则存在相当的合规风险。信托公司在业务实践中就采取过向事业单位进行股权投资的实例。

政府投融资平台的一个普遍问题是出资不足。根据《公司法》的规定，股东可以用货币出资，也可以用实物、知识产权、土地使用权等以货币估价并可依法转让的非货币财产作价出资，全体股东的货币出资金额不得低于公司注册资本的30%。在实践中，部分地方政府将学校、医院、城市基础实施等大量不能变现的资产充当资本金，货币资金出资严重不足，甚至还会出现以流动资金或过桥贷款充当资本金。

政府投融资平台设立和运作一般都不规范，公司法人治理不健全。政府相关部门作为政府投融资平台的实际控制人，政府对其经营管理起主导作用，这就导致政府投融资平台难以按照市场化运作机制和现代法人治理机制去运作。政府投融资平台和政府相关部门一般是“两块牌子、一套人马”的关系，平台公司的高管都由政府部门领导兼任。

（三）建设项目审查

国家对基本建设项目有着严格的管理制度，信托公司要对政府投融资平台的建设项目的法律手续的办理情况进行审查。基本建设项目应当取得的文件包括国土资源部或建设规划部门等相关部门的用地批复文件（划拨）或者土地使用权证（出让）、项目已获批准的项目建议书或可行性研究报告、行政机关对项目同意立项的正式批复文件、完成环境影响评价的审批文件等。国家对基本建设项目实行资本金制度，建设项目的资本金是否符合国家规定也是合规性审查的重点内容之一，同时还应当落实项目其他建设资金的落实方案和到位情况。

（四）信用增级措施

1. 财政担保：信政合作信托业务中，政府投融资平台公司向信托公司提供财政局关于同意提供财政担保的承诺和人大关于安排财政担保预算的决议。信托公司在开展该类业务时，为了控制风险以及增加该类产品的吸引力，也会要求政府投融资平台公司提供政府财政担保。但是《担保法》及《担保法解释》规定国家机关不得作为保证人，但是经国务院批准为使用外国政府或者国际经济组织贷款进行转贷的除外。

为了制止这一政府违规担保的行为，财政部颁布《关于坚决制止财政违规担保向社会公众集资行为的通知》要求，地方政府要严格遵守《担保法》及其他相关规定，不得违规提供政府担保向社会公众集资。2010 年 6 月，国务院发布《国务院关于加强地方政府融资平台公司管理有关问题的通知》要求，地方各级政府及其所属部门、机构和主要依靠财政拨款的经费补助事业单位，均不得以财政性收入、行政事业单位的国有资产，或其他任何直接和间接形式为融资平台公司融资行为提供担保。

463 号文再次重申了坚决制止地方政府违规担保承诺行为。地方政府及所属机关事业单位、社会团体不得出具担保函、承诺函、安慰函等直接或变相担保协议，不得以机关事业单位及社会团体的国有资产为其他单位或企业融资进行抵质押担保，不得为其他单位或企业融资承诺承担偿债责任，不得为其他单位或企业的回购协议提供担保。

2. 土地使用权抵押：政府投融资平台公司向金融机构融资，往往会提供其拥有的国有建设用地使用权设定抵押担保。按照《物权法》的相关规定设定建设用地使用权抵押担保，一般情况下不会有什么合规问题。需要注意的问题有两点：首先，信托公司需要了解该建设用地使用权是通过划拨方式取得的还是通过出让方式取得的，如果是通过划拨方式取得，信托公司在处置抵押物时，需要以处置价款补交出让金后方可有限受偿；其次，政府投融资平台公司是否拥有合法的土地使用权证。地方政府土地储备中心以储备土地提供抵押的，需要提供其合法拥有的土地使用权证，如果土地储备中心没有储备土地使用权证，则该储备土地不得用于设定抵押担保。

政府投融资平台对外融资过程中，有时也会出现土地收益权质押的情况发生。如果政府投融资平台或土地储备中心没有合法的土地使用权证，则会以土地收益权（未来土地出让收入）设定质押。但是根据《物权法》的规定，除该法规定的可以质押的权利外的权利只有在法律、行政法规规定可以设定质押的方可设定质押。《担保法解释》规定了部分不动产收益权（公路桥梁、公路隧道或者公路渡口等不动产收益权）可以设定抵押担保，相关法律、行政法规并没有规定土地收益权可以用来设定质权。因此以土地收益权设定质权违反了“物权法定原则”，该项质押权的设定是无效的。

（五）信托资金的退出

政府投融资平台一般可分为“经营性政府投融资平台”和“非经营性政府投融资平台”两种类型。“经营性政府投融资平台”自身或其所开发的项目本身能够产生稳定充足的现金流，其完全可以依靠自身的现金流去支付对外融资的成本；“非经营性政府投融资平台”自身或其所开发的项目本身不能产生稳定充足的现金流，其需要完全依靠或者大部分需要依靠财政拨款用以支付对外融资成本。

信政合作信托业务的信托资金退出主要靠政府投融资平台的三种资金来源：平台公司或其自身的现金流、国有土地使用权出让收入、政府财政补贴和转移支付。信托公司在审批该类业务时，尤其应该注意交易对手的收入来源主要是出让国有土地使用权的收入还是政府财政补贴，或者其自身或开发的项目有稳定的现金流。对于有稳定现金流的交易对手，信托公司在风险可控和遵循商业化原则的前提下，信托公司可以与其开展业务合作；对于自身没有稳定现金流的交易对手，信托公司应审慎进入。

第三节 融资平台的清理整顿

一、概述

2008 年下半年美国金融危机爆发，为了应对严峻复杂的国内外经济形势，国家实施积极的财政政策和适度宽松的货币政策，并提出了包括 4 万亿元投资计划在内的一系列政策措施。为了解决地方政府配套资金来源的问题，地方政府投融资平台积极承担了融资职能，由此地方政府及融资平台的债务迅速扩大，相应地也积聚了一定程度的系统性风险。

2010 年 6 月 13 日，国务院发布了《关于加强地方政府融资平台公司管理有关问题的通知》（国发〔2010〕19 号）。财政部、发改委、人民银行、银监会联合发布了《关于贯彻〈国务院关于加强地方政府融资平台公司管理有关问题的通知〉相关事项的通知》（财预〔2010〕412 号）。

二、基本原则

逐包打开：要将贷款包内的每笔贷款一一对应到合格的项目，甄别贷款包的潜在风险，确实存在合规性问题和风险问题的，要采取相应保全措施。

逐笔核对：对融资平台公司贷款进行逐笔核实查对，从借款主体、担保主体、贷款管理等方面查找贷款存在的风险和问题。

重新评估：重新评估贷款对应的项目的合规性和可行性，项目的效益性以及还款来源的充足性和持续性，项目资本金的可靠性，项目融资需求的合理性，项目资金使用的真实性等方面存在的风险和问题，确保项目债务水平与还款水平相匹配。

整改保全：针对自查发现的风险和问题，在制度建设、项目合规性、贷款管理、操作流程、还款来源、抵押担保等方面采取的整改保全措施。

（1）对于清理规范后自身具有稳定的经营性现金流，能够全额偿还贷款本息且符合一般商业公司经营性质的融资平台公司，银行应将该类公司的贷款整体纳入一般公司类贷款进行管理；

（2）对于清理规范后自身具有一定的经营性现金流，能够部分偿还贷款本息的融资平台公司，银行应采取补充完善合同手续、增加新的借款主体和担保主体等整改保全措施，强化还款约束，将其中规范后满足一般公司类贷款条件的贷款从融资平台公司中剥离，纳入一般公司类贷款管理。

三、纳入清理规范范围的地方政府融资平台债务

（1）融资平台公司因承担公益性项目建设举债，主要依靠财政性资金偿还的债务。主要是指偿债资金70%及以上来源于一般预算资金、政府性基金预算收入、国有资本经营预算收入、预算外收入等财政性资金的债务。但是已注入融资平台公司的土地使用权出让收入、因承担政府公益性项目获得的土地使用权出让收入返还、车辆通行费等专项收费收入除外。

（2）融资平台公司因承担公益性项目建设举债，项目本身有稳定经营性收入并主要依靠自身收益偿还的债务。

（3）融资平台公司因承担非公益性项目建设举借的债务。

根据财预〔2010〕412号文件，“公益性项目”是指为社会公共利益服务、不以营利为目的，且不能或不宜通过市场化方式运作的政府投资项目，如市政道路、公共交通等基础设施项目，以及公共卫生、基础科研、义务教育、保障性安居工程等基本建设项目。

四、清理规范的具体措施

（一）融资平台进行清理规范

（1）对只承担公益性项目融资任务且主要依靠财政性资金偿还债务的融资平台公司，今后不得再承担融资任务，相关地方政府要在明确还债责任，落实还款措施后，对公司做出妥善处理；

（2）对于承担公益性项目融资任务，同时还承担公益性项目建设、运营任务的融资平台公司，要在落实偿债责任和措施后剥离融资业务，不再保留融资平台职能；

（3）对承担有稳定经营性收入的公益性项目融资任务并主要依靠自身收益偿还

债务的融资平台公司，以及承担非公益性项目融资任务的融资平台公司，要充实资本金、完善公司治理结构，实现商业化运作。“对承担有稳定经营性收入的公益性项目融资任务并主要依靠自身收益偿还债务”主要是指融资平台公司因承担公益性项目融资任务举债，且偿债资金70%及以上来源于公司自身收益，其中包括已注入融资平台公司的土地出让金收入和车辆通行费等其他经营性收入。

如果以后地方政府确需设立融资平台公司，应当按照法律法规的规定设立注册，且应足额注入资本金，但为社会公共利益服务，且依据有关法律法规规定不能或不宜变现的公益性资产不得作为资本金注入融资平台公司，如学校、医院、公园、广场、党政机关及经费补助事业单位办公楼，以及市政道路、水利设施、非收费管网设施等不能带来经营性收入的基础设施等。

（二）融资管理与信贷管理

（1）融资平台公司向金融机构融资必须落实到具体的项目中，并以法人作为承贷主体；贷款资金应用于项目本身，承贷主体应为具有独立承担民事责任的市场主体。

（2）地方各级政府要严格审核项目投资预算和资金来源，各类资金主要集中用于项目续建和收尾，严格控制新开工项目。

（3）对还款来源主要依靠财政性资金的公益性在建项目，不得再继续通过融资平台公司融资，应通过财政预算、市场化引导社会资金等方式解决建设资金问题。但是对按照《公路法》《国务院关于加强国有土地资产管理的通知》等法律和国务院规定可以融资的项目，以及经国务院核准或审批的重大项目，如城市快速轨道交通项目等，可暂继续执行既定的融资计划。

（4）金融机构应按照商业化原则严格规范信贷管理。对于没有稳定现金流作为还款来源的，不得发放贷款。

（5）向融资平台公司新发贷款要直接对应项目，并严格执行国家有关项目资本金的规定。

（6）要按照要求将符合抵质押条件的项目资产或者项目预期收益等权利作为贷款的担保。

（三）违规担保

地方政府在出资范围内对融资平台公司承担有限责任，对于融资平台公司的新增债务，地方政府仅以出资额为限承担有限责任，以实现融资平台公司债务风险内部化。如果债务人无法偿还全部债务，债权人也应承担相应责任。

地方各级政府及其所属部门、机构和主要依靠财政拨款的经费补助事业单位，均不得以财政性收入、行政事业等单位的国有资产或者其他任何直接、间接形式为融资平台公司融资行为提供担保。主要包括：

（1）为融资平台公司融资行为出具担保函；

（2）承诺在融资平台公司偿债出现困难时，给予流动性支持，提供临时性偿债资金；

（3）承诺当融资平台公司不能偿付债务时，承担部分偿债责任；承诺将融资平台公司的偿债资金安排纳入政府预算。

五、《中国银监会办公厅关于地方政府融资平台贷款清查工作的通知》（银监办发〔2010〕244 号）

2010 年 8 月 2 日，银监会颁发了《中国银监会办公厅关于地方政府融资平台贷款清查工作的通知》（银监办发〔2010〕244 号）。银监会要求在 2010 年 8 月之前，各机构和各银监局按照“全覆盖、部分覆盖、基本覆盖、无覆盖”的标准对平台贷款划分风险类别。

（一）自身现金流是否能还款

根据借款人自身现金流量覆盖应付债权本息的比例，可以分为全覆盖、基本覆盖、半覆盖和无覆盖。

全覆盖：借款人自身现金流量占其应还债本息的比例达 100%（含）以上；

基本覆盖：借款人自身现金流量占其应还债本息的比例达 70%（含）以上；

半覆盖：借款人自身现金流量占其应还债本息的 30%（含）至 70% 之间；

无覆盖：借款人自身现金流量占其应还债本息的比例在 30% 以下。

（二）分类处置措施

整改为公司类贷款：经核查评估和整改后，2010 年 8 月末已经具备商业化贷款条件，即自身具有稳定的经营性现金流、能够全额偿还贷款本息的，拟整体转化为一般公司类贷款进行管理的贷款余额。

保全分离为公司类贷款：经核查评估后，部分贷款有望达到商业化贷款条件，即自身具有一定的经营性现金流、能够部分偿还贷款本息的，通过项目剥离、公司重组、增加新的借款主体和担保主体，经验收合格后，按照“达标一笔分离一笔”的原则，将其从平台贷款中分离为一般公司类贷款的余额。

清理回收：拟直接回收的贷款余额。

仍按平台处理的贷款：除上述三种处置方式外，仍纳入地方政府融资平台贷款管理的贷款余额。

六、《关于地方政府融资平台贷款监管有关问题的说明》（银监办发〔2011〕191 号）

（一）新增贷款

新增贷款是指 2010 年 6 月 30 日之后新发放的贷款。

1. 可放贷条件

（1）符合《中华人民共和国公路法》[①]。对于公路行业贷款，银行在符合条件的收费公路项目上可以新增贷款，但不得新增非收费公路项目贷款。

（2）符合《国务院关于加强国有土地资产管理的通知》[②]（国发〔2001〕15号），含有偿还能力的公租房、廉租房、棚户区改造项目。

对于保障性住房领域贷款，仅包括棚户区改造、廉租房和公租房，不包含经济适用房等其他类型的保障性住房；贷款期限原则上不超过15年，且不得设立宽限期；严格按照每半年一次还本付息要求偿还贷款本息，同时在贷款合同中增加交叉违约条款，如未按约定期限偿还本息，即中止所有银行对该融资平台的全部贷款支持；借款人项目资本金全部到位，不得使用银行贷款、理财、信托资金作为项目资本金；各银行应对贷款流向和使用进行严格监控，一旦发生挪用，同样中止所有银行对该融资平台的全部贷款支持。

（3）国务院审批或核准的重大项目。

（4）对于符合国家宏观调控政策、发展规划、行业规划、产业政策、行业准入标准、土地利用总体规划以及信贷审慎管理规定等要求的融资平台的在建项目贷款，其现金流能够达到全覆盖要求，资产负债率不高于80%，且存量贷款已在抵押担保、贷款期限、还款方式、合同补正等方面整改合格。

2. 不可贷

（1）不得向银行“名单制”管理系统以外的融资平台发放贷款。

（2）不得再接受地方政府以直接或间接形式提供的任何担保和承诺。

（3）不得再接受以学校、医院、公园等公益性资产作为抵质押品。

（4）不得再接受以无合法土地使用权证的土地预期出让收入承诺作为抵质押。

（二）平台管理

1. 名单制管理。由各银行总行或其他金融机构总部统一规划确定融资平台名单，并向监管部门备案，不得向名单之外的融资平台发放贷款。

2. 集中审批管理。平台贷款的审批权限上收至银行总行或其他金融机构总部。

---

① 根据《公路法》的规定，符合国务院交通主管部门规定的技术等级和规模的下列公路，可以依法收取车辆通行费：（1）由县级以上地方人民政府交通主管部门利用贷款或者向企业、个人集资建成的公路；（2）由国内外经济组织依法受让前项收费公路收费权的公路；（3）由国内外经济组织依法投资建成的公路。

② 国务院颁发的《关于加强国有土地资产管理的通知》（国发〔2001〕15号），从严格控制建设用地供应总量、严格实行国有土地有偿使用制度、大力推行国有土地使用权招标和拍卖、加强土地使用权转让管理、加强地价管理、规范土地审批的行政行为六个方面对国有土地资产管理进行了规范。

3. 分类管理。对于平台类客户，实行名单制管理，不得向名单制管理系统以外的平台发放贷款；对于到期的平台贷款，一律不得展期和以各种方式借新还旧；对于退出类平台客户，密切关注整改后贷款风险情况，并明确风险自担原则，非因不可抗力因素形成的风险，应“谁签字谁负责”。

（三）平台整改

1. 抵押担保整改

关注抵质押品的合规性，消除违规担保的风险隐患，及时追加合法、有效、足值的抵质押品。重点关注：政府承诺担保、以无合法土地使用权证的土地出让收入承诺、非专业土地储备机构以储备土地（土地储备证）进行抵押等担保行为。

2. 贷款期限与还款方式整改

按照项目预期现金流情况和实际建设期、达产期及运营期，合理确定贷款期限结构。项目建成后，应按照等额分摊等审慎原则，每年至少两次偿还本金，利随本清。

对于整借整还的存量平台贷款，根据平台单位自有现金流和地方政府财力情况，整改为每半年一次分期偿还、利随本清，化解集中还款风险。对于专业土地储备机构的土地储备贷款，可在政策规定的贷款期限内，完成土地一级开发、招拍挂上市后一次性偿还贷款。对于平台承建 BT 项目贷款，可在项目回购产生现金流后一次性偿还贷款。

（四）平台现金流

可以计入现金流的还贷资金来源：

（1）借款人自身经营性收入。

（2）已明确归属于借款人的专项费收入。除车辆通行费外，还包括具有法律约束力的差额补足协议所形成的补差收入，具有质押权的取暖费、排污费、垃圾处理费等稳定有效的收入。

（3）借款人拥有所有权和使用权的自有资产可变现价值。

地方政府提供的信用承诺、没有合法土地使用权证的土地预期出让收入（专业土地储备机构除外）、一般预算资金、政府性资金预算收入、国有资本经营预算收入、预算外收入等财政性资金承诺，均不得计入借款人自有现金流。

（五）平台退出

可以退出平台贷款管理的企业法人类平台应当满足的条件包括：

1. 符合“全覆盖”原则、“定性一致”原则、“三方签字”原则。

2. 退出类平台必须为企业法人，并已按照要求进行公司治理、抵押担保、贷款期限、还款方式和贷款利率等方面整改，合格后方可退出。

七、《关于加强2012年地方政府融资平台贷款风险监管的指导意见》（银监发〔2012〕12号）

银监会颁发的银监发〔2012〕12号文提出了以缓释风险为目标，以降旧控新为重点，以现金流覆盖率为抓手，推进地方政府融资平台贷款的风险缓释工作的指导原则。

第一，银监会要求各金融机构要逐户按月统计到期贷款，落实到期贷款偿还方案，加强到期贷款风险分析检测，以此严格监控并及时化解到期风险。

第二，按照“分类管理、区别对待、逐步化解”的原则，分类处置以切实缓释存量风险。对于自身现金流100%覆盖贷款本息且项目已建成达产、形成了经营性现金流的融资平台，要以现金流来源为基础，制定均衡的分期还款计划，并专户集并、封闭现金流收入，确保及时足额清收到期贷款本息。

对于自身现金流100%覆盖贷款本息，项目已建成但尚未达产形成经营性现金流的融资平台，在借款人的抵押担保、还款方式等方面整改合格的前提下，经各银行总行审批，可在原有贷款额度内进行再融资，切实支持项目早达产、早创收，早日增加还款资金来源。

对于自身现金流100%覆盖贷款本息，贷款到期而项目尚未建成的融资平台，在借款人的抵押担保、还款方式等方面整改合格的前提下，经各银行总行审批后，可按照工程建设实际周期合理确定贷款期限，一次性修订贷款合同，使贷款期限复核项目建成要求，对于自身现金流不能够100%覆盖贷款本息，但项目能够吸引社会资金投资的融资平台，各银行要在现有贷款余额不增加的前提下，积极协助地方政府相关部门和借款人，制定资产重组、合并、转让或引入新投资者等市场化处置方案，提高现金流覆盖程度，在项目建成达产后及时按约清收贷款本息。

对于自身现金流不能够100%覆盖贷款本息，且工程项目不宜吸引社会资金投资的融资平台，各银行要在不增加新贷的前提下，与地方政府积极沟通，按照原定承诺，量化还款数额，纳入财政预算，分期清收贷款。

第三，严格执行降旧控新的要求，有效控制新增贷款。对于仍按平台管理类的新增贷款只能投向符合《公路法》的收费公路项目、国务院审批或者核准通过且资本金到位的重大项目、土地储备类和保障性住房建设项目、农业发展银行支持且符合中央政策的农田水利类项目、工程进度达到60%以上且现金流测算达到全覆盖的在建项目等五类领域，并且新增贷款必须满足以下五个条件：一是公司治理完善；二是现金流全覆盖；三是抵押担保符合现行规定且存量贷款已在抵押担保、贷款期限、还款方式等方面整改合格；四是借款人资产负债率低于80%；五是融资平台存量贷款中需要财政偿还的部分已纳入地方财政预算管理并且已经落实预算资金来源。

第四，以现金流覆盖率为抓手严格平台退出管理。对于融资平台退出应当满足五个条件：一是符合现代公司治理要求，属于按照商业化原则运作的企业法人；二是资产负债率在70%以下，财务报告经过会计师事务所审计；三是自身现金流100%覆盖贷款本息，且各债权银行对融资平台的风险定性均为全覆盖；四是存量贷款的抵押担保、贷款期限、还款方式等已经整改合格；五是诚信经营，无违约记录，可持续独立发展。严格履行牵头行发起、各总行审批、三方签字、退出承诺和监管备案的平台公司退出程序。

第五，实行信贷分类制度，在原有“名单制”管理的基础上，对融资平台按照“支持类、维持类、压缩类”进行信贷分类。各银行按照“同意授信、总量控制、逐笔审批、监督支付”的原则强化授信审批制度。

对于出现如下情形的融资平台，不得发放任何形式的新增贷款：一是贷款分类结果为“压缩类”的；二是借款人为异地融资平台的；三是所在地区地方政府债务规模达到或者超过限额的；四是地方政府以直接或间接形式为新增贷款提供担保承诺的；五是以学校、医院、公园等公益性资产作为抵质押品；六是以无合法土地使用权证的土地预期出让收入承诺作为质押的；七是存量贷款担保抵押、贷款合同等方面整改不到位的；八是资产负债率和现金流覆盖率不符合规定要求的。

八、《中国银监会关于加强2013年地方政府融资平台贷款风险监管的指导意见》（银监发〔2013〕10号）

2013年融资平台监管的总体原则为“总量控制、分类监管、区别对待、逐步化解”，主要的监管意见可以归纳为如下几个方面：

（一）总体要求是严格把握融资平台定义，完善名单制管理，对融资平台动态调整风险定性；坚持退出分类制度，对融资平台划分为“仍按平台管理类”和“退出为一般公司类”。

根据动态调整风险定性的要求，融资平台仍然按照“全覆盖、基本覆盖、半覆盖和无覆盖”四类进行风险定性：1.“全覆盖”是指借款人自有现金流量占其全部应还债务本息的比例为100%及以上；2.“基本覆盖”是指借款人自有现金流量占其全部应还债务本息的比例为70%（含）至100%之间；3.“半覆盖”是指借款人自有现金流量占其全部应还债务本息的比例为30%（含）至70%之间；4.“无覆盖”是指借款人自有现金流占其全部应还债务本息的比例为30%以下。

（二）融资平台贷款严格进行总量控制，按照“保在建、压重建、控新建”的要求，各银行业金融机构法人不得新增融资平台贷款规模。对于2013年到期的融资平台贷款需要制定到期还款方案，并且要密切监测到期贷款风险。

严格控制新增贷款，并优化贷款结构。新增贷款应当主要支持符合条件的省级融资平台、保障性住房和国家重点在建续建项目的融资需求。对于现金流覆盖低于100%或者资产负债率高于80%的融资平台，各银行要确保其贷款占全行平台贷款的比例不得高于2012年水平，并且应当采取措施逐步减少贷款发放，加大贷款清收力度。

对于融资平台新发放的贷款必须符合如下条件：1. 现金流全覆盖；2. 抵押担保符合现行规定，不存在地方政府及所属事业单位、社会团体直接或间接担保，且存量贷款已在抵押担保、贷款期限、还款方式等方面整改合格；3. 融资平台存量贷款中需要财政偿还的部分已纳入地方财政预算管理，并已落实预算资金来源；4. 借款人为本地融资平台；5. 资产负债率低于80%；6. 符合（财预〔2012〕463号）文件的要求。

“仍按平台管理类”新发放贷款由总行统一授信和审批，投向主要限定为：1. 符合《公路法》的收费公路项目；2. 国务院审批或核准通过且资本金到位的重大项目；3. 符合《关于加强土地储备与融资管理的通知》（国土资发〔2012〕162号）要求，已列入国土资源部名录的土地储备机构的土地储备贷款；4. 保障性安居工程建设项目；5. 工程进度达到60%以上，且现金流测算达到全覆盖的在建项目。

（三）继续推进存量贷款的整改，分类缓释存量贷款风险。各银行按照融资平台现金流能够全覆盖以及项目建设进度等情况，通过“及时收贷、收回再贷、据实定贷、引资还贷、只收不贷”五种方式逐步缓释平台贷款风险。对于“收回再贷”和“据实定贷”项目，借款人必须满足抵押担保和还款方式等方面整改合格的前提条件，经各银行总行的审批同意，并及时向属地监管机构备案。

（四）严格融资平台退出条件，只有满足如下五个条件方可同意其退出平台：1. 符合现代公司治理要求，属于按照商业化原则运作的企业法人；2. 资产负债率70%以下，财务报告经过会计师事务所审计；3. 各债权银行的风险定性为全覆盖；4. 存量贷款中需要财政偿还的部分已经纳入地方财政预算管理并已落实预算资金来源，且存量贷款的抵押担保、贷款期限、还款方式等已经整改合格；5. 诚信经营、无违约记录，可持续独立发展。

融资平台退出按照如下程序进行：牵头行发起、各总行审批、三方签字、退出承诺、监管备案。对于不符合有关退出监管要求、违背退出程序和贷款承诺的，各总行应当及时向融资平台属地监管机构反馈并重新纳入平台管理。各银行不得向“退出类”平台公司发放保障性住房和其他公益性项目贷款。

（五）各银行和监管机构建立全口径融资平台负债统计制度，主要包括银行贷款、企业债券、中期票据、短期融资券、信托计划、理财产品等，结合总负债规模和偿债能力的匹配度进行全面风险管理。对于融资平台债券的认购由总行统一授信，并参照新增融资平台贷款的条件审批；各银行不得为融资平台债券提供担保。对于未纳入“名单制”管理的融资平台不得发放任何形式由财政性资金承担直接或间接还款责任的贷款。

九、《国务院关于加强地方政府性债务管理的意见》（国发〔2014〕43 号）

（一）地方政府举债融资新机制

1. 地方政府适度举债权

经国务院批准，省、自治区、直辖市政府可以通过政府债券的方式适度举借债务，市县级政府确需举借债务的，由省、自治区、直辖市政府代为举借；政府债务只能通过政府及其部门举借，不得通过企事业单位等举借。

2. 地方政府举债融资新机制

（1）一般债务

没有收益的公益性事业发展确需政府举借一般债务的，由地方政府发行一般债券融资，主要以一般公共预算收入偿还。

（2）专项债务

由一定收益的公益性事业发展确需政府举借专项债务的，由地方政府通过发行专项债券融资，以对应的政府性基金或专项收入偿还。

（二）地方政府债务规模控制和预算管理

1. 债务限额管理

地方政府一般债务和专项债务规模纳入限额管理，由国务院确定并报全国人大或其常委会批准；分地区限额由财政部在全国人大或其常委会批准的地方政府债务规模内根据各地区债务风险、财力状况等因素测算并报国务院批准；地方政府在国务院批准的分地区限额内举借债务，必须报本级人大或其常委会批准。

2. 债务资金用途

地方政府举借的债务只能用于公益性资本支出和适度归还存量债务，不得用于经常性支出。

（三）存量债务处理和在建项目后续融资

1. 存量债务甄别

以 2013 年政府性债务审计结果为基础，结合审计后债务增减变化情况，对地方政府性债务存量进行甄别，逐级汇总上报国务院批准后分类纳入预算管理。

2. 存量债务偿还

（1）项目自身运营收入能够按时还本付息的债务，应继续通过项目收入偿还；项目自身运营收入不足以还本付息的债务，可以通过依法注入优质资产、加强经营管理、加大改革力度等措施，提高项目盈利能力，增强偿债能力。

（2）确需地方政府偿还的债务，地方政府要切实履行偿债责任，必要时可以处置政府资产偿还债务；确需地方政府履行担保或救助责任的债务，地方政府要切实依法履行协议约定，作出妥善安排。确已形成损失的存量债务，债权人应按照商业化原则承担相应责任和损失。

3. 在建项目后续融资

地方政府要统筹各类资金，优先保障在建项目续建和收尾。使用债务资金的在建项目，原贷款银行要重新进行审核，凡符合国家有关规定的项目，要继续按协议提供贷款，推进项目建设；在建项目确实没有其他建设资金来源的，应主要通过PPP模式和地方政府债券解决后续融资。

十、《地方政府存量债务纳入预算管理清理甄别办法》（财预〔2014〕351号）

债务单位要根据审计口径确定的地方政府负有偿还责任的债务、地方政府负有担保责任的债务、地方政府可能承担一定救助责任的债务的债务分类填报经清理甄别的地方政府存量债务。

存量债务为截至2014年12月31日尚未清偿完毕的债务，主要分为（1）2013年全国政府性债务审计确定的截至2013年6月30日的各笔债务，其截至2014年12月31日的债务数据；（2）2013年6月30日后新发生的各笔债务，其截至2014年12月31日的债务数据。

地方政府负有偿还责任的存量债务按照如下方式进行甄别：（1）通过PPP模式转化为企业债务的，不纳入政府债务；（2）项目没有收益、计划偿债来源主要依靠一般公共预算收入的，甄别为一般债务（如义务教育债务）；（3）项目有一定收益、计划偿债来源依靠项目收益对应的政府性基金收入或专项收入、能够实现风险内部化的，甄别为专项债务（如土地储备债务）；（4）项目有一定收益但项目收益无法完全覆盖的，无法覆盖的部分列入一般债务，其他部分列入专项债务。

第十一章
融资（贷款）类业务法律实务

第一节　概　述

一、融资类与投资类信托业务界定

按照《信托公司净资本管理办法》的定义，融资类是指以资金需求方的融资需求为驱动因素和业务起点，信托目的以寻求信托资产的固定回报为主，信托资产主要运用于信托设立前已事先指定的特定项目。信托公司在此类业务中主要承担向委托人、受益人推荐特定项目、向特定项目索取融资本金和利息的职责。融资类信托业务主要包括信托贷款，带有回购、回购选择权或担保安排的股权融资型信托、信贷资产受让信托等。

投资类是指以信托资产提供方的资产管理需求为驱动因素和业务起点，以实现信托财产的保值增值为主要目的，信托公司作为受托人主要发挥投资管理人功能，对信托财产进行投资运用的信托业务，如私募股权投资信托业务、证券投资信托业务、受托境外理财信托业务等。此类信托包含受托人自主决定将投资管理职责外包的情形，但不包含法律规定、受益人大会决定将投资管理职责安排给其他当事人的情形。

从上述定义可以归纳融资类和投资类业务的如下特点：

1. 需求驱动因素：融资类业务是基于资金需求方的融资需求为驱动因素，由信托公司募集信托资金以贷款或其他方式应用于资金需求方，以满足资金需求方的流动资金需求、项目融资需求或其他资金需求；投资类业务是以信托资产提供方（投资人）的资产管理需求为驱动因素，由信托公司负责对信托资产投资、管理和运用，以实现信托资产的保值增值。

2. 投资回报因素：融资类业务的信托目的主要是以寻求固定回报为主，投资业务的信托目的并不在于寻求固定回报，而是基于所投资资产的增值而获取收益。

3. 信托资产投向：融资类业务中，信托公司是基于资金需求方的资金需求而设立信托以募集资金，信托资产主要运用于信托设立前已经确定的特定项目。投资类业务则是首先由信托公司设立信托，然后根据事先确定的投资方向、投资范围、投资比例、投资策略、风控指标、决策程序等因素选择信托资产的投资品种或投资项目。

二、融资类业务类型

（一）信托贷款

信托贷款业务是指信托公司以信托资金向借款人发放贷款，借款人按期偿还贷款本息的一种信托业务。信托贷款业务是信托公司典型的融资类业务，也是信托公司较为常见与乐于开展的业务。根据目前的监管法规，信托公司集合资金信托计划项下信托贷款的规模受到限制，也即集合类信托贷款余额不得超过其管理的集合信托计划实收余额的30%，监管部门另有规定的除外。监管部门限制信托公司集合信托贷款规模的动因在于鼓励信托公司拓展适合自身发展的主动性、创新性的资产管理业务，而不是简单的类银行信贷业务。

信托公司信托贷款业务的合规与风险控制方面，可以参照商业银行贷款的监管法规和相应的标准。监管部门于2010年陆续发布的《流动资金贷款管理暂行办法》《固定资产贷款管理暂行办法》《个人贷款管理暂行办法》《项目融资业务指引》（简称“三法一指引”），更是信托公司信托贷款业务的参照依据。

2018年1月5日中国银监会颁发《商业银行委托贷款管理办法》银监发〔2018〕2号，明确规定商业银行不得接受委托人1）受托管理的他人资金、2）银行的授信资金、3）具有特定用途的各类专项基金（国务院有关部门另有规定的除外）、4）其他债务性资金（国务院有关部门另有规定的除外）、5）无法证明来源的资金。中国证券投资基金业协会在其《私募投资基金备案须知》亦明确私募积极的投资不应是借贷活动，通过委托贷款、信托贷款等方式直接或间接从事借贷等经营活动不属于私募基金范围。

（二）买入返售（投资附加回购）

买入返售业务是指信托公司以信托资金买断交易对手合法所有的某项财产（财产性权利），并在约定期限届满时由交易对手以一定的溢价率回购的一种信托业务。“买入返售”业务又称为“转让与回购”业务或“投资附加回购”业务，是债务性融资的创新业务模式。与“买入返售”相对应的是“卖出回购”，由于“卖出回购”业务对于信托公司来讲是信托公司的负债业务，因此信托公司不能开展该项业务。

信托公司开展较为普遍的主要有股票/股权收益权、特定资产受益权等基础资产收益权（受益权）买入返售业务，而很少涉及基础资产的买断并附加回购业务。基础资产收益权（受益权）买入返售业务中，信托公司买入的不是实体的基础资产，而只是基础资产收益权（受益权），信托公司很难对该基础资产进行实质性控制，因此也就存在着很大的信用风险。有鉴于此，信托公司开展的该类业务基本上都会附加基础资产的质权/抵押权。

由于受到贷款（融资）类业务的监管限制，信托公司通过以信托资金投资入股被投资企业，并于约定期限届满时由被投资企业的股东或第三方受让或回购信托公司所持被投资企业股权的方式实现信托资金的退出，以此规避监管政策。因此监管部门规定，凡是带有回购、回购选择权或担保安排的股权融资型信托业务一律属于融资性业务，并应当按照融资性业务的标准执行相应的监管法规。

这里有一个问题值得讨论：信托公司以信托资金进行股权投资业务，信托公司一般只是作为财务投资人，而不是战略投资人，因此信托公司会在约定的期限内实现退出。信托公司退出被投资企业的渠道无非就是通过被投资企业上市，并在证券市场转让所持股份，或者向其他股东或者第三方转让所持有的股份。目前证监会要求企业申请公开发行股票并上市前必须对信托持股进行清理，因此信托公司的股权投资类信托业务的资金退出渠道只有向其他股东或第三方进行转让。笔者认为区分股权投资类信托业务和股权融资类信托业务可以综合参考如下要素：（1）股权融资类信托项目期限较短，一般是 2 年及 2 年以下；而股权投资类信托项目期限较长，一般会在 3 ~7 年或更长时间。（2）股权融资类信托项目要求被投资企业或被投资企业原股东提供固定收益回报；而股权投资类项目则旨在分享被投资企业的成长收益。（3）股权融资类信托项目一般要求被投资企业或其原股东提供抵质押等债权担保措施，而股权投资类信托项目可能会与被投资企业或其原股东约定对赌协议，一般不会要求提供债权担保措施。

（三）股票质押融资

股票质押融资是信托公司融资类业务中比较重要的业务类型。由于上市公司股票的流动性较好以及变现能力较强，因此信托公司很乐意开展该类业务。股票质押融资可以分为两类：股票质押贷款业务和股票收益权买入返售类业务，其中股票收益权买入返售类业务是信托公司为了规避监管部门对于贷款类业务的规模限制而创新的业务品种。

股票质押融资业务的风险控制因素包括融资方和标的股票两个方面。标的股票的风控标准可以从如下三个方面进行设置：标的股票的准入标准、质押率标准、三线标准（预警线、补仓现、平仓线），上述三方面标准的设置可以参考标的股票所属类型（主板市场股票、中小板股票、创业板股票）来设置具体的风控指标。股票质押融资业务风控因素中的融资人因素和其他一般贷款类业务是一致的，其中最为重要的就是融资主体合规性风险和信用风险。

对于以自然人所持股票为标的股票的质押融资业务来说，在股票风控指标设置时还需要注意在股票变现时的税收因素。根据《财政部、国家税务总局、证监会关于个人转让上市公司限售股所得征收个人所得税有关问题的通知》(财税〔2009〕167号)以及《财政部、国家税务总局、证监会关于个人转让上市公司限售股所得征收个人所得税有关问题的补充通知》(财税〔2010〕70号)的规定,自2010年1月1日起,对个人转让限售股取得的所得,按照“财产转让所得”,按照20%的税率征收个人所得税。

广义上的股票质押融资业务包括股权质押融资业务。股票质押融资业务所对应的是上市公司股票(包括流通股和限售流通股),股权质押融资业务所对应的则是非上市公司股权。在业务实践中,股权质押融资业务所对应的多数是金融类股权,这主要源于国内金融牌照的稀缺性,从而导致金融股权价值的稳定性。

(四)信贷资产转让

信贷资产转让业务是指信托公司以信托资金受让商业银行或其他金融机构所持信贷资产的一种业务。信贷资产转让业务在实践中大多是信托公司为了给商业银行腾挪信贷空间,改善商业银行存贷比等监管,从而规避监管政策的一种典型的银信合作业务。为此,监管部门也多次发文予以重点规范,并确立了该类业务的三条基本原则:真实性原则、整体性原则、洁净性原则。

三、风险资本计提

融资类单一信托业务中,公租房廉租房类融资的风险资本计提系数为0.5%,其他房地产类融资的风险资本计提系数为1%,其他融资类业务的风险资本计提系数为0.8%;融资类集合信托业务中,公租房廉租房类融资的风险资本计提系数为1%,其他房地产类融资的风险资本计提系数为3%,其他融资类业务的风险资本计提系数为1.5%。

投资类单一信托业务中,股指期货相关的投资产品的风险资本计提系数为0.8%,公开市场交易的固定收益产品的风险资本计提系数为0.1%,其他有公开市场价格金融产品的风险资本计提系数为0.3%,其他金融产品投资类风险资本计提系数为0.5%,股权投资类业务(指包含PE在内的非上市公司股权投资)的风险资本计提系数为0.8%,其他投资类业务风险资本计提系数为0.8%;投资类集合信托业务中,股指期货相关的投资产品的风险资本计提系数为1%,公开市场交易的固定收益产品的风险资本计提系数为0.2%,其他有公开市场价格金融产品的风险资本计提系数为0.5%,其他金融产品投资类风险资本计提系数为1%,股权投资类业务(指包含PE在内的非上市公司股权投资)的风险资本计提系数为1.5%,其他投资类业务风险资本计提系数为1.5%。

第二节　贷款信托业务与“三法一指引”

一、信托贷款业务概述

信托贷款是指受托人接受委托人的委托，以信托资金按照约定的用途、期限、利率等向融资方发放贷款，并按期回收贷款本息的信托业务。信托贷款是最主要的融资类信托业务，带有回购、回购选择权或担保安排的股权融资型信托、信贷资产受让信托等其他融资类信托业务实质上是一种债务性融资工具，适用于贷款类信托的监管规则和风险管理规则。

信托贷款是一种直接融资方式，不同信托贷款项目之间的风险是相互隔离的，其收益也是互不渗透的。如果一个信托项目出现风险，其他信托项目是不受影响的，如果信托公司履行了受托人应尽的职责，则风险是由信托受益人承担的。银行贷款是一种间接融资方式，银行对于储户是负债关系，即使贷款不能回收，只能由银行承担，风险集中在银行。

《信托公司集合资金信托计划管理办法》规定，信托公司向他人提供贷款不得超过其管理的所有信托计划实收余额的30%，但中国银行业监督管理委员会另有规定的除外。监管部门对信托公司贷款类集合信托业务进行规模限制，主要目的在于压缩信托公司融资类业务规模，不鼓励信托公司过多的开展类银行业务，而应大力开展投资类信托业务。为了应对国际金融危机对国内经济的冲击，银监会于2009年颁发的《中国银监会关于支持信托公司创新发展有关问题的通知》（银监发〔2009〕25号）规定：如果具备最近一年的监管评级在3C级及以上，具有良好的公司治理、内部控制、风险和合规管理机制，以及良好的社会信誉、业绩和及时规范的信息披露等条件的信托公司，其管理的集合资金信托计划中，自该通知颁发之日起至2009年12月31日止，信托公司向他人提供的集合信托贷款的比例可以高于其所管理信托计划总规模的30%但不得超过50%，自2010年1月1日后，该比例超过30%的，不得再新增贷款类集合信托计划，直至该比例降至30%以内。

二、“三法一指引”

（一）概述

在我国市场经济改革的转型过程中，我国金融资产快速增长，信贷规模也在加速扩张，但是我国金融机构的信贷管理也存在多方面的问题：信贷管理规模相对粗放、贷款被挪用现象依存、虚假交易骗贷案件层出不穷，这些都给金融机构信贷资金的安全造成很大的安全隐患。为了加强对金融机构的监管，倡导金融机构以风险管理为本的经营理念，银监会于 2010 年分别颁发了《流动资金贷款管理暂行办法》《固定资产贷款管理暂行办法》《个人贷款管理暂行办法》《项目融资业务指引》。

1. 流动资金贷款

流动资金贷款是指贷款人向企事业法人或国家规定可以作为借款人的其他组织发放的用于借款人日常生产经营周转的本外币贷款。

2. 固定资产贷款

固定资产贷款是指贷款人向企事业法人或者国家规定可以作为借款人的其他组织发放的用于借款人固定资产投资的本外币贷款。

3. 个人贷款

个人贷款是指贷款人向符合条件的自然人发放的用于个人消费、生产经营等用途的本外币贷款。

4. 项目融资

项目融资是指贷款用途通常是用于建造一个或者一组大型生产装置、基础设施、房地产项目或者其他项目，包括对在建或已建项目的再融资；借款人通常是为建设经营该项目或者为该项目融资而专门组建的企事业法人，包括主要从事该项目建设经营或者融资的既有企事业法人；还款来源主要依靠该项目产生的销售收入、补贴收入或者其他收入，一般不具备其他还款来源。

（二）基本原则

“三个办法一个指引”确立了八条原则：全流程管理原则、诚信申贷原则、贷用一致原则、协议承诺原则、实贷实付原则、贷放分控原则、贷后管理原则、处罚约束原则。

1. 全流程管理原则

金融机构对贷款应实行全流程管理，对贷款全流程管理中的关键环节提出风险管控要求，并建立制衡机制和问责机制。

2. 诚信申贷原则

借款人申请贷款应遵循诚实守信的原则，借款人应当按照贷款人的要求提供完整、真实、有效的材料，及时向贷款人披露财务信息或财产状况以及其他重大事项。如果借款人未如实履行上述信息披露义务，则应承担相应的违约责任。

3. 贷用一致原则

贷款应有明确的用途，贷款人应定期检查监督贷款的使用情况，防止贷款被挪作他用。在固定资产贷款的发放与支付过程中，贷款人应该确认与拟发放贷款同比例的项目资本金足额到位，并与贷款配套使用。

4. 协议承诺原则

专门规定贷款合同的签订，应明确借贷双方的协议与承诺事项。协议承诺是贷款人追究借款人违约责任的依据，如果借款人不履行或怠于履行合同中的承诺事项应当承担违约责任。

5. 实贷实付原则

贷款资金的支付方式有两种：贷款人受托支付和借款人自主支付。采用受托支付方式的，在贷款获批后，按照合同约定由贷款人通过借款人账户即时划付至借款人交易对手账户。

对于固定资产贷款，要求原则上都采用贷款人受托支付方式，即单笔金额超过项目总投资5%或超过500万元人民币的贷款资金支付，应当采取受托支付方式，对于单笔支付金额小于50万元人民币的，可以采取借款人自主支付方式；对于流动资金贷款，贷款人应根据借款人的行业特征、经营规模、管理水平、信用状况等因素和贷款业务品种，合理约定贷款资金支付方式及贷款人受托支付的金额标准，对于有：1）与借款人新建立信贷业务关系且借款人信用状况一般；2）支付对象明确且单笔支付金额较大等情形之一的，原则上应当采用受托人支付方式；对于个人贷款，如果有：1）借款人无法事先确定具体的交易对象且金额不超过30万元人民币；2）借款人交易对象不具备条件有效使用非现金结算方式；3）贷款资金用于生产经营且金额不超过50万元人民币；以及法律法规规定的其他情形等之一的，经贷款人同意可以采取借款人自主支付方式。

6. 贷放分控原则

贷款人应当分别设立独立的贷款审批和贷款发放部门或岗位，应当实行审贷分离和分级审批机制，贷款审批通过后，应有贷款发放部门负责审核各项放款的前提条件和贷款资金的具体用途。

7. 贷后管理原则

贷款人应当建立贷款质量监控制度和贷款风险预警体系，通过定期与不定期现场检查、非现场检查等方式监控掌握影响借款人偿债能力的各种因素。贷款人应通过借款合同的约定，要求借款人指定专门的资金回笼账户并及时提供该账户资金进出情况。对于约定专门还款准备金账户的，贷款人要对收入进入账户比例与账户内资金平均存量进行规范。贷款人应该区分个人贷款品种、对象、金额等，采取有效方式对贷款资金使用、借款人的信用及担保情况变化等进行跟踪检查和监控分析。

8. 处罚约束原则

贷款人如果违反监管法规与指引的，监管机构可以采取停止批准开办新业务，限制分配红利和其他收入等监管措施。对于越权审贷、违规放贷、违规支付贷款资金的，除采取监管措施外，可以采取罚款、取消高管资格、纪律处分以及吊销营业许可证等处罚。

（三）“三个办法一个指引”适用范围

“三个办法一个指引”适用于中国银行业监督管理委员会批准设立的银行业金融机构，包括政策性银行、国有商业银行、邮政储蓄银行、股份制商业银行、城市商业银行及城市信用合作社、农村中小金融机构（包括农商行、农合行、农村信用社、村镇银行、贷款公司等）和外资银行，但是不包括非银行金融机构，因此信托公司开展信托贷款业务不适用“三个办法一个指引”，但是可以参照执行。本章就信托公司参照“三个办法一个指引”的相关规定开展信托贷款业务的合规风险控制进行阐述，由于信托公司很少开展个人贷款信托业务，因此本章并不对个人贷款业务进行探讨。

三、中长期贷款还款方式

2010 年 12 月 3 日，银监会发布了《关于规范中长期贷款还款方式的通知》（银监发〔2010〕103 号）。根据通知要求，各政策性银行、国有商业银行、股份制商业银行、金融资产管理公司、邮政储蓄银行、农村信用联社、信托公司、企业集团财务公司、金融租赁公司要按照“风险早期暴露、审慎经营、科学负担”的原则，对包括平台贷款在内的中长期贷款的还款方式和贷款期限进行统一规范，不得集中在贷款到期时偿还。根据《关于规范非银行金融机构中长期贷款还款方式的通知》（非银发〔2011〕2 号）规定，信托公司 1 年期以上，合同金额 1 亿元以上的单笔固贷、流贷业务即被归类为中长期贷款。《关于进一步规范非银行金融机构中长期贷款还款方式的通知》（非银发〔2011〕16 号）对信托公司中长期贷款的风险缓释工作进行了规范和部署。

《关于规范中长期贷款还款方式的通知》（银监发〔2010〕103 号）的主要内容概括如下：

（一）还款方式

贷款人应当综合考虑项目预期现金流和投资回收期等情况，合理确定还款方式，实行分期偿还，一般情况下应当每半年一次还本付息，如果具备条件的，鼓励按季度偿还本息。

1. 对于“整贷整还”类中长期贷款中的存量部分，以及已签订贷款合同，尚未放款的“整贷整还”类中长期贷款，借款人与贷款人认真协商，修订合同或增加补充条款，根据项目现金流情况合理调整还款方式。重点清理整顿平台类贷款，根据融资平台公司自身现金流情况和地方政府财力情况，贷款人与地方政府和融资平台公司协商修订合同，调整还款方式和还款期限。

2. 对于新增中长期贷款，贷款人应当根据项目建设运营周期和项目预期现金流情况，合理确定贷款期限和建设期内宽限期以及科学的本息偿还方式。如果项目技术建成后，原则上每年至少2次偿还本金，利随本清。

（二）贷款期限

贷款人应当综合考虑中长期贷款的现金流、行业、项目类别、地区、项目规模等因素，合理确定中长期贷款的建设期、达产期、还贷期和总贷款期限。原则上不得宽容工程延期和超概算行为，更不可利用宽限期变相延长总贷款期限。

（三）风险分类

贷款人应当根据中长期贷款对应项目的建设、生产情况，对中长期贷款风险分类情况实施动态调整、实时监控。对于处在建设期的中长期贷款，如果项目预期未开工，或者超过原定建设期未建成完工的，根据逾期时间的长短对贷款风险分类情况进行适当调整。对于完成达产期的中长期贷款，应当对贷款项目的产能规模和经济效益进行评估，如果项目在达产期后未能达到预期产能规模和经济效益，应当对原有贷款风险分类进行动态调整。对于重组和展期的贷款，应当评估重组和展期对贷款质量的影响，对于重组类中长期贷款，原为正常类的贷款应当下调至不良类，原为不良类的应当更加严格地进行分类把握。

第三节　流动资金贷款业务

一、总则

银行业金融机构开展流动资金贷款业务，应当完善内部控制机制，实行贷款的全流程管理，切实做到了解你的客户以全面了解客户信息，建立流动资金贷款风险管理制度和有效的岗位制衡机制，将贷款管理各环节的责任落实到具体部门和岗位，并建立各岗位的考核和问责机制。监管机构以此推动银行业金融机构贷款管理模式的全面转变，真正实现由粗放型贷款向精细化贷款的过度，以增强流动资金贷款的风险管理的有效性。

贷款人应按照审慎放贷的原则，合理测算借款人的营运资金需求以确定对于借款人流动资金贷款的授信总额度以及具体的贷款额度。根据借款人的经营规模、业务特点和生产经营周期，合理确定贷款规模和期限以满足借款人的日常生产经营需求，并且实现对贷款资金回笼的有效控制。《流动资金贷款管理暂行办法》提供了测算借款人实际营运资金需求的模型以供贷款参照。

《流动资金贷款管理暂行办法》按照国际先进的风险管理经验，要求银行业金融机构在开展流动资金贷款业务时应当建立统一授信额度管理和风险限额管理两大制度。

流动资金贷款应有明确的用途，贷款人与借款人应当在合同中约定明确合法的贷款用途，流动资金贷款不得用于固定资产、股权等投资，也不得用于国家禁止生产经营的领域和用途。借款人不得挪用贷款，贷款人应当按照合同约定监督检查流动资金贷款的使用情况。

二、贷款申请条件与尽职调查

贷款申请条件：根据《流动资金贷款管理暂行办法》规定，借款人申请流动资金贷款应当具备如下条件：

（1）借款人是经过工商部门核准登记而依法设立的企事业法人或专业和其他组织，相关证照应当办理有效的年检手续。

（2）借款人申请借款应有明确合法的用途，借款不能挪作他用或者用于非法用途。

（3）借款人日常生产经营符合国家法律法规规定，在经营范围内依法合规经营。

（4）借款人具备持续经营的能力和合法充足的还款来源。

（5）借款人信用状况良好，无不良信用记录。主要可以从如下方面进行判断：连续3年无亏损，或者连续3年净经营现金流量为正数；向贷款人如实提供资产负债表、损益表等财务报告；无生产、经营或者投资国家明文禁止或者严重有损于社会公益和道德的产品或项目；在进行承包、租赁、联营、合并、分立、产权有偿转让、股份制改造等体制变更过程中，已经清偿、落实原有债务或已对其清偿债务提供足额担保。

（6）贷款人根据自身的风险偏好与风险识别能力，在内部风险管理制度中提出的要求。

尽职调查：贷款人应该对借款人进行详尽的尽职调查，并形成真实、完整、有效的尽职调查报告。尽职调查应当采取现场与非现场相结合的方式进行，主要包括如下内容：

（1）借款人的组织结构、公司治理、内部控制及法定代表人和经营管理团队的资信情况。

（2）借款人的经营范围、核心主业、生产经营、贷款期内经营规则和重大投资计划等情况。

（3）对借款人所处行业进行深入研究，充分了解所在行业的生命周期阶段，行业中企业的集中度情况以及借款人在行业中的地位等情况。

（4）借款人的应收账款、应付账款、存货等真实的财务状况。

（5）借款人营运资金需求总量和现有融资性负债情况，以此判断贷款规模是否合理以及对贷款的依赖程度。

（6）借款人关联关系及关联交易情况，具体包括借款人股东情况、股东投资其他企业情况以及关联企业之间的账务往来情况。

（7）贷款的具体用途及与贷款用途相关的交易对手资金的占用情况。贷款人与借款人必须通过在合同中约定贷款的具体用途，以此确保贷款用途的真实、合法；了解贷款用途相关交易对手资金的占用情况等，通过分析客户财务报表相关科目、结算方式、历史结算记录以及实地调查存货占用情况、客户生产情况或与交易对手交谈等获取的相关信息。

（8）还款来源情况，包括生产经营产生的现金流、综合收益及其他合法收入等。

（9）对有担保的流动资金贷款，还需要调查抵质押物的权属、价值和变现难易程度，或保证人的保证资格和能力等情况。

三、风险管理

（一）风险评价与审批

银行业金融机构应当按照“审贷分离、分级审批”的原则建立内部风险控制制度与流程。“审贷分立”原则要求贷款审批与贷款发放相分立，确保贷款审批部门与贷款经营部分的相互独立性，以达到“另一只眼看风险”的效果。“分级审批”原则要求银行业金融机构建立健全内部审批授权与转授权机制，以明确不同层级审批人员的审批权限，审批人员应在授权范围内按照规定流程审批贷款，不得越权审批或者通过分拆贷款等变相形式进行越权审批。

银行业金融机构应建立完善的风险评价机制，根据流动资金贷款的特点和要求，重点关注借款人的综合还款能力，同时结合影响按时履行偿还贷款本息的其他因素进行分析评价。贷款人应当建立和完善内部评级制度，采用科学合理的评级和授信方法评定客户的信用等级。对于已经建立内部评级制度的银行业金融机构，要根据业务实践不断完善方法和手段，鼓励有条件的银行业金融机构采用巴塞尔新资本协议的内部评级方法。贷款人应当落实具体的相关责任部门和岗位，建立专业的风险审批人员队伍，不断提高贷款人的风险识别能力。

（二）受托支付

由于流动资金贷款所涉及企业的规模、所处行业的差异、经营状况和信用状况参差不齐，同时各银行业金融机构的客户群也有很大的差异，因此很难对贷款支付方式适用统一的标准。《流动资金贷款管理暂行办法》只是提出了一个原则性标准，具体标准由各银行也即金融机构自行制定。对于具有：（1）与借款人新建立信贷业务关系且借款人信用状况一般；或者（2）支付对象明确且单笔支付金额较大；或者（3）贷款人认定的其他情形之一的，原则上应当采用受托支付方式。对于采用借款人自主支付方式的，贷款人应按照借款合同约定要求借款人定期汇总报告贷款资金的支付情况，并通过账户分析、凭证查验或现场调查等方式核查贷款支付是否符合约定用途。贷款人在贷款支付过程中，借款人信用状况下降、主营业务营利能力不强、贷款资金使用出现异常的应与借款人协商补充贷款发放和支付条件，或者根据合同约定变更贷款支付方式、停止贷款资金的发放和支付。

（三）协议承诺事项

借款合同的必备条款包括：贷款的金额、期限、利率、用途、支付、还款方式等条款，贷款人应当要求借款人在借款合同中承诺：（1）向贷款人提供真实、完整、有效的材料；（2）配合贷款人进行贷款支付管理、贷后管理以及相关检查；（3）进行对外投资、实质性增加债务融资，以及进行合并、分立、股权转让等重大事项前征得贷款人同意；（4）贷款人有权根据借款人资金回笼情况提前收回贷款；（5）发生影响偿债能力的重大不利事项时及时通知贷款人。如果出现：（1）借款人未按约定用途使用贷款；或者（2）未按照约定方式进行贷款资金支付的；或者（3）未遵守承诺事项的；或者（4）突破约束性财务指标的；或者（5）发生重大交叉违约事件的；或者（6）违反借款合同约定的其他情形之一的，借款人应当承担违约责任。

四、贷后管理

目前我国银行业金融机构的信贷业务实践中，贷款发放后，贷款人对于借款人的持续监控意愿不强，监控能力和手段有限，往往不能在借款人或贷款项目的经营出现不利因素时及时采取有效措施，维护贷款安全。“三个办法一个指引”明确强调贷款人应当加强贷后管理工作，《流动资金贷款管理暂行办法》也专章规定了贷后管理的相关事项。

（一）监控借款人资金回笼账户

贷款人应通过借款合同的约定，要求借款人指定专门资金回笼账户并及时提供该账户资金进出情况；贷款人还应根据借款人的信用状况、生产经营状况、融资状况、还款资金来源等情况，与借款人协商签订账户管理协议，明确约定对指定账户回笼资金进出的管理；在贷款存续期间，对借款人实行动态检测，应当特别关注大额资金、与借款人既有交易习惯、交易对象等存在明显差异的资金以及关联企业间的资金流出流入情况，及时发现风险隐患并采取相应的应对措施。

（二）掌握影响借款人偿债能力的风险因素

贷款人应当根据借款人所属的行业和生产经营特点，定期、不定期地进行现场检查和非现场检测，分析了解掌握借款人的生产经营状况、财务状况、信用状况、对外担保及融资状况，掌握影响借款人偿债能力的风险因素。如果发现问题，应当采取相应措施防范和化解风险，保证信贷资产的安全。

（三）动态关注借款人重大预警信号

在贷款存续期间，银行业金融机构应当动态关注借款人经营、管理、财务及资金流向等会对贷款资金安全带来重大影响的重大预警信号，并应及时分析其对信贷资金所产生的影响。

（四）参与借款人的兼并重组，维护贷款人债权

贷款人应当在合同中约定，借款人对外投资、大额融资、资产出售、合并分立、股权转让、股份制改造等重大事项应当事先征得贷款人同意，贷款人应当参与借款人大额融资、资产出售、合并分立、股份制改造、破产清算等活动，落实借款人偿还贷款本息事宜。贷款人在贷款存续期间进行贷后检查，对信贷资产进行资产质量分类。如果出现不良贷款，应通过科学合理的管理方法和流程，对不良贷款实施全面精细化管理，创新不良资产的处置方式。审慎分析借款人还款意向与还款能力、贷款担保的保障能力、预期风险变化情况，及时采取即时清收或者合理确定债权重组方案。

第四节　固定资产贷款与项目融资业务

一、总则

银行业金融机构开展固定资产贷款业务应当遵守四类十六字原则：依法合规、审慎经营、平等自愿、公平诚信。《固定资产贷款管理暂行办法》强调贷款人应当加强对贷款业务的全流程管理，建立和完善固定资产贷款业务的风险管理制度和有效的岗位制衡机制，建立健全各部门和岗位的考核问责机制，同时要求贷款人做到“全面了解你的客户”，交易对手和固定资产投资项目进行详尽的尽职调查。监管部门通过上述制度、机制，意在全面推进银行业金融机构的贷款管理模式由粗放型向精细化转变。

银行业金融机构应当建立健全统一授信额度管理制度和风险限额管理制度，将固定资产贷款纳入对借款人及借款人所在集团客户的统一授信额度管理，并按照区域、行业、贷款品种等维度建立固定资产贷款的风险限额管理制度。

银行业金融机构必须和借款人在借款合同中约定贷款的用途，并且明确贷款具体用途合法、真实，借款人不得挪用贷款；银行业金融机构必须和借款人在借款合同中约定贷款人有检查监督贷款使用情况的权利。

二、贷款申请条件与尽职调查

贷款申请条件：借款人申请固定资产贷款应当具备如下条件：

（1）借款人依法经工商行政管理机关或者主管机关核准登记。

（2）借款人信用状况良好，无重大不良记录。

（3）借款人为新设项目法人的，其控股股东应有良好的信用状况，无重大不良

记录。

（4）国家对拟投资项目有投资主体资格和经营资质要求的，应当符合相应要求。

（5）借款用途及还款来源明确、合法。贷款固定资产贷款应有明确具体的符合国家政策的对应项目，不得对多个项目打包处理，贷款人还可以要求明确贷款用于项目的哪些支出；无论是项目本身产生的现金流，还是借款人其他综合收益、财政拨款补贴，还是其他项目产生的收益，都应对还款来源进行明确。

（6）项目符合国家的产业、土地、环保等相关政策，并按规定履行了固定资产投资项目的合法管理程序。

（7）符合国家有关投资项目资本金制度的规定。资本金制度是对固定资产投资项目风险的一种约束机制，借款人和贷款人不得以任何方式突破或变相突破项目资金制度，不得以债务性资金冲抵项目资本金。

（8）贷款人要求的其他条件。

对于借款人有恶意逃废债务、欺诈等重大不良记录企业的项目，以及借款人不具备投资资格或资质的项目，贷款人不得发放固定资产贷款。

尽职调查：贷款人应当对交易对手及固定资产投资项目进行详尽的尽职调查，并形成书面的尽职调查报告。尽职调查应当重点关注如下要点：

（1）借款人及项目发起人等相关关系人的情况。具体包括相关关系人的股权结构、历史业绩、财务实力、企业信誉、行业资质、行业地位、公司内部治理、管理层情况等。

（2）贷款项目的情况。具体需要了解的内容包括但不限于固定资产投资规模、技术水平、市场竞争力、证照批文的取得情况、政策合规性、环境影响评价、市场前景等。

（3）贷款担保的情况。重点关注担保的合规性、担保物的价值充足性和可变现性、担保人的担保能力等。

（4）需要调查的其他内容。

尽职调查需要收集整理借款人、其他相关关系人及固定资产投资项目的基础资料，并对借款人和投资项目的经营风险、财务风险、信用风险、建设风险等进行分析判断。贷款人应当根据内部风险控制标准及尽职调查规范，要求借款人提供相应材料，借款人应当确保提供的材料真实、完整、有效。

三、风险管理

（一）风险评价与审批

银行业金融机构应当设立独立的部门和岗位负责固定资产贷款的风险审批，将贷款风险评价部门与贷款经营部门相分离，明确风险审批人员的职责分工。贷款人应当建立健全固定资产贷款的风险评价的内部管理制度，凡是能够影响贷款业务风险状况的各种因素都应纳入风险评价体系，贷款人设置定量或定性的指标，从借款人、项目发起人、项目合规性、项目技术和财务可行性、项目产品市场、项目融资方案、还款来源可靠性、担保和保险措施等角度进行风险评价。

贷款人应当建立“审贷分离、分级审批”的内部审批流程。“审贷分离”原则要求贷款审批部门必须与贷款经营部门相独立，切实做到“另一只眼看风险”的效果；“分级审批”原则要求贷款人建立贷款审批授权制度，明确不同层级人员的不同审批权限。

（二）受托支付

根据《固定资产贷款管理暂行办法》规定，对于单笔金额超过项目总投资 5%或者超过 500 万元人民币的贷款资金支付，应当采取贷款人受托支付方式，如果贷款人认为借款人没有良好的信用状况或者是新的业务合作者等情况，贷款人可以制定更为严格的受托支付标准。采取受托支付方式的，贷款人应当在贷款资金发放前审核借款人相关交易资料是否符合合同约定的条件。贷款人审核同意后，将贷款资金通过借款人账户支付给借款人的交易对手，贷款资金不在借款人账户上停留。如果以票据方式结算，则贷款人在出票前对贷款发放和支付条件进行审查，需要在出票后根据提示付款的，信贷资金应在接到票据的付款提示后再办理贷款的发放与支付。受托支付方式下发生支付退款的，贷款人应当严密监控退款资金不被挪用，并查明退款原因及时支付。

采取借款人自主支付方式的，贷款人应当在贷款发放前要求借款人明确计划支付的相关事项，由贷款人将信贷资金发放至借款人账户并由借款人在计划的时间和范围内按照实际需要进行支付。贷款人要对借款人的支付情况进行定期检查与不定期抽查，以此掌握借款人是否按照约定的范围和金额进行支付。特别需要注意的是借款人是否存在通过化整为零的方式规避贷款人受托支付的情形。

在贷款发放和支付过程中，如果借款人出现：（1）信用状况下降；或者（2）不按合同约定支付贷款资金；或者（3）项目进度落后于资金使用进度；或者用以化整为零的方式规避贷款人受托支付等情形之一的，贷款人应当与借款人协商补充贷款发放和支付条件，或者根据合同约定停止信贷资金的发放和支付。

在贷款发放与支付过程中，贷款人应该确认与拟发放贷款同比例的项目资本金足额到位，并与贷款配套使用。根据固定资产投资项目资本金制度，项目发起人可以根据项目进度分期到位项目资本金。贷款人在贷款风险审批环节，对项目资本金的来源可靠性进行评估，在贷款使用环节，审核资本金的实际到位情况。

（三）协议承诺事项

借款合同的必备条款包括：具体的贷款金额、贷款期限、贷款利率、用途、贷款的发放与支付、还贷保障及风险处置、借款人提款条件、信贷资金支付接受贷款人管理和控制等条款，提款条件应当包括与贷款同比例的资本金已足额到位、项目实际进度与已投资额相匹配等要求。

借款人应当在借款合同中做出如下承诺：（1）贷款项目及其借款事项符合法律法规的要求；（2）及时向贷款人提供完整、真实、有效的材料；（3）配合贷款人对贷款的相关检查；发生影响其偿债能力的重大不利事项及时通知贷款人；（4）进行合并、分立、股权转让、对外投资、实质性增加债务融资等重大事项前征得贷款人同意。借款人在借款合同中应当承诺，如果借款人出现未按照约定用途使用贷款，未按照约定方式使用贷款资金，未遵守承诺事项、申贷文件信息失真、突破约定的财务指标约束等情形时，借款人应当承担违约责任。

四、贷后管理

（一）建立贷款质量监控制度和贷款风险预警体系

贷款人定期对借款人和项目发起人的履约情况及信用状况、项目的建设和运营情况、宏观经济变化和市场波动情况、贷款担保的变动情况等内容进行检查与分析，贷款人在贷后检查基础上建立贷款质量监控制度和风险预警体系。

（二）建立贷后动态监测和重估制度

贷款人对担保物的价值和担保人的担保能力建立贷后动态监测和重估制度。如果贷款原有的担保措施不足以保障贷款安全，借款人又不能提供其他有效担保，贷款人应当采取有效措施保障贷款安全。

（三）贷款发放账户和还款准备金账户

对约定专门还款准备金账户的，贷款人要对收入进入账户比例与账户内资金平均存量提出要求。贷款人应当与借款人约定对借款人相关账户实施监控，必要时可以约定专门的贷款发放账户和还款准备金账户。如果借款合同约定还款准备金账户，则贷款人按照约定根据需要对固定资产投资项目或借款人的收入现金流进入还款准备金账户的比例和还款准备金账户内的资金平均存量提出相应的要求。

（四）借款人现金流异常的，控制借款人的资金支付

对作为第一还款来源的固定资产投资项目的收入现金流及借款人的整体现金流进行动态监测。如果借款人或者项目现金流不能达到预先评估水平、现金流出现大幅变动、未按约定按时足额回笼资金等异常情况，贷款人应当及时查明原因并采取相应的措施。

（五）参与借款人的贷款重组，维护贷款人债权

如果固定资产贷款形成不良贷款，为了降低和化解贷款风险，应当及时制定清

收或盘活措施。贷款人应审慎审查借款人的还款意愿和落实还款计划的能力、担保措施保障能力等情形，分析预期风险变化情况，对于借款人确因经营困难不能按期归还贷款本息的，贷款人可以与借款人协商进行贷款重组。

五、项目融资业务

（一）项目融资业务的界定

目前业务实践中，我国银行业金融机构开展的项目融资业务绝大部分属于固定资产贷款业务，因此项目融资业务的操作流程和基本要求应当遵循《固定资产贷款管理暂行办法》。

对于如何定义项目融资，如何将项目融资业务和固定资产贷款业务相区别，《商业银行银行账户信用风险暴露分类指引》和《项目融资业务指引》都对项目融资进行了界定，但是二者的定义是有差别的。

《商业银行银行账户信用风险暴露分类指引》将公司风险暴露分为中小企业风险暴露、专业贷款和一般公司风险暴露，专业贷款包括项目融资、物品融资、商品融资和产生收入的房地产贷款，专业贷款的主要特征为：（1）债务人通常是一个专门为实物资产融资或运作实物资产而设立的特殊目的的实体；（2）债务人基本没有其他实质性资产或者业务，除了从被融资资产中获得的收入外，没有独立偿还债务的能力；（3）合同安排给予贷款人对融资形成的资产及其所产生的收入有相当程度的控制权。而项目融资除了需要符合专业贷款的特征外，还应同时符合如下特征：（1）融资用途通常是用于建造一个或一组大型生产装置或者基础设施项目，包括对在建项目的再融资；（2）债务人通常是为了建设、经营该项目或者为该项目融资而专门组建的企业法人；（3）还款资金来源主要依赖该项目产生的销售收入、补贴收入或者其他收入，一般不具备其他还款来源。

《项目融资业务指引》从贷款用途、借款人、还款资金来源三个方面对项目融资进行定义。项目融资业务需要同时符合以下三个条件：

（1）贷款用途通常是用于建造一个或一组大型生产装置、基础设施、房地产项目或其他项目，包括对已建或在建项目的再融资；再融资特指借款人因各种原因需要重新筹资置换项目原有负债时向其发放的贷款。

（2）借款人通常是为建设、经营该项目或为该项目融资而专门组建的企事业法人，包括主要从事该项目建设、经营或融资的既有企事业法人。

（3）还款资金来源主要依赖于该项目产生的销售收入、补贴收入或其他收入，一般不具备其他还款来源。

从上述《商业银行银行账户信用风险暴露分类指引》和《项目融资业务指引》对项目融资的界定分析，二者的主要区别在于：（1）是否将房地产贷款纳入项目融资范围中；(2) 债务人是否包括事业法人；(3) 既有法人实施新项目是否纳入项目融资范围。对于按照巴塞尔资本协议要求对项目融资业务计量资本时，需要遵循《商业银行银行账户风险暴露分类指引》的界定，对于在项目融资业务开展和管理实践中，应按照《项目融资业务指引》执行。

(二) 项目融资业务要素

贷款金额：项目融资金额应当按照固定资产投资项目资本金制度的相关规定，综合考虑项目风险水平和自身风险承受能力等因素合理确定。

贷款期限：应当按照项目预测现金流和投资回收期等因素合理确定贷款期限和还款计划。

贷款利率：贷款利率的确定应当在央行基准利率的基础上，综合考虑项目风险、风险缓释措施等因素。由于融资项目建设期和运营期的风险各有不同，在不同阶段的担保方式也有差异，基于风险收益相匹配的原则，贷款人可以根据项目融资在不同阶段的风险特征和水平，合理确定不同的利率水平。

项目收入账户：项目融资业务的还款来源依赖于项目本身产生的现金流，因此对项目收入的监控是控制项目融资业务风险的有效手段。项目融资业务应当约定项目收入账户，要求融资项目的所有收入全部进入项目收入账户，对外支付必须按照事先约定的条件和方式进行。贷款人应当加强对项目收入账户进行动态监测，如果发现有异常情况发生，则应及时查明原因并采取相应措施控制风险。

(三) 项目融资业务中的风险及其应对措施

项目融资业务具有很强的专业性，对贷款人的风险识别能力和风险管理能力都有很高的要求，因此贷款人应当配备开展业务所需要的专业人员，建立完善的风险管理机制和操作流程。贷款人也可以根据需要，加强与专业中介机构的合作，委托具有相关资质的独立中介机构为项目提供法律、税务、保险、技术、环保和监理等方面的专业意见或服务。

项目融资业务需要识别和评估的风险有建设期风险和经营期风险，具体包括政策风险、筹资风险、完工风险、产品市场风险、超支风险、原材料风险、营运风险、汇率风险、环保风险和其他风险。贷款人应当以偿债能力为核心，从项目技术可行性、财务可行性和还款来源可靠性等方面评估项目风险，同时考虑政策变化、市场波动等因素对项目的影响，审慎预测项目的未来收益和现金流。

贷款人应当采取各种有效措施控制项目融资业务的风险，建设其风险可以通过项目相关方签订总承包合同、投保商业保险、建立完工保证金、提供完工担保和履约保函等方式来缓释；经营期风险可以通过借款人签订长期供销合同、使用金融衍生工具或者发起人提供资金缺口担保等措施来缓释。项目资产或者项目预期收益等权利应当为项目融资贷款设定担保，也可以根据需要将项目发起人所持有的项目公司股权为项目融资贷款设定质押担保；贷款人应当成为融资项目所投保的商业保险的第一顺位保险金请求人。

第五节　并购融资业务

一、并购融资定义

并购是指并购方企业通过受让现有股权、认购新增股权、或者收购资产、承接债务等方式以实现合并或者实际控制已设立并持续经营的目标企业的交易行为。所谓并购融资，是指并购企业为了支付收购被并购企业资产或股权的对价款而进行的融资活动。信托公司可以向并购方发放信托贷款，或者提供夹层融资（可转债、股+债等方式），或者向并购企业进行股权投资等方式，向并购方提供资金支持，信托资金用于支付被并购企业股权或资产的对价款。由于目前监管部门对信托公司开展并购融资没有专门的监管规定，因此本节参照《商业银行并购贷款风险管理指引》相关规定，对信托公司并购融资业务进行阐述。

二、商业银行的并购贷款业务

根据《贷款通则》的规定，借款人不得用贷款从事股本权益性投资，国家另有规定的除外。由此可知此前我国商业银行贷款是禁止进入股权投资领域，商业银行不能开展并购贷款业务。2008 年 6 月 29 日，国务院颁发了《关于支持汶川地震灾后恢复重建政策措施的意见》，允许银行业金融机构开展并购贷款业务以支持灾区重建。2008 年 12 月 3 日，国务院常务会议提出九条促进经济增长的政策措施（金融国九条），会议要求创新融资方式，通过并购贷款、房地产信托投资基金、股权投资基金和规范发展民间融资等多种方式，拓宽企业融资渠道。银监会也因此颁发了《商业银行并购贷款风险管理指引》（银监发〔2008〕84 号），对商业银行开展并购贷款业务进行规范。

中国银监会于 2015 年印发《商业银行并购贷款风险管理指引》（银监发〔2015〕5 号），银监发〔2008〕84 号同时废止。根据银监发〔2015〕5 号文，开展并购贷款业务的商业银行法人机构应当符合以下条件：（1）有健全的风险管理和有效的内控机制；（2）资本充足率不低于 10%；（3）其他各项监管指标符合监管要求；（4）有并购贷款尽职调查和风险评估的专业团队。

三、并购融资风险识别与管理

（一）风险识别

并购融资业务可能存在的风险包括：战略风险、法律风险、整合风险、经营风险、财务风险，如果设计跨境交易的，还存在国别风险、汇率风险和资金过境风险。

资金融出方（贷款人）应全面分析各项风险并建立相应的财务模型，测算并购双方未定的财务数据，以及对并购融资风险有重要影响的关键财务杠杆和偿债能力，同时需要充分考虑如下不利因素对并购融资风险的影响：（1）并购双方的经营业绩（包括现金流）在还款期内未能保持稳定或呈增长趋势；（2）并购双方的治理结构不健全，管理团队不稳定或不能胜任；（3）并购后并购方与目标企业未能产生协同效应；（4）并购方与目标企业存在关联关系，尤其是并购方与目标企业受同一实际控制人控制的情形。

战略风险识别：（1）并购双方的产业相关度和战略相关性，以及可能形成的协同效应；（2）并购双方从战略、管理、技术和市场整合等方面取得额外回报的机会；（3）并购后的预期战略成效及企业价值增长的动力来源；（4）并购后新的管理团队实现新战略目标的可能性；（5）并购的投机性及相应风险控制对策；（6）协同效应未能实现时，并购方可能采取的风险控制措施或退出策略。

法律风险识别：（1）并购交易各方是否具备并购交易主体资格；（2）并购交易是否按有关规定已经或即将获得批准，并履行必要的登记、公告等手续；（3）法律法规对并购交易的资金来源是否有限制性规定；（4）担保的法律结构是否合法有效并履行了必要的法定程序；（5）借款人对还款现金流的控制是否合法合规；（6）贷款人权利能否获得有效的法律保障；（7）与并购、并购融资法律结构有关的其他方面的合规性。

整合风险识别：并购双方是否有能力通过（1）发展战略整合；（2）组织整合；（3）资产整合；（4）业务整合；（5）人力资源及文化整合等方面的整合实现协同效应。

经营与财务风险识别：（1）并购后企业经营的主要风险，如行业发展和市场份额是否能保持稳定或呈增长趋势，公司治理是否有效，管理团队是否稳定并且具有足够能力，技术是否成熟并能提高企业竞争力，财务管理是否有效，等等；（2）并购双方的未来现金流及其稳定程度；（3）并购股权（或资产）定价高于目标企业股权（或资产）合理估值的风险；（4）并购双方的分红策略及其对并购贷款还款来源造成的影响；（5）并购中使用的固定收益类工具及其对并购贷款还款来源造成的影响；（6）汇率和利率等因素变动对并购贷款还款来源造成的影响。

（二）风险管理

1. 商业银行风险控制指标

商业银行开展并购贷款业务，应当符合如下风险控制指标要求：

（1）商业银行全部并购贷款余额占同期本行一级资本净额的比例不应超过50%”；

（2）商业银行对单一借款人的并购贷款余额占同期本行一级资本净额的比例不应超过5%；

（3）并购交易价款中并购贷款所占比例不应高于60%；

（4）并购贷款期限一般不超过7年。

另外，商业银行应按照本行并购贷款业务发展策略，分别按单一借款人、集团客户、行业类别、国家或地区对并购贷款集中度建立相应的限额控制体系，并向银监会或其派出机构报告。

2. 并购贷款申请条件

商业银行受理的并购贷款申请应符合以下基本条件：

（1）并购方依法合规经营，信用状况良好，没有信贷违约、逃废银行债务等不良记录；

（2）并购交易合法合规，涉及国家产业政策、行业准入、反垄断、国有资产转让等事项的，应按相关法律法规和政策要求，取得有关方面的批准和履行相关手续；

（3）并购方与目标企业之间具有较高的产业相关度或战略相关性，并购方通过并购能够获得目标企业的研发能力、关键技术与工艺、商标、特许权、供应或分销网络等战略性资源以提高其核心竞争力。

3. 并购贷款风险控制措施

（1）贷款人利益保护条款：①对借款人或并购后企业重要财务指标的约束性条款；②对借款人特定情形下获得的额外现金流用于提前还款的强制性条款；③对借款人或并购后企业的主要或专用账户的监控条款；④确保贷款人对重大事项知情权或认可权的借款人承诺条款。

（2）商业银行应当在借款合同中约定并购双方出现以下情形时可以采取的风险控制措施：①重要股东的变化；②经营战略的重大变化；③重大投资项目变化；④营运成本的异常不变化；⑤品牌、客户、市场渠道等的重大不利变化；⑥产生新的重大债务或对外担保；⑦重大资产出售；⑧分红策略的重大变化；⑨担保人的担保能力或抵质押物发生重大变化；⑩影响企业持续经营的其他重大事项。

第六节　银团贷款业务

一、概述

银团贷款是指由两家及以上银行或非银行金融机构基于相同贷款条件，依据同一贷款合同，按照约定的时间和比例，通过代理行向借款人提供的本外币贷款或授信业务。银团贷款业务具有贷款金额大、贷款期限长的特点。银监会于 2011 年修订并颁发《银团贷款业务指引》，对银团贷款业务进行规范。根据《银团贷款业务指引》的规定，信托公司等非银行金融机构开展银团贷款业务适用该指引的规定。

《银团贷款业务指引》并没有规定银团贷款的硬性条件，只是规定了在符合一定情形下的大额贷款，鼓励采取银团贷款的业务方式。具体的情形包括：（1）大型集团客户、大型项目融资和大额流动资金融资；（2）单一企业或单一项目融资总额超过贷款行资本净额的 10%；（3）单一集团客户授信总额超过贷款行资本净额的 15%；（4）借款人以竞争性谈判选择银行业金融机构进行项目融资的。具体银团贷款额度的下限由各地银行业协会组织辖区内会员银行共同协商确定。

二、银团成员的职责

（一）牵头行

牵头行是指负责发起组织银团、分销银团贷款份额的银行或非银行金融机构。银团贷款也可以设副牵头行以及联合牵头行，对于银团贷款仅有一家牵头行的，该牵头行承贷份额原则上不得少于银团总贷款额的 20%，分销给其他银团成员的份额原则上不得低于 50%。

牵头行的具体职责包括：（1）发起和筹组银团贷款，分销银团贷款份额；（2）对借款人进行贷前尽职调查，草拟银团贷款信息备忘录，并向潜在参加行推荐；（3）代表银团与借款人谈判确定银团贷款条件；（4）代表银团聘请相关中介起草银团贷款法律文本；（5）组织银团成员与借款人签订书面银团贷款合同；（6）银团贷款合同确定的其他职责。

（二）代理行

代理行是指银团贷款合同签订后，按照贷款合同确定的贷款金额和贷款进度归集资金向借款人提供贷款，按照贷款合同的约定进行贷款管理和协调相关活动的银行或非银行金融机构；代理行可以由牵头行或其他银行担任，但是不得由借款人附属机构或关联机构担任代理行。如果银团贷款设计了比较复杂的担保结构，可以设置担保代理行，并由其负责各项担保措施的登记和管理工作。

代理行的具体职责包括：（1）审查和督促借款人落实贷款条件，提供贷款或办理其他授信业务；（2）办理银团贷款的担保抵押手续，负责抵质押物的日常管理工作；（3）制订账户管理方案，开立专门账户管理银团贷款资金，对专户资金的变动情况进行逐笔登记；（4）根据约定用款日期或借款人的用款申请，按照银团贷款合同约定的承贷份额比例，通知银团成员将款项划到指定账户；（5）划收银团贷款本息和代收相关费用，并按承贷比例和银团贷款合同约定及时划转到银团成员指定账户；（6）根据银团贷款合同，负责银团贷款资金支付管理、贷后管理和贷款使用情况的监督检查，并定期向银团成员通报；（7）密切关注借款人财务状况，对贷款期间发生的企业并购、股权分红、对外投资、资产转让、债务重组等影响借款人还款能力的重大事项，在借款人通知后按银团贷款合同约定尽早通知银团成员；（8）根据银团贷款合同，在借款人出现违约事项时，及时组织银团成员对违约贷款进行清收、保全、追偿或其他处置；（9）根据银团贷款合同，负责组织召开银团会议，协调银团成员之间的关系；（10）接受各银团成员不定期的咨询核查，办理银团会议委托的其他事项。

（三）参加行

参加行是指参加银团并按照约定的承贷份额向借款人提供贷款资金的银行或非银行金融机构。参加行的具体职责包括：（1）按照约定及时足额将贷款资金划入代理行指定账户；（2）参加银团会议；（3）了解借款人日常经营和信用状况的变化情况，及时向代理行通报借款人的异常情况，切实做好贷后管理工作。

三、银团会议

根据《银团贷款业务指引》规定，银团会议可以商议的重大事项包括：修改银团贷款合同、调整贷款额度、变更担保、变动利率、终止银团贷款、通报企业并购和重大关联交易、认定借款人违约事项、贷款重组和调整代理行等。

如果借款人可能存在违约风险时，由代理行根据贷款合同约定及时召集银团会议，讨论相应的应对措施，必要时可以成立银团债权委员会；如果借款人出现：（1）所提供的有关文件被证实无效；（2）未能履行和遵守贷款合同约定的义务；（3）未能按贷款合同规定支付利息和本金；（4）以假破产等方式逃废银行债务；（5）贷款合同约定的其他违约事项，代理行根据贷款合同约定召集银团会议，讨论追究借款人的违约责任。

第十二章
债券类业务法律实务

第一节　债券业务概述

一、中国债券市场概述

我国企业融资方式有直接融资和间接融资两种。间接融资是指通过金融中介机构间接实现资金供给方和需求方之间的资金融通行为，资金供求双方不形成债权债务关系，而是由金融中介机构分别与资金供求双方形成债权债务关系，金融中介机构是资金供给方的债务人，是资金需求方的债权人。直接融资则是指通过金融中介机构直接实现资金供给方与需求方之间的资金融通行为，资金供求双方之间直接形成债权债务关系，简单地说金融中介机构只是起着牵线搭桥的作用，其本身并不与资金供给方或资金需求方形成债权债务关系。

目前我国资本市场的直接融资工具主要有股票和债券两种。债券是由筹资者为了向社会筹集资金，向投资者发行的，承诺按照一定的利率和期限还本付息的债权债务凭证。债券是一种有价证券，属于固定收益类金融产品。国内债券市场的主要债券品种包括：国债、央行票据、金融债、企业债、公司债、短期融资券、中期票据、资产支持证券等。债券交易场所主要包括全国银行间债券市场、证券交易所债券市场、商业银行柜台债券市场。

二、全国债券市场类型

（一）全国银行间债券市场

1. 银行间债券市场参与主体

（1）债券市场投资者：根据《全国银行间债券市场债券交易管理办法》规定，在中国境内具有法人资格的商业银行及其授权分支机构、非银行金融机构、非金融机构以及经中国人民银行批转可以经营人民币业务的外国银行分行可以作为全国银行间债券市场的参与者从事债券交易业务，但在进入全国银行间债券市场时应当签署债券主回购协议。具体而言，银行间债券市场投资者主要是包括银行（含商业银行及其授权分行、信用社等)、境内外资金融机构和境外合格机构投资者、证券公司、信托公司、企业集团财务公司、保险公司、证券投资基金、租赁公司、社保基金、住房公积金、企业年金、企事业单位等机构投资者。由此可知，信托公司作为非银行金融机构可以成为银行间债券市场的参与者，而非法人实体及自然人不能参与银行间债券市场的债券交易业务。

(2)结算代理人：结算代理人是经中国人民银行批准代理办理债券交易和结算等业务的金融机构。金融机构可以直接进行债券的交易和结算，也可以委托结算代理人进行债券交易和结算；非金融机构必须委托结算代理人进行债券交易和计算。

(3)双边报价商：双边报价商是经中国人民银行批准的，在进行债券交易时同时连续报出现券买卖双边价格，承担维持市场流动性等义务的金融机构。

(4)全国银行间同业拆借中心：全国银行间同业拆借中心为债券的报价与交易提供中介及信息服务。

(5)中央国债登记结算有限公司：中央国债登记结算有限公司负责办理债券的登记、结算与托管服务。全国银行间债券市场的参与者必须在中央国债登记结算有限公司开立债券托管账户，并将持有的债券托管于该账户。债券交易的资金结算以转账方式进行，商业银行通过准备金存款账户和中国人民银行资金划拨清算系统进行债券交易的资金结算，商业银行与其他参与者、其他参与者之间债券交易的资金结算途径由双方自行商定；债券交易的结算方式包括券款对付、见款付券、见券付款和纯券过户四种方式，交易双方可以自主协商选择具体的债券交易结算方式。交易双方应当按照合同约定及时发送债券和资金的交割指令，在约定交割日有用于交割的足额债券和资金的，不得卖空或买空。

(6)债券交易资金清算银行：债券交易资金清算银行为市场参与者提供资金清算服务。资金清算银行应当及时为参与者办理债券交易的资金划拨和转账。

2. 债券交易品种

在银行间债券市场流通的债券品种主要有：国债、央行票据、政策性金融债、金融债券、短期融资券、中期票据、企业债券、国际开发机构债、资产支持证券。主要的交易工具包括：现券买卖、质押式回购、买断式回购、远期交易、利率互换、债券借贷、远期利率协议。

根据《关于规范债券市场参与者债券交易业务的通知》(银发〔2017〕302号)，开展债券回购交易的应当签订回购主协议，开展债券远期交易的应签订衍生品主协议等；严禁通过任何形式的“抽屉协议或通过变相交易、组合交易等方式规避内控及监管要求”；债券市场参与者应当将债券回购交易纳入机构资产负债表内及非法人产品表内核算，计入“买入返售”或“卖出回购”科目。根据《全国银行间债券市场债券交易管理办法》规定，在全国银行间债券市场进行的债券交易品种包括回购和现券买卖两种。现券买卖是指交易双方以约定的价格转让债券所有权的交易行为。债券回购又分为质押式回购和买断式回购两个品种：

（1）质押式回购：交易双方进行的以债券为权利质押的一种短期资金融通业务，正回购方（资金融入方）在将债券出质给逆回购方（资金融出方）融入资金的同时，正回购方与逆回购方约定在未来某一日期由正回购方按照约定的利率计算的资金额向逆回购方支付回购价款，逆回购方向正回购方返售原出质债券的融资行为。

根据银发〔2017〕302 号文，债券市场参与者在债券市场开展质押式回购交易，应当办理质押登记，最长期限不得超过 365 天，且经交易双方协商一致可以换券。

（2）买断式回购：指债券持有人（正回购方）将债券卖给债券购买方（逆回购方）的同时，交易双方约定在未来某一日期，正回购方再以约定价格从拟回购方买回相等数量同种债券的交易行为。根据《全国银行间债券市场债券买断式回购业务管理规定》的规定：买断式回购期限最长不得超过 91 天，不得以任何方式延长回购期；在买断式回购期间，交易双方不得换券，但是根据银发〔2017〕302 号文，可以现金交割和提前赎回，交割时应有足额的债券和资金；市场参与者单只券种的待返售债券余额应当小于该只债券流通量的 20%，待返售债券总余额应当小于其在中央国债登记结算有限责任公司托管的自营债券总量的 200%。买卖双方可以约定保证金或保证金作为履行回购义务的担保，其中保证券应当于回购期间在担保提供方的托管账户中冻结；买断式回购实行净价交易和全价结算方式，其中首期交易净价、到期交易净价和回购债券数量可以由买卖双方自行约定，但是到期交易净价和债券在回购期间的新增利息之和应当大于首期交易净价。

根据银发〔2017〕302 号文，约定由他人暂时持有但最终须购回或者为他人暂时持有但最终须返售的债券交易，均属于买断式回购（债券发行分销期间代申购、代缴款的情形除外）。开展买断式回购交易的，正回购方应将逆回购方暂时持有的债券继续按照自有债券进行会计核算，并以此计算相应监管资本、风险准备等风控指标，统一纳入规模、杠杆、集中度等指标控制。

3. 债券交易规则

在全国银行间债券市场进行的债券交易以询价方式进行自主谈判，逐笔成交。以债权为质押进行的回购交易，应当办理登记手续，回购合同在办理质押登记手续后生效；回购的最长期限为 365 天，回购到期应按照合同约定全额返还回购项下的资金，并解除质押关系，不得以任何方式展期；回购期间，交易双方不得动用质押的债券。债券交易现券买卖价格或回购利率由交易双方自行确定，同时参与者不得从事借券和租券等融资业务。

4. 债券交易杠杆比率

根据银发〔2017〕302 号文，债券市场参与者出现下列情形的，其应及时向相关金融监管部门报告：

（1）存款类金融机构（不含开发性银行与政策性银行）自营债券正回购资金余额或逆回购资金余额超过其上季度末净资产 80% 的。

（2）其他金融机构，包括但不限于信托公司、金融资产管理公司、证券公司、基金公司、期货公司等，债券正回购资金余额或逆回购资金余额超过其上月末净资产 120% 的。

（3）保险公司自营债券正回购资金余额或逆回购资金余额超过其上季度末总资产 20% 的。

（4）公募性质的非法人产品，包括但不限于以公开方式向不特定社会公众发行的银行理财产品、公募证券投资基金等，债券正回购资金余额或逆回购资金余额超过其上一日净资产 40% 的，其中封闭运作基金和避险策略基金债券正回购资金余额或逆回购资金余额超过其上一日净资产 100% 的。

（5）私募性质的非法人产品，包括但不限于银行向私人银行客户、高资产净值客户和合格机构客户非公开发行的理财产品，资金信托计划，证券、基金、期货及其子公司发行的客户资产管理计划，保险资产管理产品等，债券正回购资金余额或逆回购资金余额超过其上一日净资产 100% 的。

（二）证券交易所债券市场

证券交易所债券市场的投资者主要是除商业银行和信用社之外的机构投资者和个人投资者，机构和个人投资者通过证券交易所撮合成交系统进行债券集中零售交易，中国证券登记结算有限公司负责债券托管和结算。证券交易所债券市场流通的债券品种包括：国债、企业债、可转换债券、公司债券。

交易所市场属于债券零售市场，实行撮合交易、净额结算和两级托管机制。两级托管是指中央国债登记结算有限公司为一级托管人，负责为交易所开立代理总账户；中国证券登记结算有限公司为债券二级托管人，记录交易所的投资者账户。

（三）商业银行柜台债券市场

商业银行柜台市场属于零售市场，具体是指个人、企事业单位等中小投资者按照商业银行柜台的债券买入和卖出价进行债券买卖的场外零售市场，由商业银行总行为投资者办理债券的登记、托管和结算。商业银行柜台债券市场流通的债券品种包括：储蓄国债和记账式国债。

商业银行柜台市场实行两级托管制：中央国债登记结算有限公司为一级托管人，负责为承办银行开立债券自营账户和代理总账户，承办银行为债券二级托管人。

根据《储蓄国债（电子式）管理办法（试行）》的规定，储蓄国债（电子式）

是指财政部在中国境内发行的，以电子方式记录的不可流通的人民币债券。储蓄国债（电子式）由商业银行通过各自的营业网点柜台代理发行、兑付以及办理经批准的与储蓄国债（电子式）相关的其他各类业务。储蓄国债（电子式）向个人投资者发行，以电子方式记录债权，并通过投资者在商业银行开设的人民币结算账户进行资金结算。储蓄国债（电子式）不得向企事业单位、行政机关和社会团体等机构投资者销售。

记账式国债采取招投标方式发行。根据“2009 年记账式国债招投标规则”，记账式国债发行主要采用“荷兰式”“美国式”“混合式”进行招标，招标标的为利率、利差、价格或数量。根据《商业银行柜台记账式国债交易管理办法》规定，商业银行可以通过其营业网点与投资人进行债券买卖，并且办理托管和结算等柜台交易业务。商业银行柜台买卖债券的投资人可以是个人和单位，但是不得为金融机构。柜台债券交易由中央国债登记结算有限责任公司担任债券一级托管人，承办银行为债券二级托管人。

三、信托公司债券类业务

（一）债券投资

目前我国银行间债券市场的参与者只能是具有法人资格的机构投资者，因此非法人实体以及自然人可以设立单一信托或认购信托计划，由信托进入银行间债券市场进行债券交易。银行间债券市场发债的主体一般都是资质比较好的大型企业，其内部员工也比较乐意认购本企业发行的债券。由于企业员工不能参与银行间债券市场，因此不能直接购买本企业在银行间债券市场发行的债券，不过可以通过信托方式间接进行银行间债券市场债券投资。

信托公司可以开发固定收益类信托，信托项下信托资金直接进行银行间债券市场或者交易所债券市场的债券投资；信托公司也可以在证券投资信托的组合投资资产池中将债券作为一种投资品种，以缓释股票投资所带来的投资风险。

（二）债券承销

1. 概述：中国人民银行于 2002 年颁发的《信托投资公司管理办法》规定了信托公司可以受托经营国务院有关部门批准的国债、政策性银行债、企业债等债券承销业务；银监会于 2007 年修订颁发的《信托公司管理办法》的规定，信托公司可以受托经营国务院有关部门批准的证券承销业务。监管部门将信托公司的“债券承销业务”扩展为“证券承销业务”，这也为信托公司开展股票承销业务预留了政策空间。目前信托公司不能受托经营股票承销业务，也不能经营证券交易所上市交易的债券承销业务，但是可以受托经营企业债和国债承销业务。在债券承销业务中，信托公司很难获得主承销商资格，但是可以以副主承销商资格从事债券承销业务。

2. 国债承销：根据《国债承销团成员资格审批办法》规定，国债承销团成员是在中国境内具备一定资格条件并经批准从事国债承销业务的商业银行、证券公司、保险公司和信托公司等金融机构。对于凭证式国债的承销团成员只能是商业银行等存款类金融机构和国家邮政局邮政储蓄局（中国邮政储蓄银行），而记账式国债的承销团成员则包括商业银行等存款类金融机构及证券公司、保险公司、信托公司等非存款类金融机构。凭证式国债承销团成员原则上不超过40家；记账式国债承销团成员原则上不超过60家，其中甲类成员不超过20家；承销团成员资格有效期为3年，期满后可再次申请审批。

申请国债承销团成员的申请人应当具备的条件包括：1）在中国境内依法成立的金融机构；2）依法开展经营活动，近3年在经营活动中没有重大违法记录且信誉良好；3）财务稳健，资本充足率、偿付能力或者净资本状况等指标达到监管标准，具有较强的风险控制能力；4）具有负责国债业务的专职部门和健全的国债投资和风险管理制度；5）信息化管理程度较高；6）有能力且自愿履行各项义务。申请记账式国债承销团乙类成员资格的非存款类金融机构的注册资本不低于8亿元人民币（记账式国债承销团成员分为甲类成员和乙类成员）。

国债承销团成员的退出方式可以分为申请退出和约定退出，国债承销团成员根据国债承销主协议的约定退出承销团的情形包括：1）承销团成员出现重大违法行为，或者财务状况恶化，难以继续履行国债承销团成员的义务；2）凭证式国债承销团成员未履行在规定的最低比例以上的承销义务，或者出现惜售、超计划销售、委托其他机构代理销售、不积极开展国债促销宣传等行为；3）记账式国债承销团成员每年累计4次未在国债承销主协议规定的最低比例以上进行国债投标及承销，或者出现严重不正当投标、操纵二级市场等行为的。

3. 金融债承销：根据《银行间债券市场金融债券发行管理办法》规定，银行间债券市场金融债券的发行可以采用协议承销和招标承销方式。承销人必须为金融机构，非金融机构不得作为金融债券的承销。承销人的条件包括：注册资本不低于2亿元人民币；具有较强的债务分销能力；具有合格的从事债券市场业务的专业人员和债券分销渠道；最近两年内没有重大违法违规行为；中国人民银行要求的其他条件。

4. 企业债承销：在企业债券承销市场，信托公司可以作为承销商承销在全国银行间债券市场发行的企业债。中国人民银行于1998年颁发的《企业债券发行与转让管理办法》（已失效）曾明确规定具有从事债券承销资格的证券经营机构可以作为企业债券的承销商。当时的信托公司可以从事证券经营业务，其从事企业债券承销业务应当取得中国人民银行的资格认定。目前尚没有正式有效的法规明确信托公司的企业债券承销资格，信托公司承销企业债券应当经过银监会和国家发改委的批准。

5. 非金融企业债务融资工具承销：中国银行间市场交易商协会于2017年9月7日发布《关于意向承销类会员（信托公司类）参与承销业务市场评价的公告》，启动非金融企业债务融资工具意向承销类会员（信托公司类）参与承销业务市场评价工作，明确规定信托公司经市场评价获得承销业务资格的，可以开展非金融企业债务融资工具承销业务。信托公司近三年内有下列情形的，不参加市场评价：（1）因违法违规受到刑事处罚或重大行政处罚；（2）因涉嫌违法违规正被相关主管机关立案调查或者正处于整改期间；（3）因违法违规给市场造成严重后果。

（三）信托专用债券账户

1. 结算成员与债券账户①

中央国债登记结算有限责任公司的结算会员分为甲类结算会员、乙类结算会员、丙类结算会员。甲类结算成员包括具有中国人民银行批准的债券结算代理业务资格的金融机构和具有柜台交易承办资格的金融机构；乙类结算成员限于金融机构和诸如证券投资基金、企业年金基金、保险产品、信托计划、证券公司资产管理计划、基金公司特定资产管理组合等部分有资格的非法人机构投资者；丙类结算成员包括中小型金融机构、非金融机构和诸如企业年金基金、证券公司资产管理计划、基金公司特定资产管理组合等部分有资格的非法人机构投资者。

甲类结算成员应安装中央国债登记结算有限责任公司中债综合业务平台，可以从事自营结算业务和代理丙类结算成员进行债券结算或从事债券柜台交易业务；乙类结算成员应当安装中央国债登记结算有限责任公司中债综合业务平台，只能办理债券自营结算业务；丙类结算成员不需要安装中央国债登记结算有限责任公司中债综合业务平台，并且必须委托甲类结算成员代为办理债券结算业务。

债券账户分为一级债券账户和二级债券账户。一级债券账户是债券持有人、二级托管机构或分托管机构在中央国债登记结算有限责任公司开立的债券账户，具体包括三类结算成员开展债券自营业务时以自己的名义开立的债券自营业务账户，以及具有柜台业务资格的甲类结算成员从事柜台业务时开立的债券代理总账户；二级债券账户是指债券持有人在二级托管机构或分托管机构开立的债券账户，凡是符合规定的投资者都可以在具有柜台业务资格的甲类结算成员或分托管机构处开立二级债券账户。

2. 信托专用债券相关账户

（1）信托专用债券账户：根据《关于信托公司在全国银行间债券市场开立信托专用债券账户有关事项的公告》（中国人民银行公告〔2008〕第22号）规定，信托公司以信托财产在全国银行间债券市场进行债券交易的，应当向中央国债登记

① 参考全国银行间债券市场培训教材《债券托管结算业务》，中央国债登记结算有限责任公司组编。

结算有限公司申请设立单一信托或者集合信托计划信托专用债券账户，并向全国银行间同业拆解中心申请交易联网手续。信托公司在信托专用债券账户开户手续办理完毕后的 3 个工作日内向注册地中国人民银行分支机构备案。同一个信托公司管理的不同信托专用债券账户之间，以及自营债券账户与信托专用债券账户之间不得相互进行债券交易；信托公司对不同信托专用债券账户应当进行单独管理，不得挪用所管理的信托专用债券账户的债券或者以信托专用债券账户的债券提供担保。信托公司应当于信托终止时及时办理信托专用债券账户的注销及终止联网手续，受托人发生变更的，新受托人应当及时联系中央国债登记结算有限公司和全国银行间同业拆借中心以办理受托人变更手续，上述事项均应在办理完毕后 3 个工作日内向注册地的中国人民银行分支机构报告。

（2）债券结算资金专户：根据《信托公司运用信托财产开立债券结算资金专户办理 DVP 相关事宜的说明》[中债（资金结算）〔2008〕010 号] 规定，信托公司单一信托和集合信托计划可以在中央国债登记结算有限公司开立债券结算资金专户，用以办理 DVP（券款对付结算方式）结算的资金清算。

可以开设债券结算资金专户机构包括：商业银行及其授权分行、信托公司及其管理的单一信托和集合信托计划、企业集团财务公司、金融租赁公司、农村和城市信用社、证券公司、基金管理公司及其管理的各类基金、保险公司、外资金融机构、经批准可投资于债券资产的其他金融机构和非金融机构法人。具体申请开户的资格包括：①已在中央国债登记结算有限责任公司开立债券账户的结算成员，且债券账户状态正常；②自身未在中国人民银行大额支付系统开立清算账户，即自身非为支付系统直接参与者；③有意愿在银行间债券市场以 DVP 结算方式进行债券交易结算，并委托中央国债登记结算有限公司代理 DVP 资金清算；④中国人民银行或中央国债登记结算有限责任公司规定的其他条件。对于中国人民银行大额支付系统的直接参与者，可通过其在支付系统的清算账户直接办理 DVP 资金结算，不需要开立债券结算资金专户。

第二节　国债与金融债

一、国债的发行与管理

（一）我国国债概述

目前我国的国债品种主要有记账式国债、凭证式国债、储蓄国债（电子式）三种：

记账式国债：可以在银行间债券市场、证券交易所发行，也可以同时在银行间债券市场和证券交易所进行跨场发行；记账式国债的投资者包括个人投资者和机构投资者；记账式国债可以在证券交易所和银行间债券市场进行转让，具有良好的流通性。

凭证式国债：属于储蓄国债，通过商业银行和邮政储蓄的柜台向各类投资者发行，以“中华人民共和国凭证式国债收款凭证”记录债权。

储蓄国债（电子式）：是指财政部在中国境内发行的，通过试点商业银行面向个人投资者销售的，以电子方式记录债权的不可流通人民币债券。储蓄国债（电子式）面向个人投资者，不向机构投资者发行；采用实名制方式，并且不可流通转让，但是可以提前兑付（损失部分收益）；以电子方式记录债权，鼓励投资者持有至到期。

（二）储蓄国债

储蓄国债（电子式）是我国于2006年开始发行的国债新品种。根据《储蓄国债（电子式）管理办法（试行）》的规定：（1）发行对象限定为个人投资者，而不包括企事业单位、行政机关和社会团体等机构投资者；（2）不可流通转让，但是可以提前兑取、质押贷款、非交易过户等；（3）以电子方式记录债权，通过投资者在商业银行开设的人民币结算账户进行资金清算；（4）商业银行通过各自营业网点柜台代理财政部发行和兑付，具体可由商业银行采用承购包销或代销方式进行销售；（5）投资者需要在商业银行开立个人国债账户，在个人国债账户开户行指定一个人民币结算账户作为个人国债账户的资金清算账户；（6）实行二级托管体制和二级清算体制：中央国债公司为一级托管机构，商业银行为二级托管机构，二级托管债权不能在商业银行间办理转托管；财政部和商业银行进行一级清算，商业银行和投资者进行二级清算。

（三）记账式国债

根据《2009年记账式国债招投标规则》的规定，记账式国债的招标方式可以采用“荷兰式”“美国式”“混合式”，招标标的为利率、利差、价格或数量。各中标机构可以在招投标结束后，通过国债招投标系统填制“债权托管申请书”，选择中央国债登记结算有限责任公司或中国证券登记结算有限责任公司进行托管；没有选择的，则默认为在中央国债登记结算有限责任公司进行托管。

在投标标位变动幅度、投标量和最低承销三个方面对投标进行限定：1）以利率或利差招标时，标的变动幅度为0.01%；以价格招标时，标位变动幅度在当期国债发行文件中另行规定；2）国债承销团乙类成员最低和最高投标限额分别为当期国债招标量的0.5%和10%；甲类成员最低投标限额为3%，不可追加的记账式国债的最高投标限额为30%，可追加的记账式国债的最高投标限额为25%；单一标位的最低和最高投标限额为0.2亿元和30亿元；3）国债承销团甲类成员单期国债最低承销额（含追加承销部分）按各期国债竞争性招标额的1%计算，乙类成员按0.2%计算。对于允许追加承销的记账式国债，只有甲类成员有权追加，最大追加额度为当期国债竞争性中标额的25%。“荷兰式”招标追加承销价格与竞争性招标中标价格相同；“美国式”和“混合式”招标追加承销价格，标的为利率时为面值，标的为价格时为当期国债发行价格。

中标原则按照如下两种方式确定：（1）全场有效投标总额小于或等于当期国债招标额时，所有有效投标全额募入；全场有效投标总额大于当期国债招标额时，按照低利率（利差）或高价格优先的原则对有效投标逐笔募入。（2）边际中标标位的投标额大于剩余招标额，以该标位投标额为权数平均分配，分配后仍有尾数时，按照投标时间优先原则分配。

二、金融债的发行与管理

（一）金融债的发行准入条件

根据《全国银行间债券市场金融债券发行管理办法》的规定，政策性银行、商业银行、企业集团财务公司以及其他金融机构可以在全国银行间债券市场发行金融债券。我国目前政策性银行有三家，即国家开发银行、中国进出口银行、中国农业发展银行。政策性银行发行政策性金融债的，应按年向中国人民银行报送债券发行申请，并经核准后方可发行。

1. 银行业金融机构

商业银行发行金融债的，必须具备相应的条件，具体包括：具有良好的公司治理机制、核心资本充足率不低于4%、最近3年连续盈利、贷款损失准备计提充足、风险监管指标符合监管机构的有关规定、最近3年没有重大违法违规行为、中国人民银行要求的其他条件。

根据《商业银行次级债券发行管理办法》规定，商业银行在银行间债券市场公开发行次级债券应当具备的条件包括：实行贷款五级分类且贷款五级分类偏差小、核心资本充足率不低于5%、贷款损失准备计提充足、具有良好的公司治理结构与机制、最近三年没有重大违法违规行为。商业银行以私募方式发行次级债券或募集次级定期债务的，其核心资本充足率不低于4%，其他条件与公开发行债券的条件相同。商业银行持有的其他银行发行的次级债券余额不得超过其核心资本的20%。

企业集团财务公司发行金融债的，必须具备的条件包括：具有良好的公司治理机制、资本充足率不低于10%、风险监管指标符合监管机构的有关规定、最近3年没有重大违法违规行为、中国人民银行要求的其他条件。

《信托公司管理办法》的规定了信托公司不得负债经营（同业拆入业务除外），因此信托公司也就不能发行债券。

2. 证券公司

根据《证券公司债券管理暂行办法》规定，证券公司公开发行证券应当符合的条件包括：（1）发行人为综合类证券公司；（2）最近1期期末经审计的净资产不低于10亿元；（3）最近1年盈利；（4）各项风险监控指标符合中国证监会的有关规定；（5）最近2年内没有发生重大违法违规行为；（6）具有健全的股东会和董事会运作机制及有效的内部管理制度，具备适当的业务隔离和内部控制技术支持系统；（7）资产未被具有实际控制权的自然人、法人或其他组织及其关联人占用；（8）中国证监会规定的其他条件。证券公司定向发行债券应当符合的条件除上述（4）~（8）项外，其最近一期期末经审计的净资产不低于5亿元。

证券公司短期融资券在银行间债券市场发行和交易，并接受中国人民银行监管。证券公司发行短期融资券应当符合的基本条件包括：（1）取得全国银行间同业拆借市场成员资格1年以上；（2）发行人至少已在全国银行间同业拆借市场上按照统一的规范要求披露详细财务信息达1年，且近1年无信息披露违规记录；（3）客户交易结算资金存管符合证监会的规定，最近1年未挪用客户交易结算资金；（4）内控制度健全，受托业务和自营业务严格分离管理，有中台对业务的前后台进行监督和操作风险控制，近两年内未发生重大违法违规行为；（5）采用市值法对资产负债进行估值，能用合理的方法对股票风险进行估价；（6）证监会和中国人民银行的其他规定。中国人民银行授权全国银行间同业拆借中心通过同业拆借中心的电子信息系统每半年向银行间债券市场公示证监会有关短期融资券发行人是否符合发行短期融资券基本条件的监管意见。

（二）银行间债券市场金融债的发行与交易

1. 金融债券的发行与管理

银行间债券市场金融债的发行可以分为公开发行和定向发行或者一次足额发行和限额内分期发行的方式，其中定向发行的金融债券只能在认购人之间进行转让。发行人不得认购或变相认购自己发行的金融债券。

发行核准期限：在银行间债券市场发行的金融债由中国人民银行监督管理。中国人民银行核准金融债券发行的有效期为60个工作日，即发行人应当在核准发行之日起60个工作日内开始发行，并应在规定的时间内完成发行工作；如果未能在规定期限内完成发行工作，发行人不得继续发行本期债券，原发行核准文件自动失效，发行人应当另行申请发行核准。

信用评级：金融债券的发行应当进行信用评级，并且由信用评级机构于发行后每年进行跟踪信用评级。如果发生影响金融债券信用评级的重大事项，信用评级机构应及时调整信用评级，并及时向投资者公布。如果该金融债券是定向发行的，只要投资人同意，即可免于信用评级。

承销方式：金融机构在银行间债券市场发行金融债券的，应当组建承销团，再用协议承销或招标承销的方式发行。如果采用招标发行的，应当通过中国人民银行的债券发行系统进行。如果是定向发行债券的，则一般应优先选择协议承销方式。

招标承销发行金融债券的，由发行人与承销团成员签订承销主协议；协议承销发行金融债券的，由发行人聘请主承销商①，主承销商与承销团成员签订承销团协议。定向发行对象不超过2家的，可以不用聘请主承销商，由发行人与认购机构签订协议安排发行。

托管机构：金融债的登记托管机构为中央国债登记结算有限责任公司。发行人于债券发行结束后及时向中央国债登记结算有限责任公司确认债权债务关系，并由中央结算公司及时办理债券登记工作。

2. 商业银行次级债、混合资本债券和资产支持证券

在全国银行间债券市场发行商业银行次级债券和资产支持证券的，应该遵守《全国银行间债券市场金融债券发行管理办法》的相关规定。

商业银行发行混合资本债券②的，应该遵守《全国银行间债券市场金融债券发行管理办法》的相关规定。《商业银行发行混合资本债券的有关事宜》（中国人民银行公告〔2006〕第11号）规定商业银行发行混合资本债券应当符合商业银行金融债券的发行条件，并按照发行金融债券的要求向中国人民银行报送有关发行申请文件。混合资本债券可以采用公开发行，也可以采用定向发行，但是都必须进行信用评级。

---

① 根据《全国银行间债券市场金融债券发行管理操作规程》，主承销商职责包括：（1）以行业公认的业务标准和道德规范，对金融债券发行人进行全面尽职调查，充分了解发行人的经营情况及其面临的风险和问题；（2）为发行人提供必要的专业服务，确保发行人充分了解有关法律制度和市场管理政策，以及所应当承担的相关责任；（3）会同律师事务所、会计师事务所核查发行人申请材料的真实性、准确性和完整性；（4）督促发行人按照有关要求进行信息披露，并会同律师事务所、会计师事务所核查信息披露文件的真实性、准确性和完整性；（5）按照签订协议，做好金融债券推介和销售工作，主承销商应具备对所承销金融债券做市的能力；（6）金融债券发行结束后10个工作日内，应向中国人民银行书面报告当期债券承销情况。

② 混合资本债券的特征包括：（1）期限在15年以上，发行之日起10年内不得赎回。发行之日10年后发行人具有一次性赎回权，若发行人未行使赎回权可以适当提高混合资本债券的利率；（2）混合资本债券到期前，如果发行人核心资本充足率低于4%，发行人可以延期支付利息；如果同时出现：最近一期经审计的资产负债表中盈余公积与未分配利润之和为负，且最近12个月内未向普通股股东支付现金红利，则发行人必须延期支付利息。在不满足延期支付利息的条件时，发行人应立即支付欠息及欠息产生的复利；（3）当发行人清算时，混合资本债券本金和利息的清偿顺序列于一般债务和次级债务之后、先于股权资本；（4）混合资本债券到期时，如果发行人无力支付清偿顺序在该债券之前的债务或支付该债券将导致无力支付清偿顺序在混合资本债券之前的债务，发行人可以延期支付该债券的本金和利息，待上述情况好转后，发行人应继续履行其还本付息义务，延期支付的本金和利息将根据混合资本债券的票面利率计算利息。

3. 证券公司短期融资券

证券公司发行短期融资应当符合如下规则：（1）证券公司短期融资券的发行实行余额管理，即待偿还短期融资券余额不超过净资本的60%；（2）短期融资券的最长期限不得超过91天，在此上限范围内可由发行人自主确定短期融资券的期限；（3）短期融资券的发行期从发行招标日到确立债权债务关系日，最长不得超过3个工作日；（4）短期融资券的发行应当采取拍卖的方式进行，发行利率和价格由供求双方自行确定。

证券公司发行短期融资券募集资金的用途应当符合法律法规和监管政策要求，不得用于如下方面：（1）固定资产投资和营业网点建设；（2）股票二级市场投资；（3）客户证券交易提供融资；（4）长期股权投资；（5）中国人民银行禁止的其他用途。

短期融资券的发行时间由中国人民银行授权中央国债登记结算有限责任公司负责安排；发行人在发行日前3个工作日在中国债券信息网公布募集说明书；短期融资券发行完毕后，发行人在债权债务登记完成日的次一工作日，通过中国债券信息网公告实际发行规模、利率、期限等发行情况，并由中央国债登记结算有限责任公司定期汇总发行公告后向中国人民银行报告发行情况。

根据《关于证券公司短期融资券登记托管、清算结算业务的公告》（清算所公告〔2012〕5号），银行间市场清算所股份有限公司经中国人民银行批准，可以开办证券公司短期融资券登记托管、清算结算业务。证券公司第一次申办短期融资券的发行登记的，应当与银行间市场清算所股份有限公司签订发行人服务协议，并开立发行人账户；发行人在发行前向银行间市场清算所股份有限公司提交发行登记所需材料（当期发行文件、发行登记申请书等材料），并由银行间市场清算所股份有限公司办理初始登记。银行间市场清算所股份有限公司可以提供证券公司短期融资券的清算结算服务，以及为发行人提供代理付息兑付和信息披露服务。

（三）交易所市场金融债券的发行与交易

1. 发行方式

证券公司债券发行方式可以分为向社会公开发行与向合规投资者定向发行两种方式。如果向合格投资者定向发行债券，信托公司不得公开发行或者变相公开发行。证券公司定向发行债券的合格投资者应具备对其投资债券进行独立分析的能力和风险承受能力，并且符合如下条件：（1）依法设立的法人或投资组织；（2）按照规定和章程可以从事债券投资；（3）注册资本在1000万元以上或者经审计的净资产在2000万元以上。

2. 中介服务

信用评级与担保：证券公司发行金融债的，应当由证券资信评级机构对本期债券进行信用评级和跟踪评级。证券公司金融债应当为担保债券，公司公开发行债券的担保金额不得少于债券的本息总额，定向发行债券的担保金额不得少于债券本息总额的50%；保证担保方式应当为连带责任担保且保证人具有代为清偿债务的能力，抵质押担保的财产应当由具有相应资质的评估机构进行价值评估。定向发行债券，拟认购人书面承诺认购全部债券且不在转让市场进行转让，发行人经过拟认购人书面同意可以免于信用评级、提供担保、聘请债券代理人。

承销商：证券公司金融债的发行应当由具有主承销商资格的证券公司组织债券承销，但是定向债券的发行可以由发行人经证监会批准自行组织销售。证券公司如果采用承销方式的，则既可以采取包销方式，也可以采取代销方式。无论采用承销方式，还是自行组织销售，销售期限都不得超过90日。

债权代理人①：证券公司发行金融债的，应当聘请信托公司、基金管理公司、证券公司、律师事务所、证券投资咨询机构等担任债权代理人。债券募集说明书应当明确约定投资者认购本期债券视同同意债券代理协议。债券代理协议主要用于明确发行人、债券持有人及债券代理人之间的权利义务及违约责任。

其他中介服务：律师事务所对证券公司金融债的发行出具法律意见书和律师工作报告，并重点就债券发行条件、发行方案、发行条款、担保、信用评级、专项偿债账户、债权代理人、债券持有人会议等明确发表法律意见。债券的登记、托管和计算由中国证券登记结算有限责任公司负责，中央国债登记结算有限责任公司也可以经过批准负责证券公司债券的登记、托管和计算。

3. 发行与交易

债券发行：公开发行的债券是指向社会公开发行，定向发行的债券是指采用记账方式向合格投资者发行；公开发行的债券的每份面值为100元，定向发行的债券的每份面值为50万元，且每一合格投资者认购的债券不得低于面值100万元。债券期限为1~5年；债券利率由发行人和主承销商在符合债券利率相关规定的前提下，根据信用等级、风险程度和市场供求状况等因素确定。

债券既可以按照面值发行，也可以按照其他方式发行。公开发行的债券发行失败有两种情况，第一种情况：在销售期内售出的债权面值总额占拟发行债券面值总额的比例不足50%；第二种情况：未能满足债券上市条件。

债券交易：公开发行的债券应当在证券交易所挂牌集中竞价交易，采取其他方式转让的须经证监会批准。申请上市交易的债券应当符合的条件包括：债券发行申

---

① 债券代理人应当履行的义务包括：(1) 当出现未能及时偿付本息及其他可能影响债券持有人重大利益的情形时，及时督促提醒发行人，并告知债券持有人；(2) 依照约定监督专项偿债账户、募集资金的使用以及担保事项；(3) 依照募集说明书的约定，代理债券持有人与发行人之间的谈判及诉讼事务；(4) 债券持有人会议授权的其他事项。

请已获批准并发行完毕、实际发行债券的面值总额不少于 2 亿元、申请上市时仍符合公开发行的条件、中国证监会规定的其他条件。

定向发行的债券采取协议转让的方式在合格投资者之间进行转让，且最小转让单位不得少于面值 50 万元；定向发行的债券采取其他方式转让的，须经中国证监会批准。

偿债账户：发行人设立专项偿债账户用以支付债券本金和利息。偿债账户资金可用于国债等低风险、高流动性产品的投资，也可以按照约定用于提前偿付债券。发行人应当通过股东会决议决定：在专项偿债账户资金未能按约定提取或者未能偿付债券本期期间，不得向股东分配利润、暂缓重大对外投资收购兼并等资本性支出项目的实施、调减或停发董事和高级管理人员的工资和奖金、主要责任人不得调离。

第三节　企业债与公司债

企业债是指由中央政府所属机构、国有独资企业或者国有控股企业发行的债券。公司债包括股份有限公司和有限责任公司发行的债券。

一、企业债券的发行与管理

（一）企业债券发行条件

根据《企业债券管理条例》、《国家发展改革委关于进一步改进和加强企业债券管理工作的通知》（发改财金〔2004〕第 1134 号）、《关于推进企业债券市场发展、简化发行核准程序有关事项的通知》（发改财金〔2008〕7 号）等文件的规定，企业申请发行债券应当符合以下条件：

1. 股份有限公司的净资产不低于 3000 万元人民币，有限责任公司及其他类型企业的净资产不低于 6000 万元人民币。

2. 累计债券余额不超过企业净资产（不包括少数股东权益）的 40%。

3. 经济效益良好，近 3 个会计年度连续盈利；现金流状况良好，具有较强的到期偿还债务的能力；最近 3 年平均可分配利润（净利润）足以支付企业债券一年的利息。

4. 筹集资金投向应当符合国家产业政策和行业发展方向，所需相关手续齐全。筹集资金用于固定资产投资项目的，应当符合国家关于固定资产投资项目资本金制度的要求，原则上累计发行额不得超过该项目总投资的 60%；用于产权并购的，累计发行额应当不低于并购价款总额的 60%；如果用于调整债务结构的，不受上述比例限制，但企业应当提供银行同意以债还贷的证明；用于补充营运资金的，不得超过发债总额的 20%。

5. 债券利率由企业根据市场情况确定，但不得超过国务院限定的利率水平。

6. 已发行的企业债券或者其他债务未处于违约或者延迟支付本息的状态。

7. 最近三年没有重大违法违规行为。

企业发行债券募集资金必须按照核准用途用于本企业的生产经营，不得用于弥补亏损和非生产性支出，不得用于房地产买卖、股票买卖以及期货等与本企业生产经营无关的风险性投资。

企业发行企业债券的总面额不得大于该企业的自有资产净值，企业债券的利率不得高于银行相同期限居民储蓄定期存款利率的40%。《企业债券管理条例》对购买企业债券的资金来源进行规范，任何单位不得以财政预算拨款、银行贷款以及国家规定不得用于购买企业债券的其他资金购买企业债券，办理储蓄业务的机构不得将所吸收的储蓄存款用于购买企业债券。

（二）企业债券的发行审批与管理

根据《企业债券管理条例》的规定，中央企业发行企业债券，应当由中国人民银行会同国家发改委审批；地方企业发行企业债券，由中国人民银行各省级分行或计划单列市分行会同同级发改委审批。企业债券发行规模和发行方案的审批期限为3个月，从国家发改委受理企业债券发行规模申请材料开始计算。国家发改委分别会签中国人民银行和证监会后，印发企业债券发行批准文件，并抄送各营业网店所在点省级发改委等单位。

根据《关于推进企业债券市场发展、简化发行核准程序有关事项的通知》规定，为了推动企业债券市场化以及扩大企业债券发行规模，发改委将原先的先核定发行规模、后核准发行两个环节简化为直接核准发行一个环节；同时该通知规定企业可以发行无担保信用债券、资产抵押债券和第三方担保债券。

（三）企业债的发行与承销

《关于进一步改进和加强企业债券管理工作的通知》对参与企业债券发行的中介机构及所提供的中介服务进行规范。企业发行债券应当聘请具有债券业务资格的中介机构对企业债券及发行人的长期信用进行评级、对发行人及担保人的最近三年的财务报表进行审计、对企业债券发行申请材料提供法律意见书，其中提供信用评级的评级机构至少有一家承担过2000年以后所发行债券的评级任务。

企业发行企业债券不得自己销售，必须由具有承销资格的证券经营机构承销，企业自己选择主承销；根据需要，可以由主承销商组织承销团进行企业债券的承销。企业债券的承销方式包括代销、余额包销或者全额包销方式，但是各承销商包销企业债券余额原则上不得超过其上一年度净资产的1/3。承销商除了承担承销企业债券的责任外，还应当代理发行人兑付债券利息，代理或者协助企业债券持有人进行企业债券的交易；主承销商对发行人的申请材料的真实性、准确性和完整性进行核查，并且应当督促发债企业及时履行信息披露义务，以及在企业或者担保人不履行债务时，代理债券持有人进行追偿。

根据《关于进一步改进和加强企业债券管理工作的通知》，主承销和副主承销商应当具有相应的资格条件：已经承担过2000年后企业债券主承销商或者累计承担过3次以上副主承销商的金融机构才可以担任主承销商；已经承担2000年后企业债券副主承销商或者累计承担3次以上分销商的金融机构可以担任副主承销商；企业集团财务公司可以担任承销本集团发行的企业债券，但不宜作为主承销商。

（四）地方政府投融资平台债券

根据《国家发展改革委办公厅关于进一步规范地方政府投融资平台公司发行债券行为有关问题的通知》（发改办财金〔2010〕2881号）的定义，地方政府投融资平台公司是指由地方政府及其部门和机构等通过财政拨款或注入土地、股权等资产设立，从事政府指定或委托的公益性或准公益性项目的融资、投资、建设和运营，拥有独立法人资格的经济实体。

为了防范地方政府债务风险和投融资平台的债券风险，《关于进一步规范地方政府投融资平台公司发行债券行为有关问题的通知》规定投融资平台公司申请发行企业债券，其偿债资金来源的70%及以上必须是公司的自身收益，且平台公司的资产构成必须符合《国务院关于加强地方政府融资平台公司管理有关问题的通知》（国发〔2010〕19号）的要求。发行企业债券的地方平台公司的资本金必须真实足额到位，且不得将公立学校等公益性资产作为资本金；如果发债平台公司的资产包含上述公益性资产，则在财务测算时，应当将该类公益性资产从净资产规模中扣除。

如果发债平台公司的经营收入主要来源于所承担的政府公益性或准公益性项目建设，且占平台公司收入的比例超过30%的，则该平台公司必须向债券发行核准机关提供本级地方政府债务余额和综合财力的完整信息；如果该类平台公司所在的地方政府负债率超过100%的，其平台公司不予发行企业债券。

平台公司发行企业债券的，各级政府及其所属部门、机构和主要依靠财政拨款的经费补助事业单位，不得以财政性资金、行政事业单位等的国有资产，或者其他任何直接、间接方式，为该平台公司债券提供增信；如果以资产抵质押方式为平台公司债券提供增信的，抵质押资产必须是可以依法合规变现的非公益性有效资产。

《关于进一步规范地方政府投融资平台公司发行债券行为有关问题的通知》强调应当强化对平台公司发债募集资金用途的监管，优先支持发债资金用于国家政策支持的行业和领域；该通知强调债券承销机构、信用评级机构、会计师事务所、律师事务所等中介机构应当认真履行中介机构的资质，提供客观、公正、有效的中介服务；债券发行人应当制订偿债资金计划，并在银行建立“偿债资金专户”，在债券存续期过半后各年度提前安排必要的还本资金债券发行人应当加强信息披露工作，承销商应当督促发债人的信息披露事项。

二、公司债券的发行与交易

（一）公司债券发行条件

公开发行公司债券应当符合一定的条件，根据《证券法》的规定，公开发行公司债券应当符合的条件包括：

（1）股份有限公司的净资产不低于3000万元人民币，有限责任公司净资产不低于6000万元人民币；

（2）累计债券余额不超过公司净资产的40%；

（3）最近3年平均可分配利润足以支付公司债券1年的利息；

（4）筹集的资金投向符合国家产业政策；

（5）债券的利率不得超过国务院限定的利率水平；

（6）国务院规定的其他条件。

公开发行公司债券筹集的资金，必须用于核准的用途，不得用于弥补亏损和非生产性支出。上市公司发行可转换为股票的债券，还应当符合关于公开发行股票的条件，并报证券监督管理机构核准。

根据《公司债券发行试点办法》的规定，发行公司债券应当符合：（1）公司的生产经营符合法律、行政法规和公司章程的规定，符合国家产业政策；（2）公司内部控制制度健全，内部控制制度的完整性、合理性、有效性不存在重大缺陷；（3）经资信评级机构评级债券信用级别良好；（4）公司最近一期末经审计的净资产额应当符合法律、行政法规和中国证监会的有关规定；（5）最近三个会计年度实现的年均可分配利润不少于公司债券1年的利息；（6）本次发行后累计公司债券余额不超过最近一期末净资产额的40%，金融类公司的累计公司债券余额按金融企业的有关规定计算。

如果出现：（1）最近36个月内公司财务会计文件存在虚假记载，或者公司存在其他重大违法行为；或者（2）本次发行申请文件存在虚假记载、误导性陈述或者重大遗漏；或者（3）对已发行的公司债券或者其他债务有违约或者延迟支付本息的事实，且仍处于继续状态；或者（4）严重损害投资者合法权益和社会公共利益等其他情形的，不得发行公司债券。如果对于前一次公开发行的公司债券尚未募足，或者对已公开发行的公司债券或者其他债务有违约或者延迟支付本息的事实，或者违反《证券法》规定而改变公开发行公司债券所募集资金的用途的，不得再次公开发行公司债券。

公司债券的发行可以采取在证监会核准之日起6个月内首期发行，剩余数量在24个月内发行完毕的“一次核准、分期发行”方式，首期发行数量不得少于总发行量的50%，剩余各期发行的数量由发行公司自行确定，如果在核定期限内未发行的，必须重新经证监会核准后方可发行。

（二）公司债券的信用增级

公开发行公司债券的，可以委托经证监会认定的具有从事证券服务业务资格的资信评级机构进行信用评级；在债券存续期间，资信评级机构每年至少公告一次跟踪评级报告。如果为公司债券提供担保的，其担保范围应当包括债券本金及利息、违约金、损害赔偿金和实现债权的费用；以保证方式提供担保的，应当为连带责任保证且保证人资产质量良好；设定担保的财产应当权属清晰、尚未被设定担保或者采取保全措施、担保财产的价值经有资质的资产评估机构评估不低于担保金额。

（三）公司债券的上市交易

公司债券可以申请上市交易，但是债券的期限应当为1年以上，公司债券实际发行额度不得少于5000万元人民币，申请上市时仍然符合公司债券发行所应当具备的条件。《公司债券发行试点办法》规定的公司债券即是约定在1年以上期限内还本付息的有价证券。

已经上市交易的公司债券，如果出现：（1）公司有重大违法行为；或者（2）公司情况发生重大变化不符合公司债券上市条件；或者（3）发行公司债券所募集的资金不按照核准的用途使用；或者（4）未按照公司债券募集办法履行义务；或者（5）公司最近2年连续亏损等情形的，证券交易所暂停其公司债券上市交易。如果公司重大违法行为或者未按照公司债券募集办法履行义务等情形经查实后果严重的，公司情况发生重大变化不符合公司债券上市条件或者发行公司债券所募集的资金不按照核准的用途使用等情形在期限内未能消除的，证券交易所终止其公司债券上市交易。

（四）可转换公司债券

1. 可转换债券发行条件

可转换公司债券是指按照约定在一定期限内可以转换成股份的公司债券。发行可转换债券的条件包括：（1）最近3个会计年度加权平均净资产收益率平均不低于6%。扣除非经常性损益后的净利润与扣除前的净利润相比，以低者作为净资产收益率的计算标准。（2）本次发行后累计公司债券余额不超过最近一期末净资产额的40%。（3）最近3个会计年度实现的年均可分配利润不少于公司债券1年的利息。

可转换债券中的认股权和债券可以分离交易的债券为分离交易的可转换公司债券，具体的发行条件包括：（1）公司最近一期未经审计的净资产不低于15亿元人民币；（2）最近3个会计年度实现的年均可分配利润不少于公司债券1年的利息；（3）最近3个会计年度经营性活动产生的现金流量净额平均不少于公司债券1年的利息，符合可转换债券发行对于净资产收益率的要求除外；（4）本次发行后累计公司债券余额不超过最近一期末净资产额的40%，预计所附认股权全部行权后募集的资金总量不超过拟发行公司债券金额。

2. 发行规则

可转换公司债券的期限为1～6年，面值为100元；分离交易的可转换公司债券的期限为不低于1年，认股权证的存续期间不超过债券的期限，且自发行结束之日起不少于6个月。可转换债券可以转换为公司股票的期限为自债券发行结束后6个月起，具体时间由发行人根据债券存续期限和发行人财务状况确定；认股权证的行权自发行结束至少已满6个月起方可行权。

除了最近1期末经审计的净资产不低于15亿元人民币的公司债券外的其他可转换公司债券，应当提供信用增级措施（担保和信用评级）。担保范围包括债券本息、违约金、损害赔偿金和实现债权的费用。提供保证担保的方式应为连带责任担保，且保证人最近1期经审计的净资产额应不低于其累计对外担保的金额，证券公司和除上市商业银行外的其他上市公司不得为可转债提供担保；以抵质押方式提供担保的，抵质押财产的估值应不低于担保金额。

3. 可交换公司债

可交换公司债是指上市公司股东发行的公司债券，该债券按照约定的条件在一定期限内可以交换该股东所持有的上市公司股票。可交换公司债券实质为股票质押融资的一种方式，是一种内嵌期权的金融衍生产品。根据《上市公司股东发行可交换公司债券试行规定》的规定，预备用于交换的股票及其孳息是可交换债券的担保物，债券持有人对于交换股票还是要求兑付债券本息具有选择权。可交换债券自发行结束之日起12个月后才可以交换为预备交换的股票。可交换债券的期限为1～6年。

上市公司股东发行可交换公司债券以及预备用于交换的上市公司股票应当符合《上市公司股东发行可交换公司债券试行规定》的条件①；上市公司控股股东不得

---

①　申请发行可交换公司债券，应当符合下列规定：（1）申请人应当是符合《公司法》《证券法》规定的有限责任公司或者股份有限公司；（2）公司组织机构健全，运行良好，内部控制制度不存在重大缺陷；（3）公司最近一期末的净资产额不少于人民币3亿元；（4）公司最近3个会计年度实现的年均可分配利润不少于公司债券1年的利息；（5）本次发行后累计公司债券余额不超过最近一期末净资产额的40%；（6）本次发行债券的金额不超过预备用于交换的股票按募集说明书公告日前20个交易日均价计算的市值的70%，且应当将预备用于交换的股票设定为本次发行的公司债券的担保物；（7）经资信评级机构评级，债券信用级别良好；（8）不存在《公司债券发行试点办法》第8条规定的不得发行公司债券的情形。预备用于交换的上市公司股票应当符合下列规定：（1）该上市公司最近一期末的净资产不低于15亿元人民币，或者最近3个会计年度加权平均净资产收益率平均不低于6%。扣除非经常性损益后的净利润与扣除前的净利润相比，以低者作为加权平均净资产收益率的计算依据；（2）用于交换的股票在提出发行申请时应当为无限售条件股份，且股东在约定的换股期间转让该部分股票不违反其对上市公司或者其他股东的承诺；（3）用于交换的股票在本次可交换公司债券发行前，不存在被查封、扣押、冻结等财产权利被限制的情形，也不存在权属争议或者依法不得转让或设定担保的其他情形。

通过本次发行可交换债券直接将上市公司控制权转让给他人。

第四节　非金融企业债务融资工具

一、概述

非金融企业债务融资工具是指具有法人资格的非金融企业在银行间债券市场发行的，约定在一定期限还本付息的有价证券。目前我国银行间债券市场发行交易的非金融企业债务融资工具主要品种有超短期融资券、短期融资券、中期票据、中小企业集合票据、非公开定向债务融资工具、资产支持票据等。

债务融资工具的发行应当由金融机构进行承销。根据《非金融企业债务融资工具承销业务相关会员市场评价规则》，债务融资工具承销业务相关会员包括主承销类会员、承销类会员和意向承销类会员；主承销类会员是指已经在银行间债券市场从事债务融资工具主承销业务的交易商协会会员，承销类会员是指已经在银行间债券市场从事债务融资工具承销业务的交易商协会会员，意向承销类会员是指有意向在银行间债券市场从事债务融资工具承销业务且自愿参加市场评价的交易商费承销类银行会员和证券公司会员。

债务融资工具的发行应当由具有相应资质的资信评估机构进行资信评级，发行利率、发行价格以及相关费率由市场化方式决定，投资者投资债务融资工具时应当自行判断并承担相应的投资风险。

根据《银行间债券市场非金融企业债务融资工具管理办法》的规定，企业发行的债务融资工具应当在中国银行间市场交易商协会注册，在中央国债登记结算有限责任公司进行登记、托管和结算，由全国银行间同业拆借中心为该债务融资工具在银行间债券市场交易提供服务。中国银行间市场交易商协会制定与债务融资工具相关的自律管理规则，对债务融资工具发行与交易进行自律管理，同时应当报送中国人民银行备案；中央国债登记结算有限责任公司负责日常监测债务融资工具的登记、托管、结算事宜，并每月汇总发行、登记、托管、结算和兑付等情况向中国银行间市场交易商协会报送；全国银行间同业拆借中心负责日常监测债务融资工具的交易情况，并每月汇总债务融资工具的交易情况向中国银行间市场交易商协会报送。

二、发行注册、中介机构服务及信息披露规则

（一）发行注册规则

根据《银行间债券市场非金融企业债务融资工具管理办法》和《银行间债券市场非金融企业债务融资工具发行注册规则》的规定，企业发行债务融资工具应当

向中国银行市场交易商协会申请发行注册，由参加注册会议的注册专家独立做出是否接受注册的专业判断，专家意见分为“接受注册”“有条件接收注册”和“推迟接受注册”三种。交易商协会接受发行注册需要经5名注册专家全部发表“接受注册”的意见；如果有2名及以上注册专家发表“推迟接受注册”意见的，交易商协会推迟接受发行注册，企业可以在6个月后重新提交注册文件；如果不属于“接受注册”和“推迟接受注册”情形的，则属于“有条件接受注册”，发行企业按照专家意见对注册文件进行修改完善后，交易商协会接受发行注册。

《银行间债券市场非金融企业债务融资工具发行注册规则》明确规定注册免责事项，即交易商协会接受发行注册并不代表其对该债务融资工具的投资价值和投资风险的实质性判断，投资价值和风险由投资者自行判断和承担，同时也不能免除发行企业及相关中介机构详细披露相关信息的法律责任。发行注册规则实行注册回避制度，如果注册办公室从注册专家名单中随机抽取的专家担任该发行企业及其关联方董事、监事、高级管理人员，或者存在其他情形足以影响其独立性的，该注册专家应当回避。

债务融资工具的发行注册的有效期为2年。发行企业在注册有效期内可以一次发行或者分期发行债务融资工具，但是应当在注册后的2个月内必须完成首期发行。如果是分期发行的，后续发行应当提前2个工作日向交易商协会备案。如果在注册有效期限内需要变更主承销商或者注册金额的，发行企业应当重新申请发行注册。

（二）中介机构服务规则

企业发行债务融资工具，应当聘请承销机构、信用评级机构、会计师事务所以及律师事务所等中介机构提供专业服务。上述可以提供专业服务的中介机构应当是在中国境内依法设立的具有相关执业资格的中国银行间市场交易商协会的会员机构，或者是声明遵守自律规则并在交易商协会登记的非会员机构。

1. 承销商

企业发行债务融资工具应当聘请金融机构承销，主承销商可以根据需要组织承销团。承销团有3家及以上承销商的，可以设一家联席主承销商或副主承销商，除主承销商、副主承销商以外的承销机构为分销商。根据《银行间债券市场非金融企业债务融资工具中介服务规则》的规定，主承销商应当建立健全至少包括营销管理制度、尽职调查制度、发行管理制度、后续管理制度、突发事件应对制度、追偿制度、培训制度等内控制度以及企业质量评价和遴选体系。

主承销商应当为企业提供切实可行的专业意见和顾问服务，确保发行企业充分了解法律法规和其所应当承担的风险和责任；主承销商应当协助企业披露发行文件，严格按照承销协议以及其他相关协议组织债务融资工具的发行与承销；主承销商应当自债务融资工具发行之日起跟踪发行企业的财务状况和业务经营状况，督促发行企业持续进行信息披露、暗示兑付债务本息。如果发行企业不履行其债务的，投资者可以自行追偿或者委托他人进行追偿，否则应当由主承销商履行代理追偿的责任。

2. 其他中介机构

信用评级机构根据尽职调查情况，合理确定发行企业的主体信用级别和所发行债务融资工具的信用级别，并进行持续跟踪评级。信用评级机构应当接受投资者对信用评级的质询。

会计师事务所对企业进行审计并出具审计报告；律师事务所出具法律意见书和律师工作报告，法律意见书应当包括但不限于发行主体、发行程序、发行文件的合法性以及重大法律事项和潜在法律风险的意见。

禁止与回避：中介服务机构不得超出自身能力或者采取不正当手段承揽业务，不得与发行企业或其他相关机构、人员之间约定不当利益，不得以不正当方式提供中介服务，不得对不确定事项做出承诺以及其他不正当行为。如果中介服务机构相关从业人员在发行企业或其关联方担任董事、监事、高级管理人员，或者存在其他影响其独立性的情形，该专业人员应当回避。

（三）信息披露规则

1. 信息披露主体

债务融资工具发行人的全体董事或者具有同等职责的人员对于发行人所披露信息的真实性、完整性和准确性承担个别和连带法律责任，单个董事或具有同等职责的人员可以单独发表持有的异议或者无法保证披露信息的真实性、准确性和完整性的意见并陈述理由。

承销商、信用评级机构、会计师事务所、律师事务所等中介机构及其指派的经办人员，对其出具的专业意见负责。投资者应对所披露的信息进行独立分析，并独立判断债务融资工具的投资价值和投资风险，并自行承担投资风险。信用增级机构（如有）和中央国债登记结算有限责任公司或其他代理兑付机构应当履行相应的信息披露义务。

已上市的发行人可以申请豁免定期披露财务信息，但应当明确其按照证券监管部门要求进行披露的相关信息的网页链接或注明披露途径。

2. 发行文件

根据《银行间债券市场非金融企业债务融资工具信息披露规则》规定，债务融资工具发行人在中国货币网和中国债券信息网公布的发行文件包括：发行公告、募集说明书①、信用评级报告和跟踪评级安排、法律意见书、企业最近三年经审计的财务报告和最近一期会计报告。发行文件的公布时间因债务融资工具首次发行和后续发行而有所不同，首次发行的，公布时间应当至少是发行日前5个工作日，后续发行的，应至少是发行日前3日。

3. 信息披露的内容及期限

发行人在银行债权市场公告当期债务融资工具的实际发行规模、利率和期限等内容的最迟日期为债权债务登记日的次一工作日；上一年度的年度报告和审计报告的披露时间应当在每年4月30日之前，本年度上半年的资产财务报表（资产负债表、利润表和现金流量表）的披露时间应当是每年8月31日以前，本年度第一季度和第三季度的财务报表的披露时间分别是在每年4月30日和10月31日以前，但是第一季度信息披露时间不得早于上一年度信息披露时间；对于在债务融资工具存续期间发生的可能影响偿债能力的重大事项，应当向市场进行披露②；发行人就债务融资工具本息兑付事项，应当在兑付日前5个工作日通过中国货币网和中国债券网公布。

中央国债登记结算有限责任公司应当于每个交易日就上一交易日日终单一投资者持有债务融资工具的数量超过该期总托管量30%的投资者名单和持有比例向市场披露。中央国债登记结算有限公司或其他代理兑付机构应当对发行人未按约定向指定账户足额划付本息资金的违约情况在债务融资工具本息兑付日向投资者公告。

三、非金融企业债务融资工具品种

（一）超短期融资券

超短期融资券是指具有法人资格且信用评级较高的非金融企业在银行间债券市场发行的，期限在270天以内的短期融资券。如果超短期融资券达到一定的市场规模，其可以作为央行的公开市场操作工具，由央行买入以此向市场投放流动性，或

---

① 发行人应当在募集说明书的显著位置进行如下提示：本企业发行本期×××（债务融资工具）已在中国银行间市场交易商协会注册，注册不代表交易商协会对本期×××的投资价值做出任何评价，也不代表对本期×××的投资风险做出任何判断。投资者购买本企业本期×××，应当认真阅读本募集说明书及有关的信息披露文件，对信息披露的真实性、准确性和完整性进行独立分析，并据以独立判断投资价值，自行承担与其有关的任何投资风险。

② 重大事项包括：（1）企业经营方针和经营范围发生重大变化；（2）企业生产经营外部条件发生重大变化；（3）企业涉及可能对其资产、负债、权益和经营成果产生重要影响的重大合同；（4）企业占同类资产总额20%以上的资产抵押、质押、出售、转让或报废；（5）企业发生未能清偿到期债务的违约情况；（6）企业发生超过净资产10%以上的重大损失；（7）企业做出减资、合并、分立、解散及申请破产的决定；（8）企业涉及需要澄清的市场传闻；（9）企业涉及重大诉讼、仲裁或受到重大行政处罚；（10）企业高级管理人员涉及重大民事或刑事诉讼，或者已就重大经济事件接受有关部门调查；（11）其他对投资者的投资决策有重大影响的事项。

者卖出以回收流动性。超短期融资券的推出有助于进一步增强货币政策的敏感性和有效性，推进利率的市场化进程，增强央行货币政策工具的灵活性。

根据中国银行间市场交易商协会《银行间债券市场非金融企业超短期融资券业务规程（试行）》（〔2010〕22 号）规定，发行人应当按照规定向中国银行市场交易商协会提交超短期融资券的注册登记文件，并应在发行后的 2 个工作日内将发行情况向交易商协会备案；发行人还应当在中国货币网及上海清算所网站履行相应的信息披露义务。发行人发行超短期融资券所募集的资金不得用于长期投资，只能用于流动资金需求；超短期融资券的发行定价遵循市场化原则；超短期融资券由银行间市场清算所股份有限公司负责登记托管和清算，由同业拆借中心提供在银行间债券市场的交易服务。

（二）短期融资券

根据《银行间债券市场非金融企业短期融资券业务指引》的定义，短期融资券是指具有法人资格的非金融企业在银行间债券市场发行的，约定在 1 年内还本付息的债务融资工具。《业务指引》参照《证券法》关于公司债券余额不得超过企业净资产的 40% 的规定，限制了短期融资券待偿还余额与企业净资产的比例，即短期融资券待偿还余额不得超过企业净资产的 40%。企业发行短期融资券募集资金应当有具体明确的用途，并应用于企业的生产经营活动。发行企业应当聘请信用评级机构对企业主体信用和当期短期融资券债项进行评级并应披露评级结果，如果发行企业的主体信用级别低于发行注册时信用级别的，短期融资券发行注册自动失败，由中国银行间市场交易商协会将相关情况进行公告。

根据《银行间市场清算所股份有限公司关于短期融资券登记托管结算业务的公告》（清算所公告〔2011〕5 号），银行间市场清算所股份有限公司经中国人民银行批准，可以开办短期融资券登记托管结算业务。发行人在发行短期融资券前应当与银行间市场清算所股份有限公司签订发行人服务协议，并开立发行人账户；发行人在发行前向银行间市场清算所股份有限公司提交当期发行文件并通过清算所网站进行公告。发行人应当按时提交相关材料，由银行间市场清算所股份有限公司办理初始登记。银行间市场清算所股份有限公司可以提供短期融资券的清算结算服务，以及为发行人提供代理付息兑付和信息披露服务。

（三）中期票据

根据《银行间债券市场非金融企业中期票据业务指引》的定义，中期票据是指具有法人资格的非金融企业在银行间债券市场按照计划分期发行的，约定在一定期限还本付息的债务融资工具。企业发行中期票据，其中期票据待偿还余额不得超过企业净资产的 40%；发行中期票据所募集的资金必须具有明确具体的用途，并且应当用于企业的生产经营活动。

企业在中期票据发行计划内可以灵活的设计各期票据的利率形式和期限结构等要素，在中期票据注册之日起3个工作日内，在银行间债券市场一次性披露中期票据完整的发行计划；企业在中期票据的发行文件中应当约定包括对企业信用评级下降、财务状况恶化或者其他可能影响投资者利益情况的有效措施，以及中期票据发生违约后的清偿安排等投资者保护机制。

企业聘请信用评级机构对企业主体信用等级及发行的中期票据债项的信用等级进行评级，如果中期票据含有可能影响评级结果的特殊条款，企业应当披露中期票据的债项评级；如果在注册有效期内，发行企业的主体信用级别低于发行注册时的信用级别的，中期票据发行注册自动失效，中国银行间债券市场交易商协会对相关情况进行公告。中期票据的投资者可以就其特定投资需求向主承销商进行逆向询价，主承销商可与企业协商发行符合特定需求的中期票据。

（四）中小非金融企业集合票据

中小非金融企业集合票据是指2个（含）以上、10个（含）以下具有法人资格的中小非金融企业，在银行间债券市场以统一产品设计、统一券种冠名、统一信用增级、统一发行注册方式共同发行的，约定在一定期限还本付息的债务融资工具。与中期票据一次注册、分期发行的方式不同，集合票据采取一次注册、一次发行的方式。

集合票据的发行除遵守任一企业的集合票据待偿还余额不得超过该企业净资产的40%外，任一企业集合票据募集的资金额不得超过2亿元人民币，单只集合票据注册金额不超过10亿元人民币。集合票据募集资金必须具有明确的资金用途，并且应当用于企业的生产经营活动。企业发行集合票据应当制定并在发行文件中披露包括信用增级、资金偿付安排以及其他偿债保障措施，并且应当聘请信用评级机构进行集合票据债项评级、各企业主体信用评级以及专业信用增级机构的主体信用评级；如果在注册有效期内已注册尚未发行的集合票据的债项信用级别低于发行注册时的信用级别，则该集合票据发行注册自动失效，并由中国银行间债券市场交易商协会将有关情况进行公告。

集合票据发行文件中应当约定包括对任一企业及信用增级机构主体信用评级下降或财务状况恶化、集合票据债项评级下降以及其他可能影响投资者利益情况的有效措施等投资者保护机制。投资者也可就其特定投资需求向主承销商进行逆向询价，主承销商可以与企业协商发行符合特定需求的集合票据。

（五）资产支持票据

1. 资产支持票据概述

（1）资产支持票据概念

2012年8月，中国银行间市场交易商协会颁发《银行间债券市场非金融企业资产支持票据指引》，正式推出银行间债券市场资产支持证券业务；2017 年 8 月 29 日就《银行间债券市场非金融企业资产支持票据指引》进行了修订，明确资产支持票据是指非金融企业为实现融资目的，采用结构化方式，通过发行载体发行的，由基础资产所产生的现金流作为收益支持的，按约定以还本付息等方式支付收益的证券化融资工具。

资产支持票据可以公开发行或定向发行，公开发行资产支持票据，应聘请信用评级机构对资产支持票据进行信用评级；采用分层结构发行资产支持票据的，其最低档次票据可不进行信用评级。

（2）资产支持票据注册与发行

发行载体和发起机构应通过符合条件的承销机构向交易商协会提交资产支持票据注册文件。注册有效期为两年，首期发行应在注册后六个月内完成，后续发行应向交易商协会备案。

资产支持票据通过集中簿记建档或招标方式发行，发起机构以风险自留为目的持有到期的部分除外。

2. 参与机构

（1）发起机构：指为实现融资目的开展资产支持票据业务的非金融企业。

（2）特定目的载体管理机构：指对特定目的载体进行管理及履行其他法定及约定职责的机构。发行载体可以为特定目的信托、特定目的公司或交易商协会认可的其他特定目的载体，也可以为发起机构。

（3）中介机构：包括但不限于主承销商、资产服务机构、资金监管机构、资金保管机构、律师事务所、会计师事务所、信用评级机构、资产评估机构、信用增进机构。

3. 基础资产

（1）基础资产的范围

基础资产可以是企业应收账款、租赁债权、信托受益权等财产权利，以及基础设施、商业物业等不动产财产或相关财产权利等。其中以基础设施、商业物业等不动产财产或相关财产权利作为基础资产的，发起机构应取得合法经营资质；以信托受益权等财产权利为基础资产的，其底层资产需要满足交易商协会对基础资产的相关规定。

（2）基础资产限制

基础资产不得附带抵押、质押等担保负担或其他权利限制，但能够通过相关合理安排解除基础资产的相关担保负担和其他权利限制的除外。基础资产附带担保负担或其他权利限制的，应当在注册文件中对该事项进行充分披露及风险揭示，并对解除该等担保负担或其他权利限制的安排作出相应说明。

4. 投资者保护

（1）投资者保护机制

发起机构和发行载体应当在注册文件中约定如下投资者保护机制：

①信用评级结果或评级展望下调的应对措施；

②基础资产现金流恶化或其他可能影响投资者利益等情况的应对措施；

③基础资产现金流与预测值偏差的处理机制；

④发生基础资产权属争议时的解决机制；

⑤资产支持票据发生违约后的相关保障机制及清偿安排。

发起机构和发行载体应在注册文件中约定持有人会议相关安排，资产支持票据存续期间出现特定情形的，召集人应召开持有人会议。

（2）基础资产现金流监管

发行载体由特定目的载体担任的，基础资产应依照相关交易合同转让至发行载体；资产服务机构将基础资产产生的现金流按约定转让发行载体或其管理机构在资金保管机构开立的资金保管账户，发行载体由发起机构担任的，发起机构应在资金监管机构开立独立的资金监管账户，明确约定基础资产的未来现金流进入资金监管账户，优先用于支付资产支持票据收益。

5. 信息披露

公开发行资产支持票据的，发行载体应在每年 4 月 30 日、8 月 31 日前分别披露上年度资产运营报告和半年度资产运营报告；定向发行资产支持票据的，发行载体应在每年 4 月 30 日前披露上年度资产运营报告，并可按照注册文件约定增加披露频率。

资产支持票据存续内，发行载体应在每期资产支持票据收益支付日的前 3 个工作日披露资产运营报告。资产支持票发行不足两个月的，可以不编制当期年度和半年度资产运营报告；收益支付频率为每年两次及以上的，可不编制半年度资产运营报告。

发行载体应与信用评级机构就资产支持票据跟踪评级的有关安排作出约定，于资产支持票据存续期内每年的 7 月 31 日前向投资者披露上年度的跟踪评级报告，并及时披露不定期跟踪评级报告。

资产支持票据存续期间发生可能对投资价值及投资决策判断有重要影响的重大事项，发行载体和发起机构应在事发后三个工作日内披露相关信息，并向交易商协会报告。

第五节　中小企业私募债

一、概述

中小企业私募债是我国于2012年5月最新推出的高收益、高风险债券品种，该类债券又被称为“垃圾债”[1]，具体是指中小微型企业在中国境内以非公开方式发行和转让，并按期还本付息的债券品种。中小企私募债的推出主要是为了进一步拓宽中小企业融资渠道，丰富资本市场投资品种，从而服务并促进实体经济的发展。中小企业私募债的发行不设行政许可，只需要向市场组织者进行备案即可；对于发行人的净资产、盈利能力等财务指标没有硬性要求，债券发行规模也不受净资产的40%的限制，募集资金的用途、信用评级及信用增级措施等也没有强制性要求；在债券收益上，私募债券要明显高于一般债券品种。

为了规范中小企业私募债的发行和管理，上海证券交易所和深圳证券交易所分别发布了《中小企业私募债券业务试点办法》。中小企业私募债券采取私募发行方式，即以非公开方式向合格的机构投资者和个人投资者推介，禁止采用广告等公开或变相公开的方式发行；上海证券交易所和深圳证券交易所《中小企业私募债券业务试点办法》均规定了每期中小企业私募债券的合格投资者人数的上限，即不得超过200人。

二、私募债券发行的相关主体

（一）发行人

中小企业私募债券的发行人具备的条件包括：（1）中小微型企业[2]；（2）未在上海证券交易所和深圳证券交易所上市；（3）非房地产企业和非金融企业；（4）企业组织形式为有限责任公司或股份有限公司。

---

① 垃圾债来源于美国的债券评级机构穆迪和标准普尔，具体是指穆迪公司信用评级Ba级以下、标准普尔公司信用评级BB级以下的公司债券。

② 中小微型企业根据《关于印发中小企业划型标准规定的通知》（工信部联企业〔2011〕300号）的规定认定。具体划分标准为：（1）农、林、牧、渔业。营业收入20000万元以下的。（2）工业。从业人员1000人以下或营业收入40000万元以下的。（3）建筑业。营业收入80000万元以下或资产总额80000万元以下的。（4）批发业。从业人员200人以下或营业收入40000万元以下的。（5）零售业。从业人员300人以下或营业收入20000万元以下的。（6）交通运输业。从业人员1000人以下或营业收入30000万元以下的。（7）仓储业。从业人员200人以下或营业收入30000万元以下的。（8）邮政业。从业人员1000人以下或营业收入30000万元以下的。（9）住宿业。从业人员300人以下或营业收入10000万元以下的。（10）餐饮业。从业人员300人以下或营业收入10000万元以下的。（11）信息传输业。从业人员2000人以下或营业收入100000万元以下的。（12）软件和信息技术服务业。从业人员300人以下或营业收入10000万元以下的。（13）房地产开发经营。营业收入200000万元以下或资产总额10000万元以下的。（14）物业管理。从业人员1000人以下或营业收入5000万元以下的。（15）租赁和商务服务业。从业人员300人以下或资产总额120000万元以下的。（16）其他未列明行业。从业人员300人以下的。其中，从业人员100人及以上的为中型企业；从业人员10人及以上的为小型企业；从业人员10人以下的为微型企业。

（二）合格投资者

认购或受让中小企业私募债的投资者必须是具有较强风险识别能力和风险承受能力的合格机构投资者和个人投资者。私募债券发行人的董事、监事、高级管理人员、持股比例超过5%的股东以及承销商可以认购和转让该私募债券。

合格的机构投资者应符合下列条件：（1）商业银行、证券公司、基金管理公司、信托公司、保险公司等金融机构；（2）前述金融机构发行的包括但不限于银行理财产品、信托产品、投连险产品、基金产品、证券公司资产管理产品等理财产品；（3）注册资本不少于人民币1000万元的企业法人；（4）合伙人认缴出资总额不低于人民币5000万元，实缴出资总额不低于人民币1000万元的合伙企业；（5）经证券交易所认可的其他合格投资者。

个人投资者①必须符合相应的条件，具体包括：（1）其名下的各类证券账户、资金账户、资产管理账户的资产总额不低于人民币500万元；（2）具有两年以上的证券投资经验；（3）理解并接受私募债券风险。上海证券交易所同时规定个人投资者还需通过私募债券投资基础知识测试。

根据《上海证券交易所中小企业私募债券业务指引（试行）》规定了合格投资者资格申请的禁止性情形，具体包括：（1）被中国证监会采取证券市场禁入措施的；（2）有关法律法规或监管部门禁止投资私募债券的；（3）近3年存在严重违法违规或其他严重不良诚信记录的；（4）其他情形。

（三）受托管理人及其他主体

受托管理人是由发行人为债券持有人聘请的维护债券持有人利益的机构。受托管理人可以是承销商或其他机构，但是不得是担保机构或其他与债券持有人存在利益冲突的机构。

私募债券发行承销机构为证券公司、登记清算交收机构为中国证券登记结算有限公司。

三、发行、转让与风险管理

（一）发行与流通

发行人可以采取两个及以上企业集合发行私募债券的方式发行中小企业集合私募债；发行人也可以为私募债券设置附认股权或可转股条款。中小企业私募债的发行由证券公司承销，由中国证券登记结算有限责任公司负责办理登记事宜，发行利率不得超过同期银行贷款基准利率的3倍，债券期限在1年及1年以上。根据《上

① 深圳证券交易所发布的《中小企业私募债券试点办法》没有对合格的个人投资者进行规定，这也是上海证券交易和深证证券交易所关于私募债试点办法的唯一区别。

海证券交易所中小企业私募债券业务指引（试行）》规定，在上海证券交易所备案的试点期间私募债券除应当符合《中小企业私募债券业务试点办法》规定的条件外，还应当符合如下条件：（1）发行人不属于房地产企业和金融企业；（2）发行人所在地省级政府或省级政府相关部门已与上海证券交易所签订合作备忘录；（3）期限在3年以下；（4）发行人对还本付息的资金安排有明确方案。

承销商应当在债券发行前，向上海证券交易所或深圳证券交易所备案，并应在取得《接受备案通知书》后的6个月内完成债券发行工作。根据上海证券交易所规定：①对于备案材料完备性核对通过的，发表“接受备案”意见；②对于备案材料需要补充的，发表“有条件接受备案”意见，并书面说明需要补充的具体材料内容；③备案材料不完备且不能提供补充材料的，发表“推迟接受备案”意见，并书面说明理由。发行人未在规定期限内发行的，应当重新备案；对于具体发行方式，发行人可以采用一次发行或分两期发行两种方式。

中小企业私募债不能在证券交易所挂牌交易，因此其流通性受到很大的影响。私募债券投资人可以通过证券交易所固定收益证券综合电子平台或证券公司转让其认购的私募债券；通过证券公司转让的私募债的，还应当向证券交易所进行确认后方可生效。

（二）风险管理措施

根据《中小企业私募债券业务试点办法》的规定，发行人可以采取的增信措施包括限制发行人将资产抵押给其他债权人、第三方担保和资产的抵质押、商业保险。发行人设立偿债保障金账户，并应在付息日前10个工作日前将应付利息全额存入偿债保障金账户，在本金到期日的30日前累计提取的偿债保障金余额不得低于债券余额的20%。发行人还应当约定利润分配的限制措施，即如果未能足额按时提取偿债保障金的，不得以现金方式进行利润分配。

四、非公开定向债务融资工具

非公开定向债务融资工具也就是银行间债券市场私募债。与中小企业私募债不同，非公开定向债务融资工具是指具有法人资格的非金融企业，在银行间债券市场面向特定机构投资者发行，并在特定机构投资者范围内流通转让的债务融资工具（非公开定向债务融资工具）。中国银行间市场交易商协会颁发的《银行间债券市场非金融企业债务融资工具非公开定向发行规则》，对非公开定向债务融资工具的注册、发行、登记、托管、流通、信息披露、自律管理及市场约束等方面进行了规范。

公开发行的债务融资工具受到《证券法》第16条关于累计债务余额不得超过净资产的40%的限制，而非公开定向债务融资工具由于不是公开发行，因此可以不受该40%的比例限制。债券价格可以由发行人和投资人按照市场化的方式确定，信用评级和跟踪评级安排也可以由发行人与投资人协商确定。

非公开定向债务融资工具在中国银行间市场交易商协会注册，发行人在注册有效期内可以分期发行，首期发行应在注册后6个月内完成。非公开定向债务融资工具不能进行公开交易，只能在约定的定向投资人之间进行流通转让；非公开定向债务融资工具采用实名记账方式在中国人民银行认可的登记托管机构登记托管。

根据《银行间市场清算所股份有限公司关于非公开定向债务融资工具登记结算业务的公告》（清算所公告〔2011〕3号）规定，银行间市场清算所股份有限公司被指定为非公开定向债务融资工具的登记托管结算机构，定向投资人参与非公开定向债务融资工具业务的，需要在银行间市场清算所股份有限公司开立持有人账户。非公开定向债务融资工具的发行登记程序、兑付付息业务、信息披露业务流通转让及收费等事项应当遵守上述公告以及其他相关规定。

附录一：主要法律文件

中华人民共和国信托法

（2001年4月28日第九届全国人民代表大会常务委员会第二十一次会议通过　2001年4月28日中华人民共和国主席令第50号公布　自2001年10月1日起施行）

第一章　总　　则

第一条　为了调整信托关系，规范信托行为，保护信托当事人的合法权益，促进信托事业的健康发展，制定本法。

第二条　本法所称信托，是指委托人基于对受托人的信任，将其财产权委托给受托人，由受托人按委托人的意愿以自己的名义，为受益人的利益或者特定目的，进行管理或者处分的行为。

第三条　委托人、受托人、受益人（以下统称信托当事人）在中华人民共和国境内进行民事、营业、公益信托活动，适用本法。

第四条　受托人采取信托机构形式从事信托活动，其组织和管理由国务院制定具体办法。

第五条　信托当事人进行信托活动，必须遵守法律、行政法规，遵循自愿、公平和诚实信用原则，不得损害国家利益和社会公共利益。

第二章　信托的设立

第六条　设立信托，必须有合法的信托目的。

第七条　设立信托，必须有确定的信托财产，并且该信托财产必须是委托人合法所有的财产。

本法所称财产包括合法的财产权利。

第八条　设立信托，应当采取书面形式。

书面形式包括信托合同、遗嘱或者法律、行政法规规定的其他书面文件等。

采取信托合同形式设立信托的，信托合同签订时，信托成立。采取其他书面形式设立信托的，受托人承诺信托时，信托成立。

第九条　设立信托，其书面文件应当载明下列事项：

（一）信托目的；

（二）委托人、受托人的姓名或者名称、住所；

（三）受益人或者受益人范围；

（四）信托财产的范围、种类及状况；

（五）受益人取得信托利益的形式、方法。

除前款所列事项外，可以载明信托期限、信托财产的管理方法、受托人的报酬、新受托人的选任方式、信托终止事由等事项。

第十条 设立信托，对于信托财产，有关法律、行政法规规定应当办理登记手续的，应当依法办理信托登记。

未依照前款规定办理信托登记的，应当补办登记手续；不补办的，该信托不产生效力。

第十一条 有下列情形之一的，信托无效：

（一）信托目的违反法律、行政法规或者损害社会公共利益；

（二）信托财产不能确定；

（三）委托人以非法财产或者本法规定不得设立信托的财产设立信托；

（四）专以诉讼或者讨债为目的设立信托；

（五）受益人或者受益人范围不能确定；

（六）法律、行政法规规定的其他情形。

第十二条 委托人设立信托损害其债权人利益的，债权人有权申请人民法院撤销该信托。

人民法院依照前款规定撤销信托的，不影响善意受益人已经取得的信托利益。

本条第一款规定的申请权，自债权人知道或者应当知道撤销原因之日起一年内不行使的，归于消灭。

第十三条 设立遗嘱信托，应当遵守继承法关于遗嘱的规定。

遗嘱指定的人拒绝或者无能力担任受托人的，由受益人另行选任受托人；受益人为无民事行为能力人或者限制民事行为能力人的，依法由其监护人代行选任。遗嘱对选任受托人另有规定的，从其规定。

第三章 信托财产

第十四条 受托人因承诺信托而取得的财产是信托财产。

受托人因信托财产的管理运用、处分或者其他情形而取得的财产，也归入信托财产。

法律、行政法规禁止流通的财产，不得作为信托财产。

法律、行政法规限制流通的财产，依法经有关主管部门批准后，可以作为信托财产。

第十五条 信托财产与委托人未设立信托的其他财产相区别。设立信托后，委托人死亡或者依法解散、被依法撤销、被宣告破产时，委托人是唯一受益人的，信托终止，信托财产作为其遗产或者清算财产；委托人不是唯一受益人的，信托存续，信托财产不作为其遗产或者清算财产；但作为共同受益人的委托人死亡或者依法解散、被依法撤销、被宣告破产时，其信托受益权作为其遗产或者清算财产。

第十六条 信托财产与属于受托人所有的财产（以下简称固有财产）相区别，不得归入受托人的固有财产或者成为固有财产的一部分。

受托人死亡或者依法解散、被依法撤销、被宣告破产而终止，信托财产不属于其遗产或者清算财产。

第十七条 除因下列情形之一外，对信托财产不得强制执行：

（一）设立信托前债权人已对该信托财产享有优先受偿的权利，并依法行使该权利的；

（二）受托人处理信托事务所产生债务，债权人要求清偿该债务的；

（三）信托财产本身应担负的税款；

（四）法律规定的其他情形。

对于违反前款规定而强制执行信托财产，委托人、受托人或者受益人有权向人民法院提出异议。

第十八条 受托人管理运用、处分信托财产所产生的债权，不得与其固有财产产生的债务相抵销。

受托人管理运用、处分不同委托人的信托财产所产生的债权债务，不得相互抵销。

第四章 信托当事人

第一节 委 托 人

第十九条 委托人应当是具有完全民事行为能力的自然人、法人或者依法成立的其他组织。

第二十条 委托人有权了解其信托财产的管理运用、处分及收支情况，并有权要求受托人作出说明。

委托人有权查阅、抄录或者复制与其信托财产有关的信托账目以及处理信托事务的其他文件。

第二十一条 因设立信托时未能预见的特别事由，致使信托财产的管理方法不利于实现信托目的或者不符合受益人的利益时，委托人有权要求受托人调整该信托财产的管理方法。

第二十二条 受托人违反信托目的处分信托财产或者因违背管理职责、处理信托事务不当致使信托财产受到损失的，委托人有权申请人民法院撤销该处分行为，并有权要求受托人恢复信托财产的原状或者予以赔偿；该信托财产的受让人明知是违反信托目的而接受该财产的，应当予以返还或者予以赔偿。

前款规定的申请权，自委托人知道或者应当知道撤销原因之日起一年内不行使的，归于消灭。

第二十三条 受托人违反信托目的处分信托财产或者管理运用、处分信托财产有重大过失的，委托人有权依照信托文件的规定解任受托人，或者申请人民法院解任受托人。

第二节 受 托 人

第二十四条 受托人应当是具有完全民事行为能力的自然人、法人。

法律、行政法规对受托人的条件另有规定的，从其规定。

第二十五条 受托人应当遵守信托文件的规定，为受益人的最大利益处理信托事务。

受托人管理信托财产，必须恪尽职守，履行诚实、信用、谨慎、有效管理的义务。

第二十六条 受托人除依照本法规定取得报酬外，不得利用信托财产为自己谋取利益。

受托人违反前款规定，利用信托财产为自己谋取利益的，所得利益归入信托财产。

第二十七条 受托人不得将信托财产转为其固有财产。受托人将信托财产转为其固有财产的，必须恢复该信托财产的原状；造成信托财产损失的，应当承担赔偿责任。

第二十八条 受托人不得将其固有财产与信托财产进行交易或者将不同委托人的信托财产进行相互交易，但信托文件另有规定或者经委托人或者受益人同意，并以公平的市场价格进行交易的除外。

受托人违反前款规定，造成信托财产损失的，应当承担赔偿责任。

第二十九条 受托人必须将信托财产与其固有财产分别管理、分别记账，并将不同委托人的信托财产分别管理、分别记账。

第三十条 受托人应当自己处理信托事务，但信托文件另有规定或者有不得已事由的，可以委托他人代为处理。

受托人依法将信托事务委托他人代理的，应当对他人处理信托事务的行为承担责任。

第三十一条 同一信托的受托人有两个以上的，未共同受托人。

共同受托人应当共同处理信托事务，但信托文件规定对某些具体事务由受托人分别处理的，从其规定。

共同受托人共同处理信托事务，意见不一致时，按信托文件规定处理；信托文件未规定的，由委托人、受益人或者其利害关系人决定。

第三十二条 共同受托人处理信托事务对第三人所负债务，应当承担连带清偿责任。第三人对共同受托人之一所作的意思表示，对其他受托人同样有效。

共同受托人之一违反信托目的处分信托财产或者因违背管理职责、处理信托事务不当致使信托财产受到损失的，其他受托人应当承担连带赔偿责任。

第三十三条 受托人必须保存处理信托事务的完整记录。

受托人应当每年定期将信托财产的管理运用、处分及收支情况，报告委托人和受益人。

受托人对委托人、受益人以及处理信托事务的情况和资料负有依法保密的义务。

第三十四条 受托人以信托财产为限向受益人承担支付信托利益的义务。

第三十五条 受托人有权依照信托文件的约定取得报酬。信托文件未作事先约定的，经信托当事人协商同意，可以作出补充约定；未作事先约定和补充约定的，不得收取报酬。

约定的报酬经信托当事人协商同意，可以增减其数额。

第三十六条 受托人违反信托目的处分信托财产或者因违背管理职责、处理信托事务不当致使信托财产受到损失的，在未恢复信托财产的原状或者未予赔偿前，不得请求给付报酬。

第三十七条 受托人因处理信托事务所支出的费用、对第三人所负债务，以信托财产承担。受托人以其固有财产先行支付的，对信托财产享有优先受偿的权利。

受托人违背管理职责或者处理信托事务不当对第三人所负债务或者自己所受到的损失，以其固有财产承担。

第三十八条 设立信托后，经委托人和受益人同意，受托人可以辞任。本法对公益信托的受托人辞任另有规定的，从其规定。

受托人辞任的，在新受托人选出前仍应履行管理信托事务的职责。

第三十九条 受托人有下列情形之一的，其职责终止：

（一）死亡或者被依法宣告死亡；

（二）被依法宣告为无民事行为能力人或者限制民事行为能力人；

（三）被依法撤销或者被宣告破产；

（四）依法解散或者法定资格丧失；

（五）辞任或者被解任；

（六）法律、行政法规规定的其他情形。

受托人职责终止时，其继承人或者遗产管理人、监护人、清算人应当妥善保管信托财产，协助新受托人接管信托事务。

第四十条 受托人职责终止的，依照信托文件规定选任新受托人；信托文件未规定的，由委托人选任；委托人不指定或者无能力指定的，由受益人选任；受益人为无民事行为能力人或者限制民事行为能力人的，依法由其监护人代行选任。

原受托人处理信托事务的权利和义务，由新受托人承继。

第四十一条 受托人有本法第三十九条第一款第（三）项至第（六）项所列情形之一，职责终止的，应当作出处理信托事务的报告，并向新受托人办理信托财产和信托事务的移交手续。

前款报告经委托人或者受益人认可，原受托人就报告中所列事项解除责任。但原受托人有不正当行为的除外。

第四十二条 共同受托人之一职责终止的，信托财产由其他受托人管理和处分。

第三节 受益人

第四十三条 受益人是在信托中享有信托受益权的人。受益人可以是自然人、法人或者依法成立的其他组织。

委托人可以是受益人，也可以是同一信托的唯一受益人。

受托人可以是受益人，但不得是同一信托的唯一受益人。

第四十四条 受益人自信托生效之日起享有信托受益权。信托文件另有规定的，从其规定。

第四十五条 共同受益人按照信托文件的规定享受信托利益。信托文件对信托利益的分配比例或者分配方法未作规定的，各受益人按照均等的比例享受信托利益。

第四十六条 受益人可以放弃信托受益权。

全体受益人放弃信托受益权的，信托终止。

部分受益人放弃信托受益权的，被放弃的信托受益权按下列顺序确定归属：

（一）信托文件规定的人；

（二）其他受益人；

（三）委托人或者其继承人。

第四十七条 受益人不能清偿到期债务的，其信托受益权可以用于清偿债务，但法律、行政法规以及信托文件有限制性规定的除外。

第四十八条 受益人的信托受益权可以依法转让和继承，但信托文件有限制性规定的除外。

第四十九条 受益人可以行使本法第二十条至第二十三条规定的委托人享有的权利。受益人行使上述权利，与委托人意见不一致时，可以申请人民法院作出裁定。

受托人有本法第二十二条第一款所列行为，共同受益人之一申请人民法院撤销该处分行为的，人民法院所作出的撤销裁定，对全体共同受益人有效。

第五章 信托的变更与终止

第五十条 委托人是唯一受益人的，委托人或者其继承人可以解除信托。信托文件另有规定的，从其规定。

第五十一条 设立信托后，有下列情形之一的，委托人可以变更受益人或者处分受益人的信托受益权：

（一）受益人对委托人有重大侵权行为；

（二）受益人对其他共同受益人有重大侵权行为；

（三）经受益人同意；

（四）信托文件规定的其他情形。

有前款第（一）项、第（三）项、第（四）项所列情形之一的，委托人可以解除信托。

第五十二条 信托不因委托人或者受托人的死亡、丧失民事行为能力、依法解散、被依法撤销或者被宣告破产而终止，也不因受托人的辞任而终止。但本法或者信托文件另有规定的除外。

第五十三条 有下列情形之一的，信托终止：

（一）信托文件规定的终止事由发生；

（二）信托的存续违反信托目的；

（三）信托目的已经实现或者不能实现；

（四）信托当事人协商同意；

（五）信托被撤销；

（六）信托被解除。

第五十四条 信托终止的，信托财产归属于信托文件规定的人；信托文件未规定的，按下列顺序确定归属：

（一）受益人或者其继承人；

（二）委托人或者其继承人。

第五十五条 依照前条规定，信托财产的归属确定后，在该信托财产转移给权利归属人的过程中，信托视为存续，权利归属人视为受益人。

第五十六条 信托终止后，人民法院依据本法第十七条的规定对原信托财产进行强制执行的，以权利归属人为被执行人。

第五十七条 信托终止后，受托人依照本法规定行使请求给付报酬、从信托财产中获得补偿的权利时，可以留置信托财产或者对信托财产的权利归属人提出请求。

第五十八条 信托终止的，受托人应当作出处理信托事务的清算报告。受益人或者信托财产的权利归属人对清算报告无异议的，受托人就清算报告所列事项解除责任。但受托人有不正当行为的除外。

第六章　公益信托

第五十九条 公益信托适用本章规定。本章未规定的，适用本法及其他相关法律的规定。

第六十条 为了下列公共利益目的之一而设立的信托，属于公益信托：

（一）救济贫困；

（二）救助灾民；

（三）扶助残疾人；

（四）发展教育、科技、文化、艺术、体育事业；

（五）发展医疗卫生事业；

（六）发展环境保护事业，维护生态环境；

（七）发展其他社会公益事业。

第六十一条 国家鼓励发展公益信托。

第六十二条 公益信托的设立和确定其受托人，应当经有关公益事业的管理机构（以下简称公益事业管理机构）批准。

未经公益事业管理机构的批准，不得以公益信托的名义进行活动。

公益事业管理机构对于公益信托活动应当给予支持。

第六十三条 公益信托的信托财产及其收益，不得用于非公益目的。

第六十四条 公益信托应当设置信托监察人。

信托监察人由信托文件规定。信托文件未规定的，由公益事业管理机构指定。

第六十五条 信托监察人有权以自己的名义，为维护受益人的利益，提起诉讼或者实施其他法律行为。

第六十六条 公益信托的受托人未经公益事业管理机构批准，不得辞任。

第六十七条 公益事业管理机构应当检查受托人处理公益信托事务的情况及财产状况。

受托人应当至少每年一次作出信托事务处理情况及财产状况报告，经信托监察人认可后，报公益事业管理机构核准，并由受托人予以公告。

第六十八条 公益信托的受托人违反信托义务或者无能力履行其职责的，由公益事业管理机构变更受托人。

第六十九条 公益信托成立后，发生设立信托时不能预见的情形，公益事业管理机构可以根据信托目的，变更信托文件中的有关条款。

第七十条 公益信托终止的，受托人应当于终止事由发生之日起十五日内，将终止事由和终止日期报告公益事业管理机构。

第七十一条 公益信托终止的，受托人作出的处理信托事务的清算报告，应当经信托监察人认可后，报公益事业管理机构核准，并由受托人予以公告。

第七十二条 公益信托终止，没有信托财产权利归属人或者信托财产权利归属人是不特定的社会公众的，经公益事业管理机构批准，受托人应当将信托财产用于与原公益目的相近似的目的，或者将信托财产转移给具有近似目的的公益组织或者其他公益信托。

第七十三条 公益事业管理机构违反本法规定的，委托人、受托人或者受益人有权向人民法院起诉。

第七章 附　则

第七十四条 本法自2001年10月1日起施行。

信托公司管理办法

（2007年1月23日中国银行业监督管理委员会令2007年第2号公布自2007年3月1日起施行）

第一章 总　则

第一条 为加强对信托公司的监督管理，规范信托公司的经营行为，促进信托业的健康发展，根据《中华人民共和国信托法》、《中华人民共和国银行业监督管理法》等法律法规，制定本办法。

第二条 本办法所称信托公司，是指依照《中华人民共和国公司法》和本办法设立的主要经营信托业务的金融机构。

本办法所称信托业务，是指信托公司以营业和收取报酬为目的，以受托人身份承诺信托和处理信托事务的经营行为。

第三条 信托财产不属于信托公司的固有财产，也不属于信托公司对受益人的负债。信托公司终止时，信托财产不属于其清算财产。

第四条 信托公司从事信托活动，应当遵守法律法规的规定和信托文件的约定，不得损害国家利益、社会公共利益和受益人的合法权益。

第五条 中国银行业监督管理委员会对信托公司及其业务活动实施监督管理。

第二章 机构的设立、变更与终止

第六条 设立信托公司，应当采取有限责任公司或者股份有限公司的形式。

第七条 设立信托公司，应当经中国银行业监督管理委员会批准，并领取金融许可证。

未经中国银行业监督管理委员会批准，任何单位和个人不得经营信托业务，任何经营单位不得在其名称中使用“信托公司”字样。法律法规另有规定的除外。

第八条 设立信托公司，应当具备下列条件：

（一）有符合《中华人民共和国公司法》和中国银行业监督管理委员会规定的公司章程；

（二）有具备中国银行业监督管理委员会规定的入股资格的股东；

（三）具有本办法规定的最低限额的注册资本；

（四）有具备中国银行业监督管理委员会规定任职资格的董事、高级管理人员和与其业务相适应的信托从业人员；

（五）具有健全的组织机构、信托业务操作规程和风险控制制度；

（六）有符合要求的营业场所、安全防范措施和与业务有关的其他设施；

（七）中国银行业监督管理委员会规定的其他条件。

第九条 中国银行业监督管理委员会依照法律法规和审慎监管原则对信托公司的设立申请进行审查，作出批准或者不予批准的决定；不予批准的，应说明理由。

第十条 信托公司注册资本最低限额为3亿元人民币或等值的可自由兑换货币，注册资本为实缴货币资本。

申请经营企业年金基金、证券承销、资产证券化等业务，应当符合相关法律法规规定的最低注册资本要求。

中国银行业监督管理委员会根据信托公司行业发展的需要，可以调整信托公司注册资本最低限额。

第十一条 未经中国银行业监督管理委员会批准，信托公司不得设立或变相设立分支机构。

第十二条 信托公司有下列情形之一的，应当经中国银行业监督管理委员会批准：

（一）变更名称；

（二）变更注册资本；

（三）变更公司住所；

（四）改变组织形式；

（五）调整业务范围；

（六）更换董事或高级管理人员；

（七）变更股东或者调整股权结构，但持有上市公司流通股份未达到公司总股份5%的除外；

（八）修改公司章程；

（九）合并或者分立；

（十）中国银行业监督管理委员会规定的其他情形。

第十三条 信托公司出现分立、合并或者公司章程规定的解散事由，申请解散的，经中国银行业监督管理委员会批准后解散，并依法组织清算组进行清算。

第十四条 信托公司不能清偿到期债务，且资产不足以清偿债务或明显缺乏清偿能力的，经中国银行业监督管理委员会同意，可向人民法院提出破产申请。

中国银行业监督管理委员会可以向人民法院直接提出对该信托公司进行重整或破产清算的申请。

第十五条 信托公司终止时，其管理信托事务的职责同时终止。清算组应当妥善保管信托财产，作出处理信托事务的报告并向新受托人办理信托财产的移交。信托文件另有约定的，从其约定。

第三章 经营范围

第十六条 信托公司可以申请经营下列部分或者全部本外币业务：

（一）资金信托；

（二）动产信托；

（三）不动产信托；

（四）有价证券信托；

（五）其他财产或财产权信托；

（六）作为投资基金或者基金管理公司的发起人从事投资基金业务；

（七）经营企业资产的重组、购并及项目融资、公司理财、财务顾问等业务；

（八）受托经营国务院有关部门批准的证券承销业务；

（九）办理居间、咨询、资信调查等业务；

（十）代保管及保管箱业务；

（十一）法律法规规定或中国银行业监督管理委员会批准的其他业务。

第十七条 信托公司可以根据《中华人民共和国信托法》等法律法规的有关规定开展公益信托活动。

第十八条 信托公司可以根据市场需要，按照信托目的、信托财产的种类或者对信托财产管理方式的不同设置信托业务品种。

第十九条 信托公司管理运用或处分信托财产时，可以依照信托文件的约定，采取投资、出售、存放同业、买入返售、租赁、贷款等方式进行。中国银行业监督管理委员会另有规定的，从其规定。

信托公司不得以卖出回购方式管理运用信托财产。

第二十条 信托公司固有业务项下可以开展存放同业、拆放同业、贷款、租赁、投资等业务。投资业务限定为金融类公司股权投资、金融产品投资和自用固定资产投资。

信托公司不得以固有财产进行实业投资，但中国银行业监督管理委员会另有规定的除外。

第二十一条 信托公司不得开展除同业拆入业务以外的其他负债业务，且同业拆入余额不得超过其净资产的20%。中国银行业监督管理委员会另有规定的除外。

第二十二条 信托公司可以开展对外担保业务，但对外担保余额不得超过其净资产的50%。

第二十三条 信托公司经营外汇信托业务，应当遵守国家外汇管理的有关规定，并接受外汇主管部门的检查、监督。

第四章 经营规则

第二十四条 信托公司管理运用或者处分信托财产，必须恪尽职守，履行诚实、信用、谨慎、有效管理的义务，维护受益人的最大利益。

第二十五条 信托公司在处理信托事务时应当避免利益冲突，在无法避免时，应向委托人、受益人予以充分的信息披露，或拒绝从事该项业务。

第二十六条 信托公司应当亲自处理信托事务。信托文件另有约定或有不得已事由时，可委托他人代为处理，但信托公司应尽足够的监督义务，并对他人处理信托事务的行为承担责任。

第二十七条 信托公司对委托人、受益人以及所处理信托事务的情况和资料负有依法保密的义务，但法律法规另有规定或者信托文件另有约定的除外。

第二十八条 信托公司应当妥善保存处理信托事务的完整记录，定期向委托人、受益人报告信托财产及其管理运用、处分及收支的情况。

委托人、受益人有权向信托公司了解对其信托财产的管理运用、处分及收支情况，并要求信托公司作出说明。

第二十九条 信托公司应当将信托财产与其固有财产分别管理、分别记账，并将不同委托人的信托财产分别管理、分别记账。

第三十条 信托公司应当依法建账，对信托业务与非信托业务分别核算，并对每项信托业务单独核算。

第三十一条 信托公司的信托业务部门应当独立于公司的其他部门，其人员不得与公司其他部门的人员相互兼职，业务信息不得与公司的其他部门共享。

第三十二条 以信托合同形式设立信托时，信托合同应当载明以下事项：

（一）信托目的；

（二）委托人、受托人的姓名或者名称、住所；

（三）受益人或者受益人范围；

（四）信托财产的范围、种类及状况；

（五）信托当事人的权利义务；

（六）信托财产管理中风险的揭示和承担；

（七）信托财产的管理方式和受托人的经营权限；

（八）信托利益的计算，向受益人交付信托利益的形式、方法；

（九）信托公司报酬的计算及支付；

（十）信托财产税费的承担和其他费用的核算；

（十一）信托期限和信托的终止；

（十二）信托终止时信托财产的归属；

（十三）信托事务的报告；

（十四）信托当事人的违约责任及纠纷解决方式；

（十五）新受托人的选任方式；

（十六）信托当事人认为需要载明的其他事项。

以信托合同以外的其他书面文件设立信托时，书面文件的载明事项按照有关法律法规规定执行。

第三十三条 信托公司开展固有业务，不得有下列行为：

（一）向关联方融出资金或转移财产；

（二）为关联方提供担保；

（三）以股东持有的本公司股权作为质押进行融资。

信托公司的关联方按照《中华人民共和国公司法》和企业会计准则的有关标准界定。

第三十四条 信托公司开展信托业务，不得有下列行为：

（一）利用受托人地位谋取不当利益；

（二）将信托财产挪用于非信托目的的用途；

（三）承诺信托财产不受损失或者保证最低收益；

（四）以信托财产提供担保；

（五）法律法规和中国银行业监督管理委员会禁止的其他行为。

第三十五条 信托公司开展关联交易，应以公平的市场价格进行，逐笔向中国银行业监督管理委员会事前报告，并按照有关规定进行信息披露。

第三十六条 信托公司经营信托业务，应依照信托文件约定以手续费或者佣金的方式收取报酬，中国银行业监督管理委员会另有规定的除外。

信托公司收取报酬，应当向受益人公开，并向受益人说明收费的具体标准。

第三十七条 信托公司违反信托目的处分信托财产，或者因违背管理职责、处理信托事务不当致使信托财产受到损失的，在恢复信托财产的原状或者予以赔偿前，信托公司不得请求给付报酬。

第三十八条 信托公司因处理信托事务而支出的费用、负担的债务，以信托财产承担，但应在信托合同中列明或明确告知受益人。信托公司以其固有财产先行支付的，对信托财产享有优先受偿的权利。因信托公司违背管理职责或者管理信托事务不当所负债务及所受到的损害，以其固有财产承担。

第三十九条 信托公司违反信托目的处分信托财产，或者管理运用、处分信托财产有重大过失的，委托人或受益人有权依照信托文件的约定解任该信托公司，或者申请人民法院解任该信托公司。

第四十条 受托人职责依法终止的，新受托人依照信托文件的约定选任；信托文件未规定的，由委托人选任；委托人不能选任的，由受益人选任；受益人为无民事行为能力人或者限制民事行为能力人的，依法由其监护人代行选任。新受托人未产生前，中国银行业监督管理委员会可以指定临时受托人。

第四十一条 信托公司经营信托业务，有下列情形之一的，信托终止：

（一）信托文件约定的终止事由发生；

（二）信托的存续违反信托目的；

（三）信托目的已经实现或者不能实现；

（四）信托当事人协商同意；

（五）信托期限届满；

（六）信托被解除；

（七）信托被撤销；

（八）全体受益人放弃信托受益权。

第四十二条 信托终止的，信托公司应当依照信托文件的约定作出处理信托事务的清算报告。受益人或者信托财产的权利归属人对清算报告无异议的，信托公司就清算报告所列事项解除责任，但信托公司有不当行为的除外。

第五章 监督管理

第四十三条 信托公司应当建立以股东（大）会、董事会、监事会、高级管理层等为主体的组织架构，明确各自的职责划分，保证相互之间独立运行、有效制衡，形成科学高效的决策、激励与约束机制。

第四十四条 信托公司应当按照职责分离的原则设立相应的工作岗位，保证公司对风险能够进行事前防范、事中控制、事后监督和纠正，形成健全的内部约束机制和监督机制。

第四十五条 信托公司应当按规定制订本公司的信托业务及其他业务规则，建立、健全本公司的各项业务管理制度和内部控制制度，并报中国银行业监督管理委员会备案。

第四十六条 信托公司应当按照国家有关规定建立、健全本公司的财务会计制度，真实记录并全面反映其业务活动和财务状况。公司年度财务会计报表应当经具有良好资质的中介机构审计。

第四十七条 中国银行业监督管理委员会可以定期或者不定期对信托公司的经营活动进行检查；必要时，可以要求信托公司提供由具有良好资质的中介机构出具的相关审计报告。

信托公司应当按照中国银行业监督管理委员会的要求提供有关业务、财务等报表和资料，并如实介绍有关业务情况。

第四十八条 中国银行业监督管理委员会对信托公司实行净资本管理。具体办法由中国银行业监督管理委员会另行制定。

第四十九条 信托公司每年应当从税后利润中提取5%作为信托赔偿准备金，但该赔偿准备金累计总额达到公司注册资本的20%时，可不再提取。

信托公司的赔偿准备金应存放于经营稳健、具有一定实力的境内商业银行，或者用于购买国债等低风险高流动性证券品种。

第五十条 中国银行业监督管理委员会对信托公司的董事、高级管理人员实行任职资格审查制度。未经中国银行业监督管理委员会任职资格审查或者审查不合格的，不得任职。

信托公司对拟离任的董事、高级管理人员，应当进行离任审计，并将审计结果报中国银行业监督管理委员会备案。信托公司的法定代表人变更时，在新的法定代表人经中国银行业监督管理委员会核准任职资格前，原法定代表人不得离任。

第五十一条 中国银行业监督管理委员会对信托公司的信托从业人员实行信托业务资格管理制度。符合条件的，颁发信托从业人员资格证书；未取得信托从业人员资格证书的，不得经办信托业务。

第五十二条 信托公司的董事、高级管理人员和信托从业人员违反法律、行政法规或中国银行业监督管理委员会有关规定的，中国银行业监督管理委员会有权取消其任职资格或者从业资格。

第五十三条 中国银行业监督管理委员会根据履行职责的需要，可以与信托公司董事、高级管理人员进行监督管理谈话，要求信托公司董事、高级管理人员就信托公司的业务活动和风险管理的重大事项作出说明。

第五十四条 信托公司违反审慎经营规则的，中国银行业监督管理委员会责令限期改正；逾期未改正的，或者其行为严重危及信托公司的稳健运行、损害受益人合法权益的，中国银行业监督管理委员会可以区别情形，依据《中华人民共和国银行业监督管理法》等法律法规的规定，采取暂停业务、限制股东权利等监管措施。

第五十五条 信托公司已经或者可能发生信用危机，严重影响受益人合法权益的，中国银行业监督管理委员会可以依法对该信托公司实行接管或者督促机构重组。

第五十六条 中国银行业监督管理委员会在批准信托公司设立、变更、终止后，发现原申请材料有隐瞒、虚假的情形，可以责令补正或者撤销批准。

第五十七条 信托公司可以加入中国信托业协会，实行行业自律。

中国信托业协会开展活动，应当接受中国银行业监督管理委员会的指导和监督。

第六章 罚 则

第五十八条 未经中国银行业监督管理委员会批准，擅自设立信托公司的，由中国银行业监督管理委员会依法予以取缔；构成犯罪的，依法追究刑事责任；尚不构成犯罪的，由中国银行业监督管理委员会没收违法所得，违法所得五十万元以上的，并处违法所得一倍以上五倍以下罚款；没有违法所得或者违法所得不足五十万元的，处五十万元以上二百万元以下罚款。

第五十九条 未经中国银行业监督管理委员会批准，信托公司擅自设立分支机构或开展本办法第十九条、第二十条、第二十一条、第二十二条、第三十三条和第三十四条禁止的业务的，由中国银行业监督管理委员会责令改正，有违法所得的，没收违法所得，违法所得五十万元以上的，并处违法所得一倍以上五倍以下罚款；没有违法所得或者违法所得不足五十万元的，处五十万元以上二百万元以下罚款；情节特别严重或者逾期不改正的，责令停业整顿或者吊销其金融许可证；构成犯罪的，依法追究刑事责任。

第六十条 信托公司违反本办法其他规定的，中国银行业监督管理委员会根据《中华人民共和国银行业监督管理法》等法律法规的规定，采取相应的处罚措施。

第六十一条 信托公司有违法经营、经营管理不善等情形，不予撤销将严重危害金融秩序、损害公众利益的，由中国银行业监督管理委员会依法予以撤销。

第六十二条 对信托公司违规负有直接责任的董事、高级管理人员和其他直接责任人员，中国银行业监督管理委员会可以区别不同情形，根据《中华人民共和国银行业监督管理法》等法律法规的规定，采取罚款、取消任职资格或从业资格等处罚措施。

第六十三条 对中国银行业监督管理委员会的处罚决定不服的，可以依法提请行政复议或者向人民法院提起行政诉讼。

第七章 附 则

第六十四条 信托公司处理信托事务不履行亲自管理职责，即不承担投资管理人职责的，其注册资本不得低于1亿元人民币或等值的可自由兑换货币。对该类信托公司的监督管理参照本办法执行。

第六十五条 本办法由中国银行业监督管理委员会负责解释。

第六十六条 本办法自2007年3月1日起施行，原《信托投资公司管理办法》（中国人民银行令〔2002〕第5号）不再适用。

信托公司集合资金信托计划管理办法

（根据2008年12月17日中国银行业监督管理委员会第78次主席会议《关于修改〈信托公司集合资金信托计划管理办法〉的决定》修订 2009年2月4日中国银行业监督管理委员会令2009年第1号发布 自发布之日起施行）

第一章 总 则

第一条 为规范信托公司集合资金信托业务的经营行为，保障集合资金信托计划各方当事人的合法权益，根据《中华人民共和国信托法》、《中华人民共和国银行业监督管理法》等法律法规，制定本办法。

第二条 在中华人民共和国境内设立集合资金信托计划（以下简称信托计划），由信托公司担任受托人，按照委托人意愿，为受益人的利益，将两个以上（含两个）委托人交付的资金进行集中管理、运用或处分的资金信托业务活动，适用本办法。

第三条 信托计划财产独立于信托公司的固有财产，信托公司不得将信托计划财产归入其固有财产；信托公司因信托计划财产的管理、运用或者其他情形而取得的财产和收益，归入信托计划财产；信托公司因依法解散、被依法撤销或者被依法宣告破产等原因进行清算的，信托计划财产不属于其清算财产。

第四条 信托公司管理、运用信托计划财产，应当恪尽职守，履行诚实信用、谨慎勤勉的义务，为受益人的最大利益服务。

第二章 信托计划的设立

第五条 信托公司设立信托计划，应当符合以下要求：

（一）委托人为合格投资者；

（二）参与信托计划的委托人为唯一受益人；

（三）单个信托计划的自然人人数不得超过 50 人，但单笔委托金额在 300 万元以上的自然人投资者和合格的机构投资者数量不受限制；

（四）信托期限不少于 1 年；

（五）信托资金有明确的投资方向和投资策略，且符合国家产业政策以及其他有关规定；

（六）信托受益权划分为等额份额的信托单位；

（七）信托合同应约定受托人报酬，除合理报酬外，信托公司不得以任何名义直接或间接以信托财产为自己或他人牟利；

（八）中国银行业监督管理委员会规定的其他要求。

第六条 前条所称合格投资者，是指符合下列条件之一，能够识别、判断和承担信托计划相应风险的人：

（一）投资一个信托计划的最低金额不少于 100 万元人民币的自然人、法人或者依法成立的其他组织；

（二）个人或家庭金融资产总计在其认购时超过 100 万元人民币，且能提供相关财产证明的自然人；

（三）个人收入在最近 3 年内每年收入超过 20 万元人民币或者夫妻双方合计收入在最近 3 年内每年收入超过 30 万元人民币，且能提供相关收入证明的自然人。

第七条 信托公司推介信托计划，应有规范和详尽的信息披露材料，明示信托计划的风险收益特征，充分揭示参与信托计划的风险及风险承担原则，如实披露专业团队的履历、专业培训及从业经历，不得使用任何可能影响投资者进行独立风险判断的误导性陈述。

信托公司异地推介信托计划的，应当在推介前向注册地、推介地的中国银行业监督管理委员会省级派出机构报告。

第八条 信托公司推介信托计划时，不得有以下行为：

（一）以任何方式承诺信托资金不受损失，或者以任何方式承诺信托资金的最低收益；

（二）进行公开营销宣传；

（三）委托非金融机构进行推介；

（四）推介材料含有与信托文件不符的内容，或者存在虚假记载、误导性陈述或重大遗漏等情况；

（五）对公司过去的经营业绩作夸大介绍，或者恶意贬低同行；

（六）中国银行业监督管理委员会禁止的其他行为。

第九条 信托公司设立信托计划，事前应进行尽职调查，就可行性分析、合法性、风险评估、有无关联方交易等事项出具尽职调查报告。

第十条 信托计划文件应当包含以下内容：

（一）认购风险申明书；

（二）信托计划说明书；

（三）信托合同；

（四）中国银行业监督管理委员会规定的其他内容。

第十一条 认购风险申明书至少应当包含以下内容：

（一）信托计划不承诺保本和最低收益，具有一定的投资风险，适合风险识别、评估、承受能力较强的合格投资者。

（二）委托人应当以自己合法所有的资金认购信托单位，不得非法汇集他人资金参与信托计划。

（三）信托公司依据信托计划文件管理信托财产所产生的风险，由信托财产承担。信托公司因违背信托计划文件、处理信托事务不当而造成信托财产损失的，由信托公司以固有财产赔偿；不足赔偿时，由投资者自担。

（四）委托人在认购风险申明书上签字，即表明已认真阅读并理解所有的信托计划文件，并愿意依法承担相应的信托投资风险。

认购风险申明书一式二份，注明委托人认购信托单位的数量，分别由信托公司和受益人持有。

第十二条 信托计划说明书至少应当包括以下内容：

（一）信托公司的基本情况；

（二）信托计划的名称及主要内容；

（三）信托合同的内容摘要；

（四）信托计划的推介日期、期限和信托单位价格；

（五）信托计划的推介机构名称；

（六）信托经理人员名单、履历；

（七）律师事务所出具的法律意见书；

（八）风险警示内容；

（九）中国银行业监督管理委员会规定的其他内容。

第十三条 信托合同应当载明以下事项：

（一）信托目的；

（二）受托人、保管人的姓名（或者名称）、住所；

（三）信托资金的币种和金额；

（四）信托计划的规模与期限；

（五）信托资金管理、运用和处分的具体方法或安排；

（六）信托利益的计算、向受益人交付信托利益的时间和方法；

（七）信托财产税费的承担、其他费用的核算及支付方法；

（八）受托人报酬计算方法、支付期间及方法；

（九）信托终止时信托财产的归属及分配方式；

（十）信托当事人的权利、义务；

（十一）受益人大会召集、议事及表决的程序和规则；

（十二）新受托人的选任方式；

（十三）风险揭示；

（十四）信托当事人的违约责任及纠纷解决方式；

（十五）信托当事人约定的其他事项。

第十四条 信托合同应当在首页右上方用醒目字体载明下列文字：信托公司管理信托财产应恪尽职守，履行诚实、信用、谨慎、有效管理的义务。信托公司依据本信托合同约定管理信托财产所产生的风险，由信托财产承担。信托公司因违背本信托合同、处理信托事务不当而造成信托财产损失的，由信托公司以固有财产赔偿；不足赔偿时，由投资者自担。

第十五条 委托人认购信托单位前，应当仔细阅读信托计划文件的全部内容，并在认购风险申明书中签字，申明愿意承担信托计划的投资风险。

信托公司应当提供便利，保证委托人能够查阅或者复制所有的信托计划文件，并向委托人提供信托合同文本原件。

第十六条 信托公司推介信托计划时，可与商业银行签订信托资金代理收付协议。委托人以现金方式认购信托单位，可由商业银行代理收付。信托公司委托商业银行办理信托计划收付业务时，应明确界定双方的权利义务关系，商业银行只承担代理资金收付责任，不承担信托计划的投资风险。

信托公司可委托商业银行代为向合格投资者推介信托计划。

第十七条 信托计划推介期限届满，未能满足信托文件约定的成立条件的，信托公司应当在推介期限届满后30日内返还委托人已缴付的款项，并加计银行同期存款利息。由此产生的相关债务和费用，由信托公司以固有财产承担。

第十八条 信托计划成立后，信托公司应当将信托计划财产存入信托财产专户，并在5个工作日内向委托人披露信托计划的推介、设立情况。

第三章 信托计划财产的保管

第十九条 信托计划的资金实行保管制。对非现金类的信托财产，信托当事人可约定实行第三方保管，但中国银行业监督管理委员会另有规定的，从其规定。

信托计划存续期间，信托公司应当选择经营稳健的商业银行担任保管人。信托财产的保管账户和信托财产专户应当为同一账户。

信托公司依信托计划文件约定需要运用信托资金时，应当向保管人书面提供信托合同复印件及资金用途说明。

第二十条 保管协议至少应包括以下内容：

（一）受托人、保管人的名称、住所；

（二）受托人、保管人的权利义务；

（三）信托计划财产保管的场所、内容、方法、标准；

（四）保管报告内容与格式；

（五）保管费用；

（六）保管人对信托公司的业务监督与核查；

（七）当事人约定的其他内容。

第二十一条 保管人应当履行以下职责：

（一）安全保管信托财产；

（二）对所保管的不同信托计划分别设置账户，确保信托财产的独立性；

（三）确认与执行信托公司管理运用信托财产的指令，核对信托财产交易记录、资金和财产账目；

（四）记录信托资金划拨情况，保存信托公司的资金用途说明；

（五）定期向信托公司出具保管报告；

（六）当事人约定的其他职责。

第二十二条 遇有信托公司违反法律法规和信托合同、保管协议操作时，保管人应当立即以书面形式通知信托公司纠正；当出现重大违法违规或者发生严重影响信托财产安全的事件时，保管人应及时报告中国银行业监督管理委员会。

第四章 信托计划的运营与风险管理

第二十三条 信托公司管理信托计划，应设立为信托计划服务的信托资金运用、信息处理等部门，并指定信托经理及其相关的工作人员。

每个信托计划至少配备一名信托经理。担任信托经理的人员，应当符合中国银行业监督管理委员会规定的条件。

第二十四条 信托公司对不同的信托计划，应当建立单独的会计账户分别核算、分别管理。

第二十五条 信托资金可以进行组合运用，组合运用应有明确的运用范围和投资比例。

信托公司运用信托资金进行证券投资，应当采用资产组合的方式，事先制定投资比例和投资策略，采取有效措施防范风险。

第二十六条 信托公司可以运用债权、股权、物权及其他可行方式运用信托资金。

信托公司运用信托资金，应当与信托计划文件约定的投资方向和投资策略相一致。

第二十七条 信托公司管理信托计划，应当遵守以下规定：

（一）不得向他人提供担保；

（二）向他人提供贷款不得超过其管理的所有信托计划实收余额的30%，但中国银行业监督管理委员会另有规定的除外；

（三）不得将信托资金直接或间接运用于信托公司的股东及其关联人，但信托资金全部来源于股东或其关联人的除外；

（四）不得以固有财产与信托财产进行交易；

（五）不得将不同信托财产进行相互交易；

（六）不得将同一公司管理的不同信托计划投资于同一项目。

第二十八条 信托公司管理信托计划而取得的信托收益，如果信托计划文件没有约定其他运用方式的，应当将该信托收益交由保管人保管，任何人不得挪用。

第五章 信托计划的变更、终止与清算

第二十九条 信托计划存续期间，受益人可以向合格投资者转让其持有的信托单位。信托公司应为受益人办理受益权转让的有关手续。

信托受益权进行拆分转让的，受让人不得为自然人。机构所持有的信托受益权，不得向自然人转让或拆分转让。

第三十条 有下列情形之一的，信托计划终止：

（一）信托合同期限届满；

（二）受益人大会决定终止；

（三）受托人职责终止，未能按照有关规定产生新受托人；

（四）信托计划文件约定的其他情形。

第三十一条 信托计划终止，信托公司应当于终止后10个工作日内做出处理

信托事务的清算报告，经审计后向受益人披露。信托文件约定清算报告不需要审计的，信托公司可以提交未经审计的清算报告。

第三十二条 清算后的剩余信托财产，应当依照信托合同约定按受益人所持信托单位比例进行分配。分配方式可采取现金方式、维持信托终止时财产原状方式或者两者的混合方式。

采取现金方式的，信托公司应当于信托计划文件约定的分配日前或者信托期满日前变现信托财产，并将现金存入受益人账户。

采取维持信托终止时财产原状方式的，信托公司应于信托期满后的约定时间内，完成与受益人的财产转移手续。信托财产转移前，由信托公司负责保管。保管期间，信托公司不得运用该财产。保管期间的收益归属于信托财产，发生的保管费用由被保管的信托财产承担。因受益人原因导致信托财产无法转移的，信托公司可以按照有关法律法规进行处理。

第三十三条 信托公司应当用管理信托计划所产生的实际信托收益进行分配，严禁信托公司将信托收益归入其固有财产，或者挪用其他信托财产垫付信托计划的损失或收益。

第六章 信息披露与监督管理

第三十四条 信托公司应当依照法律法规的规定和信托计划文件的约定按时披露信息，并保证所披露信息的真实性、准确性和完整性。

第三十五条 受益人有权向信托公司查询与其信托财产相关的信息，信托公司应在不损害其他受益人合法权益的前提下，准确、及时、完整地提供相关信息，不得拒绝、推诿。

第三十六条 信托计划设立后，信托公司应当依信托计划的不同，按季制作信托资金管理报告、信托资金运用及收益情况表。

第三十七条 信托资金管理报告至少应包含以下内容：

（一）信托财产专户的开立情况；

（二）信托资金管理、运用、处分和收益情况；

（三）信托经理变更情况；

（四）信托资金运用重大变动说明；

（五）涉及诉讼或者损害信托计划财产、受益人利益的情形；

（六）信托计划文件约定的其他内容。

第三十八条 信托计划发生下列情形之一的，信托公司应当在获知有关情况后3个工作日内向受益人披露，并自披露之日起7个工作日内向受益人书面提出信托公司采取的应对措施：

（一）信托财产可能遭受重大损失；

（二）信托资金使用方的财务状况严重恶化；

（三）信托计划的担保方不能继续提供有效的担保。

第三十九条 信托公司应当妥善保存管理信托计划的全部资料，保存期自信托计划结束之日起不得少于15年。

第四十条 中国银行业监督管理委员会依法对信托公司管理信托计划的情况实施现场检查和非现场监管，并要求信托公司提供管理信托计划的相关资料。

中国银行业监督管理委员会在现场检查或非现场监管中发现信托公司存在违法违规行为的，应当根据《中华人民共和国银行业监督管理法》等法律法规的规定，采取暂停业务、限制股东权利等监管措施。

第七章 受益人大会

第四十一条 受益人大会由信托计划的全体受益人组成，依照本办法规定行使职权。

第四十二条 出现以下事项而信托计划文件未有事先约定的，应当召开受益人大会审议决定：

（一）提前终止信托合同或者延长信托期限；

（二）改变信托财产运用方式；

（三）更换受托人；

（四）提高受托人的报酬标准；

（五）信托计划文件约定需要召开受益人大会的其他事项。

第四十三条 受益人大会由受托人负责召集，受托人未按规定召集或不能召集时，代表信托单位10%以上的受益人有权自行召集。

第四十四条 召集受益人大会，召集人应当至少提前10个工作日公告受益人大会的召开时间、会议形式、审议事项、议事程序和表决方式等事项。

受益人大会不得就未经公告的事项进行表决。

第四十五条 受益人大会可以采取现场方式召开，也可以采取通讯等方式召开。

每一信托单位具有一票表决权，受益人可以委托代理人出席受益人大会并行使表决权。

第四十六条 受益人大会应当有代表50%以上信托单位的受益人参加，方可召开；大会就审议事项作出决定，应当经参加大会的受益人所持表决权的2/3以上通过；但更换受托人、改变信托财产运用方式、提前终止信托合同，应当经参加大会的受益人全体通过。

受益人大会决定的事项，应当及时通知相关当事人，并向中国银行业监督管理委员会报告。

第八章　罚　则

第四十七条　信托公司设立信托计划不遵守本办法有关规定的，由中国银行业监督管理委员会责令改正；逾期不改正的，处 10 万元以上 30 万元以下罚款；情节特别严重的，可以责令停业整顿或者吊销其金融许可证。

第四十八条　信托公司推介信托计划违反本办法有关规定的，由中国银行业监督管理委员会责令停止，返还所募资金并加计银行同期存款利息，并处 20 万元以上 50 万元以下罚款；构成犯罪的，依法追究刑事责任。

第四十九条　信托公司管理信托计划违反本办法有关规定的，由中国银行业监督管理委员会责令改正；有违法所得的，没收违法所得，并处违法所得 1 倍以上 5 倍以下罚款；没有违法所得的，处 20 万元以上 50 万元以下罚款；情节特别严重或者逾期不改正的，可以责令停业整顿或者吊销其金融许可证；构成犯罪的，依法追究刑事责任。

第五十条　信托公司不依本办法进行信息披露或者披露的信息有虚假记载、误导性陈述或者重大遗漏的，由中国银行业监督管理委员会责令改正，并处 20 万元以上 50 万元以下罚款；给受益人造成损害的，依法承担赔偿责任。

第五十一条　信托公司设立、管理信托计划存在其他违法违规行为的，中国银行业监督管理委员会可以根据《中华人民共和国银行业监督管理法》等法律法规的规定，采取相应的处罚措施。

第九章　附　则

第五十二条　两个以上（含两个）单一资金信托用于同一项目的，委托人应当为符合本办法规定的合格投资者，并适用本办法规定。

第五十三条　动产信托、不动产信托以及其他财产和财产权信托进行受益权拆分转让的，应当遵守本办法的相关规定。

第五十四条　本办法由中国银行业监督管理委员会负责解释。

第五十五条　本办法自 2007 年 3 月 1 日起施行，原《信托投资公司资金信托管理暂行办法》（中国人民银行令〔2002〕第 7 号）不再适用。

信托公司净资本管理办法

（2010 年 7 月 12 日中国银行业监督管理委员会第 99 次主席会议通过
2010 年 8 月 24 日公布　自公布之日起施行）

第一章　总　　则

第一条　为加强对信托公司的风险监管，促进信托公司安全、稳健发展，根据《中华人民共和国银行业监督管理法》、《中华人民共和国信托法》等有关法律法规，制定本办法。

第二条　本办法适用于在中华人民共和国境内依法设立的信托公司。

第三条　本办法所称净资本，是指根据信托公司的业务范围和公司资产结构的特点，在净资产的基础上对各固有资产项目、表外项目和其他有关业务进行风险调整后得出的综合性风险控制指标。对信托公司实施净资本管理的目的，是确保信托公司固有资产充足并保持必要的流动性，以满足抵御各项业务不可预期损失的需要。

本办法所称风险资本，是指信托公司按照一定标准计算并配置给某项业务用于应对潜在风险的资本。

第四条　信托公司应当按照本办法的规定计算净资本和风险资本。

第五条　信托公司应当根据自身资产结构和业务开展情况，建立动态的净资本管理机制，确保净资本等各项风险控制指标符合规定标准。

第六条　中国银行业监督管理委员会可以根据市场发展情况和审慎监管原则，对信托公司净资本计算标准及最低要求、风险控制指标、风险资本计算标准等进行调整。

对于本办法未规定的新产品、新业务，信托公司在设计该产品或开展该业务前，应当按照规定事前向中国银行业监督管理委员会报告。中国银行业监督管理委员会根据信托公司新产品、新业务的特点和风险状况，审慎确定相应的比例和计算标准。

第七条　中国银行业监督管理委员会按照本办法对信托公司净资本管理及相关风险控制指标状况进行监督检查。

第二章　净资本计算

第八条　净资本计算公式为：净资本 = 净资产 - 各类资产的风险扣除项 - 或有负债的风险扣除项 - 中国银行业监督管理委员会认定的其他风险扣除项。

第九条 信托公司应当在充分计提各类资产减值准备的基础上，按照中国银行业监督管理委员会规定的信托公司净资本计算标准计算净资本。

第十条 信托公司应当根据不同资产的特点和风险状况，按照中国银行业监督管理委员会规定的系数对资产项目进行风险调整。信托公司计算净资本时，应当将不同科目中核算的同类资产合并计算，按照资产的属性统一进行风险调整。

（一）金融产品投资应当根据金融产品的类别和流动性特点按照规定的系数进行调整。信托公司以固有资金投资集合资金信托计划或其他理财产品的，应当根据承担的风险相应进行风险调整。

（二）股权投资应当根据股权的类别和流动性特点按照规定的系数进行风险调整。

（三）贷款等债权类资产应当根据到期日的长短和可回收情况按照规定的系数进行风险调整。

资产的分类中同时符合两个或两个以上分类标准的，应当采用最高的扣除比例进行调整。

第十一条 对于或有事项，信托公司在计算净资本时应当根据出现损失的可能性按照规定的系数进行风险调整。

信托公司应当对期末或有事项的性质（如未决诉讼、未决仲裁、对外担保等）、涉及金额、形成原因和进展情况、可能发生的损失和预计损失的会计处理情况等在净资本计算表的附注中予以充分披露。

第三章　风险资本计算

第十二条 由于信托公司开展的各项业务存在一定风险并可能导致资本损失，所以应当按照各项业务规模的一定比例计算风险资本并与净资本建立对应关系，确保各项业务的风险资本有相应的净资本来支撑。

第十三条 信托公司开展固有业务、信托业务和其他业务，应当计算风险资本。

风险资本计算公式为：风险资本 = 固有业务风险资本 + 信托业务风险资本 + 其他业务风险资本。

固有业务风险资本 = 固有业务各项资产净值 × 风险系数。

信托业务风险资本 = 信托业务各项资产余额 × 风险系数。

其他业务风险资本 = 其他各项业务余额 × 风险系数。

各项业务的风险系数由中国银行业监督管理委员会另行发布。

第十四条 信托公司应当按照有关业务的规模和规定的风险系数计算各项业务风险资本。

第四章　风险控制指标

第十五条　信托公司净资本不得低于人民币 2 亿元。

第十六条　信托公司应当持续符合下列风险控制指标：

（一）净资本不得低于各项风险资本之和的 100%；

（二）净资本不得低于净资产的 40%。

第十七条　信托公司可以根据自身实际情况，在不低于中国银行业监督管理委员会规定标准的基础上，确定相应的风险控制指标要求。

第五章　监 督 检 查

第十八条　信托公司董事会承担本公司净资本管理的最终责任，负责确定净资本管理目标，审定风险承受能力，制定并监督实施净资本管理规划。

第十九条　信托公司高级管理人员负责净资本管理的实施工作，包括制定本公司净资本管理的规章制度，完善风险识别、计量和报告程序，定期评估净资本充足水平，并建立相应的净资本管理机制。

第二十条　信托公司应当编制净资本计算表、风险资本计算表和风险控制指标监管报表。中国银行业监督管理委员会可以根据监管需要，要求信托公司以合并数据为基础编制净资本计算表、风险资本计算表和风险控制指标监管报表。

第二十一条　信托公司应当在每季度结束之日起 18 个工作日内，向中国银行业监督管理委员会报送季度净资本计算表、风险资本计算表和风险控制指标监管报表。如遇影响净资本等风险控制指标的特别重大事项，应当及时向中国银行业监督管理委员会报告。

第二十二条　信托公司总经理应当至少每年将净资本管理情况向董事会书面报告一次。

第二十三条　信托公司董事长、总经理应当对公司年度净资本计算表、风险资本计算表和风险控制指标监管报表签署确认意见，并保证报表真实、准确、完整，不存在虚假记载、误导性陈述和重大遗漏。

第二十四条　信托公司应当在年度报告中披露净资本、风险资本以及风险控制指标等情况。

第二十五条　信托公司净资本等相关风险控制指标与上季度相比变化超过 30% 或不符合规定标准的，应当在该情形发生之日起 5 个工作日内，向中国银行业监督管理委员会书面报告。

第二十六条　信托公司净资本等相关风险控制指标不符合规定标准的，中国银行业监督管理委员会可以视情况采取下列措施：

（一）要求信托公司制定切实可行的整改计划、方案，明确整改期限；

（二）要求信托公司采取措施调整业务和资产结构或补充资本，提高净资本水平；

（三）限制信托公司信托业务增长速度；

第二十七条 对未按要求完成整改的信托公司，中国银行业监督管理委员会可以进一步采取下列措施：

（一）限制分配红利；

（二）限制信托公司开办新业务。

（三）责令暂停部分或全部业务。

第二十八条 对信托公司净资本等风险控制指标继续恶化，严重危及该信托公司稳健运行的，除采取第二十七条规定的相关措施外，中国银行业监督管理委员会还可以采取下列措施：

（一）责令调整董事、监事及高级管理人员；

（二）责令控股股东转让股权或限制有关股东行使股东权利；

（三）责令停业整顿；

（四）依法对信托公司实行接管或督促机构重组，直至予以撤销。

第六章 附 则

第二十九条 本办法由中国银行业监督管理委员会负责解释。

第三十条 本办法自公布之日起施行。

关于印发信托公司净资本计算标准有关事项的通知

（2011 年 1 月 27 日 银监发〔2011〕11 号）

按照《信托公司净资本管理办法》（中国银监会令 2010 年第 5 号）规定，现将信托公司净资本、风险资本计算标准和监管指标印发给你们，并就相关事项通知如下：

一、为进一步加强信托公司分类监管，确保信托公司业务发展与其风险管理能力、内控水平相匹配，银监会对不同监管评级的信托公司实施不同的风险资本计算标准。

评级结果为 3 级及以下的信托公司风险资本计算系数为标准系数。评级结果为 1 级和 2 级的信托公司风险资本计算系数在标准系数基础上下浮 20%。

二、对于同时包含融资类和投资类业务的信托产品，信托公司在计算风险资本时应按照融资类和投资类业务风险系数分别计算风险资本。

融资类业务包括但不限于信托贷款、受让信贷或票据资产、附加回购或回购选择权、股票质押融资和准资产证券化等业务。

三、对于TOT（信托之信托）信托产品，信托公司应按照被投资信托产品的分类分别计算风险资本。

除TOT和股票受益权投资信托业务外，其他受益权投资信托业务原则上应按照融资类业务计算风险资本。

四、银信合作业务以及受益权发生转让导致受益人超过两人（含两人）的信托业务，按照集合资金信托业务计算风险资本。

银行理财资金成为受益人的信托业务视为银信合作业务，按照集合资金信托业务计算风险资本。

五、为防范关联交易风险，信托公司对资金来自非关联方但用于关联方的单一信托业务应按照规定的风险系数额外计提附加资本。

六、银监会将根据信托公司业务发展的实际情况，适时调整净资本、风险资本计算标准和监管指标，确保信托公司风险可控、科学发展。

七、各信托公司应根据国家宏观调控政策和银监会监管政策导向积极调整业务规模和业务结构，确保在2011年12月31日前达到净资本各项指标要求。

对在规定时间内未达标的信托公司，各银监局应立即暂停其信托业务，并追究该公司董事长和高级管理人员责任。

八、各银监局应认真组织监管人员和信托公司学习净资本管理相关规定，有效落实各项监管要求，并将文件执行中遇到的问题和建议及时报告银监会。

请各银监局将本通知转发至辖内银监分局及信托公司。

信托公司治理指引

（2007年1月22日银监发［2007］4号公布　自2007年3月1日起施行）

第一章　总　　则

第一条　为进一步完善信托公司治理，加强风险控制，促进信托公司的规范经营和健康发展，保障信托公司股东、受益人及其他利益相关者的合法权益，根据《中华人民共和国公司法》、《中华人民共和国银行业监督管理法》、《中华人民共和国信托法》等法律法规，制定本指引。

第二条 信托公司治理应当体现受益人利益最大化的基本原则。股东（大）会、董事会、监事会、高级管理层等组织架构的建立和运作，应当以受益人利益为根本出发点。公司、股东以及公司员工的利益与受益人利益发生冲突时，应当优先保障受益人的利益。

第三条 信托公司治理应当遵循以下原则：

（一）认真履行受托职责，遵循诚实、信用、谨慎、有效管理的原则，恪尽职守，为受益人的最大利益处理信托事务；

（二）明确股东、董事、监事、高级管理人员的职责和权利义务，完善股东（大）会、董事会、监事会、高级管理层的议事制度和决策程序；

（三）建立完备的内部控制、风险管理和信息披露体系，以及合理的绩效评估和薪酬制度；

（四）树立风险管理理念，确定有效的风险管理政策，制订翔实的风险管理制度，建立全面的风险管理程序，及时识别、计量、监测和控制各类风险；

（五）积极鼓励引进合格战略投资者、优秀的管理团队和专业管理人才，优化治理结构。

第四条 信托公司应当建立合规管理机制，督促公司董事会、监事会、高级管理层等各个层面在各自职责范围内履行合规职责，使信托公司的经营活动与法律、规则和准则相一致，促使公司合规经营。

第二章 股东和股东（大）会

第一节 股 东

第五条 信托公司股东应当具备法律、行政法规和中国银行业监督管理委员会（以下简称中国银监会）规定的资格条件，并经中国银监会批准。

第六条 信托公司股东应当作出以下承诺：

（一）入股有利于信托公司的持续、稳健发展；

（二）持股未满三年不转让所持股份，但上市信托公司除外；

（三）不质押所持有的信托公司股权；

（四）不以所持有的信托公司股权设立信托；

（五）严格按照法律、行政法规和中国银监会的规定履行出资义务。

第七条 信托公司股东不得有下列行为：

（一）虚假出资、出资不实、抽逃出资或变相抽逃出资；

（二）利用股东地位牟取不当利益；

（三）直接或间接干涉信托公司的日常经营管理；

（四）要求信托公司做出最低回报或分红承诺；

（五）要求信托公司为其提供担保；

（六）与信托公司违规开展关联交易；

（七）挪用信托公司固有财产或信托财产；

（八）通过股权托管、信托文件、秘密协议等形式处分其出资；

（九）损害信托公司、其他股东和受益人合法权益的其他行为。

第八条 股东出现下列情形之一时，应当及时通知信托公司：

（一）所持信托公司股权被采取诉讼保全措施或被强制执行；

（二）转让所持有的信托公司股权；

（三）变更名称；

（四）发生合并、分立；

（五）解散、破产、关闭或被接管；

（六）其他可能导致所持信托公司股权发生变化的情形。

第九条 股东与信托公司之间应在业务、人员、资产、财务、办公场所等方面严格分开，各自独立经营、独立核算、独立承担责任和风险。

第二节 股东（大）会

第十条 信托公司股东（大）会的召集、表决方式和程序、职权范围等内容，应在公司章程中明确规定。

第十一条 股东（大）会议事细则包括通知、文件准备、召开方式、表决形式、会议记录及其签署等内容，由董事会依照公司章程制定，经股东（大）会审议通过后执行。

第十二条 股东（大）会定期会议除审议相关法律法规规定的事项外，还应当将下列事项列入股东（大）会审议范围：

（一）通报监管部门对公司的监管意见及公司执行整改情况；

（二）报告受益人利益的实现情况。

第十三条 信托公司股东单独或与关联方合并持有公司50%以上股权的，股东（大）会选举董事、监事应当实行累积投票制。

本指引所称累积投票制，是指股东（大）会选举董事或者监事时，每一股份拥有与应选董事或者监事人数相同的表决权，股东拥有的表决权可以集中使用。

第十四条 股东（大）会会议记录应做到真实、完整，并自做出之日起至少保存十五年。

股东（大）会的决议及相关文件，应当报中国银监会或其派出机构备案。

第三章　董事和董事会

第一节　董　　事

第十五条　信托公司董事应当具备法律、行政法规和中国银监会规定的资格条件。

第十六条　公司章程应明确规定董事的人数、产生办法、任免程序、权利义务和任职期限等内容。

第十七条　董事应以认真负责的态度出席董事会，对所议事项表达明确的意见。董事无法亲自出席董事会的，可以书面委托其他董事按其意愿代为投票，并承担相应的法律责任。

第十八条　董事个人直接或者间接与公司已有的或者计划中的合同、交易、安排有关联时，应当及时将其关联关系的性质和程度告知董事会、监事会，并在董事会审议表决该事项时予以回避。

第二节　独立董事

第十九条　信托公司设立独立董事。独立董事要关注、维护中小股东和受益人的利益，与信托公司及其股东之间不存在影响其独立判断或决策的关系。

独立董事人数应不少于董事会成员总数的四分之一；但单个股东及其关联方持有公司总股本三分之二以上的信托公司，其独立董事人数应不少于董事会成员总数的三分之一。

第二十条　信托公司独立董事应有良好的职业操守和道德品质，熟悉信托原理和信托经营规则，并有足够的时间和精力履行职责。

信托公司独立董事不得在其他信托公司中任职。

第二十一条　公司应当明确规定独立董事的产生程序、权利义务等内容。

第二十二条　独立董事享有以下职责或权利：

（一）提议召开股东（大）会临时会议或董事会；

（二）向股东（大）会提交工作报告；

（三）基于履行职责的需要聘请审计机构或咨询机构，费用由信托公司承担；

（四）对重要业务发表独立意见，可就关联交易等情况单独向中国银监会或其派出机构报告；

（五）对公司董事、高级管理人员的薪酬计划、激励计划等事项发表独立意见；

（六）法律法规赋予董事的其他职责或权利。

第二十三条　独立董事在任期内辞职或被免职的，独立董事本人和信托公司应当分别向股东（大）会、中国银监会或其派出机构提供书面说明。

第三节 董 事 会

第二十四条 董事会对股东（大）会负责，并依据《中华人民共和国公司法》等法律法规的规定和公司章程行使职权。董事会授权董事长在董事会闭会期间行使董事会部分职权的，授权内容应当明确具体。

董事会、董事长依法行使职权，不得越权干预高级管理层的具体经营活动。

第二十五条 董事会应制订信托公司的战略发展目标和相应的发展规划，了解信托公司的风险状况，明确信托公司的风险管理政策和管理规章。

第二十六条 董事会应当制定规范的董事会召集程序、议事表决规则，经股东（大）会表决通过，并报中国银监会或其派出机构备案。

第二十七条 董事会每年至少召开两次会议。董事会会议记录应做到真实、完整，并自做出之日起至少保存十五年。出席会议的董事和记录人应当在会议记录上签字。

董事会决议应当经董事会一半以上董事通过方为有效，但表决重大投资、重大资产处置、变更高级管理人员和利润分配方案等事项，须经董事会三分之二以上董事通过。

第二十八条 有下列情形之一的，董事会应当立即通知全体股东，并向中国银监会或其派出机构报告：

（一）公司或高级管理人员涉嫌重大违法违规行为；

（二）公司财务状况持续恶化或者发生重大亏损；

（三）拟更换董事、监事或者高级管理人员；

（四）其他可能影响公司持续经营的事项。

第二十九条 董事会应当向股东（大）会及中国银监会或其派出机构及时报告一致行动时可以实际上控制信托公司的关联股东名单。

第三十条 董事会应当下设信托委员会，成员不少于三人，由独立董事担任负责人，负责督促公司依法履行受托职责。当信托公司或其股东利益与受益人利益发生冲突时，保证公司为受益人的最大利益服务。

根据公司实际情况和需求，董事会还可以下设人事、薪酬、审计、风险管理等专门委员会。

第三十一条 董事会应当设董事会秘书或专门机构，负责股东（大）会、董事会的筹备、会议记录和会议文件的保管、信息披露及其他日常事务，并负责将股东（大）会、董事会等会议文件报中国银监会或其派出机构备案。

第四章　监事和监事会

第一节　监　　事

第三十二条　信托公司监事应当符合法律、行政法规和中国银监会规定的资格条件，具备履行职责所必需的素质。

信托公司董事、高级管理人员及其直系亲属不得担任本公司监事。

第三十三条　监事有权了解公司经营情况，并承担相应的保密义务。

信托公司应当采取措施切实保障监事的知情权，为监事履行职责提供必要的条件。

第三十四条　监事应当列席董事会会议。列席会议的监事有权发表意见，但不享有表决权；发现重大事项可单独向中国银监会或其派出机构报告。

第二节　监　事　会

第三十五条　信托公司应当设监事会。

监事会应当制定规范的议事规则，经股东（大）会审议通过后执行，并报中国银监会或其派出机构备案。

第三十六条　监事会由监事会主席负责召集。

监事会可下设专门机构，负责监事会会议的筹备、会议记录和会议文件保管等事项，为监事依法履行职责提供服务。

第三十七条　监事会每年至少召开两次会议。监事会会议记录应当真实、完整，并自做出之日起至少保存十五年。出席会议的监事和记录人应当在会议记录上签字。

第三十八条　监事会可以要求公司董事或高级管理人员出席监事会会议，回答所关注的问题。

公司应将其内部稽核报告、合规检查报告、财务会计报告及其他重大事项及时报监事会。

第三十九条　基于履行职责的需要，监事会经协商一致，可以聘请外部审计机构或咨询机构，费用由信托公司承担。

第五章　高级管理层

第四十条　高级管理人员的任职资格应当符合法律、行政法规和中国银监会的规定。信托公司不得聘任未取得任职资格的人员担任高级管理人员或承担相关工作。

第四十一条 高级管理人员应当遵循诚信原则，谨慎、勤勉地在其职权范围内行使职权，不得为自己或他人谋取属于本公司的商业机会，不得接受与本公司交易有关的利益。

第四十二条 公司总经理和董事长不得为同一人。总经理向董事会负责，未担任董事职务的总经理可以列席董事会会议。

总经理应当根据董事会或监事会的要求，向董事会或监事会报告公司重大合同的签订与执行情况、资金运用情况和盈亏情况。总经理必须保证该报告的真实性。

第四十三条 高级管理层应当为受益人的最大利益认真履行受托职责：

（一）在信托业务与公司其他业务之间建立有效隔离机制，保证其人员、信息、会计账户之间保持相对独立，保障信托财产的独立性；

（二）认真管理信托财产，为每一个集合资金信托计划至少配备一名信托经理。

第四十四条 高级管理层应对公司的各个层面实施风险评估，实施评估的深度和广度应与公司的业务范围和各部门的职责相适应；同时应加强风险管理，有效检测、评估、控制和管理风险，逐步提高风险识别和风险管理的能力。

第四十五条 高级管理层应当根据公司经营活动需要，建立健全以投资决策系统、内部规章制度、经营风险控制系统、业务审批及操作系统等为主要内容的内部控制机制，并报中国银监会或其派出机构备案。

内控制度应当覆盖信托公司的各项业务、各个部门和各级人员，并融入到决策、执行、监督、反馈等各个经营环节，保证各个部门和岗位既相互独立又相互制约。

第四十六条 信托公司应当设立内部审计部门，对本公司的业务经营活动进行审计和监督。信托公司的内部审计部门应当至少每半年向公司董事会提交内部审计报告，同时向中国银监会或其派出机构报送上述报告的副本。

第四十七条 高级管理层应当设立合规管理部门，负责公司的合规稽核，对公司各部门及其人员行为的合规情况进行全程监控，协助高级管理层有效识别和管理信托公司所面临的合规风险。

第六章 激励与约束机制

第四十八条 信托公司应当依法制订公开、公正的绩效评价标准和程序，建立薪酬与公司效益和个人业绩相联系的激励与约束机制。

第四十九条 信托公司应当与公司员工签订聘任协议，对公司员工的任期、绩效考核、薪酬待遇、解聘事由、双方的权利义务及违约责任等进行约定。

第五十条 信托公司的薪酬分配制度应获得董事会的批准。董事会应当向股东（大）会就公司高级管理人员履行职责的情况、绩效评价情况、薪酬情况做出专项说明。

第五十一条 信托公司应当拟订员工培训计划，定期开展学习培训，提高公司员工的业务能力、合规意识和道德水准等。

第五十二条 信托公司应当建立内部举报机制，鼓励员工举报公司内部运营缺陷或违规行为，并对举报的问题进行独立调查、处理。

第五十三条 信托公司在条件具备时，经股东（大）会批准，可以建立董事、监事和高级管理人员的职业责任保险制度。

第七章 附 则

第五十四条 信托公司应当按照法律法规和有关监管规定，及时披露公司治理方面的信息，并保证披露信息的真实性、准确性和完整性。

第五十五条 本指引由中国银监会负责解释。

第五十六条 本指引自 2007 年 3 月 1 日起施行。

合规与银行内部合规部门

巴塞尔银行监管委员会

（2005 年 4 月 29 日）

引 言

1. 巴塞尔银行监管委员会（以下简称“委员会”）一直关注银行监管问题和促进银行业机构的稳健经营的做法。作为其持续努力的一部分，委员会就合规风险与银行内部合规部门发布本文件。为满足监管机构的监管要求，银行必须遵循有效的合规政策和程序，在发现违规情况时，银行管理层能够采取适当措施予以纠正。

2. 合规应从高层做起。当企业文化强调诚信与正直，并且董事会和高级管理层作出表率，合规才最为有效。合规与银行内部的每一位员工都相关，应被视为银行经营活动的组成部分。银行在开展业务时应坚持高标准，并始终力求遵循法律的规定与精神。如果银行疏于考虑经营行为对股东、客户、雇员和市场的影响，即使没有违反任何法律，也可能会导致严重的负面影响和声誉损失。

3. 本文件所称“合规风险”是指，银行因未能遵循法律、监管规定、规则、自律性组织制定的有关准则，以及适用于银行自身业务活动的行为准则（以下统称“合规法律、规则和准则”）而可能遭受法律制裁或监管处罚、重大财务损失或声誉损失的风险。

4. 合规法律、规则和准则通常涉及如下内容：遵守适当的市场行为准则，管理利益冲突，公平对待消费者，确保客户咨询的适宜性等。同时，还特别包括一些特定领域，如反洗钱和反恐怖融资，也可能扩展至与银行产品结构或客户咨询相关的税收方面的法律。如果一家银行故意参与客户用以规避监管或财务报告要求、逃避纳税义务等的交易或为其违法行为提供便利，该银行将面临严重的合规风险。

5. 合规法律、规则和准则有多种渊源，包括立法机构和监管机构发布的基本的法律、规则和准则；市场惯例；行业协会制定的行业规则以及适用于银行职员的内部行为准则等。基于上述理由，合规法律、规则和准则不仅包括那些具有法律约束力的文件，还包括更广义的诚实守信和道德行为的准则。

6. 合规应成为银行文化的一部分。合规并不只是专业合规人员的责任。尽管如此，如果一家银行设有符合下述“合规部门原则”的合规部门，该银行将能更有效地管理合规风险。本文件所称“合规部门”是指履行合规职责的职员，并不特指某一特定的组织架构。

7. 关于银行合规部门的组织方式，各银行之间存在着重大差异。在规模较大的银行，合规人员可能位于各营运业务线，有些国际活跃银行可能还设有集团合规官和当地合规官。在规模较小的银行，合规部门的职员可能被放在一个部门。有些银行还为数据保护、反洗钱及反恐怖融资等专业领域设立了单独的部门。

8. 一家银行应该以与自身风险管理战略和组织结构相吻合的方式组织合规部门，并为合规风险管理设定优先考虑的事项。例如，考虑到合规风险与操作风险的某些方面有着密切的关系，一些银行希望在操作风险部门内组建合规部门，其他银行则更愿意分设合规部门和操作风险部门，但银行要建立两个部门之间在合规事务方面密切合作的机制。

9. 不论一家银行如何组织其合规部门，该合规部门都应该是独立的，并有足够的资源支持。合规部门的职责应有明确的规定，内部审计部门应定期、独立地审查合规部门的工作。以下的原则 5 至原则 8 进一步阐明了这些高级原则，并在各原则之下阐释了与这些原则有关的稳健做法。各家银行可自行决定实施这些原则的最佳方式，但这些原则应适用于所有银行。银行也可采用有别于本文件的做法，只要这些做法是稳健的，并能从总体上表明该银行的合规部门的有效性。以何种方式实施这些原则将取决于多种因素，如银行的规模、业务的性质、经营的复杂程度和业务的区域分布，以及银行营业所在地的法律框架和监管框架。例如，一些规模较小的银行要完全实施本文件所建议的一些特定措施，也许并不可行，但该银行可能会采取能达到同样效果的其他措施。

10. 在提出有关原则时，本文件假定公司治理结构是由董事会和高级管理层组成。至于董事会和高级管理层的职能，不同的国家、不同类型的经济实体有不同的法律框架与监管框架。因此，银行在适用本文件所阐述的原则时，应依据其所在的国家和具体经济实体的公司治理结构。

11. 本文件所称“银行”主要是指银行、银行集团和附属机构主要是银行的控股公司等。

12. 在理解本文件时，应参阅委员会制订的其他相关文件。这些文件包括：

——《银行机构的内部控制体系框架》（1998 年 9 月）；

——《健全银行的公司治理》（1999 年 9 月）；

——《银行内部审计和监管当局与审计人员的关系》（2001 年 8 月）；

——《银行客户尽职调查》（2001 年 10 月）；

——《操作风险管理与监管的稳健做法》（2003 年 2 月）；

——《统一资本计量与资本标准的国际协议 – 修订框架》（2004 年 6 月）；

——《KYC 风险统一管理》（2004 年 10 月）。

13. 本文件在阐述银行合规部门应采用的原则之前，首先阐明了银行董事会和高级管理层在合规方面的特定职责。

董事会在合规方面的职责

原则 1：银行董事会负责监督银行的合规风险管理。董事会应该审批银行的合规政策，包括一份组建常设的、有效的合规部门的正式文件。董事会或董事会下设的委员会应该对银行有效管理合规风险的情况每年至少进行一次评估。

14. 如引言所述，银行董事会应在全行推行诚信与正直的价值观念，只有这样，银行的合规政策才能得以有效实施。遵循适用法律、规则和准则应视为实现上述目标的一条基本途径。与其他类别的风险一样，董事会有责任确保银行制定适当政策以有效管理银行的合规风险。董事会还应监督合规政策的实施，包括确保合规问题都由高级管理层在合规部门的协助下得到迅速有效的解决。当然，董事会也可能将这些任务委托给适当的董事会下设的委员会（如审计委员会）。

高级管理层在合规方面的职责

原则 2：银行高级管理层负责银行合规风险的有效管理。

15. 以下两项原则阐明了该一般性原则里最为重要的各项因素。

原则 3：银行高级管理层负责制定和传达合规政策，确保该合规政策得以遵守，并向董事会报告银行合规风险管理。

16. 银行高级管理层负责制定一份书面的合规政策。该合规政策应包含管理层和员工应遵守的基本原则，并要说明全行上下用以识别和管理合规风险的主要程序。区分全体员工都要遵守的一般性准则与只适用于特定员工群体的规则，将有助于增加政策的清晰度和透明度。

17. 高级管理层有职责确保合规政策得以遵守，包括发现违规问题时采取适当的补救方法或惩戒措施。

18. 在合规部门的协助下，高级管理层应该：

——每年至少一次识别和评估银行所面临的主要合规风险问题以及管理这些合规风险问题的计划。这些计划涉及对现行合规风险管理中政策上的、程序上的、实施或执行中的任何缺陷进行处理，并针对年度合规风险评估中发现的新的合规风险，对政策或程序进行补充。

—— 每年至少一次就银行的合规风险管理向董事会或董事会下设的委员会报告，此报告应能够有助于董事会成员就银行是否有效管理合规风险问题作出有充分依据的判断。

—— 及时向董事会或董事会下设的委员会报告重大违规情况（例如，可能会导致法律制裁或监管处罚、重大财务损失或声誉损失等重大风险的违规情况）。

原则 4：银行合规政策要求高级管理层负责组建一个常设和有效的银行内部合规部门。

19. 高级管理层应采取必要的措施，确保银行建立一个常设的、有效的并符合以下原则的合规部门。

合规部门原则

原则 5：独立性

银行的合规部门应该是独立的。

20. 独立性的概念包含四个相关要素。第一，合规部门应在银行内部享有正式地位。第二，应由一名集团合规官或合规负责人全面负责协调银行的合规风险管理。第三，在合规部门职员特别是合规负责人的职位安排上，应避免他们的合规职责与其所承担的其他职责产生利益冲突。第四，合规部门职员为履行职责，应能够获取必需的信息并能接触到相关人员。

21. 独立性并不意味着合规部门不能与其他业务单元的管理层和职员共同工作。实际上，合规部门与其他业务单元之间相互合作的工作关系将有助于早期识别和管理合规风险。然而，不论合规部门与其他业务单元之间的工作关系如何紧密，下述各要素都应被视为有助于确保合规部门有效性的保障措施。实施这些保障措施的方式在一定程度上取决于各个合规部门职员的具体职责。

地位

22. 合规部门应该在银行内部享有正式的地位，以使其具有适当的定位、授权及独立性。这可能在银行的合规政策或其他正式文件中予以规定。该文件应该传达给银行所有职员。

23. 以下与合规部门有关的事项应在该文件中予以规定：

——合规部门的功能和职责；

——确保合规部门独立性的各项措施；

——合规部门与银行其他风险管理部门和内部审计部门的关系；

——在合规职责由不同部门职员履行的情况下，这些职责如何在部门间进行分配；

——合规部门为履行其职责而获取必要信息的权利，以及在提供这些信息方面银行职员有给予合作的相应责任；

——合规部门对可能违反合规政策的事件进行调查，以及在适当情况下委托外部专家进行调查的权利；

——合规部门向高级管理层，必要时，向董事会或董事会下设的委员会自由陈述和披露其调查结果的权利；

——合规部门向高级管理层正式报告的义务；

——合规部门直接与董事会或董事会下设的委员会沟通的权利。

合规负责人

24. 每家银行应该有一位执行官或高级职员全面负责协调银行合规风险的识别和管理，以及监督其他合规部门职员的工作。本文件使用“合规负责人”这一称谓来描述该职位。

25. 履行合规职责的职员与合规负责人之间报告路线的性质或其他职能关系，将取决于该银行合规部门的组织方式。各营运业务单元或各地附属机构的合规部门职员可能有一条向营运业务单元管理层或当地管理层报告的路线，只要该职员还有一条就其合规职责向合规负责人报告的路线，这种做法就不应被排斥。如果合规部门职员位于各个独立的支持部门（如法律部、财务控制部和风险管理部等），则没有必要为其另设一条向合规负责人报告的路线。但是，这些部门应该与合规负责人密切合作，以确保合规负责人能够有效地履行其职责。

26. 合规负责人未必一定是高级管理层成员。如果合规负责人为高级管理层成员，他不应直接负责银行业务线。如果合规负责人不是高级管理层成员，他应有一条向不直接负责业务线的高级管理层成员直接报告的路线。

27. 合规负责人就职或离任，以及离任理由，应告知银行监管机构和董事会。对于设有当地合规官的国际性活跃银行，该合规负责人在到任或离任时，同样应告知东道国的监管机构。

利益冲突

28. 如果合规负责人和承担合规职责的其他职员的职位安排会使他们的合规职责与其他职责之间产生现实或是潜在的冲突，他们的独立性就有可能被削弱。委员会倾向于合规部门职员仅履行合规职责。但是，委员会认识到，在规模较小的银行、规模较小的业务单元或当地附属机构中，这也许并不可行。因此，在此情况下，合规部门职员可能从事合规以外的工作，前提是能够避免潜在的利益冲突。

29. 如果合规部门职员的薪酬与其履行合规职责的业务线的盈亏状况相挂钩，他们的独立性也有可能被削弱。但是，将合规部门职员的薪酬与整个银行的盈亏状况相挂钩通常是可以接受的。

信息获取和人员接触

30. 合规部门应该享有与银行任何员工进行沟通，并获取便于其履行职责所需的任何记录或档案材料的自主权。

31. 合规部门应该能够自主地对银行内部所有可能存在合规风险的部门履行风险管理的职责。合规部门应该有权对可能违反合规政策的事件进行调查，并在适当情况下请求银行内部专业人员（如法律或内部审计人员）的协助，或外聘专业人士履行该职责。

32. 对于调查所发现的任何异常情况或可能的违规行为，合规部门应随时向高级管理层报告，而不用担心来自管理层或其他员工的报复或冷遇。虽然合规部门通常的报告路线应该是向高级管理层报告，但在必要情况下，还应有权绕开通常的报告路线，直接向董事会或董事会下设的委员会报告。此外，董事会或董事会下设的委员会每年至少一次与合规负责人进行面谈也是有益的，这将有助于董事会或董事会下设的委员会评估银行有效管理合规风险的程度。

原则 6：资源

银行合规部门应该配备能有效履行职责的资源。

33. 为合规部门提供的资源应该是充分和适当的，以确保银行内部合规风险的有效管理。特别是，合规部门职员应该具备必要的资质、经验、专业水准和个人素质，以使他们能够履行特定职责。合规部门职员应该能正确理解合规法律、规则和准则及其对银行经营的实际影响。合规部门职员的专业技能，尤其是在把握合规法律、规则和准则的最新发展方面的技能，应通过定期和系统的教育和培训得到维持。

原则 7：合规部门职责

银行合规部门的职责应该是协助高级管理层有效管理银行面临的合规风险。银行合规部门的具体职责如下所述。如果其中的某些职责是由不同部门的职员履行，那么每个部门的职责应该界定清楚。

34. 合规职责未必都由“合规部”或“合规处”承担。合规职责可能由不同部门的职员履行。例如，有些银行分设法律部门和合规部门。法律部门负责就合规法律、规则和准则向管理层提出建议，并为员工制订指引；而合规部门则负责监测合规政策和程序的遵守情况，并向管理层报告。有些银行，合规部门的部分职责可能由操作风险小组承担，或是由更为综合的风险管理小组承担。如果这些部门之间存在职责分工，那么每个部门的职责都应该界定清楚。在各部门之间以及各部门与合规负责人之间应存在一种适当的合作机制（例如，相关意见和信息的提供和交流等）。这些机制应该是充分的，以确保合规负责人能够有效地履行职责。

建议

35. 合规部门应该就合规法律、规则和准则向高级管理层提出建议，包括随时向高级管理层报告该领域的发展情况。

指导与教育

36. 合规部门应该协助高级管理层：

——就合规问题对员工进行教育，并成为银行员工咨询有关合规问题的内部联络部门；

——就合规法律、规则和准则的恰当执行，通过政策、程序以及诸如合规手册、内部行为准则和各项操作指引等其他文件，为员工制定书面指引。

合规风险的识别、量化和评估

37. 合规部门应该积极主动地识别、书面说明和评估与银行经营活动相关的合规风险，包括新产品和新业务的开发，新业务方式的拓展，新客户关系的建立，或者这种客户关系的性质发生重大变化所产生的合规风险等。如果该银行设有新产品委员会，该委员会内应有合规部门职员代表。

38. 合规部门还应考虑各种量化合规风险的方法（例如，应用评价指标等），并运用这些计量方法加强合规风险的评估。评价指标可借助技术工具，通过收集或筛选可能预示潜在合规问题的数据（例如，消费者投诉的增长数、异常的交易或支付活动等）的方式来设计。

39. 合规部门应该评估银行各项合规程序和指引的适当性，立即深入调查任何已识别的缺陷，如有必要，系统地提出修改建议。

监测、测试和报告

40. 合规部门应该通过实施充分和有代表性的合规测试对合规进行监测和测试。合规测试的结果应依照银行内部风险管理程序，通过合规部门报告路线向上级报告。

41. 合规负责人应定期就合规事项向高级管理层报告。这些报告应涉及：报告期内所进行的合规风险评估，包括基于运用诸如评价指标的相关计量方法所反映的合规风险状况的任何变化；概述所有已识别的违规问题和（或）缺陷，以及所建议的纠正措施；已经采取的各项纠正措施。该报告的格式应与银行的合规风险状况和各项合规活动相匹配。

法定责任和联络

42. 合规部门可能承担特定的法定职责（例如，承担反洗钱人员的职责等）。

合规部门也可能与银行外部相关人员保持联络，包括监管者、准则制定者以及外部专家等。

合规方案

43. 合规部门应根据合规方案履行其职责，该方案确定了合规部门的行动计划，如具体政策和程序的实施与评审，合规风险评估，合规测试，以及就合规事项对银行职员进行教育等。合规方案应以风险为本，并受到合规负责人的监督，以确保对不同业务单元的适当覆盖以及各风险管理部门之间的协调。

原则 8：与内部审计的关系

合规部门的工作范围和广度应受到内部审计部门的定期复查。

44. 内部审计部门的风险评估方法应包括对合规风险的评估，并应制定一份包含合规部门适当性和有效性的审计方案，包括与认定的风险水平相匹配的控制测试。

45. 本原则表明，合规部门应与审计部门分离，以确保合规部门的各项工作受到独立的复查。因此，重要的是，在银行内部对于两个部门之间如何划分风险评估和测试活动应有清晰的认识，并用文件形式（如银行的合规政策或诸如备忘录等相关文件）予以规定。当然，审计部门应该将与合规有关的任何审计调查结果随时告知合规负责人。

其他事项：

原则 9：跨境问题

银行应该遵守所有开展业务所在国家或地区的适用法律和监管规定，合规部门的组织方式和结构以及合规部门的职责应符合当地的法律和监管要求。

46. 银行可能通过当地的附属机构、分行或在银行没有实体机构的国家或地区开展国际业务。法律和监管要求在不同国家或地区可能有所不同，也可能因银行开展的业务种类或所在地实体机构的形式不同而有所差异。

47. 选择在特定国家和地区开展业务的银行应该遵守当地的法律和监管规定。例如，以附属机构形式营业的银行必须符合东道国的法律和监管要求。有些国家或地区可能对外国银行的分行有特定要求。当地业务单元有责任确保每一国家或地区所要求的特定合规职责，由具有适当的当地知识和专门技能的人员来履行，并由合规负责人与银行的其他风险管理部门共同监督。

48. 委员会认识到，一家银行可能出于各种合理的理由在不同的国家或地区开展业务。尽管如此，如果该银行在特定国家或地区提供的产品或从事的活动，在该银行的母国没有得到许可，那么识别和评估该银行可能增加的声誉风险的程序就应该到位。

原则 10：外包

合规应被视为银行内部的一项核心风险管理活动。合规部门的具体工作可能被外包，但外包仍必须受到合规负责人的适当监督。

49. 联合论坛（即巴塞尔银行监管委员会、国际证券委员会组织和国际保险监督官协会）最近提出了被监管机构业务外包的高级原则，委员会鼓励各银行参照实施。

银行应该确保任何外包安排都不会妨碍监管机构的有效监管。无论合规部门具体工作的外包程度如何，董事会和高级管理层仍然要对银行遵循所有适用法律、规则和准则负责。

①关于董事会和高级管理层的职能，委员会认识到不同国家的法律框架和监管框架间存在着重大差别。在某些国家，董事会主要（如果不是全部）具有监督执行机构（高级管理层、一般管理层）的职能，以确保后者完成任务。鉴此，在某些情况下，它被理解为监事会，这意味着董事会没有执行职能。在其他国家，董事会权限较大，负责为银行管理层制定总体框架。由于这些差异，本文中使用的术语“董事会”和“高级管理层”，并不是去界定它们的法律上的概念，而是把它们当作一家银行的两个决策职能机构。

②在有些银行，合规负责人被称为“合规员”，而其他一些银行所称的“合规员”则是指履行具体合规职责的合规工作人员。

③“金融服务的外包”

商业银行合规风险管理指引

（2006 年 10 月 20 日　银监发〔2006〕76 号）

第一章　总　　则

第一条　为加强商业银行合规风险管理，维护商业银行安全稳健运行，根据《中华人民共和国银行业监督管理法》和《中华人民共和国商业银行法》，制定本指引。

第二条　在中华人民共和国境内设立的中资商业银行、外资独资银行、中外合资银行和外国银行分行适用本指引。

在中华人民共和国境内设立的政策性银行、金融资产管理公司、城市信用合作社、农村信用合作社、信托投资公司、企业集团财务公司、金融租赁公司、汽车金融公司、货币经纪公司、邮政储蓄机构以及经银监会批准设立的其他金融机构参照本指引执行。

第三条 本指引所称法律、规则和准则，是指适用于银行业经营活动的法律、行政法规、部门规章及其他规范性文件、经营规则、自律性组织的行业准则、行为守则和职业操守。

本指引所称合规，是指使商业银行的经营活动与法律、规则和准则相一致。

本指引所称合规风险，是指商业银行因没有遵循法律、规则和准则可能遭受法律制裁、监管处罚、重大财务损失和声誉损失的风险。

本指引所称合规管理部门，是指商业银行内部设立的专门负责合规管理职能的部门、团队或岗位。

第四条 合规管理是商业银行一项核心的风险管理活动。商业银行应综合考虑合规风险与信用风险、市场风险、操作风险和其他风险的关联性，确保各项风险管理政策和程序的一致性。

第五条 商业银行合规风险管理的目标是通过建立健全合规风险管理框架，实现对合规风险的有效识别和管理，促进全面风险管理体系建设，确保依法合规经营。

第六条 商业银行应加强合规文化建设，并将合规文化建设融入企业文化建设全过程。

合规是商业银行所有员工的共同责任，并应从商业银行高层做起。

董事会和高级管理层应确定合规的基调，确立全员主动合规、合规创造价值等合规理念，在全行推行诚信与正直的职业操守和价值观念，提高全体员工的合规意识，促进商业银行自身合规与外部监管的有效互动。

第七条 银监会依法对商业银行合规风险管理实施监管，检查和评价商业银行合规风险管理的有效性。

第二章 合规管理职责

第八条 商业银行应建立与其经营范围、组织结构和业务规模相适应的合规风险管理体系。

合规风险管理体系应包括以下基本要素：

（一）合规政策；

（二）合规管理部门的组织结构和资源；

（三）合规风险管理计划；

（四）合规风险识别和管理流程；

（五）合规培训与教育制度。

第九条 商业银行的合规政策应明确所有员工和业务条线需要遵守的基本原则，以及识别和管理合规风险的主要程序，并对合规管理职能的有关事项做出规定，至少应包括：

（一）合规管理部门的功能和职责；

（二）合规管理部门的权限，包括享有与银行任何员工进行沟通并获取履行职责所需的任何记录或档案材料的权利等；

（三）合规负责人的合规管理职责；

（四）保证合规负责人和合规管理部门独立性的各项措施，包括确保合规负责人和合规管理人员的合规管理职责与其承担的任何其他职责之间不产生利益冲突等；

（五）合规管理部门与风险管理部门、内部审计部门等其他部门之间的协作关系；

（六）设立业务条线和分支机构合规管理部门的原则。

第十条 董事会应对商业银行经营活动的合规性负最终责任，履行以下合规管理职责：

（一）审议批准商业银行的合规政策，并监督合规政策的实施；

（二）审议批准高级管理层提交的合规风险管理报告，并对商业银行管理合规风险的有效性作出评价，以使合规缺陷得到及时有效的解决；

（三）授权董事会下设的风险管理委员会、审计委员会或专门设立的合规管理委员会对商业银行合规风险管理进行日常监督；

（四）商业银行章程规定的其他合规管理职责。

第十一条 负责日常监督商业银行合规风险管理的董事会下设委员会应通过与合规负责人单独面谈和其他有效途径，了解合规政策的实施情况和存在的问题，及时向董事会或高级管理层提出相应的意见和建议，监督合规政策的有效实施。

第十二条 监事会应监督董事会和高级管理层合规管理职责的履行情况。

第十三条 高级管理层应有效管理商业银行的合规风险，履行以下合规管理职责：

（一）制定书面的合规政策，并根据合规风险管理状况以及法律、规则和准则的变化情况适时修订合规政策，报经董事会审议批准后传达给全体员工；

（二）贯彻执行合规政策，确保发现违规事件时及时采取适当的纠正措施，并追究违规责任人的相应责任；

（三）任命合规负责人，并确保合规负责人的独立性；

（四）明确合规管理部门及其组织结构，为其履行职责配备充分和适当的合规管理人员，并确保合规管理部门的独立性；

（五）识别商业银行所面临的主要合规风险，审核批准合规风险管理计划，确保合规管理部门与风险管理部门、内部审计部门以及其他相关部门之间的工作协调；

（六）每年向董事会提交合规风险管理报告，报告应提供充分依据并有助于董事会成员判断高级管理层管理合规风险的有效性；

（七）及时向董事会或其下设委员会、监事会报告任何重大违规事件；

（八）合规政策规定的其他职责。

第十四条 合规负责人应全面协调商业银行合规风险的识别和管理，监督合规管理部门根据合规风险管理计划履行职责，定期向高级管理层提交合规风险评估报告。合规负责人不得分管业务条线。

合规风险评估报告包括但不限于以下内容：报告期合规风险状况的变化情况、已识别的违规事件和合规缺陷、已采取的或建议采取的纠正措施等。

第十五条 商业银行应建立对管理人员合规绩效的考核制度。商业银行的绩效考核应体现倡导合规和惩处违规的价值观念。

第十六条 商业银行应建立有效的合规问责制度，严格对违规行为的责任认定与追究，并采取有效的纠正措施，及时改进经营管理流程，适时修订相关政策、程序和操作指南。

第十七条 商业银行应建立诚信举报制度，鼓励员工举报违法、违反职业操守或可疑行为，并充分保护举报人。

第三章 合规管理部门职责

第十八条 合规管理部门应在合规负责人的管理下协助高级管理层有效识别和管理商业银行所面临的合规风险，履行以下基本职责：

（一）持续关注法律、规则和准则的最新发展，正确理解法律、规则和准则的规定及其精神，准确把握法律、规则和准则对商业银行经营的影响，及时为高级管理层提供合规建议；

（二）制定并执行风险为本的合规管理计划，包括特定政策和程序的实施与评价、合规风险评估、合规性测试、合规培训与教育等；

（三）审核评价商业银行各项政策、程序和操作指南的合规性，组织、协调和督促各业务条线和内部控制部门对各项政策、程序和操作指南进行梳理和修订，确保各项政策、程序和操作指南符合法律、规则和准则的要求；

（四）协助相关培训和教育部门对员工进行合规培训，包括新员工的合规培训，以及所有员工的定期合规培训，并成为员工咨询有关合规问题的内部联络部门；

（五）组织制定合规管理程序以及合规手册、员工行为准则等合规指南，并评估合规管理程序和合规指南的适当性，为员工恰当执行法律、规则和准则提供指导；

（六）积极主动地识别和评估与商业银行经营活动相关的合规风险，包括为新产品和新业务的开发提供必要的合规性审核和测试，识别和评估新业务方式的拓展、新客户关系的建立以及客户关系的性质发生重大变化等所产生的合规风险；

（七）收集、筛选可能预示潜在合规问题的数据，如消费者投诉的增长数、异常交易等，建立合规风险监测指标，按照风险矩阵衡量合规风险发生的可能性和影响，确定合规风险的优先考虑序列；

（八）实施充分且有代表性的合规风险评估和测试，包括通过现场审核对各项政策和程序的合规性进行测试，询问政策和程序存在的缺陷，并进行相应的调查。合规性测试结果应按照商业银行的内部风险管理程序，通过合规风险报告路线向上报告，以确保各项政策和程序符合法律、规则和准则的要求；

（九）保持与监管机构日常的工作联系，跟踪和评估监管意见和监管要求的落实情况。

第十九条 商业银行应为合规管理部门配备有效履行合规管理职能的资源。合规管理人员应具备与履行职责相匹配的资质、经验、专业技能和个人素质。

商业银行应定期为合规管理人员提供系统的专业技能培训，尤其是在正确把握法律、规则和准则的最新发展及其对商业银行经营的影响等方面的技能培训。

第二十条 商业银行各业务条线和分支机构的负责人应对本条线和本机构经营活动的合规性负首要责任。

商业银行应根据业务条线和分支机构的经营范围、业务规模设立相应的合规管理部门。

各业务条线和分支机构合规管理部门应根据合规管理程序主动识别和管理合规风险，按照合规风险的报告路线和报告要求及时报告。

第二十一条 商业银行应建立合规管理部门与风险管理部门在合规管理方面的协作机制。

第二十二条 商业银行合规管理职能应与内部审计职能分离，合规管理职能的履行情况应受到内部审计部门定期的独立评价。

内部审计部门应负责商业银行各项经营活动的合规性审计。内部审计方案应包括合规管理职能适当性和有效性的审计评价，内部审计的风险评估方法应包括对合规风险的评估。

商业银行应明确合规管理部门与内部审计部门在合规风险评估和合规性测试方面的职责。内部审计部门应随时将合规性审计结果告知合规负责人。

第二十三条 商业银行应明确合规风险报告路线以及合规风险报告的要素、格式和频率。

第二十四条 商业银行境外分支机构或附属机构应加强合规管理职能，合规管理职能的组织结构应符合当地的法律和监管要求。

第二十五条 董事会和高级管理层应对合规管理部门工作的外包遵循法律、规则和准则负责。

商业银行应确保任何合规管理部门工作的外包安排都受到合规负责人的适当监督，不妨碍银监会的有效监管。

第四章 合规风险监管

第二十六条 商业银行应及时将合规政策、合规管理程序和合规指南等内部制度向银监会备案。

商业银行应及时向银监会报送合规风险管理计划和合规风险评估报告。

商业银行发现重大违规事件应按照重大事项报告制度的规定向银监会报告。

第二十七条 商业银行任命合规负责人，应按有关规定报告银监会。商业银行在合规负责人离任后的十个工作日内，应向银监会报告离任原因等有关情况。

第二十八条 银监会应定期对商业银行合规风险管理的有效性进行评价，评价报告作为分类监管的重要依据。

第二十九条 银监会应根据商业银行的合规记录及合规风险管理评价报告，确定合规风险现场检查的频率、范围和深度，检查的主要内容包括：

（一）商业银行合规风险管理体系的适当性和有效性；

（二）商业银行董事会和高级管理层在合规风险管理中的作用；

（三）商业银行绩效考核制度、问责制度和诚信举报制度的适当性和有效性；

（四）商业银行合规管理职能的适当性和有效性。

第五章 附　　则

第三十条 本指引由银监会负责解释。

第三十一条 本指引自发布之日起实施。

证券公司和证券投资基金管理公司合规管理办法

（2017年6月6日中国证券监督管理委员会令第133号公布 自2017年10月1日起施行）

第一章 总　　则

第一条 为了促进证券公司和证券投资基金管理公司加强内部合规管理，实现持续规范发展，根据《中华人民共和国公司法》《中华人民共和国证券法》《中华人民共和国证券投资基金法》和《证券公司监督管理条例》，制定本办法。

第二条 在中华人民共和国境内设立的证券公司和证券投资基金管理公司（以下统称证券基金经营机构）应当按照本办法实施合规管理。

本办法所称合规，是指证券基金经营机构及其工作人员的经营管理和执业行为符合法律、法规、规章及规范性文件、行业规范和自律规则、公司内部规章制度，以及行业普遍遵守的职业道德和行为准则（以下统称法律法规和准则）。

本办法所称合规管理，是指证券基金经营机构制定和执行合规管理制度，建立合规管理机制，防范合规风险的行为。

本办法所称合规风险，是指因证券基金经营机构或其工作人员的经营管理或执业行为违反法律法规和准则而使证券基金经营机构被依法追究法律责任、采取监管措施、给予纪律处分、出现财产损失或商业信誉损失的风险。

第三条 证券基金经营机构的合规管理应当覆盖所有业务，各部门、各分支机构、各层级子公司和全体工作人员，贯穿决策、执行、监督、反馈等各个环节。

第四条 证券基金经营机构应当树立全员合规、合规从管理层做起、合规创造价值、合规是公司生存基础的理念，倡导和推进合规文化建设，培育全体工作人员合规意识，提升合规管理人员职业荣誉感和专业化、职业化水平。

第五条 中国证券监督管理委员会（以下简称中国证监会）依法对证券基金经营机构合规管理工作实施监督管理。中国证监会派出机构按照授权履行监督管理职责。

中国证券业协会、中国证券投资基金业协会等自律组织（以下简称协会）依照本办法制定实施细则，对证券基金经营机构合规管理工作实施自律管理。

第二章　合规管理职责

第六条 证券基金经营机构开展各项业务，应当合规经营、勤勉尽责，坚持客户利益至上原则，并遵守下列基本要求：

（一）充分了解客户的基本信息、财务状况、投资经验、投资目标、风险偏好、诚信记录等信息并及时更新。

（二）合理划分客户类别和产品、服务风险等级，确保将适当的产品、服务提供给适合的客户，不得欺诈客户。

（三）持续督促客户规范证券发行行为，动态监控客户交易活动，及时报告、依法处置重大异常行为，不得为客户违规从事证券发行、交易活动提供便利。

（四）严格规范工作人员执业行为，督促工作人员勤勉尽责，防范其利用职务便利从事违法违规、超越权限或者其他损害客户合法权益的行为。

（五）有效管理内幕信息和未公开信息，防范公司及其工作人员利用该信息买卖证券、建议他人买卖证券，或者泄露该信息。

（六）及时识别、妥善处理公司与客户之间、不同客户之间、公司不同业务之间的利益冲突，切实维护客户利益，公平对待客户。

（七）依法履行关联交易审议程序和信息披露义务，保证关联交易的公允性，防止不正当关联交易和利益输送。

（八）审慎评估公司经营管理行为对证券市场的影响，采取有效措施，防止扰乱市场秩序。

第七条 证券基金经营机构董事会决定本公司的合规管理目标，对合规管理的有效性承担责任，履行下列合规管理职责：

（一）审议批准合规管理的基本制度；

（二）审议批准年度合规报告；

（三）决定解聘对发生重大合规风险负有主要责任或者领导责任的高级管理人员；

（四）决定聘任、解聘、考核合规负责人，决定其薪酬待遇；

（五）建立与合规负责人的直接沟通机制；

（六）评估合规管理有效性，督促解决合规管理中存在的问题；

（七）公司章程规定的其他合规管理职责。

第八条 证券基金经营机构的监事会或者监事履行下列合规管理职责：

（一）对董事、高级管理人员履行合规管理职责的情况进行监督；

（二）对发生重大合规风险负有主要责任或者领导责任的董事、高级管理人员提出罢免的建议；

（三）公司章程规定的其他合规管理职责。

第九条 证券基金经营机构的高级管理人员负责落实合规管理目标，对合规运营承担责任，履行下列合规管理职责：

（一）建立健全合规管理组织架构，遵守合规管理程序，配备充足、适当的合规管理人员，并为其履行职责提供充分的人力、物力、财力、技术支持和保障；

（二）发现违法违规行为及时报告、整改，落实责任追究；

（三）公司章程规定或者董事会确定的其他合规管理职责。

第十条 证券基金经营机构各部门、各分支机构和各层级子公司（以下统称下属各单位）负责人负责落实本单位的合规管理目标，对本单位合规运营承担责任。

证券基金经营机构全体工作人员应当遵守与其执业行为有关的法律、法规和准则，主动识别、控制其执业行为的合规风险，并对其执业行为的合规性承担责任。

下属各单位及工作人员发现违法违规行为或者合规风险隐患时，应当主动及时向合规负责人报告。

第十一条 证券基金经营机构设合规负责人。合规负责人是高级管理人员，直接向董事会负责，对本公司及其工作人员的经营管理和执业行为的合规性进行审查、监督和检查。

合规负责人不得兼任与合规管理职责相冲突的职务，不得负责管理与合规管理职责相冲突的部门。

证券基金经营机构的章程应当对合规负责人的职责、任免条件和程序等作出规定。

第十二条 证券基金经营机构合规负责人应当组织拟定合规管理的基本制度和其他合规管理制度，督导下属各单位实施。

合规管理的基本制度应当明确合规管理的目标、基本原则、机构设置及其职责，违法违规行为及合规风险隐患的报告、处理和责任追究等内容。

法律法规和准则发生变动的，合规负责人应当及时建议董事会或高级管理人员并督导有关部门，评估其对合规管理的影响，修改、完善有关制度和业务流程。

第十三条 合规负责人应当对证券基金经营机构内部规章制度、重大决策、新产品和新业务方案等进行合规审查，并出具书面合规审查意见。

中国证监会及其派出机构、自律组织要求对证券基金经营机构报送的申请材料或报告进行合规审查的，合规负责人应当审查，并在该申请材料或报告上签署合规审查意见。其他相关高级管理人员等人员应当对申请材料或报告中基本事实和业务数据的真实性、准确性及完整性负责。

证券基金经营机构不采纳合规负责人的合规审查意见的，应当将有关事项提交董事会决定。

第十四条 合规负责人应当按照中国证监会及其派出机构的要求和公司规定，对证券基金经营机构及其工作人员经营管理和执业行为的合规性进行监督检查。

合规负责人应当协助董事会和高级管理人员建立和执行信息隔离墙、利益冲突管理和反洗钱制度，按照公司规定为高级管理人员、下属各单位提供合规咨询、组织合规培训，指导和督促公司有关部门处理涉及公司和工作人员违法违规行为的投诉和举报。

第十五条 合规负责人应当按照公司规定，向董事会、经营管理主要负责人报告证券基金经营机构经营管理合法合规情况和合规管理工作开展情况。

合规负责人发现证券基金经营机构存在违法违规行为或合规风险隐患的，应当依照公司章程规定及时向董事会、经营管理主要负责人报告，提出处理意见，并督促整改。合规负责人应当同时督促公司及时向中国证监会相关派出机构报告；公司未及时报告的，应当直接向中国证监会相关派出机构报告；有关行为违反行业规范和自律规则的，还应当向有关自律组织报告。

第十六条 合规负责人应当及时处理中国证监会及其派出机构和自律组织要求调查的事项，配合中国证监会及其派出机构和自律组织对证券基金经营机构的检查和调查，跟踪和评估监管意见和监管要求的落实情况。

第十七条 合规负责人应当将出具的合规审查意见、提供的合规咨询意见、签署的公司文件、合规检查工作底稿等与履行职责有关的文件、资料存档备查，并对履行职责的情况作出记录。

第三章 合规管理保障

第十八条 合规负责人应当通晓相关法律法规和准则，诚实守信，熟悉证券、基金业务，具有胜任合规管理工作需要的专业知识和技能，并具备下列任职条件：

（一）从事证券、基金工作 10 年以上，并且通过中国证券业协会或中国证券投资基金业协会组织的合规管理人员胜任能力考试；或者从事证券、基金工作 5 年以上，并且通过法律职业资格考试；或者在证券监管机构、证券基金业自律组织任职 5 年以上；

（二）最近 3 年未被金融监管机构实施行政处罚或采取重大行政监管措施；

（三）中国证监会规定的其他条件。

第十九条 证券基金经营机构聘任合规负责人，应当向中国证监会相关派出机构报送人员简历及有关证明材料。证券公司合规负责人应当经中国证监会相关派出机构认可后方可任职。

合规负责人任期届满前，证券基金经营机构解聘的，应当有正当理由，并在有关董事会会议召开 10 个工作日前将解聘理由书面报告中国证监会相关派出机构。

前款所称正当理由，包括合规负责人本人申请，或被中国证监会及其派出机构责令更换，或确有证据证明其无法正常履职、未能勤勉尽责等情形。

第二十条 合规负责人不能履行职务或缺位时，应当由证券基金经营机构董事长或经营管理主要负责人代行其职务，并自决定之日起 3 个工作日内向中国证监会相关派出机构书面报告，代行职务的时间不得超过 6 个月。

合规负责人提出辞职的，应当提前 1 个月向公司董事会提出申请，并向中国证监会相关派出机构报告。在辞职申请获得批准之前，合规负责人不得自行停止履行职责。

合规负责人缺位的，公司应当在 6 个月内聘请符合本办法第十八条规定的人员担任合规负责人。

第二十一条 证券基金经营机构应当设立合规部门。合规部门对合规负责人负责，按照公司规定和合规负责人的安排履行合规管理职责。合规部门不得承担与合规管理相冲突的其他职责。

证券基金经营机构应当明确合规部门与其他内部控制部门之间的职责分工，建立内部控制部门协调互动的工作机制。

第二十二条 证券基金经营机构应当为合规部门配备足够的、具备与履行合规管理职责相适应的专业知识和技能的合规管理人员。合规部门中具备3年以上证券、金融、法律、会计、信息技术等有关领域工作经历的合规管理人员数量不得低于公司总部人数的一定比例，具体比例由协会规定。

第二十三条 证券基金经营机构各业务部门、各分支机构应当配备符合本办法第二十二条规定的合规管理人员。

合规管理人员可以兼任与合规管理职责不相冲突的职务。合规风险管控难度较大的部门和分支机构应当配备专职合规管理人员。

第二十四条 证券基金经营机构应当将各层级子公司的合规管理纳入统一体系，明确子公司向母公司报告的合规管理事项，对子公司的合规管理制度进行审查，对子公司经营管理行为的合规性进行监督和检查，确保子公司合规管理工作符合母公司的要求。

从事另类投资、私募基金管理、基金销售等活动的子公司，应当由证券基金经营机构选派人员作为子公司高级管理人员负责合规管理工作，并由合规负责人考核和管理。

第二十五条 证券基金经营机构应当保障合规负责人和合规管理人员充分履行职责所需的知情权和调查权。

证券基金经营机构召开董事会会议、经营决策会议等重要会议以及合规负责人要求参加或者列席的会议的，应当提前通知合规负责人。合规负责人有权根据履职需要参加或列席有关会议，查阅、复制有关文件、资料。

合规负责人根据履行职责需要，有权要求证券基金经营机构有关人员对相关事项作出说明，向为公司提供审计、法律等中介服务的机构了解情况。

合规负责人认为必要时，可以证券基金经营机构名义直接聘请外部专业机构或人员协助其工作，费用由公司承担。

第二十六条 证券基金经营机构应当保障合规负责人和合规管理人员的独立性。

证券基金经营机构的股东、董事和高级管理人员不得违反规定的职责和程序，直接向合规负责人下达指令或者干涉其工作。

证券基金经营机构的董事、监事、高级管理人员和下属各单位应当支持和配合合规负责人、合规部门及本单位合规管理人员的工作，不得以任何理由限制、阻挠合规负责人、合规部门和合规管理人员履行职责。

第二十七条 合规部门及专职合规管理人员由合规负责人考核。对兼职合规管理人员进行考核时，合规负责人所占权重应当超过50%。证券基金经营机构应当制定合规负责人、合规部门及专职合规管理人员的考核管理制度，不得采取其他部门评价、以业务部门的经营业绩为依据等不利于合规独立性的考核方式。

证券基金经营机构董事会对合规负责人进行年度考核时，应当就其履行职责情况及考核意见书面征求中国证监会相关派出机构的意见，中国证监会相关派出机构可以根据掌握的情况建议董事会调整考核结果。

证券基金经营机构对高级管理人员和下属各单位的考核应当包括合规负责人对其合规管理有效性、经营管理和执业行为合规性的专项考核内容。合规性专项考核占总考核结果的比例不得低于协会的规定。

第二十八条 证券基金经营机构应当制定合规负责人与合规管理人员的薪酬管理制度。合规负责人工作称职的，其年度薪酬收入总额在公司高级管理人员年度薪酬收入总额中的排名不得低于中位数；合规管理人员工作称职的，其年度薪酬收入总额不得低于公司同级别人员的平均水平。

第二十九条 中国证监会及其派出机构和自律组织支持证券基金经营机构合规负责人依法开展工作，组织行业合规培训和交流，并督促证券基金经营机构为合规负责人提供充足的履职保障。

第四章 监督管理与法律责任

第三十条 证券基金经营机构应当在报送年度报告的同时向中国证监会相关派出机构报送年度合规报告。年度合规报告包括下列内容：

（一）证券基金经营机构和各层级子公司合规管理的基本情况；

（二）合规负责人履行职责情况；

（三）违法违规行为、合规风险隐患的发现及整改情况；

（四）合规管理有效性的评估及整改情况；

（五）中国证监会及其派出机构要求或证券基金经营机构认为需要报告的其他内容。

证券基金经营机构的董事、高级管理人员应当对年度合规报告签署确认意见，保证报告的内容真实、准确、完整；对报告内容有异议的，应当注明意见和理由。

第三十一条 证券基金经营机构应当组织内部有关机构和部门或者委托具体专业资质的外部专业机构对公司合规管理的有效性进行评估，及时解决合规管理中存在的问题。对合规管理有效性的全面评估，每年不得少于1次。委托具有专业资质的外部专业机构进行的全面评估，每3年至少进行1次。

中国证监会及其派出机构发现证券基金经营机构存在违法违规行为或重大合规

风险隐患的，可以要求证券基金经营机构委托指定的具有专业资质的外部专业机构对公司合规管理的有效性进行评估，并督促其整改。

第三十二条 证券基金经营机构违反本办法规定的，中国证监会可以采取出具警示函、责令定期报告、责令改正、监管谈话等行政监管措施；对直接负责的董事、监事、高级管理人员和其他责任人员，可以采取出具警示函、责令参加培训、责令改正、监管谈话、认定为不适当人选等行政监管措施。

证券基金经营机构违反本办法规定导致公司出现治理结构不健全、内部控制不完善等情形的，对证券基金经营机构及其直接负责的董事、监事、高级管理人员和其他直接责任人员，依照《中华人民共和国证券投资基金法》第二十四条、《证券公司监督管理条例》第七十条采取行政监管措施。

第三十三条 合规负责人违反本办法规定的，中国证监会可以采取出具警示函、责令参加培训、责令改正、监管谈话、认定为不适当人选等行政监管措施。

第三十四条 证券基金经营机构的董事、监事、高级管理人员未能勤勉尽责，致使公司存在重大违法违规行为或者重大合规风险的，依照《中华人民共和国证券法》第一百五十二条、《中华人民共和国证券投资基金法》第二十五条采取行政监管措施。

第三十五条 证券基金经营机构违反本办法第十八条、第十九条、第二十条、第二十一条、第二十二条、第二十三条、第二十四条、第二十五条、第二十六条、第二十七条、第二十八条规定，情节严重的，对证券基金经营机构及其直接负责的董事、监事、高级管理人员和其他直接责任人员，处以警告、3 万元以下罚款。

合规负责人未按照本办法第十五条第二款的规定及时向中国证监会相关派出机构报告重大违法违规行为的，处以警告、3 万元以下罚款。

第三十六条 证券基金经营机构通过有效的合规管理，主动发现违法违规行为或合规风险隐患，积极妥善处理，落实责任追究，完善内部控制制度和业务流程并及时向中国证监会或其派出机构报告的，依法从轻、减轻处理；情节轻微并及时纠正违法违规行为或避免合规风险，没有造成危害后果的，不予追究责任。

对于证券基金经营机构的违法违规行为，合规负责人已经按照本办法的规定尽职履行审查、监督、检查和报告职责的，不予追究责任。

第五章 附 则

第三十七条 本办法下列用语的含义：

（一）合规负责人，包括证券公司的合规总监和证券投资基金管理公司的督察长。

（二）中国证监会相关派出机构，包括证券公司住所地的中国证监会派出机构，和证券投资基金管理公司住所地或者经营所在地的中国证监会派出机构。

第三十八条 中国证监会根据审慎监管的原则，可以提高对行业重要性证券基金经营机构的合规管理要求，并可以采取增加现场检查频率、强化合规负责人任职监管、委托外部专业机构协助开展工作等方式加强合规监管。

前款所称行业重要性证券基金经营机构，是指中国证监会认定的，公司内部经营活动可能导致证券基金行业、证券市场产生重大风险的证券基金经营机构。

第三十九条 开展公开募集证券投资基金管理业务的保险资产管理机构、私募资产管理机构等，参照本办法执行。

第四十条 本办法自2017年10月1日起施行。《证券投资基金管理公司督察长管理规定》（证监基金字〔2006〕85号）、《证券公司合规管理试行规定》（证监会公告〔2008〕30号）同时废止。

保险公司合规管理办法

（2016年12月30日 保监发〔2016〕116号）

第一章 总 则

第一条 为了加强保险公司合规管理，发挥公司治理机制作用，根据《中华人民共和国公司法》《中华人民共和国保险法》和《保险公司管理规定》等法律、行政法规和规章，制定本办法。

第二条 本办法所称的合规是指保险公司及其保险从业人员的保险经营管理行为应当符合法律法规、监管规定、公司内部管理制度以及诚实守信的道德准则。

本办法所称的合规风险是指保险公司及其保险从业人员因不合规的保险经营管理行为引发法律责任、财务损失或者声誉损失的风险。

第三条 合规管理是保险公司通过建立合规管理机制，制定和执行合规政策，开展合规审核、合规检查、合规风险监测、合规考核以及合规培训等，预防、识别、评估、报告和应对合规风险的行为。合规管理是保险公司全面风险管理的一项重要内容，也是实施有效内部控制的一项基础性工作。

保险公司应当按照本办法的规定，建立健全合规管理制度，完善合规管理组织架构，明确合规管理责任，构建合规管理体系，推动合规文化建设，有效识别并积极主动防范、化解合规风险，确保公司稳健运营。

第四条 保险公司应当倡导和培育良好的合规文化，努力培育公司全体保险从业人员的合规意识，并将合规文化建设作为公司文化建设的一个重要组成部分。

保险公司董事会和高级管理人员应当在公司倡导诚实守信的道德准则和价值观念，推行主动合规、合规创造价值等合规理念，促进保险公司内部合规管理与外部监管的有效互动。

第五条 保险集团（控股）公司应当建立集团整体的合规管理体系，加强对全集团合规管理的规划、领导和监督，提高集团整体合规管理水平。各成员公司应当贯彻落实集团整体合规管理要求，对自身合规管理负责。

第六条 中国保监会及其派出机构依法对保险公司合规管理实施监督检查。

第二章 董事会、监事会和总经理的合规职责

第七条 保险公司董事会对公司的合规管理承担最终责任，履行以下合规职责：

（一）审议批准合规政策，监督合规政策的实施，并对实施情况进行年度评估；

（二）审议批准并向中国保监会提交公司年度合规报告，对年度合规报告中反映出的问题，提出解决方案；

（三）决定合规负责人的聘任、解聘及报酬事项；

（四）决定公司合规管理部门的设置及其职能；

（五）保证合规负责人独立与董事会、董事会专业委员会沟通；

（六）公司章程规定的其他合规职责。

第八条 保险公司董事会可以授权专业委员会履行以下合规职责：

（一）审核公司年度合规报告；

（二）听取合规负责人和合规管理部门有关合规事项的报告；

（三）监督公司合规管理，了解合规政策的实施情况和存在的问题，并向董事会提出意见和建议；

（四）公司章程规定或者董事会确定的其他合规职责。

第九条 保险公司监事或者监事会履行以下合规职责：

（一）监督董事和高级管理人员履行合规职责的情况；

（二）监督董事会的决策及决策流程是否合规；

（三）对引发重大合规风险的董事、高级管理人员提出罢免的建议；

（四）向董事会提出撤换公司合规负责人的建议；

（五）依法调查公司经营中引发合规风险的相关情况，并可要求公司相关高级管理人员和部门协助；

（六）公司章程规定的其他合规职责。

第十条 保险公司总经理履行以下合规职责：

（一）根据董事会的决定建立健全公司合规管理组织架构，设立合规管理部门，

并为合规负责人和合规管理部门履行职责提供充分条件；

（二）审核公司合规政策，报经董事会审议后执行；

（三）每年至少组织一次对公司合规风险的识别和评估，并审核公司年度合规管理计划；

（四）审核并向董事会或者其授权的专业委员会提交公司年度合规报告；

（五）发现公司有不合规的经营管理行为的，应当及时制止并纠正，追究违规责任人的相应责任，并按规定进行报告；

（六）公司章程规定、董事会确定的其他合规职责。

保险公司分公司和中心支公司总经理应当履行前款第三项和第五项规定的合规职责，以及保险公司确定的其他合规职责。

第三章　合规负责人和合规管理部门

第十一条　保险公司应当设立合规负责人。合规负责人是保险公司的高级管理人员。合规负责人不得兼管公司的业务、财务、资金运用和内部审计部门等可能与合规管理存在职责冲突的部门，保险公司总经理兼任合规负责人的除外。

本条所称的业务部门指保险公司设立的负责销售、承保和理赔等保险业务的部门。

第十二条　保险公司任命合规负责人，应当依据《保险公司董事、监事和高级管理人员任职资格管理规定》及中国保监会的有关规定申请核准其任职资格。

保险公司解聘合规负责人的，应当在解聘后10个工作日内向中国保监会报告并说明正当理由。

第十三条　保险公司合规负责人对董事会负责，接受董事会和总经理的领导，并履行以下职责：

（一）全面负责公司的合规管理工作，领导合规管理部门；

（二）制定和修订公司合规政策，制订公司年度合规管理计划，并报总经理审核；

（三）将董事会审议批准后的合规政策传达给保险从业人员，并组织执行；

（四）向总经理、董事会或者其授权的专业委员会定期提出合规改进建议，及时报告公司和高级管理人员的重大违规行为；

（五）审核合规管理部门出具的合规报告等合规文件；

（六）公司章程规定或者董事会确定的其他合规职责。

第十四条　保险公司总公司及省级分公司应当设置合规管理部门。保险公司应当根据业务规模、组织架构和风险管理工作的需要，在其他分支机构设置合规管理部门或者合规岗位。

保险公司分支机构的合规管理部门、合规岗位对上级合规管理部门或者合规岗位负责，同时对其所在分支机构的负责人负责。

保险公司应当以合规政策或者其他正式文件的形式，确立合规管理部门和合规岗位的组织结构、职责和权利，并规定确保其独立性的措施。

第十五条 保险公司应当确保合规管理部门和合规岗位的独立性，并对其实行独立预算和考评。合规管理部门和合规岗位应当独立于业务、财务、资金运用和内部审计部门等可能与合规管理存在职责冲突的部门。

第十六条 合规管理部门履行以下职责：

（一）协助合规负责人制订、修订公司的合规政策和年度合规管理计划，并推动其贯彻落实，协助高级管理人员培育公司的合规文化；

（二）组织协调公司各部门和分支机构制订、修订公司合规管理规章制度；

（三）组织实施合规审核、合规检查；

（四）组织实施合规风险监测，识别、评估和报告合规风险；

（五）撰写年度合规报告；

（六）为公司新产品和新业务的开发提供合规支持，识别、评估合规风险；

（七）组织公司反洗钱等制度的制订和实施；

（八）开展合规培训，推动保险从业人员遵守行为准则，并向保险从业人员提供合规咨询；

（九）审查公司重要的内部规章制度和业务规程，并依据法律法规、监管规定和行业自律规则的变动和发展，提出制订或者修订公司内部规章制度和业务规程的建议；

（十）保持与监管机构的日常工作联系，反馈相关意见和建议；

（十一）组织或者参与实施合规考核和问责；

（十二）董事会确定的其他合规管理职责。

合规岗位的具体职责，由公司参照前款规定确定。

第十七条 保险公司应当保障合规负责人、合规管理部门和合规岗位享有以下权利：

（一）为了履行合规管理职责，通过参加会议、查阅文件、调取数据、与有关人员交谈、接受合规情况反映等方式获取信息；

（二）对违规或者可能违规的人员和事件进行独立调查，可外聘专业人员或者机构协助工作；

（三）享有通畅的报告渠道，根据董事会确定的报告路线向总经理、董事会授权的专业委员会、董事会报告；

（四）董事会确定的其他权利。

董事会和高级管理人员应当支持合规管理部门、合规岗位和合规人员履行工作职责，并采取措施切实保障合规管理部门、合规岗位和合规人员不因履行职责遭受不公正的对待。

第十八条 保险公司应当根据业务规模、人员数量、风险水平等因素为合规管理部门或者合规岗位配备足够的专职合规人员。

保险公司总公司和省级分公司应当为合规管理部门以外的其他各部门配备兼职合规人员。有条件的保险公司应当为省级分公司以外的其他分支机构配备兼职合规人员。保险公司应当建立兼职合规人员激励机制，促进兼职合规人员履职尽责。

第十九条 合规人员应当具有与其履行职责相适应的资质和经验，具有法律、保险、财会、金融等方面的专业知识，并熟练掌握法律法规、监管规定、行业自律规则和公司内部管理制度。

保险公司应当定期开展系统的教育培训，提高合规人员的专业技能。

第四章 合规管理

第二十条 保险公司应当建立三道防线的合规管理框架，确保三道防线各司其职、协调配合，有效参与合规管理，形成合规管理的合力。

第二十一条 保险公司各部门和分支机构履行合规管理的第一道防线职责，对其职责范围内的合规管理负有直接和第一位的责任。

保险公司各部门和分支机构应当主动进行日常的合规管控，定期进行合规自查，并向合规管理部门或者合规岗位提供合规风险信息或者风险点，支持并配合合规管理部门或者合规岗位的合规风险监测和评估。

第二十二条 保险公司合规管理部门和合规岗位履行合规管理的第二道防线职责。合规管理部门和合规岗位应当按照本办法第十六条规定的职责，向公司各部门和分支机构的业务活动提供合规支持，组织、协调、监督各部门和分支机构开展合规管理各项工作。

第二十三条 保险公司内部审计部门履行合规管理的第三道防线职责，定期对公司的合规管理情况进行独立审计。

第二十四条 保险公司应当在合规管理部门与内部审计部门之间建立明确的合作和信息交流机制。内部审计部门在审计结束后，应当将审计情况和结论通报合规管理部门；合规管理部门也可以根据合规风险的监测情况主动向内部审计部门提出开展审计工作的建议。

第二十五条 保险公司应当制订合规政策，经董事会审议通过后报中国保监会备案。

合规政策是保险公司进行合规管理的纲领性文件，应当包括以下内容：

（一）公司进行合规管理的目标和基本原则；

（二）公司倡导的合规文化；

（三）董事会、高级管理人员的合规责任；

（四）公司合规管理框架和报告路线；

（五）合规管理部门的地位和职责；

（六）公司识别和管理合规风险的主要程序。

保险公司应当定期对合规政策进行评估，并视合规工作需要进行修订。

第二十六条 保险公司应当通过制定相关规章制度，明确保险从业人员行为规范，落实公司的合规政策，并为保险从业人员执行合规政策提供指引。

保险公司应当制定工作岗位的业务操作程序和规范。

第二十七条 保险公司应当定期组织识别、评估和监测以下事项的合规风险：

（一）业务行为；

（二）财务行为；

（三）资金运用行为；

（四）机构管理行为；

（五）其他可能引发合规风险的行为。

第二十八条 保险公司应当明确合规风险报告的路线，规定报告路线涉及的每个人员和机构的职责，明确报告人的报告内容、方式和频率以及接受报告人直接处理或者向上报告的规范要求。

第二十九条 保险公司合规管理部门应当对下列事项进行合规审核：

（一）重要的内部规章制度和业务规程；

（二）重要的业务行为、财务行为、资金运用行为和机构管理行为。

第三十条 保险公司合规管理部门应当按照合规负责人、总经理、董事会或者其授权的专业委员会的要求，在公司内进行合规调查。

合规调查结束后，合规管理部门应当就调查情况和结论制作报告，并报送提出调查要求的机构。

第三十一条 保险公司应当建立有效的合规考核和问责制度，将合规管理作为公司年度考核的重要指标，对各部门、分支机构及其人员的合规职责履行情况进行考核和评价，并追究违法违规事件责任人员的责任。

第三十二条 保险公司合规管理部门应当与公司相关培训部门建立协作机制，制订合规培训计划，定期组织开展合规培训工作。

保险公司董事、监事和高级管理人员应当参加与其职责相关的合规培训。保险从业人员应当定期接受合规培训。

第三十三条 保险公司应当建立有效的信息系统，确保在合规管理工作中能够及时、准确获取有关公司业务、财务、资金运用、机构管理等合规管理工作所需的信息。

第三十四条 保险公司各分支机构主要负责人应当根据本办法和公司合规管理制度，落实上级机构的要求，加强合规管理。

第五章 合规的外部监督

第三十五条 中国保监会根据保险公司发展实际，采取分类指导的原则，加强督导，推动保险公司建立和完善合规管理体系。

第三十六条 中国保监会通过合规报告或者现场检查等方式对保险公司合规管理工作进行监督和评价，评价结果将作为实施风险综合评级的重要依据。

第三十七条 保险公司应当于每年 4 月 30 日前向中国保监会提交公司上一年度的年度合规报告。保险公司董事会对合规报告的真实性、准确性、完整性负责。

公司年度合规报告应当包括以下内容：

（一）合规管理状况概述；

（二）合规政策的制订、评估和修订；

（三）合规负责人和合规管理部门的情况；

（四）重要业务活动的合规情况；

（五）合规评估和监测机制的运行；

（六）存在的主要合规风险及应对措施；

（七）重大违规事件及其处理；

（八）合规培训情况；

（九）合规管理存在的问题和改进措施；

（十）其他。

中国保监会可以根据监管需要，要求保险公司报送综合或者专项的合规报告。

中国保监会派出机构可以根据辖区内监管需要，要求保险公司省级分公司书面报告合规工作情况。

第三十八条 保险公司及其相关责任人违反本办法规定的，中国保监会可以根据具体情况采取以下监管措施：

（一）责令限期改正；

（二）调整风险综合评级；

（三）调整公司治理评级；

（四）监管谈话；

（五）行业通报；

（六）其他监管措施。

对拒不改正的，依法予以处罚。

第六章　附　　则

第三十九条　本办法适用于在中华人民共和国境内成立的保险公司、保险集团（控股）公司。外国保险公司分公司、保险资产管理公司以及经中国保监会批准成立的其他保险组织参照适用。

保险公司计划单列市分公司参照适用本办法有关保险公司省级分公司的规定。

第四十条　本办法所称保险公司分支机构，是指经中国保监会及其派出机构批准，保险公司依法在境内设立的分公司、中心支公司、支公司、营业部、营销服务部以及各类专属机构。

本办法所称保险从业人员，是指保险公司工作人员以及其他为保险公司销售保险产品的保险销售从业人员。

第四十一条　本办法由中国保监会负责解释。

第四十二条　本办法自2017年7月1日起施行。中国保监会2007年9月7日发布的《保险公司合规管理指引》（保监发〔2007〕91号）同时废止。

中国人民银行、中国银行保险监督管理委员会、中国证券监督管理委员会、国家外汇管理局关于规范金融机构资产管理业务的指导意见

（2018年4月27日　银发〔2018〕106号）

近年来，我国资产管理业务快速发展，在满足居民和企业投融资需求、改善社会融资结构等方面发挥了积极作用，但也存在部分业务发展不规范、多层嵌套、刚性兑付、规避金融监管和宏观调控等问题。按照党中央、国务院决策部署，为规范金融机构资产管理业务，统一同类资产管理产品监管标准，有效防控金融风险，引导社会资金流向实体经济，更好地支持经济结构调整和转型升级，经国务院同意，现提出以下意见：

一、规范金融机构资产管理业务主要遵循以下原则：

（一）坚持严控风险的底线思维。把防范和化解资产管理业务风险放到更加重要的位置，减少存量风险，严防增量风险。

（二）坚持服务实体经济的根本目标。既充分发挥资产管理业务功能，切实服务实体经济投融资需求，又严格规范引导，避免资金脱实向虚在金融体系内部自我循环，防止产品过于复杂，加剧风险跨行业、跨市场、跨区域传递。

（三）坚持宏观审慎管理与微观审慎监管相结合、机构监管与功能监管相结合的监管理念。实现对各类机构开展资产管理业务的全面、统一覆盖，采取有效监管措施，加强金融消费者权益保护。

（四）坚持有的放矢的问题导向。重点针对资产管理业务的多层嵌套、杠杆不清、套利严重、投机频繁等问题，设定统一的标准规制，同时对金融创新坚持趋利避害、一分为二，留出发展空间。

（五）坚持积极稳妥审慎推进。正确处理改革、发展、稳定关系，坚持防范风险与有序规范相结合，在下决心处置风险的同时，充分考虑市场承受能力，合理设置过渡期，把握好工作的次序、节奏、力度，加强市场沟通，有效引导市场预期。

二、资产管理业务是指银行、信托、证券、基金、期货、保险资产管理机构、金融资产投资公司等金融机构接受投资者委托，对受托的投资者财产进行投资和管理的金融服务。金融机构为委托人利益履行诚实信用、勤勉尽责义务并收取相应的管理费用，委托人自担投资风险并获得收益。金融机构可以与委托人在合同中事先约定收取合理的业绩报酬，业绩报酬计入管理费，须与产品一一对应并逐个结算，不同产品之间不得相互串用。

资产管理业务是金融机构的表外业务，金融机构开展资产管理业务时不得承诺保本保收益。出现兑付困难时，金融机构不得以任何形式垫资兑付。金融机构不得在表内开展资产管理业务。

私募投资基金适用私募投资基金专门法律、行政法规，私募投资基金专门法律、行政法规中没有明确规定的适用本意见，创业投资基金、政府出资产业投资基金的相关规定另行制定。

三、资产管理产品包括但不限于人民币或外币形式的银行非保本理财产品，资金信托，证券公司、证券公司子公司、基金管理公司、基金管理子公司、期货公司、期货公司子公司、保险资产管理机构、金融资产投资公司发行的资产管理产品等。依据金融管理部门颁布规则开展的资产证券化业务，依据人力资源社会保障部门颁布规则发行的养老金产品，不适用本意见。

四、资产管理产品按照募集方式的不同，分为公募产品和私募产品。公募产品面向不特定社会公众公开发行。公开发行的认定标准依照《中华人民共和国证券法》执行。私募产品面向合格投资者通过非公开方式发行。

资产管理产品按照投资性质的不同，分为固定收益类产品、权益类产品、商品及金融衍生品类产品和混合类产品。固定收益类产品投资于存款、债券等债权类资产的比例不低于80%，权益类产品投资于股票、未上市企业股权等权益类资产的比例不低于80%，商品及金融衍生品类产品投资于商品及金融衍生品的比例不低于80%，混合类产品投资于债权类资产、权益类资产、商品及金融衍生品类资产且任一资产的投资比例未达到前三类产品标准。非因金融机构主观因素导致突破前述比例限制的，金融机构应当在流动性受限资产可出售、可转让或者恢复交易的 15 个交易日内调整至符合要求。

金融机构在发行资产管理产品时，应当按照上述分类标准向投资者明示资产管理产品的类型，并按照确定的产品性质进行投资。在产品成立后至到期日前，不得擅自改变产品类型。混合类产品投资债权类资产、权益类资产和商品及金融衍生品类资产的比例范围应当在发行产品时予以确定并向投资者明示，在产品成立后至到期日前不得擅自改变。产品的实际投向不得违反合同约定，如有改变，除高风险类型的产品超出比例范围投资较低风险资产外，应当先行取得投资者书面同意，并履行登记备案等法律法规以及金融监督管理部门规定的程序。

五、资产管理产品的投资者分为不特定社会公众和合格投资者两大类。合格投资者是指具备相应风险识别能力和风险承担能力，投资于单只资产管理产品不低于一定金额且符合下列条件的自然人和法人或者其他组织。

（一）具有 2 年以上投资经历，且满足以下条件之一：家庭金融净资产不低于 300 万元，家庭金融资产不低于 500 万元，或者近 3 年本人年均收入不低于 40 万元。

（二）最近 1 年末净资产不低于 1000 万元的法人单位。

（三）金融管理部门视为合格投资者的其他情形。

合格投资者投资于单只固定收益类产品的金额不低于 30 万元，投资于单只混合类产品的金额不低于 40 万元，投资于单只权益类产品、单只商品及金融衍生品类产品的金额不低于 100 万元。

投资者不得使用贷款、发行债券等筹集的非自有资金投资资产管理产品。

六、金融机构发行和销售资产管理产品，应当坚持“了解产品”和“了解客户”的经营理念，加强投资者适当性管理，向投资者销售与其风险识别能力和风险承担能力相适应的资产管理产品。禁止欺诈或者误导投资者购买与其风险承担能力不匹配的资产管理产品。金融机构不得通过拆分资产管理产品的方式，向风险识别能力和风险承担能力低于产品风险等级的投资者销售资产管理产品。

金融机构应当加强投资者教育，不断提高投资者的金融知识水平和风险意识，向投资者传递“卖者尽责、买者自负”的理念，打破刚性兑付。

七、金融机构开展资产管理业务，应当具备与资产管理业务发展相适应的管理体系和管理制度，公司治理良好，风险管理、内部控制和问责机制健全。

金融机构应当建立健全资产管理业务人员的资格认定、培训、考核评价和问责制度，确保从事资产管理业务的人员具备必要的专业知识、行业经验和管理能力，充分了解相关法律法规、监管规定以及资产管理产品的法律关系、交易结构、主要风险和风险管控方式，遵守行为准则和职业道德标准。

对于违反相关法律法规以及本意见规定的金融机构资产管理业务从业人员，依法采取处罚措施直至取消从业资格，禁止其在其他类型金融机构从事资产管理业务。

八、金融机构运用受托资金进行投资，应当遵守审慎经营规则，制定科学合理的投资策略和风险管理制度，有效防范和控制风险。

金融机构应当履行以下管理人职责：

（一）依法募集资金，办理产品份额的发售和登记事宜。

（二）办理产品登记备案或者注册手续。

（三）对所管理的不同产品受托财产分别管理、分别记账，进行投资。

（四）按照产品合同的约定确定收益分配方案，及时向投资者分配收益。

（五）进行产品会计核算并编制产品财务会计报告。

（六）依法计算并披露产品净值或者投资收益情况，确定申购、赎回价格。

（七）办理与受托财产管理业务活动有关的信息披露事项。

（八）保存受托财产管理业务活动的记录、账册、报表和其他相关资料。

（九）以管理人名义，代表投资者利益行使诉讼权利或者实施其他法律行为。

（十）在兑付受托资金及收益时，金融机构应当保证受托资金及收益返回委托人的原账户、同名账户或者合同约定的受益人账户。

（十一）金融监督管理部门规定的其他职责。

金融机构未按照诚实信用、勤勉尽责原则切实履行受托管理职责，造成投资者损失的，应当依法向投资者承担赔偿责任。

九、金融机构代理销售其他金融机构发行的资产管理产品，应当符合金融监督管理部门规定的资质条件。未经金融监督管理部门许可，任何非金融机构和个人不得代理销售资产管理产品。

金融机构应当建立资产管理产品的销售授权管理体系，明确代理销售机构的准入标准和程序，明确界定双方的权利与义务，明确相关风险的承担责任和转移方式。

金融机构代理销售资产管理产品，应当建立相应的内部审批和风险控制程序，对发行或者管理机构的信用状况、经营管理能力、市场投资能力、风险处置能力等开展尽职调查，要求发行或者管理机构提供详细的产品介绍、相关市场分析和风险收益测算报告，进行充分的信息验证和风险审查，确保代理销售的产品符合本意见规定并承担相应责任。

十、公募产品主要投资标准化债权类资产以及上市交易的股票，除法律法规和金融管理部门另有规定外，不得投资未上市企业股权。公募产品可以投资商品及金融衍生品，但应当符合法律法规以及金融管理部门的相关规定。

私募产品的投资范围由合同约定，可以投资债权类资产、上市或挂牌交易的股票、未上市企业股权（含债转股）和受（收）益权以及符合法律法规规定的其他资产，并严格遵守投资者适当性管理要求。鼓励充分运用私募产品支持市场化、法治化债转股。

十一、资产管理产品进行投资应当符合以下规定：

（一）标准化债权类资产应当同时符合以下条件：

1. 等分化，可交易。

2. 信息披露充分。

3. 集中登记，独立托管。

4. 公允定价，流动性机制完善。

5. 在银行间市场、证券交易所市场等经国务院同意设立的交易市场交易。

标准化债权类资产的具体认定规则由中国人民银行会同金融监督管理部门另行制定。

标准化债权类资产之外的债权类资产均为非标准化债权类资产。金融机构发行资产管理产品投资于非标准化债权类资产的，应当遵守金融监督管理部门制定的有关限额管理、流动性管理等监管标准。金融监督管理部门未制定相关监管标准的，由中国人民银行督促根据本意见要求制定监管标准并予以执行。

金融机构不得将资产管理产品资金直接投资于商业银行信贷资产。商业银行信贷资产受（收）益权的投资限制由金融管理部门另行制定。

（二）资产管理产品不得直接或者间接投资法律法规和国家政策禁止进行债权或股权投资的行业和领域。

（三）鼓励金融机构在依法合规、商业可持续的前提下，通过发行资产管理产品募集资金投向符合国家战略和产业政策要求、符合国家供给侧结构性改革政策要求的领域。鼓励金融机构通过发行资产管理产品募集资金支持经济结构转型，支持市场化、法治化债转股，降低企业杠杆率。

（四）跨境资产管理产品及业务参照本意见执行，并应当符合跨境人民币和外汇管理有关规定。

十二、金融机构应当向投资者主动、真实、准确、完整、及时披露资产管理产品募集信息、资金投向、杠杆水平、收益分配、托管安排、投资账户信息和主要投资风险等内容。国家法律法规另有规定的，从其规定。

对于公募产品，金融机构应当建立严格的信息披露管理制度，明确定期报告、临时报告、重大事项公告、投资风险披露要求以及具体内容、格式。在本机构官方网站或者通过投资者便于获取的方式披露产品净值或者投资收益情况，并定期披露其他重要信息：开放式产品按照开放频率披露，封闭式产品至少每周披露一次。

对于私募产品，其信息披露方式、内容、频率由产品合同约定，但金融机构应当至少每季度向投资者披露产品净值和其他重要信息。

对于固定收益类产品，金融机构应当通过醒目方式向投资者充分披露和提示产品的投资风险，包括但不限于产品投资债券面临的利率、汇率变化等市场风险以及债券价格波动情况，产品投资每笔非标准化债权类资产的融资客户、项目名称、剩余融资期限、到期收益分配、交易结构、风险状况等。

对于权益类产品，金融机构应当通过醒目方式向投资者充分披露和提示产品的投资风险，包括产品投资股票面临的风险以及股票价格波动情况等。

对于商品及金融衍生品类产品，金融机构应当通过醒目方式向投资者充分披露产品的挂钩资产、持仓风险、控制措施以及衍生品公允价值变化等。

对于混合类产品，金融机构应当通过醒目方式向投资者清晰披露产品的投资资产组合情况，并根据固定收益类、权益类、商品及金融衍生品类资产投资比例充分披露和提示相应的投资风险。

十三、主营业务不包括资产管理业务的金融机构应当设立具有独立法人地位的资产管理子公司开展资产管理业务，强化法人风险隔离，暂不具备条件的可以设立专门的资产管理业务经营部门开展业务。

金融机构不得为资产管理产品投资的非标准化债权类资产或者股权类资产提供任何直接或间接、显性或隐性的担保、回购等代为承担风险的承诺。

金融机构开展资产管理业务，应当确保资产管理业务与其他业务相分离，资产管理产品与其代销的金融产品相分离，资产管理产品之间相分离，资产管理业务操作与其他业务操作相分离。

十四、本意见发布后，金融机构发行的资产管理产品资产应当由具有托管资质的第三方机构独立托管，法律、行政法规另有规定的除外。

过渡期内，具有证券投资基金托管业务资质的商业银行可以托管本行理财产品，但应当为每只产品单独开立托管账户，确保资产隔离。过渡期后，具有证券投资基金托管业务资质的商业银行应当设立具有独立法人地位的子公司开展资产管理业务，该商业银行可以托管子公司发行的资产管理产品，但应当实现实质性的独立托管。独立托管有名无实的，由金融监督管理部门进行纠正和处罚。

十五、金融机构应当做到每只资产管理产品的资金单独管理、单独建账、单独核算，不得开展或者参与具有滚动发行、集合运作、分离定价特征的资金池业务。

金融机构应当合理确定资产管理产品所投资资产的期限，加强对期限错配的流动性风险管理，金融监督管理部门应当制定流动性风险管理规定。

为降低期限错配风险，金融机构应当强化资产管理产品久期管理，封闭式资产管理产品期限不得低于90天。资产管理产品直接或者间接投资于非标准化债权类资产的，非标准化债权类资产的终止日不得晚于封闭式资产管理产品的到期日或者开放式资产管理产品的最近一次开放日。

资产管理产品直接或者间接投资于未上市企业股权及其受（收）益权的，应当为封闭式资产管理产品，并明确股权及其受（收）益权的退出安排。未上市企业股权及其受（收）益权的退出日不得晚于封闭式资产管理产品的到期日。

金融机构不得违反金融监督管理部门的规定，通过为单一融资项目设立多只资产管理产品的方式，变相突破投资人数限制或者其他监管要求。同一金融机构发行多只资产管理产品投资同一资产的，为防止同一资产发生风险波及多只资产管理产品，多只资产管理产品投资该资产的资金总规模合计不得超过300亿元。如果超出该限额，需经相关金融监督管理部门批准。

十六、金融机构应当做到每只资产管理产品所投资资产的风险等级与投资者的风险承担能力相匹配，做到每只产品所投资资产构成清晰，风险可识别。

金融机构应当控制资产管理产品所投资资产的集中度：

（一）单只公募资产管理产品投资单只证券或者单只证券投资基金的市值不得超过该资产管理产品净资产的10%。

（二）同一金融机构发行的全部公募资产管理产品投资单只证券或者单只证券投资基金的市值不得超过该证券市值或者证券投资基金市值的30%。其中，同一金融机构全部开放式公募资产管理产品投资单一上市公司发行的股票不得超过该上市公司可流通股票的15%。

（三）同一金融机构全部资产管理产品投资单一上市公司发行的股票不得超过该上市公司可流通股票的30%。

金融监督管理部门另有规定的除外。

非因金融机构主观因素导致突破前述比例限制的，金融机构应当在流动性受限资产可出售、可转让或者恢复交易的10个交易日内调整至符合相关要求。

十七、金融机构应当按照资产管理产品管理费收入的10%计提风险准备金，或者按照规定计量操作风险资本或相应风险资本准备。风险准备金余额达到产品余额的1%时可以不再提取。风险准备金主要用于弥补因金融机构违法违规、违反资产管理产品协议、操作错误或者技术故障等给资产管理产品财产或者投资者造成的损失。金融机构应当定期将风险准备金的使用情况报告金融管理部门。

十八、金融机构对资产管理产品应当实行净值化管理，净值生成应当符合企业会计准则规定，及时反映基础金融资产的收益和风险，由托管机构进行核算并定期提供报告，由外部审计机构进行审计确认，被审计金融机构应当披露审计结果并同时报送金融管理部门。

金融资产坚持公允价值计量原则，鼓励使用市值计量。符合以下条件之一的，可按照企业会计准则以摊余成本进行计量：

（一）资产管理产品为封闭式产品，且所投金融资产以收取合同现金流量为目的并持有到期。

（二）资产管理产品为封闭式产品，且所投金融资产暂不具备活跃交易市场，或者在活跃市场中没有报价、也不能采用估值技术可靠计量公允价值。

金融机构以摊余成本计量金融资产净值，应当采用适当的风险控制手段，对金融资产净值的公允性进行评估。当以摊余成本计量已不能真实公允反映金融资产净值时，托管机构应当督促金融机构调整会计核算和估值方法。金融机构前期以摊余成本计量的金融资产的加权平均价格与资产管理产品实际兑付时金融资产的价值的偏离度不得达到5%或以上，如果偏离5%或以上的产品数超过所发行产品总数的5%，金融机构不得再发行以摊余成本计量金融资产的资产管理产品。

十九、经金融管理部门认定，存在以下行为的视为刚性兑付：

（一）资产管理产品的发行人或者管理人违反真实公允确定净值原则，对产品进行保本保收益。

（二）采取滚动发行等方式，使得资产管理产品的本金、收益、风险在不同投资者之间发生转移，实现产品保本保收益。

（三）资产管理产品不能如期兑付或者兑付困难时，发行或者管理该产品的金融机构自行筹集资金偿付或者委托其他机构代为偿付。

（四）金融管理部门认定的其他情形。

经认定存在刚性兑付行为的，区分以下两类机构进行惩处：

（一）存款类金融机构发生刚性兑付的，认定为利用具有存款本质特征的资产管理产品进行监管套利，由国务院银行保险监督管理机构和中国人民银行按照存款业务予以规范，足额补缴存款准备金和存款保险保费，并予以行政处罚。

（二）非存款类持牌金融机构发生刚性兑付的，认定为违规经营，由金融监督管理部门和中国人民银行依法纠正并予以处罚。

任何单位和个人发现金融机构存在刚性兑付行为的，可以向金融管理部门举报，查证属实且举报内容未被相关部门掌握的，给予适当奖励。

外部审计机构在对金融机构进行审计时，如果发现金融机构存在刚性兑付行为的，应当及时报告金融管理部门。外部审计机构在审计过程中未能勤勉尽责，依法追究相应责任或依法依规给予行政处罚，并将相关信息纳入全国信用信息共享平台，建立联合惩戒机制。

二十、资产管理产品应当设定负债比例（总资产/净资产）上限，同类产品适用统一的负债比例上限。每只开放式公募产品的总资产不得超过该产品净资产的

140%，每只封闭式公募产品、每只私募产品的总资产不得超过该产品净资产的200%。计算单只产品的总资产时应当按照穿透原则合并计算所投资资产管理产品的总资产。

金融机构不得以受托管理的资产管理产品份额进行质押融资，放大杠杆。

二十一、公募产品和开放式私募产品不得进行份额分级。

分级私募产品的总资产不得超过该产品净资产的140%。分级私募产品应当根据所投资资产的风险程度设定分级比例（优先级份额/劣后级份额，中间级份额计入优先级份额）。固定收益类产品的分级比例不得超过3：1，权益类产品的分级比例不得超过1：1，商品及金融衍生品类产品、混合类产品的分级比例不得超过2：1。发行分级资产管理产品的金融机构应当对该资产管理产品进行自主管理，不得转委托给劣后级投资者。

分级资产管理产品不得直接或者间接对优先级份额认购者提供保本保收益安排。

本条所称分级资产管理产品是指存在一级份额以上的份额为其他级份额提供一定的风险补偿，收益分配不按份额比例计算，由资产管理合同另行约定的产品。

二十二、金融机构不得为其他金融机构的资产管理产品提供规避投资范围、杠杆约束等监管要求的通道服务。

资产管理产品可以再投资一层资产管理产品，但所投资的资产管理产品不得再投资公募证券投资基金以外的资产管理产品。

金融机构将资产管理产品投资于其他机构发行的资产管理产品，从而将本机构的资产管理产品资金委托给其他机构进行投资的，该受托机构应当为具有专业投资能力和资质的受金融监督管理部门监管的机构。公募资产管理产品的受托机构应当为金融机构，私募资产管理产品的受托机构可以为私募基金管理人。受托机构应当切实履行主动管理职责，不得进行转委托，不得再投资公募证券投资基金以外的资产管理产品。委托机构应当对受托机构开展尽职调查，实行名单制管理，明确规定受托机构的准入标准和程序、责任和义务、存续期管理、利益冲突防范机制、信息披露义务以及退出机制。委托机构不得因委托其他机构投资而免除自身应当承担的责任。

金融机构可以聘请具有专业资质的受金融监督管理部门监管的机构作为投资顾问。投资顾问提供投资建议指导委托机构操作。

金融监督管理部门和国家有关部门应当对各类金融机构开展资产管理业务实行平等准入、给予公平待遇。资产管理产品应当在账户开立、产权登记、法律诉讼等方面享有平等的地位。金融监督管理部门基于风险防控考虑，确实需要对其他行业金融机构发行的资产管理产品采取限制措施的，应当充分征求相关部门意见并达成一致。

二十三、运用人工智能技术开展投资顾问业务应当取得投资顾问资质，非金融机构不得借助智能投资顾问超范围经营或者变相开展资产管理业务。

金融机构运用人工智能技术开展资产管理业务应当严格遵守本意见有关投资者适当性、投资范围、信息披露、风险隔离等一般性规定，不得借助人工智能业务夸大宣传资产管理产品或者误导投资者。金融机构应当向金融监督管理部门报备人工智能模型的主要参数以及资产配置的主要逻辑，为投资者单独设立智能管理账户，充分提示人工智能算法的固有缺陷和使用风险，明晰交易流程，强化留痕管理，严格监控智能管理账户的交易头寸、风险限额、交易种类、价格权限等。金融机构因违法违规或者管理不当造成投资者损失的，应当依法承担损害赔偿责任。

金融机构应当根据不同产品投资策略研发对应的人工智能算法或者程序化交易，避免算法同质化加剧投资行为的顺周期性，并针对由此可能引发的市场波动风险制定应对预案。因算法同质化、编程设计错误、对数据利用深度不够等人工智能算法模型缺陷或者系统异常，导致羊群效应、影响金融市场稳定运行的，金融机构应当及时采取人工干预措施，强制调整或者终止人工智能业务。

二十四、金融机构不得以资产管理产品的资金与关联方进行不正当交易、利益输送、内幕交易和操纵市场，包括但不限于投资于关联方虚假项目、与关联方共同收购上市公司、向本机构注资等。

金融机构的资产管理产品投资本机构、托管机构及其控股股东、实际控制人或者与其有其他重大利害关系的公司发行或者承销的证券，或者从事其他重大关联交易的，应当建立健全内部审批机制和评估机制，并向投资者充分披露信息。

二十五、建立资产管理产品统一报告制度。中国人民银行负责统筹资产管理产品的数据编码和综合统计工作，会同金融监督管理部门拟定资产管理产品统计制度，建立资产管理产品信息系统，规范和统一产品标准、信息分类、代码、数据格式，逐只产品统计基本信息、募集信息、资产负债信息和终止信息。中国人民银行和金融监督管理部门加强资产管理产品的统计信息共享。金融机构应当将含债权投资的资产管理产品信息报送至金融信用信息基础数据库。

金融机构于每只资产管理产品成立后 5 个工作日内，向中国人民银行和金融监督管理部门同时报送产品基本信息和起始募集信息；于每月 10 日前报送存续期募集信息、资产负债信息，于产品终止后 5 个工作日内报送终止信息。

中央国债登记结算有限责任公司、中国证券登记结算有限公司、银行间市场清算所股份有限公司、上海票据交易所股份有限公司、上海黄金交易所、上海保险交易所股份有限公司、中保保险资产登记交易系统有限公司于每月 10 日前向中国人民银行和金融监督管理部门同时报送资产管理产品持有其登记托管的金融工具的信息。

在资产管理产品信息系统正式运行前，中国人民银行会同金融监督管理部门依据统计制度拟定统一的过渡期数据报送模板；各金融监督管理部门对本行业金融机构发行的资产管理产品，于每月 10 日前按照数据报送模板向中国人民银行提供数据，及时沟通跨行业、跨市场的重大风险信息和事项。

中国人民银行对金融机构资产管理产品统计工作进行监督检查。资产管理产品统计的具体制度由中国人民银行会同相关部门另行制定。

二十六、中国人民银行负责对资产管理业务实施宏观审慎管理，会同金融监督管理部门制定资产管理业务的标准规制。金融监督管理部门实施资产管理业务的市场准入和日常监管，加强投资者保护，依照本意见会同中国人民银行制定出台各自监管领域的实施细则。

本意见正式实施后，中国人民银行会同金融监督管理部门建立工作机制，持续监测资产管理业务的发展和风险状况，定期评估标准规制的有效性和市场影响，及时修订完善，推动资产管理行业持续健康发展。

二十七、对资产管理业务实施监管遵循以下原则：

（一）机构监管与功能监管相结合，按照产品类型而不是机构类型实施功能监管，同一类型的资产管理产品适用同一监管标准，减少监管真空和套利。

（二）实行穿透式监管，对于多层嵌套资产管理产品，向上识别产品的最终投资者，向下识别产品的底层资产（公募证券投资基金除外）。

（三）强化宏观审慎管理，建立资产管理业务的宏观审慎政策框架，完善政策工具，从宏观、逆周期、跨市场的角度加强监测、评估和调节。

（四）实现实时监管，对资产管理产品的发行销售、投资、兑付等各环节进行全面动态监管，建立综合统计制度。

二十八、金融监督管理部门应当根据本意见规定，对违规行为制定和完善处罚规则，依法实施处罚，并确保处罚标准一致。资产管理业务违反宏观审慎管理要求的，由中国人民银行按照法律法规实施处罚。

二十九、本意见实施后，金融监督管理部门在本意见框架内研究制定配套细则，配套细则之间应当相互衔接，避免产生新的监管套利和不公平竞争。按照“新老划断”原则设置过渡期，确保平稳过渡。过渡期为本意见发布之日起至 2020 年底，对提前完成整改的机构，给予适当监管激励。过渡期内，金融机构发行新产品应当符合本意见的规定；为接续存量产品所投资的未到期资产，维持必要的流动性和市场稳定，金融机构可以发行老产品对接，但应当严格控制在存量产品整体规模内，并有序压缩递减，防止过渡期结束时出现断崖效应。金融机构应当制定过渡期内的资产管理业务整改计划，明确时间进度安排，并报送相关金融监督管理部门，由其认可并监督实施，同时报备中国人民银行。过渡期结束后，金融机构的资产管理产品按照本意见进行全面规范（因子公司尚未成立而达不到第三方独立托管要求的情形除外），金融机构不得再发行或存续违反本意见规定的资产管理产品。

三十、资产管理业务作为金融业务，属于特许经营行业，必须纳入金融监管。非金融机构不得发行、销售资产管理产品，国家另有规定的除外。

非金融机构违反上述规定，为扩大投资者范围、降低投资门槛，利用互联网平台等公开宣传、分拆销售具有投资门槛的投资标的、过度强调增信措施掩盖产品风险、设立产品二级交易市场等行为，按照国家规定进行规范清理，构成非法集资、非法吸收公众存款、非法发行证券的，依法追究法律责任。非金融机构违法违规开展资产管理业务的，依法予以处罚；同时承诺或进行刚性兑付的，依法从重处罚。

三十一、本意见自发布之日起施行。

本意见所称“金融管理部门”是指中国人民银行、国务院银行保险监督管理机构、国务院证券监督管理机构和国家外汇管理局。“发行”是指通过公开或者非公开方式向资产管理产品的投资者发出认购邀约，进行资金募集的活动。“销售”是指向投资者宣传推介资产管理产品，办理产品申购、赎回的活动。“代理销售”是指接受合作机构的委托，在本机构渠道向投资者宣传推介、销售合作机构依法发行的资产管理产品的活动。

附录二：常用信托文件

信托公司管理信托财产应恪尽职守，履行诚实、信用、谨慎、有效管理的义务。信托公司依据本信托合同约定管理信托财产所产生的风险，由信托财产承担；信托公司违背本信托合同、处理信托事务不当使信托财产受到损失，由信托公司以固有财产赔偿。不足赔偿时，由投资者自担。

××信托·××××集合资金信托计划

信托合同

××信托有限公司

××年××月

鉴于

委托人为依法成立的企业法人、其他组织或具备完全民事行为能力的自然人，具备所有必要的权利和授权并能以自身的名义将来源合法的资金信托给受托人进行管理，并对其信托资金享有合法的处分权。受托人为依法成立并由中国银行业监督管理委员会颁发《金融许可证》的企业法人，具备所有必要的经营金融业务的资格。

根据《中华人民共和国信托法》、《信托公司管理办法》、《信托公司集合资金信托计划管理办法》及其他法律法规的规定，双方遵循平等、自愿和诚实信用原则，为明确各自的权利义务，在充分协商的基础上，就设立信托事宜达成一致，特订立本合同，以资遵守。

第一条　释义

在本合同中，除上下文另有解释，下列词语具有以下含义：

1. 受托人：指××信托有限公司。

2. 本合同或信托合同：指委托人与受托人签订的《××信托·××××集合资金信托计划信托合同》（合同编号：【 】）及对该合同的任何有效修订和补充。

3. 信托或信托计划：指受托人根据本合同设立的“××信托·××××集合资金信托计划”。

4. 信托文件：指信托合同、信托计划说明书、认购风险申明书。

5. 委托人：指认购信托单位，加入本信托计划的合格投资者。

6. 受益人：指持有信托单位，享有分配信托利益的投资者

7. 信托资金：委托人按《信托合同》的约定交付给受托人的资金

8. 信托财产：指信托资金及受托人对信托资金管理、运用、处分所取得的财产及损益的总和。

9. 信托利益：指受益人因享有信托受益权而依据信托文件取得的受托人分配的信托财产。

10. 信托受益权：指受益人在信托计划中享有的权利，包括但不限于取得受托人分配信托利益的权利。

11. 信托单位：指信托受益权的份额化表现形式，本信托计划项下的信托受益权划分为等份额的信托单位，每份信托单位的面值为人民币1元。

12. 信托单位总份数：指信托计划成立时信托单位的总份数。

13. 信托专户：指受托人在保管人处为信托计划开立的信托资金专用账户。

14. 信托利益收付账户：指受益人指定的用于接收受托人分配的信托利益的银行账户。

15. 合格投资者：指符合法律法规规定的投资信托计划资格的投资者。

16. 信托终止日：信托到期终止的，为信托期限届满之日；信托提前终止的，为受托人宣布信托提前终止之日；如信托因需处置信托财产而延期的，信托终止日为信托财产处置完毕之日。

17. 法律法规：指中国现行有效并公布实施的法律、行政法规、部门规章、司法解释及监管部门的决定、通知等。

18. 工作日：指中华人民共和国国务院规定的金融机构正常营业日。

19. 元：指人民币元。

第二条 信托当事人

（请委托人务必确保填写的资料正确有效，如因填写错误导致的任何损失，受托人 < 和代理机构 > 不承担任何责任）

委托人

法人名称或个人姓名：______________________

证件类型：______________________

证件号码：□□□□□□□□□□□□□□□□□□

法定代表人或负责人：______________________

联系地址：______________________

邮政编码：______________________

联系电话：______________________

传真：______________________

电子邮件：______________________

受托人：××信托有限公司

法定代表人或负责人：______________________

联系地址：______________________

邮政编码：______________________

联系电话：______________________

传真：______________________

电子邮件：______________________

受益人：与委托人为同一人

受益人用于分配信托利益的银行账户

开户银行：______________________

账户户名：______________________

银行账号（或卡号）：______________________

第三条　信托目的

委托人基于对受托人的信任，自愿以其合法所有的资金认购信托单位，委托受托人对信托资金进行管理；受托人根据委托人的意愿和信托文件的约定集合运用信托资金，并以信托财产管理、运用所产生的收入，扣除信托财产应承担的税费后的信托利益分配给受益人。

第四条　信托类别

本信托为委托人指定用途，并由受托人以集合方式管理、运用和处分信托财产的集合资金信托计划。

第五条　信托计划的要素

一、信托计划规模

（一）本信托计划的信托受益权划分为等份额的信托单位，每份信托单位的价格为1元。

（二）本信托项下的信托单位总份数预计为【】份。

二、信托计划期限

本信托计划期限为【】年，自信托计划成立之日起计算。

三、信托资金的币种和金额

委托人认购信托单位份数为【】份，对应信托资金金额为人民币（大写）________元整（小写：¥________元）。委托人应在本合同签订时，将信托资金交纳至如下信托资金专用账户。

账户名称：××信托有限公司

开户银行：

账 号：

受托人确认收到信托资金且在信托计划成立后统一为委托人开具信托收据。

四、信托计划的投资范围

受托人按照信托文件的约定将信托资金运用于__________________，闲置资金投资于银行存款。

五、信托利益的分配原则

信托财产作为不可分割的整体而存在，当且仅当受托人按照信托文件约定实际分配信托利益时，受益人方有权实际取得受托人分配的受益权项下信托利益。受托人仅以扣除信托费用和其他负债后的信托财产为限向受益人分配信托利益。

第六条 信托计划的推介与成立

一、合格投资者

委托人应当是符合下列条件之一，能够识别、判断和承担信托计划相应风险的合格投资者：

1. 投资一个信托计划的最低金额不少于100万元人民币的自然人、法人或者依法成立的其他组织；

2. 个人或家庭金融资产总计在其认购时超过100万元人民币，且能提供相关财产证明的自然人；

3. 个人收入在最近3年内每年收入超过20万元人民币或者夫妻双方合计收入在最近3年内每年收入超过30万元人民币，且能提供相关收入证明的自然人。

加入信托计划的合格投资者中，单笔委托金额不满300万元的自然人人数不得超过50人，单笔委托金额在300万元以上的自然人投资者和合格的机构投资者数量不受限制。

二、信托计划推介

本信托计划的发行地位【】市，推介期为【】天，自【】年【】月【】日至【】年【】月【】日，受托人可以根据实际情况延长或提前结束推介期。

信托计划推介期内，申请认购信托单位的合格投资者，由受托人按照“时间优先、金额优先”的原则确定是否接受投资者的认购申请。

三、信托计划成立

推介期内或推介期满时，信托计划募集规模达到【】份时，受托人可以宣布信托计划成立，信托计划成立日以受托人在其公司网站公开宣布日为准。

如果未能满足信托文件约定的成立条件，则本信托计划不成立，受托人于10个工作日内承担向委托人返还信托资金及信托资金对应的按中国人民银行规定计算的活期存款利息的义务。此外，受托人不再承担其他任何义务。

第七条 信托财产的管理、运用和处分

一、信托资金的投资方向

受托人根据信托文件与《×合同》的约定，将信托资金用于____________。

二、信用增级措施

（一）抵押

（二）质押

（三）保证

三、闲置资金的使用

信托计划项下的闲置资金，仅限用于银行存款。

四、信托财产管理、运用的原则

1. 信托财产与受托人的固有财产分别管理、分别记账；受托人不得将信托财产归入其固有财产或使信托财产成为其固有财产的一部分。信托财产与受托人管理的其他信托财产分别管理、分别记账。受托人为信托计划设立专用账户，即信托专户。

2. 受托人管理运用、处分信托财产所产生的债权，不得与其固有财产产生的债务相抵销。受托人管理运用、处分不同的信托财产所产生的债权债务，不得相互抵销。

3. 受托人应完整记录并保留信托财产使用情况的报表和文件，定期向委托人和受益人报告信托财产的管理、运用和处分情况，随时接受委托人或受益人的查询。

4. 受托人办理本信托事务的管理机构在业务上独立于受托人的其他部门，其人员与其他部门互不兼职，具体业务信息不与其他部门共享。受托人固有财产运用部门与信托财产运用部门由不同的高级管理人员负责管理。

第八条 信托财产的保管

一、保管人聘任

受托人聘请银行股份有限公司担任信托财产的保管人。受托人与保管人订立保管协议，明确受托人与保管人之间在信托财产保管、信托财产的管理和运作及相互监督等相关事宜中的权利、义务及职责，确保信托资金的安全，保护受益人的合法权益。

二、保管人的职责

1. 安全保管保管账户内的信托资金；

2. 对所保管的信托资金单独设置账户，确保所保管的信托资金与其自有资产及其所保管的其他资产之间的独立性；

3. 确认与执行受托人管理运用信托资金的指令，核对信托资金交易记录、资金和财产账目；

4. 记录信托资金划拨情况，保存受托人的资金用途说明；

5. 定期向受托人出具保管报告；

6. 法律法规、保管协议规定的其他义务。

第九条 信托当事人的权利与义务

一、委托人的权利与义务

（一）权利

1. 有权按照信托文件的规定了解信托财产的管理、运用、处分及收支情况，并有权要求受托人做出说明。

2. 有权查询、抄录或者复制与信托财产有关的信托账目以及处理信托事务的其他文件。

3. 受托人违反信托目的处分信托财产或者因违背管理职责、处理信托事务不当致使信托财产受到损失的，并有权要求受托人恢复信托财产的原状或者予以赔偿。

4. 受托人违反信托目的处分信托财产或者管理运用、处分信托财产有重大过失的，有权申请人民法院解任受托人。

5. 信托文件及法律法规规定的其他权利。

（二）义务

1. 按信托文件的规定及时交付认购资金，并保证资金来源的合法性。

2. 保证其享有签署信托文件的权利，并且就签署行为已经履行必要的批准授权手续。

3. 信托文件及法律法规规定的其他义务。

二、受托人的其他权利和义务

（一）权利

1. 自信托计划成立之日起，根据信托文件规定管理、运用和处分信托财产。

2. 信托计划成立后，以受托人名义开立信托专户，并享有包括根据信托文件处置账户内现金资产、资金划拨、销户等一切账户名义所有人的权利。

3. 根据信托文件的规定足额收取受托人报酬。

4. 信托文件及法律法规规定的其他权利。

（二）义务

1. 为受益人的最大利益处理信托事务，恪尽职守、履行诚实、信用、谨慎、有效管理的义务。

2. 严格遵守法律法规以及信托文件的规定，管理信托财产。

3. 根据信托文件的规定向受益人支付信托利益。

4. 对委托人、受益人以及处理信托事务的情况和资料依法保密。

5. 根据信托文件的规定履行信息披露义务。

6. 信托文件及法律法规规定的其他义务。

三、受益人的权利与义务

（一）权利

1. 自信托成立之日起享有信托受益权；

2. 获取信托收益，获取信托清算后的剩余财产；

3. 受益人可以放弃信托受益权；

4. 受益权可以依法转让、继承和质押；

5. 法律、行政法规规定的其他权利。

（二）义务

1. 承担本信托亏损或者终止的责任；

2. 法律、行政法规规定的其他义务。

第十条　信托受益权的登记与转让

一、信托受益权的登记

信托受益权进行拆分转让的，受让人不得为自然人；机构所持有的信托受益权，不得向自然人转让或拆分转让。

1. 受托人在营业场所置备受益人名册，记载受益人持有信托受益权的相关信息。

2. 受益人可以至受托人营业场所查询信托受益权持有情况。

二、信托受益权的转让

1. 在信托期限内，受益人可以按法律法规和信托文件的规定转让其享有的信托受益权。

2. 受益人可以通过与受让人签订转让合同等方式转让信托受益权。本合同项下的委托人和受益人的权利义务应一并转让给受让人。信托受益人转让（过户）后，受让人取得信托受益权所对应的受益人权利义务，并同时取得信托受益权所对应的委托人权利义务（含委托人陈述与保证）。

3. 受益人转让信托受益权的，应与受让人共同到受托人营业场所办理转让手续；未到受托人营业场所办理转让手续的，受托人仍视出让方为受益人，由此发生的经济和法律纠纷与受托人无关。

4. 转受让方应当按照转让信托受益权份额的【】% 的比例向受托人缴纳转让登记手续费。

第十一条　信托计划相关税费的核算

一、信托财产承担的税费，按照法律、行政法规及国家有关部门规定办理。受益人与受托人应就各自的所得按照有关法律规定依法纳税，受托人不负责代扣代缴。

二、受托人因处理信托事务发生下述税费由信托财产承担：

（一）信托报酬；

（二）信托资金保管费；

（三）文件或账册制作、印刷费用；

（四）信息披露费用；

（五）与信托相关的审计费、律师费等中介费用；

（六）信托财产管理、运用或处分过程中发生的印花税等税费；

（八）按照有关规定可以列入的其他费用。

上述除信托报酬、信托资金保管费外的第（三）－（八）项信托费用统称为其他费用。

三、信托报酬的计提标准、计算方法和支付方式

受托人信托报酬费率：信托资金总额的【】%/年。

受托人信托报酬支付方式：________。

四、保管费的计提标准、计算方法和支付方式

信托计划的保管费率：信托资金总额的【】%/年。

保管费用的支付方式：________。

五、其他费用：其他费用的费率及支付方式。

六、推介费用的费率及支付方式。

七、费用计提应符合如下原则

（一）受托人因违反信托合同所导致的费用支出，以及处理与本信托无关的事项发生的费用不列入应由信托财产承担的费用。

（二）应由信托财产承担的费用（包括但不限于诉讼费、评估拍卖费、执行费、律师费等）从信托财产中支付，列入当期费用。受托人如以固有财产先行垫付的，受托人有权从信托财产中优先受偿。

第十二条　信托利益的计算及其分配

一、信托利益的分配原则

1. 信托利益的范围为全部信托财产扣除信托费用和其他负债后的余额。

2. 受托人以现金形式向受益人分配信托利益，现金形式的信托利益直接划入受益人指定的信托利益收付账户。

3. 受托人仅以扣除信托费用和其他负债后的信托财产为限向受益人分配信托利益。

4. 信托利益计算日为：【】。

5. 各类信托单位的预期收益率如下：________

上述预期收益率并不代表受托人或其他任何第三方对信托利益的承诺或保证。

二、期间信托利益分配

信托计划存续期间，受托人于信托利益计算日后【】个工作日内向受益人支付信托利益。信托利益计算日的预期信托收益按照下列公式计算：

每份信托单位的预期信托收益 =1 元 ×R× 当期天数/365；

“R”是指本条规定的各类信托单位对应的预期收益率。

“当期天数”是指上个计算日至下个计算日的天数，其中第一个当期天数是指信托计划成立日至第一个计算日的天数，前述天数均按照算头不算尾的原则计算。

三、信托终止时的信托利益分配

1. 信托计划终止时，预期信托利益按照下列公式计算：

每份信托单位的预期信托利益 =1 元 ×（1+R× 信托计划实际存续天数/365）- 该份信托单位已分配的信托利益；“R”是指本条各类信托单位对应的预期收益率；“信托计划实际存续天数”指信托计划成立日至信托计划终止日之间的天数（算头不算尾）。

信托计划终止时，每份信托单位实际分配的信托利益不得超过按照上述方式计算的预期信托利益。

2. 信托计划终止时，如扣除信托费用（不含浮动信托报酬）后的信托财产（以下简称“可供分配金额”）不足以使所有信托单位达到本条各类信托单位预期信托利益的，则按以下方式进行分配：

（1）可供分配金额按向每个信托单位平均分配，直至每份信托单位分配的信托利益（含期间已分配信托利益）达到 1 元，且在全部信托单位分配的信托利益（含期间已分配信托利益）达 1 元前，任何信托单位分配的信托利益（含期间已分配信托利益）不应超过 1 元；

（2）经上述分配后，可供分配金额仍有余额的，则剩余金额由各个信托单位平均分配。

四、特别约定

1. 本条关于“信托利益”、“预期信托收益/利益”等的表述，并不意味着受托人保证受益人实际取得相应数额的信托利益，不意味着受托人保证信托资金不受损失。信托财产不足以支付全部受益人预期信托利益总和的，由各受益人按照信托文件的约定，享有相应利益，承担相应损失。

2. 信托单位按照信托文件规定足额分配预期信托利益后，信托单位自动注销；信托单位未得到足额预期信托利益分配，但信托计划终止的，信托单位亦自动注销。

第十三条　受益人大会

一、受益人大会的组成及召集

受益人大会由全体受益权人组成。受益人大会由受托人根据信托计划的需要负责召集，受托人未按规定召集或不能召集时，由代表 10% 以上信托单位份额的受益权人自行召集。出现以下事项且信托文件未有事先约定的，应当召集受益人大会审议决定：

1. 提前终止信托合同或者延长信托期限；
2. 改变信托财产运用方式；
3. 更换受托人式；
4. 提高受托人的报酬标准；
5. 信托文件约定需要召开受益人大会的其他事项。

二、受益人大会的召集程序

受益人大会由受托人召集，召集人应当提前10个工作日公告受益人大会的召开时间、会议形式、审议事项、议事程序和表决方式等事项。受益人大会不得就未经公告的事项进行表决。

代表10%以上信托单位份额的受益人认为有必要召开受益人大会的，应当向受托人提出书面提议。受托人应当自收到书面提议之日起【】日内决定是否召集，并向提出提议的受益人代表发出书面通知。受托人决定召集的，应当自出具书面决定之日起【】日内召开。受托人决定不召集的，代表10%以上信托单位份额的受益人有权自行召集受益人大会。

三、受益人大会的召开方式

受益人大会的召开方式包括现场开会和通讯方式开会，会议主持人由召集人指定：

现场开会：由受益人亲自或委派授权代表出席，现场开会时受托人的授权代表应当出席；在现场开会的方式下，首先由召集人宣读提案，经讨论后进行表决，并形成会议决议；

通讯方式开会：应当以书面方式进行表决；受益人出具书面表决意见并送达给受托人的，视为出席了会议。采取通讯方式开会并进行表决的情况下，由会议召集人决定通讯方式和书面表决方式，并在会议通知中说明本次受益人大会所采取的具体通讯方式、书面表决意见的寄交截止时间和收取方式。在通讯表决开会的方式下，在所通知的表决截止日期第二天由召集人统计全部有效表决并形成决议；

三、决议事项的表决

受益人所持每份信托单位享有一票表决权，受益人可以委托代理人出席受益人大会并行使表决权。受益人大会应当由代表50%以上信托单位的受益人参加方可召开；受益人大会决议须经出席会议的受益人所持表决权的三分之二以上通过方为有效，但是更换受托人、改变信托财产运用方式、提前终止信托合同等表决事项，应当经出席会议的受益人全体通过。受益人大会采取记名方式进行投票表决，并由出席现场会议的受益人应在会议决议上签字。受益人大会决议对全体受益人、受托人均有约束力。受托人在受益人大会做出决议后【】个工作日内书面通知全体受益人，并向中国银行业监督管理委员会报告。

第十四条　受托人职责与选任

一、受托人职责终止的情形

有下列情形之一的，受托人职责终止：

1. 受托人被依法撤销或者被宣告破产。

2. 受托人依法解散或者法定资格丧失。

3. 受托人辞任，或者依信托文件规定的条件和程序被解任。

4. 法律法规和信托文件规定的其他情形。

二、解任受托人的条件和程序

受托人违反信托目的处分信托财产，或者管理运用、处分信托财产有重大过错，经参加受益人大会的全体受益人表决通过后，方可解任并更换受托人。

解任并更换受托人的，应当由受益人大会决定是否启动解任受托人的程序；受益人大会应当审议解任受托人的理由；解任受托人的决议通过的，应当将解任的要求和理由书面通知受托人；受托人同意解除受托人职责的，应按照约定办理交接手续；受托人不同意解除受托人职责的，全体受益人应当共同申请人民法院解任受托人。

在受益人大会决议通过新受托人之前，由受托人继续履行信托事务管理的职责；受托人无法继续履行信托事务管理的职责的，中国银行业监督管理委员会可以指定临时受托人。受托人职责终止的，应当妥善保管信托业务资料，及时与新受托人办理信托业务的移交手续。

第十五条　风险揭示、防范和承担

一、风险揭示

信托财产在投资管理运用中存在包括但不限于以下风险，委托人在认购信托单位前应当认真了解并认知相关风险因素：

（一）法律与政策风险

国家货币政策、财政税收政策、产业政策、投资政策、金融业监管政策等宏观政策及相关法律法规的调整与变化，都可能造成信托财产的损失。

（二）市场风险

由于受到宏观经济运行的周期性变化或者通货膨胀等因素影响，造成信托财产或投资标的的市场价格波动，从而影响信托收益，可能造成信托财产损失。

（三）交易对手经营风险

交易对手经营状况以及发展的各种因素，如管理能力、财务状况、市场前景、人员素质、技术能力等，可能影响其盈利和运作能力，从而导致其发生亏损或破产。

（四）流动性风险

信托计划期限届满，如受托人不能及时变现非现金信托财产，则信托计划将不能及时以现金形式向受益人支付信托利益。

（五）管理运作风险

信托财产运作过程中可能由于受托人信托资金运用部门、信托资金管理部门对市场和经济形势判断失误、获取的信息不全等，受其管理水平、管理手段、管理技术制约或因处理信托事务过程中的工作失误等，可能影响信托财产的收益。

信托计划可能因任何原因提前终止，信托单位预期信托利益按照信托合同的约定计算。因此发生信托计划提前终止情形的，可能将导致信托单位的信托利益总额的减少。

信托计划可能因任何原因提前终止，信托单位预期信托利益按照信托合同的约定计算。因此发生信托计划提前终止情形的，可能将导致信托单位的信托利益总额的减少。

（六）其他风险

除上述提及的主要风险以外，战争、动乱、自然灾害等不可抗力因素和不可预料的意外事件的出现，将会严重影响经济的发展，可能导致信托财产的损失。

二、风险防范措施

（一）法律与政策风险的防范

受托人将密切关注、跟踪国家法律、政策以及宏观经济状况，对未来政策作出科学的判断，尽可能地降低法律与政策风险所带来的损失。因法律与政策风险造成的信托财产损失，由受益人自行承担。

（二）市场风险的控制

受托人将密切跟踪有关市场走势和资金市场状况，根据宏观经济形势、市场情况严格控制市场风险。另外本信托设计较充足的担保物，努力维护信托计划财产的安全。因市场风险造成的信托财产损失，由受益人自行承担。

（三）交易对手经营风险的控制

受托人将持续跟踪交易对手经营状况。交易对手发生重大经营风险下降时，受托人将要求转让方执行追加担保措施。因交易对手经营风险造成的信托财产损失，由受益人自行承担。

（四）流动性风险的控制

因流动性风险而造成的信托利益损失，由受益人自行承担。

（五）管理运作风险的防范

受托人建立了内部风险控制制度、人事管理制度、规范的信息披露管理制度，各内部管理部门根据公司内部相关管理制度的要求和自身业务目标进行评估和控制有关风险；在发生本条所揭示的风险及其他尚不能预知的风险而导致信托财产重大损失的，由受益人自行承担；信托计划提前终止风险，由受益人自行承担。

（六）其他风险的防范

受托人将在合理行为能力范围内勤勉尽责以降低此类风险对信托财产的影响，由其他风险引起的信托财产损失，由受益人自行承担。

三、风险承担

受托人根据信托文件的规定管理、运用或处分信托财产，导致信托财产受到损失的，其损失部分由信托财产承担。

受托人违反信托文件、处理信托事务不当而造成信托财产损失的，由受托人以固有财产赔偿；不足赔偿时，由投资者自担。

受托人承诺以受益人的最大利益为宗旨处理信托事务，并谨慎管理信托财产，但不承诺信托财产不受损失，亦不承诺信托财产的最低收益。

第十六条　信托计划的信息披露

一、信息披露形式

受益人有权向受托人查询与其信托财产相关的信息，受托人应在不损害其他受益人合法权益的前提下，准确、及时、完整提供相关信息，不得拒绝和推诿。

除信托文件另有规定外，受托人在有关披露事项的报告、报表或通知制作完毕后，按下列方式之一进行信息披露：

（1）受托人办公场所存放备查；

（2）来函索取后以邮寄方式寄送；

（3）受托人网站公布；

（4）受益人以书面形式声明的其他信息披露方式。

受托人以信函邮递的，在信函发出之日后第七日视为已送达。

二、定期与临时信息披露

（一）定期信息披露

1. 信托计划推介结束后10个工作日内，受托人应当就信托单位总份数等向受益人进行披露。

2. 受托人按季将信托资金管理报告、信托资金运用及收益情况表和保管人提交的保管人报告向受益人披露。

信托资金管理报告包括但不限于如下内容：信托财产专户的开立情况；信托资

金管理、运用、处分和收益情况；信托资金运用重大变动说明、涉及诉讼或者损害信托计划财产、受益人利益的情形；信托文件约定的其他内容。

（二）临时信息披露

如果发生下列情形之一时，受托人应在获知有关情况后 3 个工作日内向受益人披露，并自披露之日起 7 个工作日内向受益人提出受托人采取的应对措施。

1. 信托财产可能遭受重大损失；

2. 信托资金使用方的财务状况严重恶化；

3. 信托计划的担保方不能继续提供有效的担保。

（三）其他

1. 其他与信托计划相关且应当披露的信息根据法律法规的规定进行披露。

2. 受益人有权向受托人查询与其信托财产相关的信息，信托公司应在不损害其他受益人合法权益的前提下，准确、及时、完整地提供相关信息。

第十七条　信托计划的变更、终止与清算

一、信托计划的变更

本合同生效后，除受益人依法转让信托受益权，委托人、受托人均不得擅自变更。如需要变更本合同，须经双方协商一致。

二、信托计划的终止

（一）到期终止

除信托文件另有规定外，信托计划期限届满，信托计划终止。

（二）提前终止

1. 信托财产已全部变现的，受托人有权提前终止信托计划。

2. 发生下述情形之一的，受托人有权提前终止信托计划：

（1）信托目的已经实现或者不能实现；

（2）信托计划被解除或被撤销；

（3）交易对手发生重大信用风险，或者发生影响交易对手的履约能力等情形；

（4）经受益人大会决议终止信托计划；

（5）法律法规规定的其他情形。

（三）信托计划的延期

信托期限届满之日，因任何原因导致信托财产尚未全部变现或信托专户内的现金余额不足以覆盖信托到期日应付信托费用和委托人预期信托利益的，则信托计划自动延期至全部信托财产变现之日。届时，受托人将及时向受益人进行信息披露。

三、信托财产的清算

信托计划终止，受托人应负责信托财产的保管、清理、变现、确认和分配。清

算后的信托财产，按信托合同第十一条的约定以信托利益分配方式归属于全体受益人。

受托人在信托计划终止后10个工作日内编制信托计划清算报告，并按照本合同规定的方式报告受益人。信托计划清算报告无需审计。清算期间信托财产所产生的利息归受托人所有。

受托人在信托计划清算报告公布之日起【】个工作日内未收到受益人或其继承人提出的书面异议的，受托人就清算报告所列事项解除责任。

第十八条　违约责任与纠纷处理方式

一、如果违约责任如果委托人或受托人未履行其在信托合同项下的义务，或一方在信托合同项下的陈述与保证严重失实或不准确，视为该方违反信托合同。信托合同的违约方当事人应赔偿因其违约而给守约方（含信托计划）造成的全部损失。

二、发生下列情形时，当事人对于因下列原因而引起的损失可以免于承担相应责任：

（1）不可抗力；（2）受托人按照当时有效的法律法规或中国银行业监督管理委员会的规定作为或不作为而造成的损失等；（3）受托人按照信托文件的规定进行投资或不投资造成的损失或潜在损失等。

三、本合同在履行过程中，如发生任何争执或纠纷，且协商不成的，任何一方均应向受托人住所地有管辖权的人民法院提起诉讼。

第十九条　信托文件的挂失

在信托财产分配之前，委托人的信托文件如不慎遗失，应及时办理挂失手续。

1. 法人或其他组织：挂失办理人员持有单位有效授权文件、本人身份证、单位有效证件复印件，并提供信托财产的性质、数量等有关信托内容。授权文件和单位有效证件复印件应加盖单位公章。

2. 自然人：挂失时须持有本人身份证亲自办理，并提供信托财产的性质、数量等有关信托内容。

挂失人申请办理挂失手续时，应按照【】元/笔的标准向受托人缴纳信托文件挂失手续费。受托人对挂失内容审核确认无误后办理挂失手续，并按规定补制信托文件，即在该存档信托文件复印件的封面加盖公司公章和挂失补制章，并标注补制日期。

第二十条　通知和送达

一、委托人和受益人、受托人在本合同签字页填写的联系地址为信托当事人同意的通讯地址。一方通讯地址或联络方式发生变化，应自发生变化之日起 10 个工作日内以书面形式通知其他方。如果在信托期限届满前夕发生变化，应最迟在信托届满前一日以书面形式通知其他方。

在信托期限内，受益人变更其信托利益收付账户，应以书面形式通知受托人，并到受托人住所地办理信托利益收付账户变更确认手续。

上述信息变化，因委托人和受益人未及时通知受托人而导致的损失，由委托人和受益人自行承担，受托人不承担责任。

二、送达方式及送达地点：

本条规定适用于本合同所有的需传递的通知、文件、资料等。委托人和受益人向受托人的送达均采用直接送达的方式，受托人实际签收之日即视为送达。

受托人向委托人和受益人的送达可采用在受托人网站上公布、发送传真或直接送达、邮寄送达等方式。采用受托人网站公布、发送传真的方式送达的，受托人发出当日视为送达；采用邮寄送达的，受托人投寄后第七日视为送达。

第二十一条　其他事项

一、信托文件的效力

1. 信托计划说明书、认购风险申明书、信托合同是信托文件的组成部分，三者具有同等法律效力。信托合同未规定的，以信托计划说明书和认购风险申明书为准；如果信托合同与信托计划说明书和认购风险申明书所规定的内容冲突，优先适用信托合同。

2. 本合同如有未尽事宜，委托人与受托人可协商后另行签订书面补充协议。

3. 信托合同自受托人和委托人签署之日起生效。

4. 各方当事人申明：在签署本合同前已仔细阅读了信托文件，对本合同的所有条款及信托计划说明书和认购风险申明书的内容已经阅悉，均无异议，并对当事人之间的信托关系、有关权利、义务和责任条款的法律含义有与受托人一致的理解。

5. 合同文本

本合同一式二份，受托人持一份，委托人持一份，具有同等法律效力。

二、解释与说明

信托文件的解释和说明以国家相关法律法规为准，对于法律法规没有规定的，最终解释和说明权归受托人。

未经受托人明确书面同意，委托人不得在任何文件中使用受托人的名称或与之相似的任何名称作为文件的一部分内容，除非法律法规另有规定。

［以下无正文］

委托人：
机构投资者（盖章）：
法定代表人或负责人（签字/章）：

自然人（签字/章）

受托人（盖章）：
法定代表人或负责人（签字/章）：

××信托·××××集合资金信托计划

风险申明书

尊敬的委托人及受益人：

感谢您对信托有限公司的信任，并自愿加入由信托有限公司设计并推出的“集合资金信托计划”。为了维护您的利益，特别提示您在签署信托文件前，仔细阅读全部信托文件，确保您对该信托计划有了充分、全面的了解，并对您签署该等信托文件及加入该信托计划后的权利义务有明确的认识。

信托将按照信托文件约定之条件管理、运用信托财产，并承诺恪尽职守，履行诚实、信用、谨慎、有效管理的义务。但受托人在管理、运用或处分信托财产过程中可能面临多种风险，包括但不限于法律与政策风险、市场风险、信用风险、管理风险及其他风险，具体内容请详见信托文件。根据《信托法》、《信托公司管理办法》、《信托公司集合资金信托计划管理办法》等法律法规的有关规定，信托特别申明如下：

一、信托计划不承诺保本和最低收益，具有一定的投资风险，适合风险识别、评估、承受能力较强的合格投资者。

二、委托人应当以自己合法所有的资金认购信托单位，不得非法汇集他人资金参与本信托计划。

三、受托人依据信托计划文件管理信托财产所产生的风险，由信托财产承担。受托人因违背信托计划文件、处理信托事务不当而造成信托财产损失的，由受托人以固有财产赔偿；不足赔偿时，由投资者自担。

四、委托人在认购风险申明书上签字，即表明已认真阅读并理解所有的信托计划文件，并愿意依法承担相应的信托投资风险。

××信托有限公司

委托人申明：本人/本机构已就签署及履行信托合同及其他信托计划文件获得了一切必要的批准或授权。本人/本机构作为委托人签署本认购风险申明书，表示已认真阅读并理解所有的信托文件，并愿意依法承担相应的信托投资风险。本人/机构交付的信托资金为委托人合法所有的资金，并承诺信托资金来源符合法律法规的规定。

本《认购风险申明书》一式二份，受益人一份，受托人一份，每份均具同等法律效力。委托人认购信托单位【】万份，对应信托资金人民币【】万元整。

委托人（签章/字）

日期： 年 月 日

信托·集合资金信托计划说明书

一、重要申明

根据《信托法》、《信托公司管理办法》、《信托公司集合资金信托计划管理办法》、《合同法》以及其他有关法律法规，受托人保证本说明书的内容真实、准确、完整，不存在虚假内容、误导性陈述或重大遗漏。受托人没有委托或授权任何其他人提供未在信托文件中载明的信息，没有委托或授权任何其他人对信托计划说明书作任何解释或者说明。

本信托计划项下委托人应是符合信托文件规定条件的合格投资者，能够识别、判断和承担信托计划的风险。委托人保证以自己具有合法支配权的资金参与信托计划，保证不以非法汇集的他人资金参与信托计划，保证所交付的资料真实、完整、合法，并已阅知本说明书和信托合同全文，了解相关权利、义务和风险，自行承担投资风险。

受托人承诺，管理信托财产将恪尽职守，履行诚实、信用、谨慎、有效管理的义务。受托人不保证信托资金的收益及本金不受损失；信托说明书及信托合同对信托计划收益预测仅供委托人参考，不构成受益人最低收益的承诺；保管人接受受托人的委托并签署相关保管协议，办理保管协议约定的保管业务，但保管人与委托人及受益人不发生合同权利义务关系，保管人对信托计划财产的保管并非对信托计划资金或收益的保证或承诺，也不承担信托计划的投资风险。

信托公司及信托经理的过往业绩不代表本信托计划未来能够取得的投资收益。投资者应当仔细阅读信托文件，以了解具体的权利义务。

二、信托计划名称及主要内容

集合资金信托计划为受托人根据委托人的委托，以集合方式管理运用和处分信托财产，并以所获取的信托利益向信托受益权人分配。信托资金主要投向于________。

三、本信托项下相关服务机构

（一）信托公司－受托人

1. 基本情况

名称：××

注册地址：

法定代表人：

注册资本：【】亿元人民币

公司网址：

客服热线：

经营范围：资金信托；动产信托；不动产信托；有价证券信托；其他财产或财产权信托；作为投资基金或者基金管理公司的发起人从事投资基金业务；经营企业资产的重组、购并及项目融资、公司理财、财务顾问等业务；受托经营国务院有关部门批准的证券承销业务；办理居间、咨询、资信调查等业务；代保管及保管箱业务；法律法规规定或中国银行业监督管理委员会批准的其他业务。

2. 信托经理

本信托计划的日常管理由××信托有限公司以下信托经理具体负责：

（1）信托经理一：姓名、履历、过往业绩

（2）信托经理二：姓名、履历、过往业绩

（二）保管人

1. 基本情况

名称：××银行股份有限公司

注册地址：

法定代表人：

经营范围：吸收公众存款；发放短期、中期和长期贷款；办理国内外结算；办理票据经营范围：吸收公众存款；发放短期、中期和长期贷款；办理国内外结算；办理票据承兑与贴现；发行金融债券；代理发行、代理兑付、承销政府债券；买卖政府债券、金融债券；代理发行股票以外的有价证券；买卖、代理买卖股票以外的有价证券；资产托管业务；从事同业拆借；买卖、代理买卖外汇；结汇、售汇业务；从事银行卡业务；提供信用证服务及担保；代理收付款项及代理保险业务；提供保管箱服务；财务顾问、资信调查、咨询、见证业务；经国务院银行业监督管理机构批准的其他业务。

2. 主要职责

（1）安全保管账户内的信托资金；

（2）对所保管的信托资金单独设置账户，确保所保管的信托资金与其自有资产及其所保管的其他资产之间的独立性；

（3）确认与执行受托人管理运用信托资金的指令，核对信托资金交易记录、资金和财产账目；

（4）记录信托资金划拨情况，保存受托人的资金用途说明；

（5）定期向受托人出具保管报告；

(6) 法律法规、保管协议规定的其他义务。

四、信托合同的主要内容

(一) 信托计划规模

本信托计划的信托受益权划分为等份额的信托单位，每份信托单位的价格为1元；本信托计划项下的信托单位总份数预计为【】份。

(二) 信托期限

本信托计划期限为【】年，自信托计划成立之日起计算。

(三) 信用增级措施及流动性

1. 信用增级措施：抵押、质押、保证。

2. 流动性：本信托计划存续期间，信托受益权可以转让、继承和质押。信托受益权进行拆分转让的，受让人不得为自然人；机构所持有的信托受益权，不得向自然人转让或拆分转让。受益权人转让、继承和质押信托受益权的，转受让双方分别按照所转让的受益权份额的【】%的比例向受托人缴纳登记手续费。

(四) 信托计划的管理运作

信托计划的管理运作的具体内容详见《信托合同》

五、信托计划的推介与认购

(一) 计划的推介

本信托计划的推介机构为【】(可以为信托公司自主营销，也可以委托其他金融机构代为推介)。本信托计划的发行地位【】市，推介期为【】天，自【】年【】月【】日至【】年【】月【】日，受托人可以根据实际情况延长或提前结束推介期。

推介期内或推介期满时，信托计划募集规模达到【】份时，受托人可以宣布信托计划成立，信托计划成立日以受托人在其公司网站公开宣布日为准。

(二) 信托计划的认购

1. 合格投资者

委托人应当是符合法律法规和《信托合同》规定的能够识别、判断和承担信托计划相应风险的合格投资者。

2. 认购程序

(1) 认购文件

自然人委托人：需出示本人的身份证明原件；若授权他人办理，代理人除需持本人身份证明原件外，还需持授权委托书、授权人身份证明原件。

机构委托人，应出具法定代表人身份证明原件、加盖公章的法人营业执照副本、组织机构代码证副本、税务登记证副本复印件、法定代表人签章并加盖公章的授权书及代理人的身份证明原件（非法定代表人亲自办理时）。

（2）预约

委托人于推介期间到受托人营业场所或受托人指定场所进行预约登记，受托人将根据“时间优先、金额优先”的原则确定符合条件的委托人。

3. 付款

推介期内，委托人根据受托人的通知，将认购资金转入受托人指定的下述信托专户：

账户名：××信托有限公司

账 号：

开户行：

六、法律意见书概要

××律师事务所为本信托计划出具了《关于“××集合资金信托计划”的法律意见书》，经办律师认为：参与本信托计划的委托人、受托人和受益人均具有合法的信托当事人资格，设立本信托计划的条件和目的合法，运营和管理本信托计划的各项制度完备，法定信托计划文件形式完备、内容完整并具有合法性、合规性。本信托计划在各方当事人依法履行完毕全部必要的法律程序后，本信托计划不存在合规性问题。

七、风险揭示与防范

（一）风险揭示

信托财产在投资管理运用中存在包括但不限于法律与政策风险、市场风险、交易对手经营风险、流动性风险、管理运作风险、其他风险。各类风险揭示，详见《信托合同》。

（二）风险防范措施

各类风险的防范措施，详见《信托合同》。

（三）风险承担

1. 受托人根据信托文件的规定管理、运用或处分信托财产，导致信托财产受到损失的，其损失部分由信托财产承担。

2. 受托人违反信托文件、处理信托事务不当而造成信托财产损失的，由受托人以固有财产赔偿；不足赔偿时，由投资者自担。

3. 受托人承诺以受益人的最大利益为宗旨处理信托事务，并谨慎管理信托财产，但不承诺信托财产不受损失，亦不承诺信托资金的最低收益。

八、其他事项

（一）变更通知

委托人和受益人、受托人在信托合同签字页填写的联系地址为信托当事人同意的通讯地址。一方通讯地址或联络方式发生变化，应自发生变化之日起【】个工作日内以书面形式通知其他方。如果在信托期限届满前夕发生变化，应最迟在信托届满前一日以书面形式通知其他方。

若受益人变更信托利益账户，新的账户名称必须与受益人名称一致。在信托计划期限内，受益人变更其信托利益分配账户，受益人应书面通知受托人并应持必备证件至受托人处办理手续。信托利益分配账户变更在受托人确认后生效。在信托期限届满前【】日内变更信托利益账户的，最迟应在信托期限届满的【】日前至受托人处办理变更确认手续。

（二）通知的送达

本条规定适用于本合同所有的需传递的通知、文件、资料等。

委托人和受益人向受托人的送达均采用直接送达的方式，受托人实际签收之日即视为送达。

受托人向委托人和受益人的送达可采用在受托人网站上公布、发送传真或直接送达、邮寄送达等方式。采用受托人网站公布、发送传真的方式送达的，受托人发出当日视为送达；采用邮寄送达的，受托人投寄后第七日视为送达。

（三）信托文件的组成和效力

1. 信托合同、信托计划说明书与认购风险申明书共同组成信托文件。信托合同未规定的，以认购风险申明书和信托计划说明书为准。如信托合同与认购风险申明书、信托计划说明书规定的内容冲突，优先适用信托合同。

2 信托文件的备查文件、附件是信托文件的组成部分，与信托文件具有同等法律效力。受托人和委托人自在信托计划说明书上签字盖章后受其约束。

（四）备查文件

1. 《××信托·××××集合资金信托计划资金信托合同》（合同编号:）；

2. 《××信托·××××集合资金信托计划资金保管合同》（合同编号:）；

3. 《借款/股权投资/买入返售合同》（编号：）；

4. 《质押/抵押/保证合同》（编号:）；

5. 《法律意见书》。

（以下无正文）

受托人：××信托有限公司（盖章）

委托人：×××（签字/盖章）

年　　月　　日

图书在版编目（CIP）数据

信托业务法律实务 / 张同庆著. —3 版. —北京：中国法制出版社，2018. 8

（金融业务实务与技能丛书）

ISBN 978 - 7 - 5093 - 9697 - 1

Ⅰ. ①信…　Ⅱ. ①张…　Ⅲ. ①信托法 - 研究 - 中国　Ⅳ. ①D922. 282. 4

中国版本图书馆 CIP 数据核字（2018）第 191289 号

责任编辑：马金风　　　封面设计：周黎明

信托业务法律实务（第三版）

XINTUO YEWU FALÜ SHIWU（DISANBAN）

著者/张同庆

经销/新华书店

印刷/廊坊一二〇六印刷厂

开本/710 毫米×1000 毫米　16 开　　　印张/ 26. 25　字数/ 400 千

版次/2018 年 9 月第 3 版　　　2018 年 9 月第 1 次印刷

中国法制出版社出版

书号 ISBN 978 - 7 - 5093 - 9697 - 1　　　定价：86. 00 元

北京西单横二条 2 号

邮政编码 100031　　　传真：010 - 66031119

网址：http：//www. zgfzs. com　　　**编辑部电话：010 - 66070046**

市场营销部电话：010 - 66033393　　　**邮购部电话：010 - 66033288**

（如有印装质量问题，请与本社印务部联系调换。电话：010 - 66032926）